中药材种业发展与产业化实践

黄璐琦 王继永 等 编著

科学出版社

北 京

内 容 简 介

本书共 15 章，系统阐述了中药材种业的技术现状、产业现状、产业化实践。第 1 章简述了中药材种业基本现状；第 2 章至第 7 章介绍了中药材种业技术现状，包括中药材种质资源收集保存和评价利用，中药材品种选育、登记与新品种保护，中药材种质鉴定技术，中药材种子加工技术，中药材种子贮藏技术，中药材种子质量标准研究；第 8 章至第 11 章概述了中药材种业产业现状，包括中药材种业政策法规现状、中药材新品种产业化应用情况、中药材良种繁育情况、中药材工厂化育苗；第 12 章至第 15 章阐述了中药材种业产业化实践，包括中药材种业企业发展现状与实例、现代中药材种业发展的产业需求和技术需求分析、中药材种子种苗繁育基地建设要求、中药材种业的品牌建设。

本书可供从事中医药行业、农业相关技术研发、企业经营及行业管理等人员阅读、参考，也可为中药材种业及中医药产业高质量发展提供决策参考。

图书在版编目（CIP）数据

中药材种业发展与产业化实践/黄璐琦等编著. —北京：科学出版社，2022.10
 ISBN 978-7-03-073331-3

Ⅰ. ①中… Ⅱ. ①黄… Ⅲ. ①中药材–种子–农业产业–产业发展–研究–中国 Ⅳ. ① F326.1

中国版本图书馆 CIP 数据核字（2022）第 184586 号

责任编辑：陈 新 高璐佳/责任校对：郑金红
责任印制：吴兆东/封面设计：无极书装

科学出版社 出版
北京东黄城根北街 16 号
邮政编码：100717
http://www.sciencep.com

北京中科印刷有限公司 印刷
科学出版社发行 各地新华书店经销

*

2022 年 10 月第 一 版 开本：720×1000 1/16
2023 年 4 月第二次印刷 印张：18 1/4
字数：364 000
定价：228.00 元
（如有印装质量问题，我社负责调换）

主要编著者简介

黄璐琦 中国共产党党员,中国工程院院士,国家中医药管理局党组成员、副局长,中国中医科学院院长。兼任中国人民政治协商会议第十三届全国委员会常务委员,中国科学技术协会第十届全国委员会副主席,国家监察委员会第一届特约监察员,第十五届北京市人民代表大会代表。

作为国家中药材产业技术体系首席科学家、科技部重点领域中药资源创新团队负责人、全国中药资源普查工作专家指导组组长,组织并实施了第四次全国中药资源普查,牵头开展了中药材产业扶贫;提出并发展了"分子生药学"学科和道地药材形成理论,建立了珍稀濒危常用中药资源五种保护模式。荣获全国优秀共产党员、全国政协委员优秀履职奖、国家科学技术进步奖二等奖5项、全国创新争先奖章、国家杰出青年科学基金资助、中国标准创新突出贡献奖、全国优秀博士学位论文指导教师等称号或奖励。新型冠状病毒肺炎(简称新冠肺炎)暴发后,担任首批国家中医援鄂医疗队领队、国家中医药防治新冠肺炎专家组组长、国家中医药防治新冠肺炎科研攻关组组长,主持研发我国首个具有完全自主知识产权的治疗新冠肺炎的中药新药,荣获"全国抗击新冠肺炎疫情先进个人"称号。

王继永 中国共产党党员，博士，研究员。中国中药有限公司副总经理，中国中药公司中药研究院副院长，国药种业有限公司董事长。2018年入选国药集团科研领军人才。

作为国家中药材产业技术体系副首席科学家兼遗传改良研究室主任、农业农村部中药材专家指导组成员、全国中药标准化技术委员会副秘书长、中国生态学学会中药资源生态专业委员会副主任委员、中国中药协会中药材种子种苗专业委员会主任委员、全国植物新品种测试标准化技术委员会委员、全国中药材种子（种苗）标准化技术委员会委员，在中药资源研究与产业化方面开展了一些具有创新价值的科研工作。

主持并完成国家级科研项目二十余项，特别是在中药材种业关键技术研究及高品质中药材生产技术体系建设方面进行了一些关键核心技术攻关，牵头开展了中药材DUS测试指南研制、中药材新品种选育等基础研究，推动中药材新品种、技术、标准等产业转化，探索中药材种业生产经营产业化实践，引领本领域科研工作走在行业前列。

《中药材种业发展与产业化实践》编著者名单

主要编著者　　黄璐琦　　王继永

其他编著者（按姓名笔画排序）

万修福	王　升	王纪威	王志安	王　盼
王　浩	邓庭伟	包　芳	刘灵娣	刘美娟
刘稼田	杜　弢	李卫文	李向东	李欢乐
李进瞳	李鹏英	李　颖	杨成民	杨　光
沈晓霞	张冬晓	张秀新	张　玥	张　峰
矣健玲	林晖才	尚兴朴	周良云	周　涛
郑司浩	赵　莎	秦义杰	郭兰萍	曹海禄
梁慧珍	董　玲	焦连魁	曾　燕	温春秀
靳云西	谭政委	薛　军	薛璟祺	魏建和

序

中医药学包含着中华民族几千年的健康养生理念及其实践经验，是中华文明的一个瑰宝，凝聚着中国人民和中华民族的博大智慧。中医药在历史上战胜了大大小小、成千上万次的疫病，守护着中华民族数千年的繁衍生息。随着时代的发展、现代科技的进步，为保障和促进中医药事业发展、保护人民健康，需要不断继承、弘扬中医药文化和科学内涵。党和政府高度重视中医药工作，先后出台了《中医药发展战略规划纲要（2016—2030年）》《中华人民共和国中医药法》《中共中央国务院关于促进中医药传承创新发展的意见》等系列政策法规，以指导中医药传承创新工作，为中医药发展提供了良好的政策环境。

面对肆虐全球的新冠肺炎疫情，中医药抗疫效果显著，中医药的疗效和作用日益得到认可，越来越多的人开始尝试中医治疗、养生，中医药发展的社会热情空前高涨，这对中医药治疗和服务质量提出了更高要求。中药是中医药发挥疗效的物质基础，中药材种子种苗则是中药生产的根本源头，中药材种业的健康发展是中医药防病治病的重要保障。因此，促进中药材种业的健康快速发展是确保中医药"传承精华，守正创新"的必要工作。

目前，我国中药材种业发展尚处于起步阶段，中药材种子管理的相关法规尚不健全，基础研究还很薄弱，新品种数量少，产业化应用的新品种更少，中药材种子市场规范化程度不高，中药材种子种苗质量问题时有发生，这严重影响了中药材的质量安全和中药材产业的可持续发展。鉴于此，黄璐琦院士和王继永博士牵头，联合国家中药材产业技术体系部分岗站科学家及中国中药有限公司、国药种业有限公司等行业同仁撰写了《中药材种业发展与产业化实践》，对中药材种业发展和产业化实践进行了系统总结，在分析现阶段种业基本模式的基础上，提出了中药材种业的品牌化发展战略，为扭转中药材种业小、散、乱的困局提供了有效解决方案。

该书系统介绍了中药材种业的技术现状、产业现状及产业化实践，涉及政策、科研、生产、经营、监管等多方位，覆盖中药材种业全链条，深入总结和分析了中药材种业的发展历程、产业现状、存在的问题及发展趋势，切实反映了中药材种业的发展状况和产业化实践经验，探索出了一套中药材种业高质量发展的经营理念。该书的出版将为推动中药材种业技术创新，规范带动中药材种业健康发展，从源头保障中医药事业和健康中国长远发展提供重要参考！

乐为之序！

中国工程院院士　肖培根
2022年10月

前　言

中医药学是中国古代科学的瑰宝，也是打开中华文明宝库的钥匙。中药是指在中医理论指导下，用于预防、治疗、诊断疾病并具有康复与保健作用的物质。中药主要来源于天然药及其加工品，包括植物药、动物药、矿物药及部分化学、生物制品类药物。中药的产品类型包括中成药、中药饮片、中药配方颗粒及中药材等。其中，中成药是以中药饮片为原料，在中医药理论指导下，为了预防及治疗疾病的需要，按规定的处方和制剂工艺将其加工制成一定剂型的中药制品，是经国家药品监督管理部门批准的商品化的一类中药制剂；中药饮片是以中药材为原料，按照中医药理论、中药炮制方法加工炮制，可直接用于中医临床的中药；中药配方颗粒是以传统中药饮片为原料，经过提取、分离、浓缩、干燥、制粒、包装等生产工艺，加工制成的一种统一规格、统一剂量、统一质量标准的新型配方用药；中药材是指未经过炮制，只经过简单的净选、分拣等的原料药材。中药是中医药发挥疗效的物质基础；中药材是中药的源头，中药材的质量的优劣影响着中医治疗疾病的效果。

我国常用中药材有600种左右，其中约300种已实现人工栽培，约300种依赖野生采集。全国中药材种植面积持续增加，根据国家中药材产业技术体系统计，2017年我国中药材种植面积约为6799万亩，2019年种植面积增加至7475万亩，产量超过1325万t，面积较2017年增加9.94%；2020年全国中药材种植面积约8796万亩，同比增加17.67%。根据全国农业技术推广服务中心实地调研和各省份调度反馈，推测中药材种业的总产值为80亿~100亿元。中药材是中药的源头，是中医治疗疾病的物质基础；中药材种子种苗则是中药源头的源头，中药材种业的健康发展是中医药治疗疾病的重要保障。

《中华人民共和国中医药法》、《中华人民共和国药品管理法》和《中医药发展战略规划纲要（2016—2030年）》中进一步强调了保障中药材质量安全的重要性，明确了中医药作为我国独特的卫生资源、潜力巨大的经济资源、具有原创优势的科技资源、优秀的文化资源和重要的生态资源，在经济社会发展中发挥着重要作用。要遵循中医药发展规律，传承精华，守正创新。而中药材种子种苗是中医药发挥疗效的"源头和核心"，促进中药材种业的健康快速发展是确保中医药"传承精华，守正创新"的重要和必不可少的工作。目前，《中华人民共和国种子法》的配套管理办法均未单独列出中药材种的相关规定，中药材种在各项内容中均归类为农作物中的非主要农作物管理，相关法规尚不健全。中药材种业作为我国的国粹之一，需要进一步加强扶持，逐步建立中药材种业的创新、产业和治理三大体系，并推动市场健康发展。

在我国经历了 2003 年非典型性肺炎疫情及目前的新型冠状病毒肺炎疫情的情况下，中医药日益凸显出其在抗击突发性疫情中的重要作用，中医药的需求将出现爆发式增长。随之将带动优质中药材需求量的大幅增加，并推动中药材种业的快速发展。预计未来五年，中药材种子种苗的需求量年均增速将超过 20%。基于现状，急需对中药材种业的基本情况进行深入和全面的了解，为国家相关政策的制定提供依据。

《中药材种业发展与产业化实践》是由黄璐琦院士和王继永博士牵头，联合国家中药材产业技术体系部分岗站科学家及中国中药有限公司、国药种业有限公司等行业同仁共同编著完成的。本书编著历时 3 年，先后多次向行业专家征求意见，后经反复修改而成，切实反映了中药材种业的发展情况和产业化实践现状，将为中药材种业高质量发展提供政策、技术支持及实践探索。

编著者

2022 年 8 月

目　　录

第1章　中药材种业基本现状 ·· 1
　1.1　世界种业发展情况 ·· 1
　　　1.1.1　基本现状 ·· 1
　　　1.1.2　发展趋势 ·· 2
　1.2　中国种业发展情况 ·· 3
　　　1.2.1　基本现状 ·· 3
　　　1.2.2　发展趋势 ·· 4
　1.3　中药材种业发展情况 ·· 4
　　　1.3.1　中药材种业发展成效回顾与经验总结 ································ 5
　　　1.3.2　中药材种业发展面临的机遇与挑战 ·································· 8

第2章　中药材种质资源收集保存和评价利用 ·································· 13
　2.1　种质资源的概念 ·· 13
　　　2.1.1　种质资源 ·· 13
　　　2.1.2　农作物种质资源 ·· 13
　　　2.1.3　中药材种质资源 ·· 14
　　　2.1.4　中药材种质资源保护的意义 ·· 14
　　　2.1.5　中药材种质资源保护相关法规 ·· 15
　2.2　中药材种质资源收集与保存 ·· 16
　　　2.2.1　中药材种质资源收集 ·· 16
　　　2.2.2　中药材种质资源保存 ·· 18
　　　2.2.3　中药材种质资源保存机构 ·· 21
　2.3　中药材种质资源评价 ·· 23
　　　2.3.1　中药材种质资源鉴定 ·· 23
　　　2.3.2　中药材种质资源评价体系 ·· 23
　2.4　中药材种质资源利用 ·· 24
　　　2.4.1　中药材种质资源与新品种选育 ·· 24
　　　2.4.2　中药材种质资源与道地性研究 ·· 25
　　　2.4.3　中药材种质资源与遗传多样性研究 ···································· 25

2.5	存在的问题、发展趋势及建议	26
	2.5.1 存在的问题	26
	2.5.2 发展趋势	26
	2.5.3 发展建议	27

第3章 中药材品种选育、登记与新品种保护 28

3.1	中药材品种选育	28
	3.1.1 植物品种选育	28
	3.1.2 中药材育种技术	29
3.2	中药材品种登记	32
	3.2.1 农作物品种审定制度变革	32
	3.2.2 中药材品种登记	33
3.3	中药材新品种保护与DUS测试指南研制	33
	3.3.1 植物新品种保护	34
	3.3.2 我国中药材新品种保护现状	35
	3.3.3 中药材植物DUS测试指南的研制中存在的问题	38
3.4	建议与展望	39
	3.4.1 中药材育种的发展	39
	3.4.2 植物新品种保护的展望	40

第4章 中药材种质鉴定技术 43

4.1	中药材种子种苗真实性鉴定技术	43
	4.1.1 中药材种子种苗真实性鉴定技术概述	43
	4.1.2 总结与展望	47
4.2	中药材品种与产地鉴别技术	48
	4.2.1 不同中药材品种的品质差异	49
	4.2.2 不同产地中药材品质差异	49
	4.2.3 中药材品种鉴别与产地鉴别	50
	4.2.4 总结与展望	57
4.3	《中国药典》中药材多基原入药情况及种质鉴定实例	58
	4.3.1 《中国药典》中药材多基原入药情况	58
	4.3.2 中药材种质混乱问题实例分析	63

第 5 章　中药材种子加工技术··········66
5.1　中药材种子加工技术研究现状··········66
5.1.1　种子加工技术发展历程··········66
5.1.2　中药材种子加工技术基本流程··········67
5.1.3　中药材种子加工的作用··········69
5.1.4　中药材种子加工技术存在的问题及展望··········70
5.2　中药材种衣剂及种子带菌检测研究进展··········72
5.2.1　种衣剂基本概况··········73
5.2.2　中药材种子带菌检测研究现状··········74
5.2.3　中药材种衣剂的登记现状··········75
5.2.4　中药材种衣剂的研究现状··········76
5.2.5　展望··········78
5.3　中药材种子丸粒化研究··········80
5.3.1　种子丸粒化的基本概况··········80
5.3.2　种子丸粒化研究的行业现状··········81
5.3.3　中药材种子丸粒化研究进展··········82
5.3.4　发展建议··········83

第 6 章　中药材种子贮藏技术··········85
6.1　中药材种子贮藏的理论基础··········85
6.2　中药材种子贮藏过程中的生理生化变化··········86
6.2.1　中药材种子贮藏过程中的酶变化··········86
6.2.2　中药材种子贮藏过程中的代谢产物变化··········86
6.3　影响中药材种子贮藏的主要因素··········87
6.3.1　影响中药材种子贮藏的主要环境因素··········87
6.3.2　影响中药材种子贮藏的主要生理因素··········89
6.4　中药材种子的贮藏方法及其对仓储中心建设的启示··········91
6.4.1　中药材种子的贮藏方法··········91
6.4.2　中药材种子仓储中心建设相关思考··········91
6.5　展望··········92

第 7 章　中药材种子质量标准研究··········93
7.1　中药材种子质量标准现状··········93

7.1.1　中药材种子检验规程现状···93
　　　7.1.2　中药材种子质量标准制定现状···102
　7.2　中药材种子质量标准化的必要性和迫切性···································105
　7.3　中药材种子质量标准化的发展趋势··106
　　　7.3.1　完善并实施中药材种子质量标准·······································106
　　　7.3.2　建立中药材种子质量管理体系··107
　　　7.3.3　开展中药材种子质量认证···107
　　　7.3.4　建立中药材种子质量监督检验体系····································108
　7.4　结语··109

第8章　中药材种业政策法规现状···110
　8.1　中国种业发展过程中的政策法规情况··110
　　　8.1.1　中国种业发展不同阶段的政策法规情况·······························110
　　　8.1.2　《中华人民共和国种子法》的颁布、修订及主要变化·············111
　8.2　中药材种子相关的政策法规···113
　　　8.2.1　国家相关政策法规中对中药材种子的管理规定·····················113
　　　8.2.2　地方政府中药材种子管理相关政策···································113
　　　8.2.3　《中药材种子管理办法》制定的背景和进展··························114

第9章　中药材新品种产业化应用情况··116
　9.1　中药材新品种基本情况···116
　9.2　甘草等6种重点中药材新品种选育及推广情况分析························117
　　　9.2.1　甘草··117
　　　9.2.2　柴胡··119
　　　9.2.3　桔梗··121
　　　9.2.4　红花··123
　　　9.2.5　瓜蒌··125
　　　9.2.6　石斛··128
　9.3　讨论与建议··133
　　　9.3.1　中药材新品种选育仍处于初级阶段····································133
　　　9.3.2　中药材新品种选育过程投入高··134
　　　9.3.3　中药材新品种推广应用过程任重道远·································134

第 10 章　中药材良种繁育情况 ······ 136

10.1　28 个国家级中药材种子种苗繁育基地基本情况 ······ 136
10.1.1　建设背景 ······ 136
10.1.2　建设进展 ······ 137

10.2　中药材国家区域性良种繁育基地情况 ······ 140

10.3　全国中药材良种繁育（示范）基地情况 ······ 140
10.3.1　吉林省 ······ 141
10.3.2　黑龙江省 ······ 145
10.3.3　陕西省 ······ 145
10.3.4　甘肃省 ······ 145
10.3.5　宁夏回族自治区 ······ 146
10.3.6　新疆维吾尔自治区 ······ 146
10.3.7　内蒙古自治区 ······ 147
10.3.8　河北省 ······ 147
10.3.9　山西省 ······ 148
10.3.10　辽宁省 ······ 148
10.3.11　山东省 ······ 149
10.3.12　河南省 ······ 149
10.3.13　江苏省 ······ 150
10.3.14　安徽省 ······ 150
10.3.15　福建省 ······ 151
10.3.16　江西省 ······ 151
10.3.17　湖北省 ······ 152
10.3.18　湖南省 ······ 152
10.3.19　广东省 ······ 153
10.3.20　广西壮族自治区 ······ 154
10.3.21　海南省 ······ 154
10.3.22　重庆市 ······ 155
10.3.23　四川省 ······ 156
10.3.24　贵州省 ······ 156
10.3.25　云南省 ······ 157

　　　　10.3.26　浙江省 ··· 157
　10.4　问题与发展建议 ··· 158
　　　　10.4.1　存在的问题 ··· 158
　　　　10.4.2　发展建议 ··· 158

第 11 章　中药材工厂化育苗 ·· 160
　11.1　中药材工厂化育苗发展现状 ··· 160
　　　　11.1.1　石斛 ·· 161
　　　　11.1.2　白及 ·· 165
　　　　11.1.3　金线莲 ··· 166
　　　　11.1.4　三七 ·· 167
　　　　11.1.5　其他品种 ··· 167
　11.2　中药材工厂化育苗品种选择范围分析 ································· 168
　11.3　中药材工厂化育苗关键技术和设备 ··································· 169
　　　　11.3.1　组培育苗技术 ··· 169
　　　　11.3.2　水培育苗技术 ··· 170
　　　　11.3.3　工厂化穴盘育苗和机械化精量播种技术 ·························· 171
　11.4　存在的问题及建议 ··· 172
　　　　11.4.1　市场需求与供应不匹配 ··· 172
　　　　11.4.2　生产规模小，工厂化程度不高 ······································· 172
　　　　11.4.3　设施设备成本高，投资成本大 ······································· 173
　　　　11.4.4　研发技术不成熟，关键技术有待突破 ···························· 173
　11.5　发展趋势 ··· 173
　　　　11.5.1　生产工艺和流程的标准化是实现中药材工厂化育苗
　　　　　　　　生产的关键 ··· 173
　　　　11.5.2　中药材工厂化育苗将以设备、设施和技术等协同配合
　　　　　　　　促进发展 ··· 174
　　　　11.5.3　规模化、专业化是未来的发展方向 ································ 174

第 12 章　中药材种业企业发展现状与实例 ···························· 175
　12.1　中药材种业企业发展现状 ··· 175
　　　　12.1.1　中药材种业企业概况 ·· 176
　　　　12.1.2　中药材品种的生产经营 ··· 179

  12.1.3 中药材种子企业规模 179
 12.2 中药材种业发展模式分析 180
  12.2.1 农作物种业企业的发展情况 180
  12.2.2 中药材种业与农作物种业的差别 182
  12.2.3 中药材种业企业发展的路径及建议 183
 12.3 中药材种业企业典型案例 185
  12.3.1 中药材种子种苗的专营企业 185
  12.3.2 中药材种植转入种业的企业 187
  12.3.3 中药材种业的商业企业 188

第13章 现代中药材种业发展的产业和技术需求分析 189
 13.1 现代中药材种业发展的产业需求 189
  13.1.1 优良品种 189
  13.1.2 规范化制种基地 190
  13.1.3 生产过程相关标准 191
  13.1.4 中药材种子种苗质量检测机构 191
  13.1.5 龙头企业 192
  13.1.6 质量追溯体系 192
  13.1.7 加工及仓储中心 193
  13.1.8 专业人才 195
  13.1.9 配套政策法规 196
 13.2 现代中药材种业发展的技术需求 196
  13.2.1 中药材种质资源收集与评价 197
  13.2.2 中药材 DUS 测试指南研制 198
  13.2.3 中药材育种创新 198
  13.2.4 中药材种子质量检测技术及其标准 199
  13.2.5 中药材繁育技术 200
  13.2.6 中药材种子加工贮藏技术 201
 13.3 经验和建议 203

第14章 中药材种子种苗繁育基地建设要求 205
 14.1 中药材种子种苗繁育基地建设的基本思路 205
 14.2 中药材种子种苗繁育基地建设规划过程中的要求 206

　　　　14.2.1　中药材种子种苗繁育基地建设的必要条件 …………………………… 206
　　　　14.2.2　中药材种子种苗繁育基地的模式与品种类型 ………………………… 208
　　　　14.2.3　中药材种子种苗繁育基地布局与建设 …………………………………… 209
　　　　14.2.4　中药材种子种苗繁育基地建设的内容 …………………………………… 211
　　14.3　总结 …………………………………………………………………………………… 214
第 15 章　中药材种业的品牌建设 ……………………………………………………………… 216
　　15.1　中药材种业品牌化发展现状及趋势 ……………………………………………… 216
　　　　15.1.1　中药材种业品牌化发展现状 …………………………………………… 216
　　　　15.1.2　中药材种业品牌化发展趋势 …………………………………………… 217
　　15.2　中药材种业品牌化发展的政策和法规支持 ……………………………………… 218
　　15.3　中药材种业品牌化战略路径 ……………………………………………………… 219
　　　　15.3.1　建立现代种子企业制度，确定品牌符号 ………………………………… 219
　　　　15.3.2　找准目标市场，打造品牌核心产品 …………………………………… 219
　　　　15.3.3　研发核心技术，建立标准体系 ………………………………………… 220
　　　　15.3.4　构建核心模式，支撑核心体系 ………………………………………… 221
　　　　15.3.5　创新营销模式，拓宽推广渠道 ………………………………………… 222
　　　　15.3.6　优化核心团队，确保持续发展 ………………………………………… 222

参考文献 ……………………………………………………………………………………………… 224
附录 1　中药材种子生产经营许可相关规定 …………………………………………………… 250
附录 2　全国具有农作物种子生产经营许可证生产经营范围涉及中药材种子
　　　　的企业 ……………………………………………………………………………………… 254
附录 3　中药材种业（"十四五"）发展建议（节选）…………………………………………… 262

第1章　中药材种业基本现状

1.1　世界种业发展情况

1.1.1　基本现状

根据国际种子联盟（International Seed Federation，ISF）统计资料，1970～1985年世界种子贸易额增长缓慢，仅从8亿美元增长到13.5亿美元，1985年以后开始快速增长，2008年达到72亿美元，增加近60亿美元。2010年世界种子贸易额突破100亿美元，此后进入高速发展阶段，2012年全球种子市场市值达到了450亿美元（王雪梅，2014）。在争夺世界种子市场的激烈竞争中，少数发达国家占据着主导地位。2019年世界种子出口总额为131.95亿美元，种子出口额排前三位的国家分别是荷兰、美国、法国，出口额合计为62.95亿美元，约占2019年世界种子出口总额的47.71%（郑怀国等，2021）。种子行业已经形成高度集中的垄断格局，拜耳公司、科迪华公司一直是种业的领跑者，这两家公司合计销售额占2019年全球20强企业总销售额的60%；先正达集团、巴斯夫股份公司、利马格兰集团、科沃施集团构成第二梯队，合计销售额约占2019年全球20强企业总销售额的24%。规模大、资金雄厚的跨国公司拥有的各种知识产权，无论是数量上还是质量上都是其他类型企业难以企及的。2017年《国际植物新品种保护公约》（International Convention for the Protection of New Varieties of Plants，UPOV）有效品种权拥有量居前五的国家和地区分别为欧盟[①]、美国、日本、荷兰[②]、中国，其中欧盟拥有有效品种权25 914件，占全球20.51%；美国25 238件，占全球19.98%；日本8490件，占全球6.72%；荷兰8389件，占全球6.64%；中国7723件，占全球6.11%。与出口额排名对比发现，在种业国际竞争中，谁拥有更多的知识产权，谁就取得了市场的主动权和发展的优先权（李菊丹，2019）。

从市场角度看，世界种业的发展是一部并购史。在过去20多年里，全球种子企业进入持续的行业整合期。在1997～2015年，排名前几的公司市场份额大幅增加，而处于中间水平的种子公司市场份额停滞不前，一定数量的中小企业消失或被淘汰吸收。特别是在2004～2008年，行业集中度大幅提升，世界种业形成了以农化集团为基础的六大集团，即孟山都、杜邦、先正达、拜耳、陶氏和巴斯夫，几大种业巨头的规模优势日益凸显。2015～2016年"六大集团"之间的新一波并购浪潮进一步增加了龙头企业的市场份额。除巴斯夫之外的"六大集团"都参与

---

① 指欧盟植物品种保护办公室收到的欧盟品种权申请和授权数量。
② 指荷兰国家品种权申请和授权数量。

了这一波并购和收购浪潮。2015年5月，孟山都试图收购瑞士公司先正达，但由于价格问题没推进。2015年12月，陶氏化学与杜邦先锋合并，成立新集团——陶氏杜邦公司（DowDuPont）。2016年2月，中国化工集团有限公司以430亿美元的价格收购了先正达。2016年9月，德国拜耳以660亿美元的价格收购了孟山都。随着上述并购案的陆续落地，一个全新的行业格局正慢慢形成，全球农化行业竞争进入新的阶段（闫书颖，2007；张丽霞，2020）。

从技术角度看，植物育种技术的发展和产业化应用对世界种业发展起关键推动作用。农作物的驯化始于大约1万年前，人们开始尝试种植一些可食用的野生植物。19世纪末和20世纪上半叶，大多数农民把收获的种子保存起来并对其进行群选，为下一季选择种子。20世纪初，基于孟德尔的遗传法则，一些小型私营企业开始采用这种更高效的选择方法选育种子。第二次世界大战后随着杂交技术的出现，商业种子的比例有很大的提高，但种子企业的集中程度仍然相当低。20世纪70年代至80年代，伴随着杂交技术的扩散和杂交种子的普及，农业产业的机械化水平不断提高等，产业利润快速流入农化企业和生物技术企业手中。20世纪80年代末至21世纪初，全球生物科技迅猛发展，生物育种成为育种的重要手段，尤其是90年代中期，基于生物技术开发的转基因作物的商业化推广，推动种业的市场价值高速增长（闫书颖，2007；James，2013）。

1.1.2 发展趋势

综观世界种业的发展现状，总体呈现出两大趋势：一是行业高度集中，兼并重组成为企业发展方向，产业化规模不断扩大，国际化竞争能力不断增强；二是科技化水平不断提高，高新科技和人才成为未来种业竞争的焦点（谭世梅，2018；陈燕娟，2020）。

1. 企业的集中化和规模化发展

种子行业已经形成了寡头垄断的格局，行业的集中更利于实现资源优化配置、产品优势互补和提高经济效益，从而充分发挥种业集团公司的规模优势。目前，企业主要通过资本运作、相互兼并和不断扩大经营规模来适应市场需要，形成了三种类型的大型种业集团。例如，以陶氏杜邦公司为代表的种子公司，以经营玉米种子为主，其科研、生产、经营的种子从玉米扩展到大豆、棉花、高粱、蔬菜等多种农作物种子，实行多元化的纯粹的种子经营战略；以美国的孟山都集团为代表的公司，以各类控股或参股形式进入化工、农药、医药等行业，对传统的种子公司进行改造，打造了一个生物技术研究创新的新领域；以法国的利马格兰种业集团为代表，由最初的种子专业公司发展成为集种子经营、生物技术研究、食品加工等相关业务于一体的庞然大物。从目前的趋势来看，未来世界种业的集中程度会越来越高，将逐渐形成少数几家跨国公司垄断经营世界种业的格局。

2. 更加注重技术研发

为了保证有足够的新品种不断向生产领域转移，各国政府和企业十分重视新品种选育和优良种质的开发与创新，大幅度增加科研经费投入。西方发达国家的大型种业集团一般将其销售收入的 10% 左右投入研究和开发领域，有的甚至高达 15%～20%。通过现代生物技术与传统育种技术的结合，加快育种进程，持续不断地获得具有较好市场前景的突破性的新品种，维持了这些种子公司在种子知识产权中的垄断地位。例如，美国的孟山都公司的生命科学中心，已完成大豆、玉米、番茄、西瓜、马铃薯等作物品种的基因测序，可以根据需要，按照育种目标选择目的基因进行配组，提高育种速度，提高育种目标和选择优良性状的准确度。

1.2 中国种业发展情况

1.2.1 基本现状

我国是农业大国，农业种植面积居世界第三，种业市场规模庞大。我国农作物种业经历了未成形阶段（1978 年前，以自留种为主），初步发展阶段（1978～1982 年，有计划有组织地制种、供种），市场化探索阶段（1983～1994 年，打破计划经济体制，市场化经营），改革深化阶段（1995 年至今，规范市场，重视科研创新）。种子作为农业活动中重要的生产资料，在我国需求量庞大。近些年来，我国种业市场规模整体呈上升趋势。2011 年我国种业市场规模为 990 亿元人民币，2016 年之后基本在 1200 亿元人民币左右浮动，已成为仅次于美国的全球第二大种子市场。截至 2018 年底，中国纳入种业基础信息统计的持有效种子生产经营许可证的企业数量为 5663 家（农业农村部种业管理司等，2019）。虽然我国种业经过多年的发展，取得了较大的成绩，但是由于起步晚，投入不足，我国种业与发达国家相比有较大差距，存在不少问题，如行业分散，产业化规模与发展脱节；投入不足，缺乏科技创新能力；品牌意识差，营销手段单一；对培育的新品种的知识产权重视不够或缺乏保护能力；种子经营与推广方面规范性不足等（马跃文，2018；谭世梅，2018）。

世界十强的种业企业在同期种子贸易额中所占份额达 35.0%，而我国目前十强种业企业只占全球种子市场销售额的 0.8%。2018 年，全球十强种子企业中我国种子企业有两家，先正达（中国化工）和隆平高科，其中先正达（中国化工）是由中国化工集团有限公司 2016 年收购瑞士先正达并购重组而来，因此中国本土种子企业居于全球种子企业前十位的仅有隆平高科。2018 年隆平高科营业额为 5.20 亿美元，与德国拜耳的 107.73 亿美元相比仍有不小的差距（毕文停，2020）。

我国种子市场规模虽然庞大，但在新中国成立初期农业生产实行计划经济体制，从而制约了我国种子企业的发展。自我国加入世界贸易组织（WTO）以后，我国庞大的种子市场吸引了许多国外跨国种子公司，这些跨国种子公司科研育种能力强大，资本实力雄厚，市场调研和市场推广能力强，给我国种子产业带来活力的同时也造成了巨大的冲击，国内种业市场由"洋品种"长期占据主导地位。另外，我国很多作物种质资源被国外偷取和克隆以后，又反过来成为跨国公司制约我国专利技术发展的手段。例如，我们的野生大豆种质资源被国外获取后通过分子标记等手段申请超过 160 项专利。在转基因水稻方面，我国最有可能商业化的 3 种转基因水稻，其多项专利属于外国公司，这可能导致中国对主粮失去控制（马跃文，2018）。

1.2.2 发展趋势

针对目前我国种业发展中存在的问题，需进一步借鉴国外种业发展的经验，转变发展思路。如对传统育种技术进行改造，利用生物技术向传统育种技术进行渗透，提高农作物的育种效率，向以生物技术为代表的高新育种技术转变。进一步推进种业现代企业制度的建立和完善，联合科研院所组建育繁推销一体化的种子公司。进一步加大对种子行业的投入，包括增加对种子基础科研、高新技术研究和种业基础设施建设的投入。打破市场壁垒，树立品牌意识，完善营销策略，进一步促进种子企业的规模化、集团化发展（谭世梅，2018）。

当前，中国种子产业正处在一个由非持续发展向持续发展的转化过程，只有实现经济体制由计划经济向市场经济的转变，经济增长方式由粗放型向集约型的转变，才能实现种子产业的可持续发展（马跃文，2018）。我国农业耕地面积辽阔，农业作物产量巨大，但我国农业只"大"不"强"。我国培育并推广的"杂交水稻"解决了数亿中国人民的吃饭问题，但大豆、棉花等重要的农作物产业对进口依赖性大，很多重要的农作物种子无论是品质上还是价格上都没有优势，整个种业的现代化发展之路还很长（毕文停，2020）。

1.3 中药材种业发展情况

我国常用中药材有 600 种左右，其中约 300 种已实现人工栽培，约 300 种依赖野生采集。全国中药材种植面积持续增加，根据全国农业技术推广服务中心实地调研和各省份调度反馈，2019 年中药材种植面积约 7475 万亩（1 亩≈666.7m^2，后同），产量超过 1325 万 t，面积较 2017 年国家中药材产业技术体系统计的 6799 万亩增加 9.94%。根据全国农业技术推广服务中心实地调研和各省份调度反馈，推测中药材种业的总产值为 80 亿～100 亿元。中药材是中药的源头，是中医治疗疾病的物质基础；中药材种子种苗则是中药源头的源头，中药材种业的健康发展是中医药治疗疾病的重要保障。

1.3.1 中药材种业发展成效回顾与经验总结

1. 主要成效

（1）推进了《中药材种子管理办法》的制定

《中华人民共和国种子法》（简称《种子法》）自 2000 年 7 月 8 日颁布实施以来，先后进行了 4 次修订，在 2015 年 11 月 4 日修订、2016 年 1 月 1 日正式实施的版本中首次提及中药材种，将中药材种纳入农作物中的非主要农作物管理；现行版，即 2021 年 12 月 24 日修订、2022 年 3 月 1 日实施的版本中，关于中药材种的规定沿用 2016 年版本。2016 年开始，农业部（现农业农村部）、国家中医药管理局相关司局就中药材品种审定与登记等事宜进行了多次协商并达成共识，联合推动相关工作。2016 年 3 月，农业部、国家中医药管理局召开协商会，成立由黄璐琦院士担任组长的起草小组，着手研究并起草《中药材种子管理办法》。小组成立后，先后赴河北、云南、甘肃等地开展实地调研，召开了多次座谈会和研讨会，起草了《中药材种子管理办法（草案）》（以下简称《草案》）。《草案》在《种子法》体系框架下，涵盖了对中药材种子管理的品种登记制度、生产经营许可制度、资源保护制度、档案管理制度及标签标识制度等内容，力图通过规范主体生产经营行为、严格产品质量管理、强化资源保护等措施，促进中药材种业转型升级。目前，《草案》正在农业农村部和中医药管理系统征求意见，在做进一步完善，按程序将于近期联合发布。

（2）研制了一批中药材种子种苗标准

与农作物相比，中药材种业质量体系建设相关工作涉及的生产经营、质量控制、管理体系与规章制度等还非常落后，中药材种子种苗标准体系建设近些年才逐步推进。2014 年，由中国中医科学院中药资源中心、中国农业科学院特产研究所、北京理工大学生命学院共同承担，制定并颁布了我国第一个中药材种子种苗国际标准化组织（ISO）国际标准——《人参种子种苗国际标准》。2017 年年初，由中国中医科学院中药资源中心牵头，联合国内多家有关科研院所、企事业单位，启动了以 100 种常用中药材种子种苗为主要研究对象开展的质量标准制定工作。2017 年，中华中医药学会发布了《中药材种子种苗质量标准编制通则》《中药良种繁育技术规程编制通则》团体标准，发布了第一批 62 项中药材种子种苗质量标准，2018 年发布第二批 77 项。另外，在国家中医药管理局组织建设的 28 个国家中药材种子种苗繁育基地建设过程中，通过与科研院所合作，结合生产实际，形成了种子种苗质量标准、繁育技术规程草案 200 余项（未发布）。目前形成的中药材种子种苗系列标准，有力推进了中药材种子种苗质量标准化。

（3）支持了一批国家中药材良种繁育基地

为了做好国家基本药物所需中药材种子种苗繁育基地建设工作，2012 年 7 月，国家中医药管理局中药资源普查试点工作领导小组办公室组织制定了"国家基本药物所需中药材种子种苗繁育基地建设目标和基本要求"，该任务在第四次全国中药资源普查试点工作开展之初即被纳为四项重点任务之一。根据任务目标，依托试点基地已有工作基础，联合科研院校、业内企业等 140 余家建设单位，先后在全国 20 个省份布局建设了 28 个中药材种子种苗繁育基地，子基地合计近 180 个。其中，2012 年和 2013 年，分两批在吉林等 12 个省份建设了中药材种子种苗繁育基地，繁育的药材种以大宗常用药材种为主；2015 年，在河北等 11 个省份建设的中药材种子种苗繁育基地，繁育的药材种侧重考虑药材本身或相对市场需求的稀缺性，多方面保障药用种质资源的繁育与供应。2019 年 5 月，农业农村部组织开展了第二批国家区域性良种繁育基地认定工作。此次评审并认定的基地包括安徽省霍山县、福建省邵武市、山东省平邑县、湖北省英山县、湖南省邵东县（现为邵东市）、甘肃省陇西县、贵州省大方县、云南省云县等 8 个中药材繁育基地。繁育基地的认定工作有利于优质和规模化中药材繁育基地的扩大建设和品牌塑造，起到了示范引领作用。

（4）选育了一批中药材新品种

近十年来，中药材品种选育工作在国家大力扶持下已经积累了一定基础。在选育的中药材数量和质量、选育的技术水平和人才队伍建设方面取得了一定的成绩，特别是国家"十一五"科技支撑计划项目专门设立了"生物技术与中药材优良品种选育研究"课题，首次大规模支持了多种中药材新品种选育或种质创新研究。后续国家中医药行业科研专项"荆芥等 9 种大宗药材优良种质挖掘与利用研究"等项目，以及国家中药材产业技术体系、国家科技支撑计划项目等均支持了中药材新品种选育工作。据不完全统计，已有北柴胡、丹参、薏苡、青蒿、荆芥、桔梗等药材优良品种超过 600 个。其中，在国家中医药管理局组织建设的"28 个国家中药材种子种苗繁育基地建设"项目支持下，审定或登记中药材新品种 19 个，育有新品种的中药材中既有甘草、柴胡、桔梗等常用中药材，也有人参、三七、石斛等贵细中药材。通过国家中药材产业技术体系的工作推动，自 2017 年以来，审定或登记新品种 37 个，其中产业化推广较好的品种包括：麦冬新品种'浙麦冬 1 号'，浙贝母新品种'浙贝 3 号'，红花新品种'豫红花 1 号'，沉香新品种'热科 1 号沉香'和'热科 2 号沉香'，等等。

2. 主要经验

（1）以新品种选育和应用为抓手，推动种子生产专业化和良种化

2017 年农业农村部在现代农业产业技术体系中新设的中药材产业技术体系，

年投资2990万元推进中药材产业发展,其中专门设立了中药材育种岗位科学家和配套试验站。通过项目支持,2017~2021年审定或登记新品种37个。通过现代农业产业技术体系等机构支持中药材育种事业,尽快实现中药材品种创新从"选"向"育"转变,进而推动中药材种子生产专业化和良种化。另外,通过制定相关政策,加快已有品种推广。如吉林省现已审定的人参品种有14个,其中在生产上推广面积较大的品种有'集美1号''新开河1号''新开河2号''福星1号'等。2019年为了提高人参生产质量,吉林省农业农村厅批准200hm^{2}人工林采伐基地发展人参种植业,其主要申报项目指标就是企业应有自主知识产权人参新品种,这一政策进一步促进了人参新品种选育研究及人参良种的生产与利用。

(2)建设国家级中药材繁育基地,提升优质种子的商业化供应能力

2012~2017年,在国家中医药管理局的推动下,先后在我国20个省份布局建设了28个繁育基地、180个子基地,涉及约160种中药材种子种苗,建成面积累计近7万亩,数十个品种可实现商业化供应。据2019年国家中药材产业技术体系提交的《中药材(区域性)良种繁育基地发展情况报告》数据信息,2016~2018年,从整体上看,可统计到的中药材良种核心繁育(示范)基地种子产量分别为9547.32万kg、8121.78万kg和7944.74万kg,种苗产量分别为579 432.82万株、852 245.4万株和1 093 010.95万株。其中,核心繁育(示范)基地面积前五位的肉苁蓉、白木香、银柴胡、菟丝子、蕲艾等品种种子种苗产量分别达到了3.65万kg、1344万株、100万kg、400万kg和200 000万株。这些核心繁育(示范)基地为中药材的生产提供了大量的优质种源。2019年,农业农村部首批认定了8个中药材制种大县,对其中药材种子科研、种子生产、良种良法配套示范等予以支持,形成以政府为主导、企业为主体、上中下游有机衔接的良好发展环境,极大地促进了中药材种子的繁育,提升了优质种子的商业化供应能力。

(3)培育龙头企业,带动中药材种业规范化发展

在黄璐琦院士等专家领导的积极推动下,由中国中药有限公司和广西华夏本草医药有限公司联合发起,于2015年4月在北京成立了国药种业有限公司(以下简称"国药种业"),公司注册资金10 000万元,取得了国家相关部门颁发的种子生产经营许可证,是国内目前唯一一家以中药材种子种苗生产经营、技术服务和质量分析检测为主营业务的中央企业。通过7年多的培养,公司研制并实施《中药材种子种苗生产经营质量管理规范》《优质中药材种子种苗供应商认定办法》《优质中药材种子种苗基地认定管理办法》,建设了"国药种业有限公司中药材种子种苗基原鉴定中心"和"国药种业有限公司中药材种子种苗质量评价与分析检测中心",研发了"中药材种子种苗质量追溯系统",并发布了多项"种子种苗质量企业标准",建设了11个繁育基地、3家仓储加工中心和2家销售门店。2020年,国药种业被认定为"高新技术企业",并申报入库"科技型中小企业"。目前,国

药种业已建设形成较为完备的生产经营体系、质量管理体系、研发技术体系和综合保障体系，具有多个核心产品、核心标准和核心技术，初步摸索形成了"中药材种业"的商业模式，初具较好的市场竞争力，对行业起到了较好的示范引领作用，带动了中药材种业的规范化发展。

1.3.2 中药材种业发展面临的机遇与挑战

1. 中药材产业形势分析

（1）中医药产业持续稳步增长

随着全球经济的稳步发展、人口总量的持续增长、老龄化程度的不断加剧、民众健康意识的不断增强，新兴国家城市化建设的推进和各国医疗保障体制的不断完善，全球药品市场呈持续增长趋势。根据艾美仕市场研究公司（IMS Health Inc.）的统计数据，2010~2016年，全球药品市场销售总额由7936亿美元增长至10 762亿美元，年均复合增长率约4.45%，高于同期全球经济增长速度。

我国是世界第一大原料药生产和出口国、世界第二大非处方药（OTC）市场、全球第三大医药市场。在中药现代化战略的推动下，我国大中药产业逐渐形成，已成为我国快速增长的产业之一。2014~2017年我国医药工业规模以上企业实现主营业务收入年均增速达11%，实现利润总额年均增速达13.5%。2016年中药工业规模以上企业主营业务收入8653.4亿元，其中包括中药饮片同比增长12.66%，中成药同比增长7.88%；2017年中药饮片加工2165.30亿元，同比增长16.7%，中成药生产5735.8亿元，同比增长8.4%。随着人们对中药产品需求扩大，中药材市场规模不断扩大，中药饮片行业稳健发展，我国中医药大健康产业的市场规模约占整个医药产业工业总产值的1/3。

（2）各项重大利好政策的出台为中医药产业发展带来难得机遇

2016年2月22日，国务院印发了《中医药发展战略规划纲要（2016—2030年）》，把中医药发展上升到国家战略的高度，对新时期推进中医药事业发展做出系统部署。2017年7月1日起正式实施的《中华人民共和国中医药法》是我国中医药事业发展的里程碑，第一次从法律层面明确了中医药的重要地位、发展方针和扶持措施，为中医药事业发展提供了法律保障。党的十九大报告特别指出要实施健康中国战略，离不开传统的中医药。2019年10月25日，全国中医药大会在北京召开，会上传达学习了习近平总书记的重要指示、李克强总理的批示，中共中央政治局委员、国务院副总理孙春兰出席会议并指出，要遵循中医药发展规律，坚定文化自信，深化改革创新，建设道地药材基地，强化质量监管，促进科技创新和开放交流，推动中医药高质量发展。2019年10月20日，中共中央、国务院发布《中共中央 国务院关于促进中医药传承创新发展的意见》，指出要健全中医药服务体系、发挥中医药在维护和促进人民健康中的独特作用、大力推动中药质量提升和产业高质量发展、加强中医药人才队伍建设、促进中医药传承与开放创新发展、改革完善中医药管理体制机制等。其中明确指出要"制定中药材种子种苗管理办法，评定一批国家、省级道地药材良种繁育"。2019年8月26日，新修订的《中华人民共和国药品管理法》提出"建立中药饮片追溯体系，保证中药饮片安全、有效、可追溯"，即需要建立药材和饮片的身份证，就是要通过"中药材种业"相关工作，解决这张身份证的问题，这将对行业有巨大的影响。另外，随着中医药对外交流与合作工作的推进及国家"一带一路"中医药相关利好政策的出台，中医药对健康和疾病的认知方法和治疗理念越来越受到国际社会的认同，为中医药服务贸易的继续深入开展带来了机遇。

国家相关政策法规的出台，体现了党中央、国务院对中医药发展的殷切期望，中医药事业迎来了"天时、地利、人和"的大好时机，中医药行业迎来了前所未有的发展机遇。

（3）以"有序""安全""有效"为目标推动中药材生产"八化发展"

为解决我国中药材产业发展基础仍然薄弱的问题，黄璐琦院士在"2018年全国中药材生产形势分析会暨农业农村部中药材专家指导组会议"上指出，随着中药材需求量的增加，中药材生产在规范化、规模化、组织化等方面，取得了显著成效。但是目前我国中药材产业发展基础仍然薄弱，主要表现为产业规模增长与产业管理机制发展不平衡，优良品种和先进的种植加工技术推广应用不充分。存在的主要问题如下：一是全国中药材市场需求和中药材生产量、库存量缺少权威信息统计数据，生产发展存在盲目性；二是中药材种子种苗生产经营管理不规范，良种覆盖率不足，种子种苗品种混杂、质量参差不齐；三是中药材种植的标准化生产水平低，登记农药产品少，连作障碍、土壤污染问题突出；四是基础设施条件差，现代农业技术装备缺乏，田间管理机械化水平低；五是产地加工条件落后、产业链短、精深加工少、产品附加值低；六是专业技术人才缺乏，农技部门技术力量薄弱，注重产量、忽略质量，注重经济效益、忽略生态效益。同时强调，针对以上问题，中药材生产下一步工作的重点是以"有序""安全""有效"为目标，推进中药材生产"八化发展"，即产地道地化、种源良种化、种植生态化、生产机械化、生产信息化、产品品牌化、发展集约化及管理法制化。

（4）中药材生产供给侧改革促进中药材产业高质量发展

中医药作为我国独特的卫生资源、潜力巨大的经济资源、具有原创优势的科技资源、优秀的文化资源和重要的生态资源，在经济社会发展中发挥着日益重要的作用。由于中药材生产、流通、消费和资本等方面存在的各种问题，中药材产业在以后相当长一段时间都会面临严峻挑战。要想破解中药材产业发展的难题，就必须坚持高质量发展，大力推进中药材生产供给侧结构性改革。中药材生产也必将由重规模求数量的发展模式，转变为重质量求效益的发展方向，中药材产业的竞争也将从单纯产品质量竞争升级到全产业链质量管控的竞争。中药材种质资源是优质中药材的物质基础,加强中药材种质资源收集、保存、评价和价值挖掘,加大中药材生产中优良品种的推广力度,构建全国一体化的中药材种子种苗供应保障平台,确保优质种源的持续稳定供应,从源头上保障中药材品质。

2. 中药材种业发展存在的问题分析

（1）中药材种业市场主体小、散、乱

中药材种业市场还处于起步阶段,在经营规模、研发投入和市场占有率方面均远远落后于农作物种业。截至 2018 年,我国有中药材种子种苗经营资质的企业只有 61 家,其中登记种类仅为中药材种子的经营企业只有 18 家,产值不足 10 亿元。中药材种子种苗交易仍以个体农户交易为主。门店交易无经营许可证,种子无包装,种子种苗缺少质量标准,区分其优劣主要是凭经验,从外观、产地、干湿度、净度、发芽率、产量大小、纯度、饱满度、陈新度等这几个方面进行判断,无从保障质量。目前,中药材种子种苗生产大部分仍然处于半原始生产和自然采集阶段,多数中药材的种子依赖野生采集和自留种。市场大量存在掺旧种子、假种子、陈种子再加工、以劣质种混充好种等现象。种子存在无加工生产、无包装、无质量保障,种子质量参差不齐等一系列问题。

（2）中药材种业政策法规不健全

近几年农作物种子管理的相关法律和法规得到了进一步完善和修订。除了《种子法》,2016 年 8 月 15 日起《农作物种子生产经营许可管理办法》开始实施并经过多次修订。其中 2011 版第十二条规定,经营农作物种子的,应当依法取得农作物种子经营许可证。2015 版规定农作物种子的生产、经营实行许可制度,许可证实行分级审批发放制度。配套《种子法》的管理办法均未单独列出中药材种的相关规定,中药材种在各项内容中均归类为农作物中的非主要农作物管理。2016年开始,农业农村部、国家中医药管理局相关司局就中药材品种审定与登记等事宜进行了多次协商并达成共识,联合推动有关工作,制定和颁布《中药材种子管理办法》势在必行。

（3）中药材种业质量监管体系不完善

与农作物相比,中药材质量标准体系建设相关工作涉及的生产经营、质量控制、管理体系与规章制度等还非常落后。我国中药材种子种苗商品化率十分低,仍然是中药材生产的附属产品,处于一种自产自销的原始生产状态,产业发展尚处于培育期,未形成独立的产业,在质量标准和质量管理方面均存在以下两方面的缺失。①质量体系建设对比。农作物、牧草等大多数种子均有质量标准和检测规程,其相应的种子质量检测体系完善,检测机构在全国均有分布。几年来虽然发布了 100 余个中药材种子种苗团体标准,但发布的国家和行业标准还是相对太少，多年来增幅不大，同类标准名称不尽一致，标准研制地区差异显著。②管理体系与制度建设。农作物、牧草等的法规、政策、办法、标准等体系完整，并有国家、省、市、县种子管理体系，具有完善的审定制度、鉴定制度和区试体系，审定和鉴定的品种才能用于生产，种子抽检制度更是常规工作。而中药材相应的管理体系基本为空白，种子种苗一般为农户自行生产，任意经营。

目前，通过中国计量认证（China Metrology Accreditation，CMA）认证的中药材种子质量检测机构只有少数几家，建立了比较完善的质量管理体系的中药材种业公司（如国药种业有限公司）更是屈指可数。基地种子生产大户或合作社对种子质量意识淡薄，很少将种子送到相关机构进行检测，常常造成种子质量纠纷事件。此外，市场种子销售门店一般只能提供产地和采收时间等基本信息，种子发芽率仅通过简单的方法进行测试或通过经验进行判断。另外，中药材种子种苗质量追溯体系尚未在业内广泛使用，中药材种业的质量追溯体系还需不断完善，其广泛使用还需从政策法规、宣传推广方面加以推进。

（4）中药材种业育繁推一体化协同体系还未形成

中药材产业和现代农业体系相比差距明显，多延续传统的粗放经营模式，种植管理水平低下，种子种苗由药农自引、自繁、自留、自用，种质混杂、退化、抗病性差等现象十分严重，造成中药材产量高低悬殊，商品外观形态不一，有效成分含量不稳定。目前，我国有300余种中药材实现了人工栽培，但是作为"源头工程"的良种选育却是薄弱环节。"源头工程"缺位，成为制约中药材规范化生产的主要瓶颈之一。因此，培育高效、优质、抗逆的中药材新品种是解决上述问题的重要手段。虽然植物新品种保护名录中增加了人参、天麻、荞麦属等十几种药材。但绝大部分药材如甘草、半夏等没有制定特异性（distinctness）、一致性（uniformity）、稳定性（stability）（合称DUS）测试指南，无法纳入农业植物新品种保护名录，因此要加大对中药材DUS测试指南的研制。

我国自20世纪80年代即开始实现部分野生中药材向家种中药材转变，种子来源也逐步由野生采种向人工制种转变。近年来，中药材人工制种、育苗面积虽然取得一定规模，但由于没有统一的标准化生产技术规程，大多为农户自发组织开展制种或育苗，导致生产的中药材种子、种苗质量参差不齐、差异较大，无法从源头上保证所生产的中药材的质量与品质。基于此，《全国道地药材生产基地建设规划（2018—2025年）》明确指出要开展道地药材良种繁育，分品种、分区域集成道地药材种子种苗繁育技术规范，开展道地药材提纯复壮、扩大繁育和展示示范，提升优良种子种苗供应能力。因此，迫切需要依据道地药材区划建设完善的中药材制种及育苗技术体系。

《中华人民共和国中医药法》《中华人民共和国药品管理法》《中医药发展战略规划纲要（2016—2030年）》进一步强调了保障中药材质量安全的重要性，明确了中医药作为我国独特的卫生资源、潜力巨大的经济资源、具有原创优势的科技资源、优秀的文化资源和重要的生态资源，在经济社会发展中发挥着重要作用。要遵循中医药发展规律，传承精华，守正创新。而中药材种子种苗是中医药发挥疗效的"源头和核心"，促进中药材种业的健康快速发展是确保中医药"传承精华，守正创新"的重要和必不可少的工作。中药材种业作为我国的国粹之一，需要进一步加强扶持，逐步建立中药材种业的创新、产业和治理三大体系，并推动市场健康发展。

第 2 章　中药材种质资源收集保存和评价利用

中药材种质资源的保护和利用是中药材遗传改良及新品种选育的前提条件，是稳步推进道地药材基地建设的重要保障，是大力推动中药质量提升和产业高质量发展的物质基础。当前中药材种质资源的研究多集中于单一品种或部分区域的保存与评价利用，缺乏系统性研究与体系建设。本章通过综述近年中药材种质资源收集保存与评价利用等方面的研究进展，结合农业农村部国家中药材产业技术体系相关工作进展，阐明当前中药材种质资源收集保存和评价利用的现状、问题及趋势，为今后中药材种质资源的收集保存与评价利用提供参考依据。

2.1　种质资源的概念

2.1.1　种质资源

种质资源是指携带生物遗传信息的载体，且具有实际或潜在利用价值（刘旭等，2018）。种质资源泛指一切可遗传的资源，是遗传材料的总称。种质资源主要分为植物、动物、微生物等类别，其中植物种质资源数量较为丰富，包括农作物、林业、中药材等资源。

2.1.2　农作物种质资源

农作物种质资源是农业科技原始创新、现代种业发展的物质基础，是保障国家粮食安全、生物产业发展和生态文明建设的关键性战略资源，其研究与利用也是国家在农作物育种领域国际核心竞争力的重要体现。近些年发布的《全国农作物种质资源保护与利用中长期发展规划（2015—2030 年）》，以及第三次全国农作物种质资源普查与收集行动等均表明国家对农作物种质资源的重视。农作物种质资源的表现形态主要包括种子、器官、组织、细胞、染色体、基因和 DNA 片段信息等，材料类型主要包括野生近缘植物、育成品种、地方品种、品系、遗传材料等。

农作物种质资源的收集、保存及应用等研究体系较为完备，国家级种质库及研究中心发展迅速。农作物种质资源评价与应用研究多集中于种质鉴定及遗传多样性研究，方法上多应用单核苷酸多态性（single nucleotide polymorphism，SNP）等新一代分子标记和多种分子标记及基因组分析技术综合应用相结合（Anoumaa et al.，2017；Baloch et al.，2017；Baytar et al.，2017；Chen et al.，2017；Dai et al.，2017；张爱民等，2018）。农作物种质资源研究涵盖资源收集、保存保护、鉴定评价、基因挖掘、种质创新及共享利用等方面（Able et al.，2007；Edwards and Batley，2010；Rawat et al.，2016）。

2.1.3 中药材种质资源

中药材种质资源是指具有实用价值或潜在实用价值的任何含有遗传功能的材料，可用于中药材保存与利用的一切遗传资源（王文全等，2006）。中药材种质资源的表现形态主要包括活体材料（种子、种苗等繁殖材料）、离体材料（悬浮细胞、原生质体、愈伤组织、分生组织、芽、花粉、胚、器官等）、药材、植物标本、DNA 及其片段信息、基因及基因组信息等（薛达元，2005；张俊等，2011；赵小惠等，2019），其中种子、种苗等活体繁殖材料是中药材种质资源的主要表现形态。中药材种质资源材料类型主要包括野生资源、常规栽培品种、驯化种、选育品种、地方品种、品系、特异繁殖材料等。中药材种质资源是中药材新品种选育及道地药材遗传改良的材料来源，是提高中药材质量和生产技术水平的物质基础，是中医药产业的源头，是提高中药产业国际地位、增强国际竞争力的重要战略资源（陈士林等，2019）。

2.1.4 中药材种质资源保护的意义

中药材种质资源对于中药材良种培育意义重大。在中药材的良种培育和推广工作中，优胜劣汰，适者生存，性状差的种质必然要让位于性状优良的种质，这是不可抗拒的。目前，全国都在培育适应性强、质量佳、产量高的中药材新品种。然而，在中药材良种培育过程中，如果可供利用的种质资源少，产生的有利变异就少，培育成良种的机会也就减少。在自然环境遭到严重破坏的过程中，那些分布局限、生态幅度小的药用植物种类受到较大的损害，当其种群降低到一定数量之后，必然失去一些生态类型，物种的遗传多样性降低，加之改变了自然更新的条件，造成这些种类濒危和灭绝，海南细辛、海南裸实、野生人参、石斛、七叶一枝花、薯蓣、暗紫贝母等数十种药用植物已绝种或陷于濒危。我国制定的第一批 354 种濒危植物目录中，就包含药用植物 100 余种。栽培中药材的原始种往往来自很少量的野生群体，在育种和引种驯化过程中，为选择专一目标，虽然提高了有效成分含量，有毒或无毒的成分含量减少或消失，药材的产量增大，但随着药用植物品种改良水平的提高，遗传基础日益狭窄，减少了遗传性状的储备，加速了某些种质的遗失。新育成的品种只能代表亲本群体中遗传因子的一小部分，成为人类所驯化的经济性状优异而遗传物质单一、贫乏，栽培性状和理化性状均一的生态类型，这种生态类型所蕴藏的遗传基础极其有限，限制了进一步的改进。这种遗传多样性的大幅度减少，又加剧了其面对病虫害破坏的脆弱性，一旦遇到新的或毁灭性的打击，便要付出极大的代价。有关药用植物育种和驯化的大量研究表明，不同生态型具有各自生产和育种潜力，是培育良种药用植物的基础和前提。因此，只有尽可能多地保存药用植物不同生态类型，才能保存它们在自然条件下遗传的完善性；只有具有广阔遗传基础的药用植物育种计划，才能丰富和保存育种的种质资源,为育种提供有利变异,充分发挥种质资源优势。

2.1.5 中药材种质资源保护相关法规

自1956年开始,我国已公布的涉及生物资源管理与保护的法规、条例等已有数十项,其中与中药资源保护密切相关的主要有《中华人民共和国森林法》(1984年)、《中华人民共和国草原法》(1985年)、《中华人民共和国渔业法》(1986年)、《中华人民共和国野生动物保护法》(1988年)、《中华人民共和国自然保护区条例》(1994年)、《中华人民共和国野生植物保护条例》(1996年)、《中华人民共和国种子法》(2000年)、《林木种质资源管理办法》(2007年)等。这些法律法规的实施有效促进了中药资源的保护和培育进程。例如,1994年的《中华人民共和国自然保护区条例》有效保护了国家重点保护野生动物和珍贵植物的栖息地,对保护野生中药资源起到了重大作用。1996年的《中华人民共和国野生植物保护条例》对野生植物资源实行加强保护、积极发展、合理利用的方针,鼓励和支持对野生植物的研究、就地保护和迁地保护,有效促进了中药资源的可持续利用。2004年的《中华人民共和国野生动物保护法》对野生动物资源的保护、驯养繁殖、合理开发利用做出了具体的规定,减少了对药用动物资源的滥捕滥猎,尤其是对一些珍稀濒危药用动物,制定了极其严格的保护制度。2007年的《林木种质资源管理办法》,明确了林木种质资源的基础材料,明确了林木种质资源的形态及林木种质资源建设的要求,这为林木类中药材的保护及可持续利用提供了重要保障。

同时,我国也逐渐制定了一系列中药种质资源保护的法律法规。例如,1987年国务院发布的《野生药材资源保护管理条例》,是我国第一部将中药资源保护以法律形式确定下来的专业性法规。该条例对中药资源实行保护、采猎相结合的原则,并创造条件开展人工种养。其正式实施使中药资源保护与管理有法可依,有效遏制了对中药资源的破坏,对维护生态平衡、保护和合理利用中药资源、适应人民医疗保健事业的需要,有着重要的意义。

1992年,我国在联合国环境与发展大会上签署了《生物多样性公约》。为了更好地履行承诺,我国政府在国内组织和实施了一系列行动和措施。1993年,《国务院关于禁止犀牛角和虎骨贸易的通知》指出:取消犀牛角和虎骨的药用标准,今后不再将犀牛角和虎骨作药用。1994年发布了《中国生物多样性保护行动计划》,规定了亟待保护的植物151种,其中药用植物19种。该计划对我国中药资源保护影响全面而深远,改变了传统中药资源保护的内容和目标,从生物多样性角度加强对中药资源的保护,即从中药资源物种多样性、遗传多样性、生态多样性三个方面保障中药资源的可持续利用。

医药卫生领域也制定了多项与中药资源保护相关的法律规范。2001年修订的《中华人民共和国药品管理法》在第三条规定,国家保护野生药材资源,鼓励培育中药材。这是我国首部正式确立的保护中药资源的法律。2002年国家药品监督管理局通过了《中药材生产质量管理规范（试行）》（试行版 GAP）；2022 年 3 月，国家药品监督管理局、农业农村部、国家林业和草原局、国家中医药管理局发布了《中药材生产质量管理规范》（GAP），GAP 的实施一方面有利于保障中药材的安全性和有效性，另一方面使得野生中药资源供应压力得到缓解。2003 年《中华人民共和国中医药条例》第二十九条规定国家保护野生中药材资源，扶持濒危动植物中药材人工代用品的研究和开发利用。

2017 年 7 月 1 日起正式实施的《中华人民共和国中医药法》是我国第一部专门为继承和弘扬中医药、保障和促进中医药事业发展、保护人民健康制定的法律。该法律明确指出"国家保护药用野生动植物资源，对药用野生动植物资源实行动态监测和定期普查，建立药用野生动植物资源种质基因库，鼓励发展人工种植养殖，支持依法开展珍贵、濒危药用野生动植物的保护、繁育及其相关研究"。

2.2　中药材种质资源收集与保存

中药材种类复杂多样，目前对中药材种质资源的研究多集中于单一品种或部分区域的中药材品种，缺乏中药材种质资源收集、保存及评价利用的相关行业标准与技术规范，缺乏相关的理论研究体系，更缺乏相关的法规和制度建设。中药材种质资源的研究、保护与利用需多借鉴农作物种质资源管理办法及相应的重点行动，以收集与保存为重点，以评价与利用为核心，以创新和挖掘为导向，完善各项技术标准与规范，建设中药材种质资源理论研究与评价体系，建立信息共享平台，加强优异种质资源深度挖掘，有计划有目标地开展中药材种质资源保护与利用研究工作。

2005 年，中国中医科学院黄璐琦研究员团队启动国家自然科技资源平台项目"药用植物种质资源标准化整理、整合及共享试点"项目，来自全国 20 多个省份 50 多家单位的 300 余名科技人员参与了该项目的研究。通过项目的实施，获取了丰富的药用植物种质资源，抢救和繁育了大批珍稀濒危资源。在此基础上构建了药用植物种质资源统一描述的标准体系，填补了药用植物种质资源系统收集、整理和数字化表达研究的空白，建立了药用植物种质资源共享网络系统，初步实现了药用植物种质资源信息与实物共享。

2.2.1　中药材种质资源收集

中药材种质资源的收集根据表现形态及材料类型的不同而方法不同。中药材具有道地性的特点，因此中药材种质资源的收集与中药材资源分布密切相关。中药材种质资源收集方法根据表现形态及材料类型等进行分类，且包括初步整理与种质资源信息收集等（张锋等，2013）。中药材种质资源收集形式以实地收集为主，可根据实际条件情况选择委托收集或邮寄收集等形式。

1. 收集原则

中药材种质资源收集以加强种质资源保护、促进种质资源合理利用为根本原则，收集数量应当以不影响原始居群的遗传完整性及其正常生长为标准。中药材种质资源每个收集点收集的数量和类型应具有代表性。中药材应根据物种的特点选择适合的表现形态及材料类型进行种质资源收集。禁止大量收集列入国家重点保护野生植物名录的野生种、濒危稀有种和保护区、保护地等的种质资源。针对具有特殊价值（如生态价值）的种质资源，应根据当地该居群的生物量等条件综合考虑后进行收集工作。

2. 收集方法

中药材种质资源的收集根据表现形态和材料类型分类不同而收集数量、时间及要求各不相同，详细收集数量及要求见表2-1。

表2-1 中药材种质资源收集数量及要求

分类依据	分类明细	收集数量/收集点	收集时间	收集要求
表现形态分类	种子	小粒种子（千粒重低于20g），100g以上 中粒种子（千粒重20~100g），12 000粒以上 大粒种子（千粒重100~400g），5 000粒以上	种子成熟后	一般按千粒重的大小确定种子收集数量，珍稀名贵等特殊、特色物种根据实际情况确定收集量
	种苗等无性繁殖活体材料	50~100株	适宜移栽成活的生长期	注意保土保湿措施以保证成活率
	离体材料	少量，以含顶端分生组织的器官培养物及胚性培养物为首选	全生育期	收集遗传稳定性强、再生能力强、成活率高的组织材料
	药材样本	500g	药材采收期	特殊药材适量减少收集量
	植物标本	3~5份	花果期	保证植物各部位完整
	DNA样本	5~10g	营养生长期	以茎叶类样本为主，DNA提取浓度大于50ng/μL，纯度（$OD_{260/280}$）为1.8~2.0
	基因及基因组	DNA片段、基因组参考文件、注释GFF文件、功能注释文件等	全生育期	注意数据准确性与完整性
材料类型分类	野生资源	根据资源分布与资源量确定收集数量，一般山区不同收集点相距50km以上，草原不同收集点相距100km以上	适宜移栽成活的生长期	多以县为收集单位，收集时需考虑居群代表性

续表

分类依据	分类明细	收集数量/收集点	收集时间	收集要求
材料类型分类	常规栽培种	100株以上	适宜移栽成活的生长期	以产地为收集单位
	驯化种、选育品种、品系及特异繁殖材料	100株以上	适宜移栽成活的生长期	以品种品系为收集单位，特异繁殖材料根据性状等特征而定

种质资源的收集多以地理地域分类（县乡等）为收集单位，野生种质资源需考虑收集单位内居群的分布与数量等。种质资源收集的数量没有明确的限定，与资源分布与蕴藏量相结合，同时考虑收集样本的代表性。

3. 种质资源信息收集

中药材种质资源收集后，需对每一份种质资源的信息进行收集与登记。建立悬挂或张贴标识，以及详细的资源信息表格，对收集的种质资源进行信息收集。信息收集主要包括资源编号、药材名称、植物名称、采集时间、采集地点［详细到村，含全球定位系统（GPS）信息］、采集数量、采集人等，对采集地的气候及土壤条件等信息进行简单记录，并对资源及生境进行多方位拍照。中药材种质资源实行统一的编号制度，同一收集点的不同类型种质资源代码不同以作区分，国家中药材产业技术体系遗传改良研究室种质资源收集与评价岗位对种质资源的编号规则如下：按药材首字母缩写+收集省份首字母缩写+收集时间（年月日）+资源数量编号+种质资源类型代码进行编号，其中收集省份首字母缩写海南为HI、河北为HE、河南为HA、陕西为SN、澳门为MO、香港为HK；种质资源样本类型代码中活体资源为HT、腊叶标本为LY、种子样本为ZZ、药材样本为YC、茎叶部位标本为JY。例如，甘肃收集的甘草种子样本，可编号为GCGS20191220001ZZ。

2.2.2 中药材种质资源保存

中药材种质资源的保存也根据表现形态及材料类型的不同而条件不同。中药材种质资源的保存策略主要分为就地保护、异地保存及种质资源信息库建设三种形式。

1. 就地保护

就地保护是指不改变中药材原有的生态环境，建立自然保护地，对中药材种质资源进行原地保存（王志安和俞旭平，2000；池秀莲等，2020），也叫原生境保存。就地保护的主要形式为建立自然保护区、森林公园、风景区、湿地公园等（薛达元和周可新，2011）。中药材自然保护区有利于长期保存珍稀、濒危、特色的中药材野生种质资源，且适宜保存生长多年才结种子、种子寿命较短的种质资源（李隆云等，2002）。每个自然保护区分为核心区、缓冲区和实验区，以便开展相应的研究活动。《2018 中国生态环境状况公报》统计数据显示，中国已建立不同类型自然保护区 2750 个（中国能源编辑部，2019），主要的中药材自然保护区包括长白山、大兴安岭、峨眉山、西藏、神农架等自然保护区。但就地保护也受到人力、物力等因素的限制，只能保存相对有限的物种，而且由于缺少人为干预，其保存的物种仍面临灭绝的风险（吴永杰等，2019）。

2. 异地保存

异地保存是指将中药材种质资源迁移至自然生长环境之外进行保存与保护（杨梅等，2015）。异地保存的主要形式分为种质资源圃、药用植物园、种子低温保存库、离体库（包括试管苗保存等）、药材库、植物标本、DNA 库等（卢新雄，1995）。

中药材种质资源圃及药用植物园是保存种苗等无性繁殖材料的主要形式。种质资源圃多为研究单位或公司建立单品种或多类型物种的活体资源保存的形式（王良信和尹春梅，2010；李华，2016），是进行单品种研究或满足公司业务发展需求的重要实验材料。药用植物园综合考虑种质资源保存、观赏等需求，多以地区重点品种为主，按照科属或习性等进行多品种划分与建设。种质资源圃及药用植物园建设应重点考虑经纬度及积温等生态气候因子数据，同时应定期对种质资源圃及药用植物园内种质资源进行无性繁殖扩繁或补充收集，以保证种质资源的数量与特征特性。

中药材种质资源低温保存库主要保存种子类资源。根据保存期限及贮藏环境分为超长期库、长期库、中期库、短期库、普通种子库等，详细条件要求见表 2-2。中药材种子资源按要求收集后，入库前对种子样本的净度及发芽率等进行测定，并按需求存入相应的保存库内。

表 2-2 中药材种质资源低温保存库类型

保存库	温度/℃	相对湿度/%	贮藏期/年
普通种子库	常温	常湿	0.25～0.5
短期库	10～15	50～60	1～3
中期库	0～5	30～40	约 15
长期库	≤-10	30～40	≥30
超长期库	≤-18	40	≥50

国家级植物低温种子库建设较为完善。自美国国家种子贮藏实验室率先建立世界上第一座国家级现代化低温种子库以来，英国的千年种子库、挪威斯瓦尔巴

全球种子库相继建立（FAO，2010）。我国 1986 年建成的国家作物种质库，以及 2002 年建成的"国家农作物种质保存中心"，也属于低温种子保存库（卢新雄，2006）。中药材低温种子库建设大多借鉴植物及农作物保存库的建设，但中药材具有道地性强、栽培种类及品系繁多、资源分散等特点，因此其种子库建设任务及难度更大，专业性更强（陈新和万德光，2002；刘忠玲等，2007）。同时，在种质资源保存过程中，应加强中药材种质资源安全保存期、生活力、遗传变异等基础研究，相关标准制定工作也需配套建设（金钺等，2016；徐红霞等，2018）。

中药材离体种质资源的保存主要包括组织培养保存法（试管苗保存法）、超低温保存法。组织培养保存法是指对离体材料每隔一段时间（常规时间为 1～2 个月）进行继代培养以保存种质资源，但组织培养保存法存在遗传材料变异的风险。超低温保存法是指在 −190～−150℃的低温下保存种质资源。目前，植物种质超低温保存技术成功冷冻保存的离体材料包括种子、原生质体、芽、花粉、茎段、茎尖（根尖）分生组织、悬浮细胞、愈伤组织、体细胞胚、合子胚、花粉胚等（阙灵等，2016）。超低温保存法应用于中药材种质资源保存还相对较少，关于预处理、冷冻及解冻相关的条件还需要不断研究与摸索。

中药材种质资源可作为提取样本 DNA 的原材料，也可用于后期种质资源的品质评价。药材资源样本一般常温干燥保存，部分含糖类较高的药材种类需进行低温保存，防止生虫或霉变。中药材种质资源标本库按照植物的科属进行分类保存，并定期检查标本情况，防止害虫、菌类及鼠类等的侵害，做好防潮、防虫、杀菌等防护措施。中药材种质资源 DNA 库主要冷冻保存中药材 DNA 样本，主要分为短期和长期两种保存形式，短期保存温度为 −20℃，可保存 2～3 年，长期保存温度为 −80℃以下，可长期保存。

3. 种质资源信息库建设

中药材种质资源信息库对于中药产业的可持续发展与利用具有重要意义。植物及农作物等种质资源信息管理系统在国内外各个国家已建设得较为完备（苏京平等，2004；张永霞和程广燕，2006），国内一些单一品种、区域性及综合性的种质资源信息系统也相继建立与完善（彭秋连等，2015）。刘伟等（2017）对中药种质资源信息系统的设计与技术方案进行构建，涵盖种质资源信息库、文献库、基因库 3 个数据库，13 个功能模块，可实现数据管理及分析统计等功能。当前中药材种质资源信息库建设重在前期数据的收集，包括种质资源收集时样本信息、基因及基因组等数据信息，以及相关的图片等类型信息，同时涉及数据标准化及相关的描述规范与标准。

黄璐琦等（2005）借鉴农作物成功的经验，提出药用植物核心种质库构建的理论依据及研究方法，为加强和实现种质资源的有效管理及开发利用提供了十分便利的条件和途径。

2.2.3 中药材种质资源保存机构

中药材种质资源保存机构主要是指药用植物园、中药材种质资源低温保存库等比较系统、常见的异地保存机构。

1. 药用植物园

据统计，我国已建设 13 个国家级专业性药用植物园，约 35 家综合性植物园内设有药用植物园，其中高校及研究单位所属的药用植物园约 20 所，部分医药企业及高校已建设或计划建设一批药用植物园或特色草药园（肖培根和陈士林，2010；黄宏文和张征，2012）。代表性的药用植物园有北京药用植物园、西双版纳南药园、广西壮族自治区药用植物园、重庆药用植物园、兴隆南药植物园、贵阳药用植物园等。药用植物园现几乎分布于全国各省份，已引种保存本土药用植物 7000 余种，约占全国药用植物资源的 63%，其中珍稀濒危物种 200 多种（马晓晶等，2015），逐步构建药用植物种质迁地保护技术体系，建立覆盖热带、亚热带及温带的全国乃至世界规模最大、体系最完整的药用植物种质迁地保护平台（李标等，2013）。全国主要专业性药用植物园信息见表 2-3（阙灵等，2018）。

表 2-3　全国主要专业性药用植物园信息表（截至 2017 年不完全统计数据）

名称	物种数	药用物种数	药用物种占比/%	单一保护物种数
广西壮族自治区药用植物园	3035	2478	81.65	166
中国医学科学院药用植物园	1843	1528	82.91	120
兴隆南药植物园	1568	1185	75.57	58
西双版纳南药园	1385	918	66.28	26
贵阳药用植物园	1131	1090	96.37	84
华中药用植物园	957	802	83.80	73
重庆药用植物园	761	645	84.76	24
华东药用植物园	338	282	83.43	4
中国药科大学药用植物园	229	213	93.01	1
长江药用植物园	221	192	86.88	1
第二军医大学药用植物园	211	181	85.78	0
成都中医药大学温江校区药用植物园	206	189	91.75	5
广州中医药大学药用植物园	195	185	94.87	0
东北药用植物园	128	109	85.16	4
河南农业大学药用植物园	91	88	96.70	0
和政药用植物园	85	84	98.82	10
内蒙古医科大学药用植物园	65	62	95.38	1

续表

名称	物种数	药用物种数	药用物种占比/%	单一保护物种数
福建省农业科学院药用植物园	58	57	98.28	1
新疆药用植物园	20	18	90.00	0

2. 中药材种质资源低温保存库

1993年，我国第一座药用植物种质库由浙江省中药研究所建设完成，净面积200m^2，可贮藏5万份种质。2004年，广州中医药大学建立华南药用植物种质资源库，冷藏库可保存800种华南珍稀、濒危和道地药用种质资源。2006年，中国医学科学院药用植物研究所建设并运行国家药用植物种质资源库，设置1个长期库（保存年限45~50年）、2个中期库（保存年限25~30年），可保存10万份药用植物种质资源，截至2016年底已入库登记193科1017属共计2万余份材料，收集种质资源12 112份（赵小惠等，2019）。2012年，国家基本药物所需中药材种质资源库（国家南药基因资源库）在海南依托中国医学科学院药用植物研究所海南分所建成并投入使用，是我国唯一国家级顽拗型药用植物专业种质库，具有液氮库、超低温保存室等可保存20万份顽拗型药用植物种子、植物离体材料、DNA材料的先进设施。2017年12月，国家中药种质资源库（四川）建设完成，主要保存第四次全国中药资源普查及西南地区道地药材种质资源样本，形成由长期库、中期库、短期库、种质圃、离体库及DNA库有机融合的多维种质资源保存体系，库容可收集20万份中药种质资源，保存期限50年，是目前国内规模最大的中药种质资源保存中心。江苏泰州正在建设国家中药材种质资源库，负责重点收集长江中下游地区的重要中药材种质资源及泰州市的特色中药品种。全国主要中药材种质资源低温保存库信息见表2-4。

表2-4 全国主要中药材种质资源低温保存库信息表（据不完全统计）

名称	建设年限	库体设置	库体容量	现有保存数量	联系单位	地址
国家药用植物种质资源库	2006年	1个保存年限45~50年的长期库、两个保存年限25~30年的中期库	10万份	3 599种2万余份（2016年统计数据）	中国医学科学院药用植物研究所	北京市海淀区马连洼北路151号
成都中医药大学国家中药种质资源库	2015年	短期库、中期库、长期库和干燥库	20万份	5 182份（不完全统计）	成都中医药大学	四川省成都市温江区柳台大道1166号

续表

名称	建设年限	库体设置	库体容量	现有保存数量	联系单位	地址
华南药用植物种质资源库	2004年	中药资源生产性保护基地、中药资源迁地保护基地、中药资源室内保存和种质资源数据库	800种（室内的种质资源冷藏库）	149科591属700种（2009年统计数据）	广州中医药大学，广东省中药研究所	广东省广州市番禺区广州大学城外环东路232号，广东省广州市天河区高唐路229号
国家南药基因资源库	2012年	液氮库、南药种质库、种子检测实验室和种质交换使用服务中心	20万份	152科500属749种10 000份（2020年统计数据）	中国医学科学院药用植物研究所海南分所	海南省海口市秀英区药谷四路4号

2.3 中药材种质资源评价

2.3.1 中药材种质资源鉴定

中药材种质资源鉴定是资源评价和利用的前提。中药材种质资源鉴定方法与药用植物、中药材及饮片等的鉴别方法相同，包括传统的性状鉴别、显微鉴别、薄层鉴别、理化鉴别，以及现代分子生物学技术，如蛋白质电泳及各种分子标记技术（李珍珍等，2019）。中药资源是独具特色的植物资源，中药性状鉴别是体现中药整体质量的控制指标之一（韦志强等，2019）。中药显微鉴别，特别是随着现代显微技术的发展，其在中药定性、定量及定位等方面均有突出的作用（王珺和张南平，2018）。中药薄层鉴别及理化鉴别均是利用中药化学成分差异及其性质进行鉴别（罗艳等，2018；皮达等，2018），是中药特色鉴别方法。随着分子生物学技术的发展，目前基本可以实现中药材物种间的鉴别，但同一物种不同地域或来源的种内鉴别仍是技术难点与研究热点。

2.3.2 中药材种质资源评价体系

当前，中药材种质资源评价体系研究仍处于初级阶段。农作物种质资源评价指标相对较少，其指标信息规范处理（张贤珍等，1990）、数据标准制定及评价体系等基本完善（耿立格等，2005；司海平等，2012）。中药材种质资源评价指标类型复杂多样，主要包括表型性状（包含农艺性状等）、药材性状、遗传特性及环境因素等部分，见表2-5。

表 2-5　中药材种质资源评价体系指标信息

指标类型	指标分类	指标因素	测定方法
表型性状	外观性状	株高、株幅、叶长、叶宽、叶型、叶序、分枝数、茎叶颜色、茎秆形状、根长、根直径、根型、根颜色、花序、花色、果实颜色、果实形状大小、种子颜色、种子形状、种子大小等农艺性状	目测，测量
	抗性性状	抗逆（抗旱、抗涝、抗寒、耐盐、耐瘠等）、抗病、抗虫等	目测，测量
	物候期	萌芽期、花期、成熟期、采收期等	目测
	生活周期	一年生、二年生、多年生	目测
药材性状	表型性状	药材大小、形状、颜色、表皮特征、质地、断面特征、断面颜色等	目测/测量
	成分含量	指标性成分含量	高效液相色谱法等
	经济性状	药材产量、种子产量、千粒重、发芽率等	数据统计
遗传特性	遗传差异	基因差异、表观遗传差异等	分子标记及基因组、转录组分析
环境因素	生态气候因子	温度、湿度、光照、降水量、风速等	数据统计
	地理因素	地理位置、地形、地势、居群生境、植被等	数据统计
	土壤因素	土壤类型、微量元素含量、pH等	数据统计

通过对中药材种质资源的表型性状、药材性状、遗传特性及环境因素等数据进行汇总，同时进行数据标准化与结构化，建立系统的数据分析模型与评价模式，综合分析各指标数据的差异性与相关性，建立系统科学的中药材种质资源评价体系。

2.4　中药材种质资源利用

中药材种质资源利用是资源收集和保存工作的延续与导向。中药材种质资源的利用主要表现在中药材新品种选育、中药材道地性研究，以及中药材种质资源遗传多样性研究等方面。

2.4.1　中药材种质资源与新品种选育

育种材料的选择是对原始繁殖材料所具有的目标性状特征个体或群体的选择，是对其表型性状、药材性状、遗传差异、生长环境等各方面进行综合评价。育种工作是通过定向选择、基因重组、基因突变等实现植物某个或多个性状的改变，可见种质资源在育种工作中至关重要。

原始育种材料决定育种的效果，种质资源收集与评价工作决定我们对育种材料的精准选择与运用。中药材种质资源是中药材新品种选育的原始材料，蕴含着丰富的基因资源。药用植物育种工作起步较晚，育种技术相对落后，而且在种质资源收集预评价方面不够重视。从近些年药用植物育种成果来看，种质资源开发与利用对中药材新品种选育起着关键性作用。浙江省中药材协会何伯伟等（2014）通过观察筛选生育期长，对干腐病、灰霉病抗性较强，越夏种子贝母烂贝率低的植株，系统选育得到'浙贝2号'优良新品种；中国医学科学院药用植物研究所魏建和等（2011a）将在栽培群体中发现的雄性不育系自交纯化，并与具有侧根少、抗立枯病特性的桔梗单株进行杂交，得到具有优良特性的'中梗1号'，是我国首个桔梗杂交系列新品种；新疆农业科学院王兆木等（2000）通过对比评价国内外红花种质资源的特性，采用新疆无刺、红花、含油率较低（11%～27%）的品种与国外引入的有刺、黄花、含油率较高（35%～45%）品种杂交，得到含油率不同且稳定的红花新品种'新红花1号''新红花2号''新红花3号'。这些优良品种的选育，皆取决于丰富的种质资源。因此，加快中药材种质资源收集与评价利用工作，是保障育种工作顺利开展、育种成果丰富多彩的先决条件。

2.4.2 中药材种质资源与道地性研究

道地药材是指经过人们长期医疗实践证明质量最好、疗效最显著的中药材，具有地域性强、生态条件特殊、种质优良、疗效显著、栽培方法独特等特点（董静洲等，2005）。中药材种质资源的收集与保存，是中药材道地性研究的物质基础。中药材种质资源的评价分析为阐明中药材道地性的形成机制提供数据依据。通过深入挖掘中药材种质资源的生物学内在机制，并结合药效学、药理学等的临床疗效实践基础，对中药材道地性的理论成因进行科学而合理的阐释。

2.4.3 中药材种质资源与遗传多样性研究

中药材种质资源遗传多样性研究为种质鉴定提供重要参考，为新品种选育提供丰富的遗传材料分类。基于现代分子生物学技术，如随机扩增多态性DNA（random amplified polymorphic DNA，RAPD）、扩增片段长度多态性（amplified fragment length polymorphism，AFLP）、简单序列重复（simple sequence repeat，SSR）、简单序列重复区间（inter-simple sequence repeat，ISSR）、目标起始密码子多态性（start codon targeted polymorphism，SCoT）标记等的种质资源遗传多样性研究越来越受到重视（马小军等，2000a；潘坤等，2016；杜春华等，2018；潘媛等，2018；刘培培等，2019）。中药材种质资源的收集与保存，为研究中药材种质资源遗传多样性提供了良好的基础条件。同时，种质资源遗传多样性的研究对于分析药用植物亲缘关系、寻找可替代的中药材物种等均具有重要的理论意义。

2.5 存在的问题、发展趋势及建议

2.5.1 存在的问题

中药材种质资源收集、保存与评价利用相关工作起步较晚,发展较慢,还未完全融入现代农业产业技术工作中,目前还存在不少问题需要解决,如下。①中药种质资源收集与保存工作缺乏整体布局,基础研究薄弱:中药材种质资源收集与保存工作具有地域性特点,已开展的工作较为分散,缺乏专业的中药材种质资源库(圃),保存容量不足、覆盖面不广,缺乏整体规划与合理布局,同时由于相关工作起步晚,保存技术和设备等较为落后,野生资源原生境保护与监测设施等亟待加强。②特有种质资源消失风险加剧:随着城镇化、现代化、工业化进程加速,气候变化、环境污染、外来物种入侵等因素影响,我国中药材种质资源本底不清、地方品种和野生种等特有种质资源丧失严重,甚至消失(如野生三七)。国务院发布的《野生药材资源保护管理条例》(1987年),只有42种中药材被收入,覆盖面相对较窄,实际濒危、渐危的野生中药材资源数量远超出此范围。③优异中药材种质资源和基因资源发掘利用工作滞后:由于缺乏专业的表型精准鉴定和规模化基因发掘平台,且药用植物本草基因组学发展较晚,针对优良种质的基因挖掘与表型鉴定工作研究基础薄弱,难以满足品种选育对优异新种质和新基因的需求,资源优势尚未转化为经济优势,资源被挖掘利用工作还处于起步阶段。

2.5.2 发展趋势

2020年2月11日,《国务院办公厅关于加强农业种质资源保护与利用的意见》(简称《意见》)正式印发,此次《意见》是新中国成立以来首个专门聚焦农业种质资源保护与利用的重要文件,将为种业创新撑起"保护伞"。《意见》就加强农业种质资源保护与利用确立了"四大核心任务"。一是通过开展系统收集保护,实现应保尽保。二是通过搭建种质资源鉴定评价与基因发掘平台、建立鉴定评价体系,强化鉴定评价。三是通过创新保护机制、确定保护单位、开展农业种质资源登记、建设全国统一的农业种质资源大数据平台,健全保护体系。四是通过实施优异种质资源创制与应用行动、建立国家农业种质资源共享利用交易平台等,推进多元化开发利用。

中药材种质资源作为特殊的"农业种质资源",也是中医药事业传承发展不可或缺的重要资源之一,属于《意见》中所覆盖的"种质资源"。科技部、农业农村部、国家中医药管理局等主管部门需要在政策制定上更加重视,并需要在国家重点研发计划、现代种业提升工程等专项中加大对中药材种质资源保护工作的支持力度,将中药材种质资源研究、保护和开发利用工作纳入国家科技创新体系和现代种业创新体系。另外,农业农村部、国家中医药管理局等政府单位联合制定的

《中药材种子管理办法》也有望于近期颁布，中药材种质资源保护大概率会成为该办法的重要组成部分。

近年来，国务院先后出台一系列支持现代种业发展的政策文件，从法规、政策和科研各方面对中药材种质资源收集、保存、评价和利用等方面进行全方位的推动。

2.5.3 发展建议

为进一步加强中药材种质资源的保护和利用工作，建议加强以下方面的工作。①加强中药材种质资源的收集保存：借助第四次全国中药资源普查的契机，全面普查、系统收集我国中药材种质资源，重点引进作物起源中心和多样性中心的优异种质资源。对新收集的资源进行编目、入库（圃）保存，对特异资源和重要无性繁殖作物种质资源通过试管苗保存、超低温保存、DNA保存等方式进行复份保存。②强化中药材种质资源的深度发掘：建立高效完善的种质资源鉴定评价、基因发掘与种质创新技术体系，规模化发掘控制药用植物次生代谢、产量、抗逆等性状的基因及其有利等位基因，并进行功能验证，创制优质、高产、广适、适合机械化等目标性状突出和有育种价值的新种质。③深化中药材种质资源的基础研究：开展药用植物起源与种质资源多样性研究，阐明野生种、地方品种和育成品种的演化关系，以及地方品种和骨干亲本形成的遗传基础。④加强中药材种质资源保护与管理：选择大宗常用道地药材品种，特别是濒危野生中药品种（邹健强，2000），在其原产地建立道地药材的原种场，实施道地药材的种源保护。分区域建立中药材种质资源活体保存圃，建立国家中药材种质资源库和种子标准样品库，并建立相应的种质资源信息数据库，为种质资源管理提供支撑。

中药材种质资源是中药材品种选育的物质基础，是中药材产业源头的源头，是我国现代农业产业技术体系中中药材生产体系建设关键环节。中药材种质资源与大农业品种的种质资源的特点和来源不同，中药材种类众多，大部分中药材种质来源于野生药材资源，遗传背景复杂，遗传特点各异，部分中药材资源濒临灭绝，所以中药材种质资源的收集、保存和评价显得尤为重要。基于中药材物种层面的真伪鉴别和种以下不同品种的优劣评价都需要核心种质资源作为参照。通过种质资源的收集、保存和评价可以进一步保存、挖掘、改良中药材的遗传基因，为后期选育具备良好推广性能和产业化特质的优良品种提供信息和材料支持，把民族种业继承好、发展好、利用好，做强做大民族种业，从源头上保障中医药的疗效，保障人民的用药安全。

第3章 中药材品种选育、登记与新品种保护

我国幅员辽阔，自然条件复杂，孕育出丰富的中药资源。第三次全国中药资源普查数据显示，我国有中药资源 12 807 种，其中药用植物资源 11 146 种，占总体药用资源总量的 87.03%（张惠源等，1995）。中医药有着悠久的历史，它是我国古代人民长期同疾病斗争过程中积累的丰富经验的总结。在此次抗击新冠肺炎疫情中，中医药广泛参与、深度介入，其特殊地位及发挥的作用有目共睹，受到人民的高度信任和赞誉。《抗击新冠肺炎疫情的中国行动》白皮书对以"清肺排毒汤"为代表的中医药在治疗新冠肺炎中的作用予以充分肯定（冶玉梅和余秀生，2020）。

随着中医药的蓬勃发展，药材供不应求，中药材种质资源的开发与利用面临挑战。人工栽培代替野生采集，是稳定中药材质量与供给的必由之路。我国中药材品种选育工作起步晚，与农作物相比较为落后（杨成民等，2013）。近年来，国家通过科技支撑计划项目、中医药行业科研专项、国家中药材产业技术体系等加大了对中药材育种的支持，中药材育种在数量和质量上都取得了一定的成绩，但覆盖面依然不够，大部分中药材还未开始品种选育工作，更谈不上中药材植物新品种保护。本章主要介绍中药材品种选育技术、中药材品种的登记政策及中药材植物新品种保护。

3.1 中药材品种选育

中药材新品种选育是农学与中药学的交叉学科，既有农作物育种的共性，又有中药学的特殊性。中药材品种选育工作非常落后，绝大部分栽培药材生产上使用的仍是自繁自用的种子、种苗。与大田作物相比，中药材具有以下特点：①中药材资源丰富，品种繁多。大多数药材在长期种植过程中混杂退化现象严重。②育种目标复杂。中药材植物与大田和园艺作物相比，其性状的特殊性体现在化学成分上。③中药材大多为多年生植物，育种周期长。例如，甘草的生长周期为 3~4 年，育成一个品种需要 10 年以上。④科研力量薄弱。专业从事育种科研工作者较少，高校应大力开设中药材育种学专业。⑤基础研究薄弱。中药材育种还处于 1.0 和 2.0 时代，导致生物技术在大多数药材育种工作中无法运用。

3.1.1 植物品种选育

植物育种是研究选育和优良品种繁育的一门科学，以遗传学为基础不断完善和创新。育种技术的发展随着人类需求的变化而不断创新、改变，很大程度上满

足了人类的需求，解决了人类面临的资源匮乏的实际问题（慕晶等，2019）。

1. 品种的定义

不同学科对品种均给予了明确定义。作物育种学上，品种是在一定的生态和社会经济条件下，根据生产和生活的需要而创造的一定作物群体。它具有相对稳定的遗传性状，在生物学、经济上和形态上具有相对一致性，与同一作物的其他群体在特征、特性上有所区别（朱红艳等，2016）。《中华人民共和国种子法》规定品种是指经过人工选育或者发现并经过改良，形态特征和生物学特性一致，遗传性状相对稳定的植物群体。虽表述语言有所不同，但是所指内容是相同的（袁莹，2019），都强调了特异性、一致性、稳定性。因此，特异性、一致性、稳定性是一个品种的基本属性。

2. 植物育种技术

达尔文发表的《物种起源》提出了自然选择和人工选择的进化学，孟德尔发现了生物的遗传变异，使得作物育种开始摆脱凭借经验和技巧的初级状态，发展为具有系统理论和科学方法的一门应用学科，开创了植物育种技术新纪元（高建国，2015）。在农业发展的进程中，植物育种经历了选择育种（经验育种）、杂交育种（科学育种）和分子育种（设计育种）3个重要的发展阶段（刘定富等，2020）。特别是杂交育种是选育新品种的主要途径，它通过不同品种间杂交创造新变异，并对杂种后代进行培育、选择以育成新品种，是现在国内外应用最普遍、成效最大的育种方法（王昌陵和王文斌，2020）。例如：杂交水稻超产技术对我国粮食产量的提高起到了关键性作用（李婷婷，2019）；已知兰花杂交品种超14万个，且数量还在不断上涨（朱根发等，2020）；草莓杂交品种在近30年间达91个，占育成新品种总量的95.8%（王红梅等，2020）。随着分子生物学发展和生物技术在植物育种中的应用，分子育种对作物育种产生了深远的影响。分子育种通过人工定向操作，通过添加目的基因或改变内源基因的方式改变作物遗传特性，从而得到目的性状。分子育种克服了育种中周期长、目标性状资源匮乏、物种隔离等局限，实现了精准高效育种，有利于快速育成高产、优质、抗性好、适应性强的新品种。例如：大豆、玉米和油菜转基因作物在世界五大转基因作物种植国的平均应用率已经接近饱和，其中美国93.3%、巴西93%、阿根廷接近100%、加拿大92.5%、印度95%（世界农化网，2020）；截至2016年，我国共审定转基因抗虫棉品种147个，累计种植面积$2.1×10^7 hm^2$，创收超440亿元（王红梅等，2020）。

3.1.2 中药材育种技术

近十年来，中药材品种选育工作在国家大力扶持下已经积累了一定基础。在选育的中药材数量和质量、选育的技术水平等方面取得了一定的成绩。目前，育种技术已经由传统育种到商业化育种再到现代商业化育种逐渐转变。例如：传统育种注重表现型选择及产量，而杂交技术的发展增强了产量与性状表现；现代先进生物技术，同时平衡品种抗性和品质提升，从而极大地提高了育种的效率。但由于中药材的特殊性，其作为中医药临床用药的原料，品质和安全性是首要关注点，现代育种技术，特别是转基因技术在中药材育种中一直慎重使用。因此，我国中药材品种选育长期以来一直处于传统育种阶段。目前，药用植物育种主要包括系统选育、无性系育种、杂交育种、倍性育种、诱变育种，而药用植物分子标记辅助育种刚刚起步。

1. 系统育种

系统选育根据不同药材所预定的育种目标，从天然变异中选择有益的变异个体，经人工培育得到优良品种。由于其育种安全性高，并符合中药材的道地性，因此广泛应用于药用植物的育种工作。例如：我国第一个边条人参新品种'新开河1号'，是采用系统选育法前后历经31年，选出的产量高、参形优美、具中等抗黑斑病的新品种（徐昭玺，2013）。川丹参新品种'中丹1号'，是在丰富的丹参资源中系统选育出的药材根形好、产量第一、丹酚酸B和丹参酮ⅡA含量均较高的丹参新品种（李青苗等，2016）。山西省农业科学院利用系统选育法选育的'晋远1号'，是我国第一个远志新品种，其平均产量611kg，比大田对照增产23.4%（郭淑红等，2012）。药用植物黄芪新品种'陇芪4号'采用系统选育法选育而成，具有高抗黄芪根腐病特性。甘肃省农业科学院植物保护研究所田间鉴定结果显示：'陇芪4号'田间病株率为11.5%，病情指数为1.4，较对照品种'陇芪1号'分别降低62%和73%（尚虎山，2014）。从陕西省镇坪县黄连农家种群体中通过系统选育得到黄连新品种'黄连1号'，产量比农家种提高11.35%，小檗碱含量高于当地农家种18.9%（王显安，2015）。除上述品种外，采用系统选育法在艾草、白术、板蓝根、半夏、薄荷、草果、柴胡、沉香、川贝母、丹皮、当归、灯盏花、防风、附子、葛根、瓜蒌、红花、黄精、金银花、桔梗、菊花、麦冬等均选出了大量新品种。

2. 无性系育种

无性系育种是在天然群体、杂家群体、诱变群体等群体中选择优良个体，通过无性繁殖的形式形成无性系。该方法极大地缩短了育种周期，在药用植物选育中广泛应用。例如：通过无性系得到的厚朴新品种'洪塘营10号'和'洪塘营7号'，其总酚含量分别为6.78%、7.92%，比普通凹叶厚朴分别高55.50%、81.65%（王晓明等，2014）。陕西师范大学采用无性系分株繁殖的方法，筛选得到白及新品种'秦白1号'和黄花白及新品种'秦黄1号'，其均具备产量高、抗性好的品质，缓解了白及栽培种混乱的问题（陈利军等，2020）。石斛新品种'桂斛1号'

是将筛选得到的石斛优良种质,应用组培技术扩繁得到的(林贵美,2012)。此外无性系在丹参、金银花、菊花中也有应用。

3. 杂交育种

杂交育种是通过人工杂交的方法,使遗传性状不同的个体之间交配获得杂交种,从杂交后代中选择具有优良特性的个体,育成新品种的方法。目前,生产上推广应用的大田作物大多数是杂交育种得来的,中药材育种中杂交育种的应用也逐步增多且效果显著。例如:以'皖蒌6号'为母本、'2号雄株'为父本杂交育成的栝楼新品种'皖蒌17号',具有高抗流胶病与炭疽病特性(李卫文等,2018)。桔梗品种'中梗1号''中梗2号''中梗3号'是利用雄性不育系GP1BC1-12-11分别同自交系GS107-1-1、GS109-1-1和GS266杂交获得,新品种根部药材产量高且抗立枯病(魏建和等,2011a)。新疆农业科学院育成的药用白色红花新品种'新红花7号'是以新疆地方种为母本、美国品种为父本杂交后回交,回交后代纯化而成。该品种含油率为30%,且抗根腐病和锈病(林萍等,2007)。此外,太子参、黄姜、葛根、金银花等通过杂交育种方法均得到了优良新品种。

4. 倍性育种

倍性育种是通过改变植物染色体数量,产生不同的变异个体,进而选择优良的变异个体培育成新品种的方法。主要包括单倍体育种和多倍体育种。单倍体育种通过利用植物组织培养技术(如花药离体培养等)诱导产生单倍体植株,再通过某种手段使染色体组加倍(如用秋水仙碱处理),从而使植物恢复正常染色体数,该方法缩短了育种纯化过程。乌头、薏苡、宁夏枸杞、人参等相继通过花药离体培养得到了再生植株。

多倍体材料多具有巨大性、抗逆性高、营养成分高等特点。据不完全统计,目前我国染色体加倍已在伞形科、菊科、唇形科、百合科等13科20多属的药用植物中获得成功。吴顺等(2016)利用秋水仙碱处理紫花丹参叶片得到的紫花丹参多倍体,在形态上表现出巨大特性,有效成分丹参酮ⅡA、丹酚酸B含量均高于二倍体丹参。温春秀等(2010)用0.1%秋水仙碱处理紫苏幼苗,成功获得了四倍体紫苏,其营养成分和药用成分的含量及农艺性状均比亲本二倍体有显著提高。利用该方法选育出太子参'柘参3号'(四倍体),枸杞'宁杞9号'(三倍体),杜仲'京仲1号''京仲2号''京仲3号''京仲4号''京仲5号''京仲6号''京仲7号''京仲8号'系列三倍体品种。

5. 诱变育种

诱变育种是人为利用物理和化学等因素诱发遗传物质变异,在短时间内获得有利用价值的突变体，根据目标选择有价值的突变体培育成有价值的新品种。在药用植物上，诱变育种也逐渐开展。党参新品种'渭党4号'通过辐照'渭党1号'得到，具有丰产性好、抗逆性强的特点（荆彦民，2014）。李鹏程和刘效瑞（2011）应用重离子辐照'岷归1号'种子，随后筛选出较对照品种'岷归1号'增产23%、无麻口病株率提高30%的'岷归4号'。李硕等（2018）对离子辐射选育的当归品种安全性评价结果表明，'岷归4号'的安全性优于其他品种。辐照育种在当归、党参、地黄等应用较多，此外太空诱变育种在桔梗、灵芝、板蓝根等品种上得到应用。为了解决赤灵芝不耐高温等问题，张蕾等（2014）通过高温栽培筛选和太空诱变处理，得到了耐35℃高温且高产的赤灵芝新菌株'仙芝2号'。化学诱变是利用特殊的化学试剂处理植物材料，诱发其遗传物质突变，得到有利变异。由于化学诱变操作简单，在大田作物上应用广泛，国内应用甲基磺酸乙酯（EMS）在大豆、水稻、大麦等品种诱变育种中均已取得较大成就（李清国等，2010）。目前，中药材中已知通过化学诱变育成的、包括'晋山药1号'等不超过10个新品种。

6. 分子标记辅助育种

分子标记辅助育种是利用分子标记与目标性状连锁的特性，采用分子标记快速、准确地选定目标性状的一种新型育种方法，且不受外界干扰。药用植物分子标记辅助育种刚刚起步。目前，国内已开展了桑树、黄花蒿、罗汉果、北柴胡、长春花、丹参、石斛和菊花等8种药用植物连锁图谱研究，以及丹参、柴胡、龙血树、白木香、长春花、三七、人参、博落回、红景天、黄芩、甘草等中药材质的全基因组测序，将大幅加快相关药材的新品种选育进程。通过抗根腐病 SNP 标记，筛选相关高抗植株，获得首个三七 DNA 标记辅助选育新品种——'苗乡抗七1号'（陈中坚等，2017）；Asghari 等（2015）通过 SCAR 标记从8个蒿属植物中筛选出两个青蒿素含量较高的品种。

3.2　中药材品种登记

3.2.1　农作物品种审定制度变革

新中国成立以后，国家把品种审定作为种子的基础性工作；1954年全国种子工作会议提出，"中央、省、市、县种子管理机构，可根据工作的需要，邀请有关部门的代表，组成品种审定委员会，审查区域试验结果，供省农业厅领导做批准推广的依据"；1982年国家农牧渔业部发布《全国农作物品种审定试行条例》，标志着品种审定制度在全国正式建立实施；1989年国务院发布《中华人民共和国种子管理条例》，以行政法规的形式确立了农作物品种审定制度；2000年7月《中华人民共和国种子法》颁布实施，制定品种选育和审定的法律准则，确定了主要农作物品种审定制度；2013年农业部依据《中华人民共和国种子法》制定了《主要农作物品种审定办法》作为品种审定制度的法律依据；2015年修订、2016年实施的《中华人民共和国种子法》，将需审定才可以推广的主要农作物由28种减少到5种，增加品种审定需具备特异性、一致性、稳定性的规定，同时创建了品种登记制度；2017年5月《非主要农作物品种登记办法》正式实施，并公布了第一批29种非主要农作物。在现行版即2021年修订、2022年实施的《中华人民共和国种子法》中，关于主要农作物品种审定、非主要农作物品种登记的规定延续2016年版。

3.2.2 中药材品种登记

中药材属于非主要农作物，必须遵循《非主要农作物品种登记办法》，但还没有任何中药材被纳入登记名录。目前，全国除浙江、安徽、河南、四川等少数省份开展了中药材品种认定工作外，其他省（自治区、直辖市）均不受理，中药材品种认定工作面临巨大困难。2016年3月，农业部、国家中医药管理局协商会议，成立由黄璐琦院士担任组长的起草小组，着手研究并起草《中药材种子管理办法》。在《中华人民共和国种子法》制度框架下，明确了中药材种子管理的品种登记制度、种子生产经营等相关制度，当前该草案正在农业农村部和国家中医药管理局系统内征求意见。

2017年，农业农村部在现代农业产业技术体系中成立了中药材产业技术体系，并专门设立了中药材遗传改良研究室，负责中药材种质资源收集、保存、评价与利用工作。在首席科学家黄璐琦院士的带领下，遗传改良研究室8位岗位科学家致力于中药材新品种选育工作，5年来已认定'川北柴2号''浙贝3号''皖蒌19号''皖蒌20号''皖黄精3号''野菊1号''豫红花4号''密银花1号''药怀菊1号''豫菊花2号'等37个品种。

3.3 中药材新品种保护与DUS测试指南研制

植物新品种保护（也称育种者权利）能有效激励育种单位与个人不断创新种质资源，并对其进行合理配置。《中华人民共和国植物新品种保护条例》规定，申请植物新品种权的品种必须在国家植物品种保护名录内，同时满足特异性（可区别性）、一致性和稳定性要求（郑勇奇等，2015）。特异性、一致性和稳定性测试指南是植物新品种保护的技术基础，为新品种保护提供了科学依据。目前，农业类植物DUS测试通常为委托测试，委托农业农村部授权的测试机构开展（朱岩等，2017）。

中医药是中华民族的瑰宝，中药材是中医药健康持续发展的源头。我国拥有丰富的中药材资源。近年来，随着中医药行业的发展，尤其是国家对中医药的重视、人们对健康生活的追求，中药资源的开发与利用获得了新的发展契机。在这一过程中，中药材新品种保护工作尤显重要，中药材植物 DUS 测试指南研制工作势在必行。通过介绍我国植物新品种及中药材新品种保护制度的现状，中药材新品种 DUS 测试指南研制现状及问题，提出中药材 DUS 测试指南研制的建议，为推进中药材新品种保护和 DUS 测试指南的研制提供思路，为中药材种业的发展规划提供参考。

3.3.1 植物新品种保护

1. 植物新品种保护概念及实施的意义

植物新品种保护是为了保护植物新品种权，鼓励品种创新，促进农业、林业的发展而建立起来的知识产权制度（仲英豪和洪素恒，2020）。植物新品种权，又称植物育种者权利，是知识产权的一种，植物新品种权人在一定期间，对植物享有排他的独占权。植物新品种保护是农业创新的重要原动力，它从法律上明确了新品种的财产属性，建立起合理的利益回归机制（周翔等，2020）。

创新是发展的第一动力，品种创新是农业现代化的核心，新品种保护为促进品种创新提供"永久"动能，在保障育种者利益的同时，激发了其积极性和创造性。同时加强新品种保护有利于在我国育种行业中建立公正、公平的竞争和制约机制，推动我国经济持续健康发展。

2. 国外植物新品种保护的发展

19 世纪随着农机、化肥工业的发展及孟德尔遗传规律的发现引发了植物育种革命和发展，1833 年罗马教皇宣称对涉农技术和方法授予专有权，植物新品种保护制度就此开启。各国开始重视并纷纷尝试寻找一种能使植物新品种得到有效保护的制度，20 世纪 20~50 年代法国、德国、荷兰等一些西方国家开始尝试通过借鉴工业专利及其他方式来保护植物育种者的权利，取得了不同程度的成功（Jonge and Munyi，2016）。1839 年美国的专利专员开始向农民收集和分配植物新品种。1862 年建立了美国农业部、美国的农业大学。1914 年卢瑟伯班克的一株'金味美'苹果以 51 000 美元的价格被卖给斯达克苗圃。1930 年，美国出台了《植物专利法》，通过无性繁殖的植物被纳入专利保护范围，开创了植物新品种实际性保护（Shun，2016）。1931 年授予第一个植物专利'攀缘或拉蔓玫瑰'（李菊丹，2017）。

20 世纪 50 年代，真正具有了现代色彩的植物新品种保护制度在荷兰和德国被先后建立起来，同时也促进了《国际植物新品种保护公约》（International Convention for the Protection of New Varieties of Plants，UPOV）的建立。1957 年在法国召开第一次植物新品种保护的外交大会，法国外交部邀请了 12 个国家和 3 个政府间国际组织参加。此后，经过多轮的专家会议，最终拟定了国际植物新品种保护的公约草案（Jonge and Munyi，2016）。1961 年，第二次植物新品种保护外交大会在巴黎举行，大会通过了包含 41 条内容的公约，并由荷兰、德国、比利时、法国和意大利等5个国家的全权代表签署了公约。公约于1968年8月10日正式生效，标志着UPOV正式成立。国际植物新品种保护进入了一个崭新的历史发展时期（Shun，2016）。UPOV先后经过3次修订，形成了1961/1972年公约文本、1978年公约文本和1991年公约文本等3个文本。截至2015年12月底，74个国家（或国际组织）签署了UPOV，其中比利时使用了1961/1972年公约文本，阿根廷等17个国家使用1978年公约文本，非洲知识产权组织等56个国家（或国际组织）使用1991年公约文本。加入UPOV 1991年文本是当前申请加入UPOV组织的基本要求，同时也是国际植物新品种保护的发展趋势（李菊丹，2020）。

3.3.2 我国中药材新品种保护现状

1. 我国植物新品种保护制度

1984年我国颁布实施《中华人民共和国专利法》，但动植物新品种保护被排除在外。1997年，我国颁布了第一个针对植物新品种保护的法律性文件《中华人民共和国植物新品种保护条例》（刘洋等，2013），标志着我国植物新品种保护制度的建立。1999年4月23日，我国加入UPOV并实施1978年公约文本（钟海丰等，2017），成为第39个成员，由农业部和国家林业局（现国家林业和草原局）分别负责审查及受理农作物和林业的植物新品种权（任文华等，2017），对保护农林业植物新品种、保障育种者权益、促进种质创新具有历史性的意义。经过20多年的发展，我国植物新品种保护制度逐步完善，农业部出台了《中华人民共和国植物新品种保护条例实施细则（农业部分）》《农业植物品种命名规定》《农业植物新品种权侵权案件处理规定》（张金艳，2013）；国家林业局颁布了《中华人民共和国植物新品种保护条例实施细则（林业部分）》《2014年国家林业局打击侵犯林业植物新品种权专项行动方案》《林业植物新品种测试管理规定》等规范制度（崔野韩等，2019）；为正确处理侵犯植物新品种权纠纷案件，最高人民法院先后出台了《关于审理植物新品种纠纷案件若干问题的解释》《最高人民法院关于审理侵犯植物新品种权纠纷案件具体应用法律问题的若干规定》两个司法解释。随着我国种业的快速发展，保护条例和管理条例已经难以满足种业植物新品种保护的实际需要，2015年修订、2016年实施的《中华人民共和国种子法》，新增"植物新品种保护"章节，对植物新品种的授权条件、授权原则、品种命名、保护范围及例外作了规定，关键性变化如下：一是强化了品种权侵权行为的民事赔偿责任，大幅度提高侵权处罚标准，由最高额50万元提高到300万元；二是侵权查处由省级下沉到县级，加大了基层农业和林业主管部门的执法权限，以遏制种子假冒侵权行为（李菊丹和陈红，2016），提升了新品种保护的法律地位。2021年12月修订、2022年3月起实施的《中华人民共和国种子法》，立足我国种业知识产权保护的实际需要，通过扩大植物新品种权的保护范围、扩展保护环节、建立实质性派生品种制度、强化侵权损害赔偿责任等，加大植物新品种权的保护力度（刘振伟，2022）。

农业植物新品种授权、复审工作由农业农村部负责，主要负责粮食、棉花、油料、麻类、糖料、蔬菜（含西甜瓜）、烟草、桑树、茶树、果树（干果除外）、观赏植物（木本除外）、草类、绿肥、草本药材、食用菌、藻类和橡胶树等植物的新品种保护工作（张肖娟和孙振元，2011）。为加快保护体系建设，农业农村部组建了植物新品种保护办公室和复评审委员会负责日常工作，并在县级以上农业主管部门设立了农业植物新品种保护执法机构，各知识产权法院也建立了植物新品种司法保护体系，以加强行政执法，保护育种者权利。2000年9月，农业部成立了植物新品种测试中心及14个分中心，组成专业技术团队，承担我国DUS测试体系发展规划和植物品种DUS测试等重任（邓超等，2019）。到目前为止，我国已成立29个测试分中心、28个专业测试站和1个种子繁殖植物品种材料保藏中心，至此农业植物新品种保护体系基本建成。截至2021年12月，农业农村部共受理国内外新品种权申请44 195件、授权17 796件，其中中药材植物申请量为182件，已授权17件，包括人参3件、三七3件、石斛属8件、灵芝属3件（表3-1）。国家林业和草原局主要负责林木、竹、木质藤本、木本观赏植物（包括木本花卉）、果树（干果部分）及木本油料、饮料、调料、木本药材等植物新品种保护工作（任文华等，2017）。专设植物新品种保护办公室，负责审批林业植物新品种权授予、终止、更名、复审、宣告无效等工作。在全国设立3个测试分中心、2个分子实验室、5个专业测试站，建立起强大的技术支撑体系。截至2021年12月发布的数据，国家林业和草原局新品种保护办公室受理国内外植物新品种申请6896件，授予新品种权3129件，其中药用林木授权量为42件，包括花椒属6件、枸杞属17件、杜仲17件、沙棘属2件（表3-1）。

表3-1 植物新品种授权表（中药材植物部分）

分类	植物种类	授权数/件
农业植物	人参	3
	三七	3
	石斛属	8
	灵芝属	3
林业植物	花椒属	6
	枸杞属	17
	杜仲	17
	沙棘属	2
合计		59

2. 我国中药材新品种保护现状

我国农业植物新品种保护起步较晚，到目前为止保护体系才初步建立。DUS测试是植物新品种保护的基础，是植物新品种保护体系的重要组成。我国中药材资源的保护与利用相对较弱，DUS测试指南的研制十分落后。1999年，农业部颁布的《中华人民共和国农业植物新品种保护名录（第一批）》涉及10个种（属），其中菊属（*Chrysanthemum*）与中药材相关，但该属加入保护名录主要是考虑其观赏价值。根据最新数据，农业农村部已颁布11批农业植物新品种保护名录共计191个种（属），其中直接涉及中药材的有人参、三七、石斛属、天麻、红花、淫羊藿属等20个种（属）（表3-2）。2019年2月最新发布的第11批保护名录中有11个种（属）直接涉及中药材，表明我国对中药资源的重视程度越来越高。

表3-2 农业植物新品种保护名录中直接涉及药材的植物种（属）

批次	数量	植物种（属）名
第1批	0	
第2批	0	
第3批	0	
第4批	0	
第5批	0	
第6批	0	
第7批	1	人参
第8批	0	
第9批	1	三七
第10批	7	石斛属、灵芝属、枸杞属、天麻、灯盏花（短葶飞蓬）、何首乌、菘蓝
第11批	11	红花、淫羊藿属、松果菊属、金银花、黄芪属、柴胡属、美丽鸡血藤（牛大力）、穿心莲、丹参、黄花蒿、砂仁

1999~2021年，国家林业和草原局共颁布8批林业植物新品种保护名录（林业部分），共计293个种（属），其中仅有枸杞属、杜仲、沙棘属、黄芩属等12个种（属）属于中药材（表3-3）。国家林业和草原局已颁布的40个植物新品种DUS测试指南主要涉及观赏植物、用材林、经济林和一些其他林木等，其中观赏植物占据了19个种（属），而中药材仅有枸杞属、沙棘植物的DUS测试指南。由此可见，木本药材植物DUS测试指南基本处于空缺状态，植物新品种保护严重滞后。

表 3-3 林业植物新品种保护名录中直接涉及药材的种（属）

批次	数量	植物种（属）名
第一批	0	
第二批	0	
第三批	0	
第四批	2	花椒属、枸杞属
第五批	3	山茱萸属、杜仲、沙棘属
第六批	0	
第七批	5	艾、石斛属、重楼属、黄精属、黄芩属
第八批	2	黄蓍属、苍术

2019 年国家中药材产业技术体系组织体系内专家成员开始启动中药材植物 DUS 测试指南的研制工作，以填补我国药材植物测试指南的空缺。目前，已完成大黄、甘草、黄花蒿 DUS 测试指南研制；白芷、黄精、地黄、黄芩属、金荞麦等植物 DUS 测试指南的研制也在有序开展。

3.3.3 中药材植物 DUS 测试指南的研制中存在的问题

DUS 测试是植物新品种保护的技术基础。目前，已完成 22 个种（属）中药材植物 DUS 测试指南研制工作，积累了一定基础。但中药材植物 DUS 测试指南研制中还存在一些问题，主要表现在以下几方面。

1. 标准品种选择存在问题

标准品种是指测试指南中列入的用于示例或校正描述性状表达状态的标准品种或参照品种，且要求标准品种样品的过表达状态应尽可能稳定（唐浩，2018）。中药材资源丰富，品种繁多，且大多数药材在长期种植过程中有混杂退化等现象，标准品种筛选难度较大，同时，由于中药材育种工作启动较晚，品种的概念比较薄弱，历版《中华人民共和国药典》（后简称《中国药典》）对药材栽培品种的规定都比较模糊，多数资源在长期栽培过程中混杂退化现象普遍，种源纯度较低，因此在标准品选择上较为困难。例如：《中国药典》（2020 年版）规定，三七为五加科植物三七（*Panax notoginseng*），并未规定三七品种相关信息，现有的三七植物 DUS 测试指南其中一个标准品种为'萝卜七'，而'萝卜七'属于伞形科植物，与《中国药典》（2020 年版）所记载并不属于同一基原。同时，一些可无性繁殖的品种，育种者在品种未经过保护之前，不愿意提供已育成的品种，也在一定程度上给标准品种收集带来一定困难。再者，目前国内尚缺乏专门的权威机构或网站对已育成中药材品种提供查询服务，这也是当前大部分中药材无法进行有效保护的主要原因。

同时，许多中药材品种为多年生，在短暂的指南研制时间内，收集并种植不同产区道地药材，在相同试验条件下进行性状观测、数据采集和分析，在实践操作中存在很大困难，这使得现有测试指南适用性较弱。

2. 测试性状不够全面且药材化学成分特异检测缺失

测试性状表是植物 DUS 测试指南的核心部分，以此判断申请品种是否满足特异性、一致性和稳定性。已有涉及中药材的测试指南中，性状选择存在不全面或不恰当等现象。例如：丹参测试指南中，株高、分枝数、花序等重要特征性并未列出；天麻测试指南中，花茎颜色除了浅绿、橙红、深褐三种表达状态，尚缺少淡黄、蓝绿等表达状态。

中药材植物与大田和园艺作物相比，其性状的特殊性体现在化学成分上，《中国药典》对中药材植物性状的描述主要在药用部位和主要化学成分含量方面。UPOV 相关规定表明，制定测试指南性状表时，以外观形态为主，且满足易操作、低成本等要求，对于一些以内在成分含量、抗性等作为特征性状的品种，在申请时要特殊备注及说明。在农业农村部已有的与中药材植物相关的指南中，仅有 2 个指南将有效成分含量测定放入选测性状。因此，研究如何将中药材植物药用成分与形态指标有机结合列入指南，做出独具特色的中药材植物 DUS 测试指南，是今后面临的艰巨任务。

3. 观测时期不明确

观测时期的确定也是测试指南制定过程的关键因素，观测时期不明确会影响最终的测试准确性。现有中药材植物指南中有些指南未明确定义田间测试性状的观测时期。例如，三七植物 DUS 测试指南中，对观测时期代码所代表的生育阶段解释模糊，如出苗期、现蕾期、始花期、盛花期等生育阶段定义，未明确规定百分比，对于不同测试人员，理解不同，把握也不同，带来的测试结果有差异。在丹参植物 DUS 测试指南中，性状测试表观测时期出现代码 45，而在生育阶段表中，并未解释代码 45 所代表的生育阶段，给测试工作带来困扰。柴胡 DUS 测试指南中，基生叶长度、宽度、绿色程度 3 个性状观察时期为第 1 叶展开期至第 5 叶展开期，对基生叶长度检测结果可能会产生 1～2 个及以上代码的差异。

3.4 建议与展望

3.4.1 中药材育种的发展

我国药用植物育种基础还很薄弱。首先，从事中药材育种的专业育种人员较少，目前大多数中药材育种者并非中药学专业人员，只懂育种理论而对中药材认识不深。其次，中药材基础研究比较薄弱，主要集中在化学成分上，缺少对遗传机制、合成代谢等生物信息的研究，导致中药材育种技术落后，生物信息技术应用困难，限制了中药材育种技术的发展。最后，中药材大多数为多年生，且育种工作以常规育种为主。利用系统选育和杂交育种培育出的中药材植物安全性高，但对于多年生的中药材，育种周期十分长，时间成本成为中药材育种的瓶颈。

现代生物技术在中药材种质资源评价和利用方面有很大前景，尤其是在优良品种的选育方面。由于我国药用植物基础研究薄弱，未来应加大中药材生理生化调控机制研究力度，从内在机制研究出发达到提升中药材产品质量的目的。分子标记技术在中药材产地鉴别、品种鉴别、现代化育种中发展潜力巨大。将大田应用中成熟的生物技术与有基础研究的中药材结合，取长补短，尽快应用到实际科研当中，提升中药材的育种效率。总之，药用植物育种工作任重道远，需要在传统技术的基础上加以突破，相信各种育种新技术的成功应用，必将推进我国药用植物育种事业乃至整个中药材产业体系的发展。

3.4.2 植物新品种保护的展望

根据不同中药材的特点及育种水平，中药材植物 DUS 测试指南研制应由易到难、分批次逐步推进，进而形成较为完整的中药材植物 DUS 测试指南体系。同时不断学习和总结经验，研制更适合中药材植物特点，且操作性强的 DUS 测试指南。

1. 加快研制中药材植物 DUS 测试指南编制手册

中药材不同于其他作物，药材质量是中药材发展的核心内容。随着野生药材的破坏，优质种质退化，栽培药材质量受到严重的质疑。从源头把控药材质量，迫切要求加快中药材植物 DUS 测试指南的研制。过去几年，我国已先后开展人参、三七、石斛属、菘蓝、丹参等常见中药材植物 DUS 测试指南编制的探索，并取得了一定基础和成绩，但指南质量参差不齐，也缺少对药材有效成分含量的检测。2019 年农业农村部决定，国家中药材产业技术体系负责组织开展中药材植物 DUS 测试指南编制。但是，对绝大多数中药材育种者而言，并未接触过指南编制工作，缺乏专业性。编制中药材植物 DUS 测试指南除遵守 UPOV 系列文件、农业农村部测试指南编制相关规则标准外，还要考虑中药材自身特点，如有效成分含量等药材质量指标测定。因此，制定中药材植物 DUS 测试指南编制守则，对指导编制适合我国中药材产业特点、有效保护我国中药材新品种的 DUS 测试指南，保障我国中药材种业发展具有重要的意义。

2. 从基础的品种着手，加大指南研制力度

中药材植物品种繁多，指南制定应选择有一定科研基础的品种入手。随着近些年国家政策对中药资源收集与评价的重视，以及对中药材新品种选育工作的支

持，黄芩、柴胡、半夏、瓜蒌等品种已积累了丰富的研究基础。例如：安徽省农业科学院园艺研究所从"十一五"到"十三五"致力于瓜蒌新品种选育工作，目前已申请20个瓜蒌新品种，瓜蒌新品种测试经验丰富，有实力研制出科学且便于操作的瓜蒌DUS测试指南；中国中药有限公司从2008年开始黄芩种质资源收集与评价工作，至今已完成56个道地产区黄芩种质资源的收集与评价工作，基础性状研究扎实，并于2017年开始黄芩新品种选育工作，在制定黄芩植物新品种DUS测试指南方面有极大的优势。

3. 构建已知品种资源圃和信息库

建立已知品种资源圃，并构建品种信息库，包括外观形态、生理特性、成分指标、DNA指纹图谱等，对指南研制和DUS测试十分重要。一是有效保存中药材种质资源的多样性；二是利于观察不同品种间性状，减少环境对性状表达的影响；三是便于标准品种的筛选，避免一些必要测试性状因缺少标准品种而带来的测试结果的差异，影响测试结果；四是利于提高性状选择的科学性，避免或减少指南制定中一些可遗传的特征性状缺失；五是利用信息库，还能有效地杜绝弄虚作假，避免新品种重复申请，保护育种者权益。

分子标记技术已成为品种鉴定技术领域的主流和发展趋势，为DUS测试提供了一个有力的辅助工具，该技术广泛应用于植物新品种鉴定与DNA指纹图谱的构建。国家林业和草原局植物新品种保护办公室成立了2个分子实验室，用于近似品种筛选和月季等品种指纹图谱建立（韩瑞玺等，2019）。中药材资源作为我国重要的民族文化资源，应有序开展各中药材品种基因组的测序和分子标记技术的研究，构建已知品种DNA指纹图谱，为新品种选育和DUS测试奠定技术基础。构建已知品种资源圃，并登记外观形态、生理特性、成分指标、基因序列等信息，构建信息库。

4. 加快人才培养，建立中药材植物DUS测试指导组

我国植物新品种保护体系初步建立，2018年中国农业大学首次在农学硕士课程中开设植物DUS测试相关课程，培养专业性研发与测试人才，中国农业科学院也在2020年春季课程设置了农业知识产权概论与实务，内容涉及植物新品种权申请制度，可见植物新品种保护是未来种业发展的必然趋势。中药领域刚刚接触植物新品种保护，鉴于中药材资源的特殊性及DUS测试的专业性，应加快中药学与农学的融合，首先应大力推动药材育种者学习植物新品种保护及DUS测试相关专业知识，其次在各校中药学专业中将中药材栽培育种、中药材新品种保护等课程设为必修课，加快人才培养。同时，建议在国家中药材产业体系内建立中药材植物DUS测试指导组，对测试指南研制、DUS测试相关操作等问题进行把关，研制出质量高、操作性强的测试指南，持续引领中药材育种工作。此外，还应加大对植物新品种保护宣传和培训力度，提高育种者和药农对新品种的保护意识，推动中药种质不断创新。

5. 积极承担 UPOV 测试指南研制任务，与国际接轨

中医药作为我国独特的卫生资源、具有原创优势的科技资源、优秀的文化资源和重要的生态资源，在经济社会发展中发挥着重要作用。2015 年颁布的《中药材保护和发展规划（2015—2020 年）》及 2016 年 10 月 25 日印发并实施的《"健康中国 2030"规划纲要》明确提出，充分发挥中医药独特优势。2016 年 12 月国务院新闻办公室发表了《中国的中医药》白皮书，将中医药发展上升为国家战略。特别是在此次抗击新冠肺炎疫情过程中，中医药充分发挥了独特优势，加快了新冠肺炎恢复期患者的康复，国务院应对新型冠状病毒肺炎疫情联防联控机制医疗救治组组织专家还专门制定了《新型冠状病毒肺炎恢复期中医康复指导建议（试行）》。我们可以看到，中医药独特的价值受到了越来越多国内外广泛关注及认可，但是我们更应清醒地认识到，中药材种源才是中医药的基础。

我国植物新品种保护体系与发达国家相比存在很大差异，在 UPOV 指南研制上的贡献甚少，仅完成芍药属、山茶属、荔枝等 7 份指南的研制。制定符合中药材自身特点的 UPOV 测试指南是中药材种业融入世界必不可少的环节。在保证优良传统的同时，将中药资源优势变为中药新品种优势再转变成知识产权优势，还应大力推动我国中药材特有种（属）国际测试指南的研制。目前，日本已完成甘草、黄芩、白术、金银花、麦冬、地黄等多种中药材植物 DUS 测试指南的研制，若我国再不重视中医药相关知识产权，十年后我们可能种自己的品种却会侵犯日本的知识产权。从长远来讲，加快我国中药材植物 DUS 测试指南研制，对中药材产业可持续性发展，甚至对中华文化的伟大复兴都会有着深远的影响。

第 4 章 中药材种质鉴定技术

中药材种质鉴定是种质资源评价和利用的技术基础。中药材种质鉴定可分为种间鉴别和种内鉴别两个方面，种间鉴别主要为中药材种质及其混伪品的鉴别，种内鉴别主要是指中药材不同产地种质资源及品种间的鉴别。中药材种质资源种类和类型多样，本章种间鉴别主要介绍中药材种子种苗与其混伪品的鉴别技术，种内鉴别主要介绍中药材品种与产地鉴别技术。

4.1 中药材种子种苗真实性鉴定技术

中药材种子种苗是中药材生产的物质基础，是中药大健康全产业链的起点，也是《中共中央 国务院关于促进中医药传承创新发展的意见》中"加强中药材质量控制"的关键点。

当前，中药材种子种苗质量参差不齐，存在种源混杂、以假充真等问题（黄璐琦，2019），特别是野生资源紧缺、市场价值高的中药材品种，已成为种子种苗掺伪的重灾区（刘金欣等，2018）。部分中药材种子体积较小、肉眼难以分辨、正品及其混伪品外观性状相似等原因，导致中药材种子种苗真实性鉴定难度增加。另外因从业者对中药材种子种苗真实性鉴定不够重视或缺乏专业的鉴定知识，容易造成鉴定错误。一旦种子种苗真实性鉴定错误，将给药农带来不可弥补的经济损失，给临床用药安全带来隐患。中药材种子种苗真实性鉴定错误已是中药材市场混乱的重要原因（刘金欣等，2018）。例如，柴胡资源在我国分布广泛，市售柴胡种子存在品种多样、来源不确定和质量不稳定等问题，极不利于"有效、优质、稳定、可控"的柴胡药材生产（戚文涛等，2020）。陈美君（2017）发现，从农户、小型种植基地或白及种苗公司采集的白及样品为黄花白及或小白及，可见白及药材在栽培种植源头就已出现基原混乱的现象。因此，保证中药材种子种苗基原准确，对把控好中药材生产的源头至关重要。

4.1.1 中药材种子种苗真实性鉴定技术概述

种子真实性鉴定是指一批种子的特性，供检品种与文件记录（如标签等）是否相符，即品种是否名副其实。种子真实性是衡量种子质量的重要指标之一。目前，中药材种子种苗真实性鉴定方法主要有性状鉴定、显微鉴定、理化分析鉴定、分子鉴定等。

1. 性状鉴定

性状鉴定包括传统性状鉴定及微性状鉴定。传统性状鉴定主要是通过观察中药材种子形状、大小、颜色、表面纹理等典型特征进行鉴定；微性状鉴定是通过观察中药材种子表面的细微特征，根据表面反映出的不同信息特征达到鉴定中药材种子的目的（韦颖，2012；陈科力等，2014）。后者与前者没有本质的区别，是前者向着微观领域的延伸。

（1）传统性状鉴定

由于不同物种遗传基础不同，种子形态和内部结构常呈现稳定的差异，通过对这种稳定的差异（如种子的形状、大小、颜色、种皮表面纹饰）进行观察统计可区分和界定不同物种（黄璐琦，2019）。《实用中药种子技术手册》（陈瑛，1999）和《中国药用植物种子原色图鉴》（郭巧生等，2009a）均较为直观地提供了各种子、果实的基本特征，为后续深入研究提供了依据。需要注意的是，应用传统性状特征进行鉴定，需建立种子标本实物库和信息库，可以为种子鉴别提供详细的实物和数据信息。

（2）微性状鉴定

微性状鉴定一般借助放大镜、扫描仪及低倍显微仪器等来分析观察，具有简单、快速、廉价的优点（周建理和杨青山，2011）。韦颖（2012）通过研究比较105种药用植物果实和种子的性状、微性状及显微结构，为中药材果实、种子的真伪鉴别提供依据。高飞燕（2013）对种子类中药微性状进行研究发现，不同种子表面一般都有不同的微性状特征，可作为微性状鉴别依据。王军等（2018）在鉴别南鹤虱、小茴香、肉豆蔻3种果实种子类药材时，在采用传统性状鉴别方法的同时结合微性状鉴别方法，更好地将药材与其伪品进行了区分鉴别。胡文璐等（2018）采用中药微性状鉴定法对21批车前子正品和7种车前子伪品进行观察比较，结果车前子正品与伪品的微性状区别明显。王雪利等（2013）对紫苏子及其混伪品表面的微性状特征进行观察和研究，并利用中药微性状鉴定法成功对其进行真伪鉴别。

2. 显微鉴定

种子的显微鉴定是指通过显微镜观察中药材种子的显微结构，根据不同物种表现出的不同显微特征进行鉴定。种皮的表面形态、结构、组成，种子的外胚乳、内胚乳或子叶细胞的形状，细胞壁增厚情况，以及所含脂肪油、糊粉粒或淀粉粒等，均是显微鉴定的重要特征（黄璐琦，2019）。显微鉴定方法被广泛应用于中药材种子的鉴定中，如白术和苍术的种子外观非常相似，在生产、流通和销售中极易混杂，从而影响种子品质和药材质量。张杰等（2019）通过外观性状鉴别和显微鉴定将白术瘦果与苍术瘦果进行了区分。陆国弟等（2017）通过对铁棒锤和伏毛铁棒锤的种子粉末进行显微观察，发现铁棒锤种子的外种皮细胞与伏毛铁棒锤存在差异，以此可鉴别这两种植物。陈可纯等（2018）通过显微观察发现，川党参与素花党参种子横切面上的种皮细胞形状，以及种胚细胞含有的晶体类型不同，表明素花党参和川党参可通过其种子的外观性状及显微特征进行鉴别。黄璐琦（2019）主编的《中国中药材种子原色图典》图文并茂地全面展现了种子的形态特征、微观特征，是从外观性状到微观特征进行全面系统研究的中药材种子图典，填补了我国中药材种子显微研究的空白。

3. 理化分析鉴定

中药材种子理化分析鉴定法主要包括色谱法、光谱法等。一般将种子进行提取处理后，采取薄层扫描法（TLCS）、高效液相色谱法（HPLC）、气相色谱法（GC），以及紫外光谱（UV）、红外光谱（IR）、质谱（MS）、核磁共振（NMR）等方法进行分析，得到能够标识其化学特征的图谱。其中，近红外光谱（NIRS）技术具有分析速度快、可同时分析多种成分、不对样品造成损伤等优点，在中药鉴定领域受到了越来越广泛的关注（赵中振和梁之桃，2012；应泽茜等，2019）。赵景辉等（2006）利用近红外光谱法对不同产地和种类的人参和西洋参种子样品进行聚类分析并建立了鉴别分析模型，其所建立的鉴别分析模型能有效地判别人参和西洋参种子的类别。彭惜媛（2015）运用"多级红外光谱宏观指纹分析法"对芥子、莱菔子、黑豆、牵牛子等12种中药材种子进行鉴定，根据种子样本红外光谱中吸收峰形状、峰位置和峰强度等指纹特征，对其进行逐级鉴定，逐渐发现样品之间的共性和差异，提供了系统地鉴别种子药材的方法。

4. 分子鉴定

分子鉴定一般指对大分子（蛋白质和核酸）特征的鉴定，分为蛋白质标记技术和DNA分子标记技术（陈士林等，2012）。目前，已有多种相关技术引入中药材种子种苗的真实性鉴定中。

（1）蛋白质标记技术

蛋白质标记技术包括蛋白质电泳和同工酶电泳，特异酶类的活性试验及抗体反应等（梅眉和陆璐，2005）。最常用的蛋白质电泳鉴定法，是利用中药种子中所含蛋白质分子大小、形状或所带电荷差异，通过电泳分离而鉴别种子的方法，广泛应用于中药材种子真实性鉴定中。常见的方法有聚丙烯酰胺凝胶电泳（PAGE）和毛细管电泳（CE）（梅眉和陆璐，2005；闫冲和聂凤褆，2005）。张琼光等（2003）对两种类型厚朴种子进行蛋白质分析，结果显示其蛋白质电泳图谱有明显差异，可作为鉴别依据之一。杨玉霞等（2012）对大黄及其混伪品的种子进行蛋白质电泳研究，结果表明除伪品大黄（河套大黄）未见有蛋白谱带外，正品大黄、混品大黄具有各自的鉴别谱带，且在谱带的级别、分布区域及数量上均有明显的区别。李晓琳等（2015）对15个产地的刺五加种子和两个产地的短梗五加种子中可溶性蛋白进行电泳分析，得出不同产地的刺五加种子蛋白质电泳图谱具有一定的种内差异性。该电泳方法和标准蛋白图谱可作为刺五加及短梗五加种子的鉴别依据。陆国弟等（2019）通过研究得出，铁棒锤和伏毛铁棒锤种子蛋白质电泳图谱在蛋白谱带位置和强弱上有一定差异，聚丙烯酰胺凝胶电泳技术可用于铁棒锤种子纯度检测，其蛋白质图谱可作为铁棒锤与伏毛铁棒锤种子的鉴别依据。

（2）DNA分子标记技术

DNA分子标记技术是随着分子生物学的发展而发展起来的一种新型鉴定方法，通过分析生物体间具有遗传信息差异的DNA片段，进而揭示生物体基因的排布规律及其表型性状的表现规律，具有速度快、灵敏度高、特异性强、准确可靠等优点，且不受生物体生长发育阶段、供试部位、试验条件等因素的影响。DNA分子标记技术有限制性片段长度多态性（restriction fragment length polymorphism，RFLP）、简单序列重复（simple sequence repeat，SSR）、单核苷酸多态性（single nucleotide polymorphism，SNP）、DNA条形码（DNA barcoding）等（王刚等，2019；张改霞，2016），均为国内外研究热点。

1）RFLP技术。RFLP是发展最早的DNA分子标记技术，该方法依据序列差异并产生特定的限制性内切酶酶切位点，酶切后根据酶切片段长度的变化或片段数量的增减进行鉴定。《中国药典》（2015年版）收录了川贝母聚合酶链式反应-限制性片段长度多态性（PCR-RFLP）鉴别法。由于川贝母基因组rDNA存在限制性内切酶 Sma I 的单一位点（5'-CCCGGG-3'），而非川贝母类的基因组在此处的序列为5'-CTCGGG-3'。因此可以用这种方法区别川贝母和其他贝母（徐传林等，2010；张文娟等，2014）。王自强等（2017）通过对特征片段进行聚合酶链式反应（PCR）扩增，可将梅花鹿及马鹿来源的骨粉样品与牛、猪、狗等动物骨粉样品进行区分，在PCR法的基础上，采用RFLP技术，通过对限制性内切酶 Xba I 酶切后的片段长度进行分析，可进一步区分梅花鹿与马鹿来源的骨粉样品。胡氏苘麻与苘麻种子形态较为相似，仅通过种子形态进行准确鉴别存在困难。翟会锋等（2019）对胡氏苘麻和苘麻进行PCR-RFLP分析，首次从分子水平上鉴定区分了这两个物种。朱晓燕等（2019）利用核糖体内部转录间隔区2（ITS2）序列上可被限制性内切酶 Hpy CH4Ⅲ识别的关键差异位点，建立两种不同性状白茅根的PCR-RFLP鉴别方法。

2）SSR技术。SSR是近年发展起来的建立在PCR基础上的第二代分子标记。由于不同物种的SSR序列及重复次数不同，SSR标记在不同物种表现出高度的保守性和重复性，从而可以对不同物种进行准确鉴定（李德全和赵立庆，2012；詹海仙等，2020）。SSR标记技术因具有多态性高和共显性等优点，在中药材鉴定中也有应用。陈子易等（2011）利用SSR标记技术对人参和西洋参进行了种质资源的鉴别，为人参种质资源的研究和丰富奠定了基础。李春花等（2019）利用SSR标记技术构建云南苦荞种质资源分子身份证，为云南苦荞的种质资源鉴定和保护提供了依据。

3）DNA条形码。DNA条形码技术利用一段标准的DNA序列从基因层面对物种进行鉴定，不受环境等外部因素影响，具有通用、快速、准确等特点，逐渐成为中药材种子鉴定的研究热点（赵晴等，2019）。羌活与宽叶羌活种子形态特征相似，难以明显区分，张改霞等（2016）基于ITS2条形码对27份药用植物羌活种子样品进行分子鉴定，结果表明27份种子样品有24份样品为《中国药典》（2010年版）规定的羌活正品基原种子，包括13份羌活种子，11份宽叶羌活种子，另外3份样品不属于羌活基原植物种子。方海兰等（2016）收集了19份重楼种子、7份重楼种苗，以ITS为条形码进行基原物种鉴定，结果表明有20份样品为非《中国药典》（2015年版）基原物种，甚至有重楼属以外的种属。刘金欣等（2018）通过构建黄芩ITS2条形码数据库，建立黄芩种子DNA条形码鉴定新方法，保障黄芩种子基原准确。戚文涛等（2020）采用传统形态鉴定方法结合DNA条形码分子检测技术准确鉴定柴胡属种子。基于ITS2条形码和种子形态鉴定相结合的方法可以准确鉴定柴胡属种子，41份柴胡属种子样品中有30份柴胡、3份狭叶柴胡、5份三岛柴胡、2份藏柴胡及1份小叶黑柴胡。将DNA条形码技术扩展到中药材种子种苗鉴定领域，对推动中药材种子种苗标准化具有重要意义。

4）SNP技术。1996年，美国学者Eric S. Lander正式提出了第三代分子标记技术——SNP（唐立群等，2012）。SNP技术本质是DNA单碱基变异，通过检测分析染色体上某个位置单个核苷酸的差异，可以实现区分不同个体遗传物质的差异，从而辨别不同的品种。与其他传统分子标记技术相对比，SNP分子标记分布较广泛，遗传较稳定，易于进行基因型分型鉴定，特别是对种间的快速鉴定，近年在中药材种子种苗真实性鉴定中被广泛研究和应用（王刚等，2019）。Chen等（2013）采用ITS2序列对人参属药用植物的SNP位点进行研究，发现5个稳定的可作为独特标记用来区分人参属不同物种及人参、西洋参混合粉末的种间变异位点，首次借助SNP位点成功鉴定人参、西洋参混合粉末。王丽丽等（2014）基于SNP位点对藏菖蒲及其近缘种进行鉴定，通过对藏菖蒲同属近缘种的96条ITS2序列进行分析，发现第23位和212位存在稳定的SNP位点，可准确鉴定藏菖蒲。

4.1.2 总结与展望

中药材种子种苗是中药材质量的源头，优质的种子种苗是实现中药材规范化生产的基础和首要条件。当前，中药材种子种苗交易以个体农户交易为主，门店交易大部分无经营许可证，种子无包装。区分种子真伪优劣主要是凭经验，种源混杂，近缘种、混伪品充当正品，质量无法保障。

性状鉴定、显微鉴定、理化分析鉴定和分子鉴定作为常用的中药材种子种苗真实性鉴定方法，各有特点，在针对具体品种制定鉴定方法时应根据实际情况进行选择。性状鉴定是目前中药材种子种苗生产、交易过程中使用最多的鉴定方法，其简单、易操作、节约时间，但对鉴定者经验水平要求较高。微性状鉴定是目前中药材种子鉴定的发展趋势。该方法既可以弥补经验方面误差与不足，又能够快速鉴别种子类中药材，非常适用于基层中药快检工作。显微鉴定主要是通过种子横切面的不同组织构造的比较作为鉴别特征来辨别，不受外观形态影响。中药材种子理化分析鉴定方法对实验设备的配置、操作技术及实验条件均有较高要求，且只针对含特定成分的中药材种子，具有一定局限性。DNA 分子标记技术是近年发展起来的一种新型的鉴定方法，具有简便、快速、准确的特点。但无论在广度还是深度上，当前研究所涉及的分子标记类技术仍有不足，其更为广阔的应用前景还有赖于 DNA 分子标记技术的进一步发展。

与中药材种子种苗鉴定现状相比，我国农作物种子检验质量标准体系基本形成并建立了健全的种子质量监督抽查制度，拥有种子质量检验队伍和网络（李建红等，2020）。采用大田形态鉴定法、生化标记鉴定法、DNA 分子标记鉴定法可以实现农作物种子的真伪鉴别（梅眉和陆璐，2005）。中药材种子种苗质量控制体系建设工作还有待进一步完善（魏建和等，2005），可参考农作物种子鉴定相关的技术方法，制定实施系统全面的质量标准和检测技术，促进中药材产业健康发展。

中药材种子种苗真实性鉴定技术要取得进一步发展，笔者认为可从以下几个方面开展深入研究。首先，加强中药材种子鉴定与分类系统基础研究。目前，药学界对中药材种子种苗的鉴定研究缺乏足够的重视，尚未建立完善的、综合各种种子特征的鉴定与分类体系（张南平等，2020），导致对种子的鉴定困难重重。因此，开展种子鉴定与分类系统的课题研究是中药材种子种苗真实性鉴定的基础。其次，借助基因组学和生物信息学等先进技术，扩展 DNA 分子标记技术在中药材种子种苗近缘种及不同产地种子鉴别中的研究和应用。最后，提高种子质量意识，规范中药材种子种苗交易市场。中药材种子交易以个体农户交易为主，其种子质量意识淡薄，真实性鉴定多通过主观进行判断，造成种子质量事故时有发生。因此，应规范中药材种子种苗生产与经营，建立出厂放行制度，采用现代分析技术，在中药材种子种苗质量标准中对种子真实性鉴定提出明确要求，并在生产实践中推广应用。

4.2　中药材品种与产地鉴别技术

医药文化是中华民族文化的重要组成部分。在中药的历史沿革与产地变迁的过程中，受历史文化、环境变化及人为影响等，中药材的品种与产地变迁复杂多变，特别是近几年受经济因素的影响，野生品驯化为常规栽培品的现象越来越多，中药材的现有主产区与传统道地产区均发生较大的变化。中药材品种与产地变迁的复杂性为中药材道地性鉴别提出严峻的挑战。目前，中药材品种与产地鉴别的技术多依赖于传统的形态与经验鉴别、显微技术及色谱光谱技术等，随着现代分子生物学，特别是基因组学的发展，越来越多的技术与方法应用于中药材品种与产地鉴别。本节通过对现有中药材品种及产地鉴别的技术与方法进行总结，并结合最新的基因组学与分子生物学技术，为中药材品种与产地鉴别提供可行性的解决方案，为中药材种子种苗和中药材的品质评价提供技术保障。

4.2.1 不同中药材品种的品质差异

品种一般是指经过人工选择，在遗传上相对稳定纯合，形态特征和生物学特性相对一致，并可作为生产资料在农业生产中得以应用的作物类型，可分为地方品种和改良品种（中国农业百科全书农作物卷编辑委员会，1991）。中药材品种广义上是指由野生资源常规驯化而来的人工栽培品种（即地方品种）及经过系统新品种选育过程得到的新品种（即改良品种），以常规驯化的人工栽培品种为主。目前，已实现人工栽培的中药材种类超过300种，大部分栽培品的驯化历史是种植户从当地的野生资源移栽后不断进行培育与扩繁，最后形成可栽培成活、可规模化种植的药材品种。根据人们对中药材需求的不同（工业单一成分提取、中成药组方优化、单味药配方颗粒及临床需求等）及经济产量的高要求等，育种家开始从中药材野生资源及常规栽培品中利用不同的育种方法开展新品种选育工作，最终得到优质的中药材新品种。据不完全统计，近十几年已选育包括北柴胡、丹参、薏苡、青蒿、荆芥、桔梗等药材优良品种280余个（魏建和等，2011b；杨成民等，2013；沈晓霞和王志安，2017）。历经长期的人工栽培与驯化过程，栽培品与野生品在中药基原植物外观性状、药材性状、有效成分含量等方面均存在差异。同时，中药材新品种的选育主要围绕高产、高品质（指标性成分含量高）等为选育目标。因此，不同中药材品种间品质与疗效存在较大的差异，实现中药材品种的准确鉴别对中药材标准化、规范化种植及临床安全应用具有重要指导意义。

4.2.2 不同产地中药材品质差异

道地性是中药的特色文化。《中华人民共和国中医药法》明确道地中药材是指经过中医临床长期应用优选出来的，产在特定地域，与其他地区所产同种中药材相比，品质和疗效更好，且质量稳定，具有较高知名度的中药材。道地药材的概念源于古籍中的诸多记载（王永炎和张文生，2006），《神农本草经》对"道地"的记载以古国名、古地名为主，如巴豆、巴戟天、蜀椒、蜀漆、秦椒、秦皮、吴茱萸、阿胶等，体现了古代朴素的生境观；《本草经集注》第一次从本草学的角度论述道地与非道地药材对临床疗效的影响，将品质、药材与分布联系起来，体现了道地的"小环境观"；《本草纲目》对"道地"的论述更注重水、土、气象及其相互关系等整体的论述，体现了道地的"整体观"。道地药材的论述多与其产地及产区环境等相关联。

王秋玲等（2019）通过比较《本草经集注》等五部代表性本草著作，发现不同著作记载道地药材种类的数量差异较大，且部分药材在不同的著作中记载的道地产区不尽相同，说明不同时期对道地药材种类认知不同，产区变迁整体较为频繁，大多为跨区域、长距离变迁。究其原因，可能是古代随着疆域的变化，新的野生资源被发现且质量更优；或是随着野生变家种的发展，栽培产区逐渐被市场认可，从而代替原来的野生产区成为道地产区。近代至今，基于人为影响及经济因素的驱动，很多新的栽培产区逐渐发展替代，成为被"认可"的道地产区，此类现象屡见不鲜，值得引起高度关注，以便遏制随意引种、盲目扩种的不良影响。

《全国道地药材生产基地建设规划（2018—2025年）》中指出，在未来几年建设东北、华北、华东、华中、华南、西南、西北七大道地药材产区，共计2600多万亩。建设规划的目的即坚持道地药材的初衷，加强道地药材资源保护和生产管理，规划引导道地药材生产基地建设，防止适宜产区种植不规范，非适宜区盲目扩种，造成药效下降、道地性丧失。坚持道地药材的初衷，是因为道地产区与非道地产区生产的药材在品质和疗效等方面具有较为明显的差异。不仅从古代经验主义得来的不同产地间中药材的临床疗效存在差异，现代技术也发现不同产地间中药材的含量成分及药理活性等均存在较大的差异，因此中药材产地鉴别对于中药材临床用药安全尤为重要。

4.2.3　中药材品种鉴别与产地鉴别

中药材的品种现状与产地变迁给鉴定工作带来巨大的挑战。区别于经济作物等其他的农作物品种，中药材品种有其独特的特点与分类。严格来说，常见的中药材栽培品种很多都没有达到品种的类型，不能称其为品种，与品系的概念比较接近。随着人们不断地对野生中药资源进行驯化和引种栽培，野生资源逐渐形成很多的栽培品种，以及由于地理位置变化而形成的不同变异类型，同时这些变异类型又与产地的引种变迁息息相关，产生更加复杂的特性变化。因此，中药材的品种与产地鉴别密切相关。

中药材因品种及产地的不同，质量及功效存在差异，对临床应用等均具有重要的影响，所以中药材品种与产地鉴别研究对于中药质量控制及产业健康发展尤为重要。随着中药材栽培品种和产地的逐渐增多，传统的鉴别方法对新的品种或品系及产地的鉴别已较为困难，新的鉴别技术也在不断发展。根据中药材品种广义的概念，中药材品种与产地鉴别主要分为栽培品与野生品的鉴别、常规栽培品不同品系间鉴别、新品种鉴别及产地鉴别。从根源上分析，中药材品种与产地间的差异形成原因是在时间足够积累或地理隔离的前提下，中药资源形成了稳定的外观性状差异、药效成分差异、遗传差异等，因此中药材品种与产地鉴别研究一般针对不同资源的外观性状、成分含量及遗传差异进行分析与比较。当前针对中药材品种与产地的鉴别技术多以性状鉴别为主，采用显微鉴别及光谱、色谱技术辅助鉴别，同时随着分子生物学及药用植物基因组学的发展，分子生物学技术也越来越多地应用于中药材品种与产地鉴别。中药材品种与产地鉴别一般需要应用多种鉴别技术进行综合分析，以达到准确鉴定的目的。本小节主要针对中药材栽培品与野生品鉴别及产地鉴别技术进行整理，为中药材品种与产地鉴别提供参考。

1. 性状鉴别

性状鉴别是中药材最常用的鉴别技术，也是中药材品种与产地鉴别的主要技术手段，主要利用中药材及其基原植物的形态学差异进行鉴别。中药材的外观形状与真伪优劣指标（道地性）具有较强的关联性，有"辨状论质"之说（潘庆阳和许树相，2003）。

（1）品种鉴别

中药材品种的性状不同主要是因不同的种植环境、地域或栽培方式等，使得中药材出现不同的外观表型，随着时间的不断推移转变为新的"品种"（栽培类型），其内在的质量指标也随之发生变化。野生品与栽培品的差异较为明显，如银柴胡、黄芩、丹参、党参等，野生品与栽培品相比，其药材的形状、断面、质地等均有较明显的变化（李水福等，2005）。中药材新品种的鉴别也多采用性状鉴别方法。余昌俊等（2010）通过比较天麻两个新品种与4个主要栽培品种的生物性状及品质性状等，发现天麻不同品种在花茎颜色、球茎形状等方面均具有显著的差异，可作为天麻新品种鉴别及选种栽培的参考依据。

（2）产地鉴别

中药材产地鉴别也多与性状差异相关。李旻等（2016）采用分光测色计将中药材的性状品质中的色泽指标客观化、数量化，可实现对不同类别及产地陈皮的准确鉴别与分级。沈昱翔（2011）采用色差计法结合可见分光光度法对19个产地的丹参药材表面和断面颜色进行量化表达分析，可作为对中药材产地性状鉴别的新尝试。

随着数码图像及计算机技术的快速发展，应用图像识别技术对中药材的品种与产地进行快速鉴别是一个特色发展趋势，将形态学鉴别及性状鉴别的技术要点以图像的形式进行拍摄并进行特征信息提取，以大数据技术作为辅助分析，在中药材产业化中具有较好的应用前景（陈兴兴等，2005）。

2. 显微鉴别

中药显微鉴别是指利用显微镜对药材（饮片）切片、粉末、表面、解离组织，以及含有饮片粉末的制剂进行观察，并根据组织、细胞或内含物等特征鉴别相应药材的一种方法，多用于破碎中药材或粉末及粉末制成的制剂等性状较难鉴别药材的鉴别（王珺和张南平，2018）。显微鉴别技术也可应用于中药材品种与产地鉴别。

（1）品种鉴别

唐勇琛等（2007）应用显微鉴别技术对黔产野生和栽培钩藤药材的横切面及粉末的显微特征进行观察，在表皮细胞的性状、茎表皮角质层特征等方面均发现不同特性。刘靖等（2011）通过对内蒙古武川县大青山地区蒙古黄芪野生品与栽培品的根横切面、粉末进行显微观察，发现野生品与栽培品蒙古黄芪的木栓层、石细胞、木质部导管性状等存在一定差异。

（2）产地鉴别

陈如等（2014）对不同产地槐米粉末进行显微量化研究，发现不同产地槐米的花粉粒或非腺毛存在差异。束晓云等（2014）对不同产地甘遂进行显微与性状鉴别研究，研究表明不同产地甘遂的纤维性、淀粉粒、乳汁管等均存在差异性。陈瑞芳等（2011）对不同产地乌药进行显微与性状鉴别，发现石细胞、油细胞、分隔纤维、梯纹导管等是鉴别不同产地乌药的重要显微特征。

随着显微技术的不断发展，如偏光显微镜鉴定、电子显微镜鉴定等，显微图像信息越来越丰富，基于计算机技术的图像检索技术逐渐应用于中药显微鉴别研究，有助于中药显微鉴别向人工智能化方向发展，对中药材品种与产地的鉴别将是一种创新的尝试。

3. 光谱鉴别技术

光谱技术对混合组分的整体特征分析效果较为显著，如红外光谱、紫外光谱、X射线衍射光谱、原子光谱、核磁共振谱等。光谱技术在中药材品种与产地鉴别方面具有较多应用，以红外光谱应用最为广泛。

（1）品种鉴别

林晓莲等（2005）利用紫外光谱对野生与栽培玉竹进行检测，结果表明，以水、氯仿为溶剂时，野生玉竹的最大吸收峰及吸收值比栽培玉竹要大。王兴文等（1994）利用原子吸收分光光度法及原子发射光谱法对昭通野生与栽培天麻进行微量元素等测定，发现不同产地天麻的含量差异显著。

（2）产地鉴别

孙素琴等（2010）研究团队建立中药材"红外光谱三级鉴定法"，对不同产地的茯苓皮（马芳等，2014）、枳实（胡伊力格等，2013）、草乌（魏爱华等，2013）、陈皮（周欣等，2007）、蔓荆子（邓月娥等，2007）等进行有效的鉴别分析。红外光谱应用于对不同产地或品种的两面针（黄庶识等，2012）、党参（陈前锋等，2016）、人参（王平等，2004）、肉苁蓉（刘友刚，2011）、连翘（张晓慧和刘建学，2008）、红曲（邢旺兴等，2001）、通光藤（李超等，2014）、枸杞（陆珺等，2007）、老鹳草（何文涛，2012）等药材的鉴别。紫外光谱对不同产地的丹参（刘省存等，2011）、杜仲（陈先良等，2011）也有较好的鉴别作用。赵天增等（2000）和秦海林等（2000）应用核磁共振氢谱指纹法对不同产地的浙贝母、人参、西洋参、三七、大黄、黄连等药材的植物中药特征总提取物进行差异分析，发现不同产地收率差异较为明显，可作为中药鉴定与品质分析的参考依据。

光谱鉴别技术具有操作简便、快速、样品量小甚至无损、成本低、反映样品的整体化学信息等优势，在中药材品种与产地鉴别中具有较为广泛的应用。随着光谱技术的不断发展与更新，新的光谱技术不断涌现，同时随着测定样本量的不断加大，光谱鉴别技术可借鉴性状鉴别的发展模式，与计算机技术及多种数据分析技术相结合，建立综合数据库及标准，以在中药材鉴定领域继续发挥重要作用。

4. 色谱鉴别技术

色谱鉴别技术是目前使用较为普遍的中药质量评价技术，在中药材品种与产地鉴别方面也有诸多应用，常见的有高效液相色谱技术、薄层色谱、气相色谱、超高效液相色谱、毛细管电泳、色谱光谱联用技术。

（1）品种鉴别

盛萍等（2014）运用高效液相色谱法对野生与栽培伊贝母进行测定，结果发现伊贝母两个基原新疆贝母和伊犁贝母的野生品与栽培品均为两支。潘瑞乐和徐锦堂（1998）对天麻不同种内变异类型进行化学成分分析，高效液相色谱分析结果表明，天麻不同变异类型天麻素含量存在差异，且野生品高于栽培品。

（2）产地鉴别

付琳等（2015）运用高效液相色谱法对10种晋产野生黄芩根中黄芩苷、黄芩素与汉黄芩素含量进行比较，发现不同产地黄芩主要有效成分具有明显差异。运用高效液相色谱法在不同产地金银花（何兵等，2015；邵林等，2011）、单面针（王丽美，2013）、黄芩与柴胡（肖蓉，2005；宋战锋，2012）等均可发现其成分含量的差异。韩永成等（2014）通过超高效液相色谱法（UPLC）建立14个不同产地金银花药材的UPLC特征性指纹图谱，可将其分为两大类。时维静（2009）采用高效薄层色谱法（HPTLC）对山东、河北和河南3个不同产地的金银花药材进行分析研究，发现不同产地峰的数量和面积有所不同。何文斐（2003）和袁清照（2010）利用气相色谱对不同产地金银花挥发油进行测定，发现其指纹特征存在一定差异。毛细管电泳及其延伸技术，如高效毛细管电泳、毛细管区带电泳等，在金银花（容蓉等，2006）、太子参（李文龙，2007）、大青叶（王寅等，2000）等中药材产地鉴别中的应用已有初步的研究与探索。

色谱鉴别技术虽多用于中药质量评价，但其丰富的化学成分数据、强大的多分析联用技术等优势使其在中药材品种与产地鉴别中可发挥重要的作用。随着更多联用技术的发展与应用，色谱鉴别技术按照"从整体到部分，先定性后定量"的原则，辅助于指纹图谱技术的多样本量分析，可在中药材品种与产地鉴别工作中发挥突出作用。

5. 仿生识别技术

仿生识别是模仿动物的某一功能，将被识别的事物转化为高维空间数据，并利用几何方法进行计算分析和最佳化点覆盖识别。"四气五味"是中药材药性理论的主要内容之一，其中的"五味"即指酸、苦、甘、辛、咸，在功效方面的表现为"辛散、酸收、甘缓、苦坚、咸软"。仿生识别技术，如电子鼻和电子舌等，可根据中药不同的"味"实现对不同品种与不同产地的鉴别。

（1）品种鉴别

杨文玺等（2014）利用电子鼻技术对野生与栽培当归进行鉴别研究，发现当归野生品与栽培品气味差异显著，电子鼻检测对气味判别与传统经验鉴别结果一致，可作为当归快速鉴别技术。林辉等（2014）运用电子鼻技术对野生与栽培的喜马拉雅紫茉莉进行气味分析，结果表明喜马拉雅紫茉莉野生品与栽培品气味差异明显，电子鼻技术可对其进行快速区分。

（2）产地鉴别

伍世元等（2011）利用电子鼻技术结合主成分分析和线性判别分析方法可实现不同产地薄荷的准确鉴定。吴飞等（2012）利用电子舌技术结合主成分分析和判别因子分析对不同产地枳实进行检测，结果发现电子舌技术能较好地区分不同产地的枳实样本。曾燕等（2015）采用电子舌技术对不同来源黄芩进行味觉信息分析，结果表明味觉信息分析可对不同来源黄芩进行分类。电子鼻技术对不同产地的大白菊（韩邦兴等，2012）、川芎（陈林等，2013）、附子（黑顺片）（汪云伟等，2014）、砂仁（刘梦楚等，2017）、白术（邵雅雯等，2011）等均具有较好的识别效果。

仿生识别技术在食品安全性评价、环境检测、疾病诊断等方面已有广泛的应用，并可弥补中药传统性状鉴别技术的经验性与主观性强等方面的不足。仿生识别技术在基础条件摸索方面应加强理论及应用研究，建立相关的标准及数据库，并结合模式识别数据分析技术，可成为中药鉴定领域一个重要的发展方向。

6. 多维模式识别与组合技术

中药材种质要实现准确的鉴别，特别是对不同产地与品种的同一种药材的鉴别，需要借助多种鉴别技术组合应用，并辅助于化学计量学等多种模式识别数据分析技术。常用的化学计量学方法有主成分分析、判别分析、聚类分析、偏最小二乘法、簇类独立软模式法、人工神经网络、支持向量机等（陈士林等，2012；范林宏等，2019）。化学计量学也多与红外光谱、荧光光谱、原子光谱、紫外光谱、高效液相色谱等鉴别技术相结合，利用统计学分析方法对检测数据进行分析，以达到鉴别中药材品种与产地的目的。

（1）品种鉴别

吴雪梅（2019）运用红外光谱、紫外光谱、超高效液相色谱技术并利用数据融合策略结合化学计量学分析方法对野生与栽培滇重楼进行溯源研究，为中药材产地鉴别提供了一种创新的尝试。

（2）产地鉴别

李运等（2017）运用傅里叶变换红外光谱结合化学计量学对5个区域12个产地的三七进行了鉴别分析，结果表明多种模式识别技术均可实现三七产地鉴别。程翼宇等（2002）将红外光谱技术与可视化表达技术相结合，对3种不同产地中药当归以虚拟指纹图谱对药材产地进行分类鉴别研究，是对红外光谱鉴定技术的拓展应用。近红外光谱技术结合化学计量学还成功应用于大黄（范积平等，2005）、葛根（李春燕，2018）、南五味子（黄得栋等，2018）、茯苓（范林宏等，2019）、西洋参（唐艳等，2018）、灵芝（赖长江生等，2018）、白芷与丹参（刘沭华等，2005）、延胡索（赖燕华，2009）等药材的产地鉴别研究。马帅（2019）应用三维荧光光谱结合多维模式识别技术对葛根、白及、西洋参进行产地溯源研究，对于中药材产地鉴别具有较好的参考作用。常璇和胡奇林（2006）利用原子吸收光谱及原子荧光光谱结合聚类分析方法，对宁夏中宁县和平罗县的枸杞进行分析，结果表明可准确快速区别两个产地的枸杞。王元忠等（2016）利用紫外光谱结合化学计量学方法对不同产地三七进行鉴别研究，结果可将10个三七产地样品分为4类，为三七产地鉴别提供参考。张水寒等（2006）利用高效液相色谱指纹图谱结合系统聚类法对不同产地的关黄柏进行分析研究，发现不同产地关黄柏的质量存在差异。Zhu等（2010）运用气相色谱-红外光谱联用质谱对不同产地马齿苋建立指纹图谱，结果分析表明，该法可用于鉴别中国南方与北方的马齿苋品种。

常用鉴别技术结合多维模式识别数据分析技术，可以更好地挖掘与处理光谱或色谱数据，通过加大样本量并结合多种数据分析方法，对于不同品种与产地间差异较小的药材鉴别具有较大的优势，特别是随着计算机技术的不断发展，更大的数据量处理成为可能，为中药材品种与产地鉴别提供了新的思路。

7. 分子生物学鉴别技术

随着分子生物学的不断发展，越来越多的生物学技术应用于中药材品种与产地鉴别。按照分子生物学的发展历程及其在中药品种与产地鉴定中的应用，可将分子生物学技术分为蛋白质类凝胶电泳技术、基于凝聚电泳的分子标记技术、DNA 序列分析技术、基因组分析技术等。

（1）蛋白质类凝胶电泳技术

李峰（2004）通过过氧化物酶同工酶-聚丙烯酰胺凝胶电泳（POD-PAGE）与酯酶同工酶-聚丙烯酰胺凝胶电泳（EST-PAGE）对 3 种栽培品种金银花进行鉴别研究，结果发现两种电泳技术均可区分大毛花、小毛花及鸡爪花三种金银花品种。石俊英等（2007）利用蛋白质、过氧化物酶（POD）同工酶、酯酶（EST）同工酶的聚丙烯酰胺凝胶电泳（PAGE）对不同产地桔梗进行分析，结果表明同工酶-聚丙烯酰胺凝胶电泳可有效鉴别不同产地桔梗。

（2）基于凝聚电泳的分子标记技术

基于凝聚电泳的分子标记技术主要有随机扩增多态性 DNA（RAPD）、限制性片段长度多态性（RFLP）、扩增片段长度多态性（AFLP）、简单序列重复（SSR）、简单序列重复区间（ISSR）等技术。

利用 RAPD 技术对野生与栽培天麻（邹佳宁等，2006；赵熙等，2006）、人参（丁建弥等，2001）、白芷（黄璐琦等，1999）等药材进行了深入的研究，可用于野生品与栽培品的鉴别。马小军等（2000b）利用 AFLP 技术对人参农家类型进行指纹图谱研究，结果说明不同类型人参存在遗传差异。陈祖云等（2007）运用 SSR 技术对贵州天麻野生与栽培品种进行鉴别分析，发现 SSR 技术可有效地区分纯合子及杂合子，并实现野生和栽培天麻的鉴定。

胡珊梅等（2002）利用 RAPD 技术对不同产地泽泻进行遗传分析，发现不同产地的泽泻样本具有不同的遗传特征。RAPD 技术在不同产地黄芩（冯学锋等，2002；刘晓伶等，2016）、当归（高文远等，2001）、玉竹（李钟，2003）等的鉴别中均具有较好的表现。Mizukami 等（1993）运用 RFLP 技术对日本 8 个产地的野生柴胡进行分析，发现不同地理品系的柴胡多态性存在显著差异。齐琳洁等（2015）基于黄芩基因组开发 SSR 分子标记并对不同产地黄芩进行遗传差异分析，聚类分析可将 10 个黄芩产地分为两大类。张文青（2007）利用 ISSR 技术对不同种源的黄芩进行鉴别研究，结果表明黄芩主产区样本基本各聚为一支，部分种源间差异较大。

（3）DNA 序列分析技术

DNA 序列分析技术主要是利用 DNA 片段进行测序及比对分析以进行中药材品种与产地鉴别。王德信（2010）和唐科民（2013）利用 ITS 序列对天麻不同变异类型进行分析，发现 15 个变异位点可用于天麻变型间的特异性鉴别，ITS 序列可鉴别不同居群的天麻。刘霞等（2017）利用叶绿体 *psbA-trnH* 序列对川麦冬和浙麦冬进行分子鉴别，在 49 位点处发现稳定变异位点。曹晖等（2001）利用叶绿体

matK 序列对蛇床子不同地理居群进行分析,结果发现蛇床子居群间亲缘关系与地理分布呈良好的相关性。

(4)基因组分析技术

基因组分析技术应用于中药材品种及产地鉴别是当前研究的热点与难点。王梦涵等(2020)利用叶绿体基因组(超级条形码)对不同产地及品种的麦冬进行分析,可作为基因组在中药材产地与品种间鉴别应用的良好示范。药用植物全基因组因其本身的遗传复杂性及研究起步较晚,目前已有全基因组序列的药用植物不到100种,同时基于目标性状的药用植物功能基因研究进展缓慢,给中药材品种与产地鉴别带来挑战。

随着分子生物学技术的不断发展,越来越多的生物学技术应用于中药材品种与产地鉴别研究。伴随药用植物基因组学的发展,基于基因组学及功能基因研究的全基因组关联分析(genome-wide association study,GWAS)成为解决当前中药材品种与产地鉴别难题的关键突破技术。特别是随着中药材栽培品种及产地变迁的复杂变化,更需要以中药材遗传物质为分析单元的分子生物学技术提供更加准确、快速、科学的鉴别技术与方法。

4.2.4 总结与展望

中药材品种与产地鉴别是目前中药产业及行业面临的巨大挑战,中药材品种与产地鉴别技术的研究和发展同样面临较大的困难及机遇,特别是随着近些年健康产业的兴起,中药材产业标准化与规范化是未来的主要发展趋势。

本节通过总结中药材品种与产地变迁的现状,对影响中药产业健康发展的品种及产地鉴别技术的发展进行了总结分析。认为传统的中药材品种与产地鉴别技术,如性状鉴别技术,包括后来发展较快的显微鉴别、光谱和色谱鉴别技术在当前中药材品种与产地鉴别研究中仍然发挥重要作用。仿生识别技术、多维模式识别技术的组合应用为中药材品种与产地鉴别提供了新的思路。分子生物学是当前较为热门的发展学科,分子标记及基因组学是当前发展较为热门的领域,在中药材品种与产地鉴别中已开展诸多的探索。基于中药产业的发展及鉴别技术的研究现状,对未来中药材品种与产地鉴别技术的发展提出以下几点思考及建议。

1)传统的鉴别技术,如性状、显微及光谱技术等,仍然是中药材品种与产地鉴别的主要应用技术。应多结合模式识别数据分析方法及计算机技术,建立大样本量数据库,开发可产业化推广的应用技术。

2)仿生识别技术等特色技术是中药材品种与产地鉴别技术发展的新思路,应加强基础理论研究,建立相关标准,为特定类型的中药材品种与产地鉴别提供技术支撑。

3)基因组学等分子生物学鉴定技术是实现中药材品种与产地鉴别的核心技

术。应加强基因组学基础研究，研究基于挖掘与开发 SSR 或 SNP 等标记技术的基因组学研究新模式，探索并制定可实现中药材品种与产地鉴别分子生物学应用技术开发及产业化的快速、经济、专业、科学的研究方案，为中药产业健康发展保驾护航。

4.3 《中国药典》中药材多基原入药情况及种质鉴定实例

4.3.1 《中国药典》中药材多基原入药情况

《中国药典》（2020 年版）一部收载的药材有约 25% 为多基原药材。《中药配方颗粒管理办法（征求意见稿）》有以下要求：对栽培、养殖或野生采集的药用动植物，应准确鉴定其物种，包括亚种、变种或品种，不同种的中药材不可相互混用，提倡使用道地药材。多基原药材分为具有相似成分与疗效的近缘物种（如厚朴与凹叶厚朴，决明与小决明）、非近缘物种但成分与疗效相似（如褶纹冠蚌、三角帆蚌和马氏珍珠贝）等。《中国药典》（2020 年版）涉及约 149 种多基原药材信息（表 4-1）。

表 4-1 《中国药典》（2020 年版）中多基原药材信息

序号	药材名	来源
1	丁公藤	旋花科植物丁公藤或光叶丁公藤的干燥藤茎
2	九里香	芸香科植物九里香和千里香的干燥叶和带叶嫩枝
3	三颗针	小檗科植物拟獠猪刺、小黄连刺、细叶小檗或匙叶小檗等同属植物的干燥根
4	土鳖虫	鳖蠊科昆虫地鳖或冀地鳖的雌虫干燥体
5	大黄	蓼科植物掌叶大黄、唐古特大黄或药用大黄的干燥根和根茎
6	山银花	忍冬科植物灰毡毛忍冬、红腺忍冬、华南忍冬或黄褐毛忍冬的干燥花蕾或带初开的花
7	山楂	蔷薇科植物山里红或山楂的干燥成熟果实
8	山楂叶	蔷薇科植物山里红或山楂的干燥叶
9	山慈菇	兰科植物杜鹃兰、独蒜兰或云南独蒜兰的干燥假鳞茎
10	川木香	菊科植物川木香或灰毛川木香的干燥根
11	川木通	毛茛科植物小木通或绣球藤的干燥藤茎
12	川贝母	百合科植物川贝母、暗紫贝母、甘肃贝母、梭砂贝母、太白贝母、瓦布贝母的干燥鳞茎
13	小通草	旌节花科植物喜马山旌节花、中国旌节花或山茱萸科植物青荚叶的干燥茎髓
14	马勃	灰包科真菌脱皮马勃、大马勃或紫色马勃的干燥子实体
15	天花粉	葫芦科植物栝楼或双边栝楼的干燥根
16	天竺黄	禾本科植物青皮竹或华思劳竹等秆内的分泌液干燥后的块状物
17	天南星	天南星科植物天南星、异叶天南星或东北天南星的干燥块茎

续表

序号	药材名	来源
18	木通	木通科植物木通、三叶木通或白木通的干燥藤茎
19	五倍子	漆树科植物盐肤木、青麸杨或红麸杨叶上的虫瘿
20	车前子	车前科植物车前或平车前的干燥成熟种子
21	车前草	车前科植物车前或平车前的干燥全草
22	瓦楞子	蚶科动物毛蚶、泥蚶或魁蚶的贝壳
23	升麻	毛茛科植物大三叶升麻、兴安升麻或升麻的干燥根茎
24	化橘红	芸香科植物化州柚或柚的未成熟或近成熟的干燥外层果皮
25	功劳木	小檗科植物阔叶十大功劳或细叶十大功劳的干燥茎
26	甘草	豆科植物甘草、胀果甘草或光果甘草的干燥根和根茎
27	石韦	水龙骨科植物庐山石韦、石韦或有柄石韦的干燥叶
28	石决明	鲍科动物杂色鲍、皱纹盘鲍、羊鲍、澳洲鲍、耳鲍或白鲍的贝壳
29	石斛	兰科植物金钗石斛、霍山石斛、鼓槌石斛或流苏石斛的栽培品及其同属植物近似种的新鲜或干燥茎
30	龙胆	龙胆科植物条叶龙胆、龙胆、三花龙胆或坚龙胆的干燥根和根茎
31	白芷	伞形科植物白芷或杭白芷的干燥根
32	白前	萝藦科植物柳叶白前或芫花叶白前的干燥根茎和根
33	白薇	萝藦科植物白薇或蔓生白薇的干燥根和根茎
34	瓜蒌	葫芦科植物栝楼或双边栝楼的干燥成熟果实
35	瓜蒌子	葫芦科植物栝楼或双边栝楼的干燥成熟种子
36	瓜蒌皮	葫芦科植物栝楼或双边栝楼的干燥成熟果皮
37	老鹳草	牻牛儿苗科植物牻牛儿苗、老鹳草或野老鹳草的干燥地上部分
38	地龙	钜蚓科动物参环毛蚓、通俗环毛蚓、威廉环毛蚓或栉盲环毛蚓的干燥体
39	地骨皮	茄科植物枸杞或宁夏枸杞的干燥根皮
40	地榆	蔷薇科植物地榆或长叶地榆的干燥根
41	地锦草	大戟科植物地锦或斑地锦的干燥全草
42	百合	百合科植物卷丹、百合或细叶百合的干燥肉质鳞叶
43	百部	百部科植物直立百部、蔓生百部或对叶百部的干燥块根
44	肉苁蓉	列当科植物肉苁蓉或管花肉苁蓉的干燥带鳞叶的肉质茎
45	竹茹	禾本科植物青秆竹、大头典竹或淡竹的茎秆的干燥中间层
46	伊贝母	百合科植物新疆贝母或伊犁贝母的干燥鳞茎
47	决明子	豆科植物钝叶决明或决明(小决明)的干燥成熟种子
48	赤小豆	豆科植物赤小豆或赤豆的干燥成熟种子
49	赤芍	毛茛科植物芍药或川赤芍的干燥根

续表

序号	药材名	来源
50	花椒	芸香科植物青椒或花椒的干燥成熟果皮
51	芥子	十字花科植物白芥或芥的干燥成熟种子
52	苍术	菊科植物茅苍术或北苍术的干燥根茎
53	芦荟	百合科植物库拉索芦荟、好望角芦荟或其他同属近缘植物叶的汁液浓缩干燥物
54	豆蔻	姜科植物白豆蔻或爪哇白豆蔻的干燥成熟果实
55	吴茱萸	芸香科植物吴茱萸、石虎或疏毛吴茱萸的干燥近成熟果实
56	牡蛎	牡蛎科动物长牡蛎、大连湾牡蛎或近江牡蛎的贝壳
57	辛夷	木兰科植物望春花、玉兰或武当玉兰的干燥花蕾
58	羌活	伞形科植物羌活或宽叶羌活的干燥根茎和根
59	没药	橄榄科植物地丁树或哈地丁树的干燥树脂
60	诃子	使君子科植物诃子或绒毛诃子的干燥成熟果实
61	灵芝	多孔菌科真菌赤芝或紫芝的干燥子实体
62	阿魏	伞形科植物新疆阿魏或阜康阿魏的树脂
63	陈皮	芸香科植物橘及其栽培变种的干燥成熟果皮
64	青风藤	防己科植物青藤和毛青藤的干燥藤茎
65	青皮	芸香科植物橘及其栽培变种的干燥幼果或未成熟果实的果皮
66	青黛	爵床科植物马蓝、蓼科植物蓼蓝或十字花科植物菘蓝的叶或茎叶加工制得的干燥粉末、团块或颗粒
67	苦杏仁	蔷薇科植物山杏、西伯利亚杏、东北杏或杏的干燥成熟种子
68	苦楝皮	楝科植物川楝或楝的干燥根皮和树皮
69	松花粉	松科植物马尾松、油松或同属数种植物的干燥花粉
70	郁李仁	蔷薇科植物欧李、郁李或长柄扁桃的干燥成熟种子
71	郁金	姜科植物温郁金、姜黄、广西莪术或蓬莪术的干燥块根
72	昆布	海带科植物海带或翅藻科植物昆布的干燥叶状体
73	金果榄	防己科植物青牛胆或金果榄的干燥块根
74	金沸草	菊科植物条叶旋覆花或旋覆花的干燥地上部分
75	金礞石	变质岩类蛭石片岩或水黑云母片岩
76	乳香	橄榄科植物乳香树及同属植物树皮渗出的树脂
77	卷柏	卷柏科植物卷柏或垫状卷柏的干燥全草
78	油松节	松科植物油松或马尾松的干燥瘤状节或分枝节
79	细辛	马兜铃科北细辛、汉城细辛或华细辛的干燥根和根茎
80	珍珠	珍珠贝科动物马氏珍珠贝、蚌科动物三角帆蚌或褶纹冠蚌等双壳类动物受刺激形成的珍珠
81	珍珠母	蚌科动物三角帆蚌、褶纹冠蚌或珍珠贝科动物马氏珍珠贝的贝壳

续表

序号	药材名	来源
82	茵陈	菊科植物滨蒿或茵陈蒿的干燥地上部分
83	南沙参	桔梗科植物轮叶沙参或沙参的干燥根
84	枳壳	芸香科植物酸橙及其栽培变种的干燥未成熟果实
85	枳实	芸香科植物酸橙及其栽培变种或甜橙的干燥幼果
86	威灵仙	毛茛科植物威灵仙、棉团铁线莲或东北铁线莲的干燥根和根茎
87	厚朴	木兰科植物厚朴或凹叶厚朴的干燥干皮、根皮及枝皮
88	厚朴花	木兰科植物厚朴或凹叶厚朴的干燥花蕾
89	砂仁	姜科植物阳春砂、绿壳砂或海南砂的干燥成熟果实
90	牵牛子	旋花科植物裂叶牵牛或圆叶牵牛的干燥成熟种子
91	钩藤	茜草科植物钩藤、大叶钩藤、毛钩藤、华钩藤或无柄果钩藤的干燥带钩茎枝
92	香橼	芸香科植物枸橼或香圆的干燥成熟果实
93	香薷	唇形科植物石香薷或江香薷的干燥地上部分
94	重楼	百合科植物云南重楼或七叶一枝花的干燥根茎
95	禹州漏芦	菊科植物驴欺口或华东蓝刺头的干燥根
96	秦艽	龙胆科植物秦艽、麻花秦艽、粗茎秦艽或小秦艽的干燥根
97	秦皮	木犀科植物苦枥白蜡树、白蜡树、尖叶白蜡树或宿柱白蜡树的干燥枝皮或干皮
98	珠子参	五加科植物珠子参或羽叶三七的干燥根茎
99	莪术	姜科植物蓬莪术、广西莪术或温郁金的干燥根茎
100	桃仁	蔷薇科植物桃或山桃的干燥成熟种子
101	柴胡	伞形科植物柴胡或狭叶柴胡的干燥根
102	党参	桔梗科植物党参、素花党参或川党参的干燥根
103	狼毒	大戟科植物月腺大戟或狼毒大戟的干燥根
104	凌霄花	紫葳科植物凌霄或美洲凌霄的干燥花
105	娑罗子	七叶树科植物七叶树、浙江七叶树或天师栗的干燥成熟种子
106	海马	海龙科动物线纹海马、刺海马、大海马、三斑海马或小海马（海蛆）的干燥体
107	海龙	海龙科动物刁海龙、拟海龙或尖海龙的干燥体
108	海螵蛸	乌贼科动物无针乌贼或金乌贼的干燥内壳
109	海藻	马尾藻科植物海蒿子或羊栖菜的干燥藻体
110	预知子	木通科植物木通、三叶木通或白木通的干燥近成熟果实
111	桑螵蛸	螳螂科昆虫大刀螂、小刀螂或巨斧螳螂的干燥卵鞘
112	黄芪	豆科植物蒙古黄芪或膜荚黄芪的干燥根
113	黄连	毛茛科植物黄连、三角叶黄连或云连的干燥根茎
114	黄精	百合科植物滇黄精、黄精或多花黄精的干燥根茎

续表

序号	药材名	来源
115	菟丝子	旋花科植物南方菟丝子或菟丝子的干燥成熟种子
116	菊苣	菊科植物毛菊苣或菊苣的干燥地上部分或根（维吾尔族习用药材）
117	蛇蜕	游蛇科动物黑眉锦蛇、锦蛇或乌梢蛇等蜕下的干燥表皮膜
118	麻黄	麻黄科植物草麻黄、中麻黄或木贼麻黄的干燥草质茎
119	麻黄根	麻黄科植物草麻黄或中麻黄的干燥根和根茎
120	鹿角	鹿科动物马鹿或梅花鹿已骨化的角或锯茸后翌年春季脱落的角基
121	鹿茸	鹿科动物梅花鹿或马鹿的雄鹿未骨化密生茸毛的幼角
122	鹿衔草	鹿蹄草科植物鹿蹄草或普通鹿蹄草的干燥全草
123	商陆	商陆科植物商陆或垂序商陆的干燥根
124	旋覆花	菊科植物旋覆花或欧亚旋覆花的干燥头状花序
125	断血流	唇形科植物灯笼草或风轮菜的干燥地上部分
126	淫羊藿	小檗科植物淫羊藿、箭叶淫羊藿、柔毛淫羊藿或朝鲜淫羊藿的干燥叶
127	绵萆薢	薯蓣科植物绵萆薢或福州薯蓣的干燥根茎
128	斑蝥	芫菁科昆虫南方大斑蝥或黄黑小斑蝥的干燥体
129	葶苈子	十字花科植物播娘蒿或独行菜的干燥成熟种子
130	紫草	紫草科植物新疆紫草或内蒙紫草的干燥根
131	蛤壳	帘蛤科动物文蛤或青蛤的贝壳
132	番泻叶	豆科植物狭叶番泻或尖叶番泻的干燥小叶
133	蓝布正	蔷薇科植物路边青或柔毛路边青的干燥全草
134	蒲公英	菊科植物蒲公英、碱地蒲公英或同属同种植物的干燥全草
135	蒲黄	香蒲科植物水烛香蒲、东方香蒲或同属植物的干燥花粉
136	蜂房	胡蜂科昆虫果马蜂、日本长脚胡蜂或异腹胡蜂的巢
137	蜂蜡	蜜蜂科昆虫中华蜜蜂或意大利蜂分泌的蜡
138	蜂蜜	蜜蜂科昆虫中华蜜蜂或意大利蜂所酿的蜜
139	蔓荆子	马鞭草科植物单叶蔓荆或蔓荆的干燥成熟果实
140	豨莶草	菊科植物豨莶、腺梗豨莶或毛梗豨莶的干燥地上部分
141	辣椒	茄科植物辣椒或其栽培变种的干燥成熟果实
142	蕤仁	蔷薇科植物蕤核或齿叶扁核木的干燥成熟果核
143	薤白	百合科植物小根蒜或薤的干燥鳞茎
144	橘红	芸香科植物橘及其栽培变种的干燥外层果皮
145	橘核	芸香科植物橘及其栽培变种的干燥成熟种子
146	藁本	伞形科植物藁本或辽藁本的干燥根茎和根
147	瞿麦	石竹科植物瞿麦或石竹的干燥地上部分

序号	药材名	来源
148	蟾酥	蟾蜍科动物中华大蟾蜍或黑眶蟾蜍的干燥分泌物
149	麝香	鹿科动物林麝、马麝或原麝成熟雄体香囊中的干燥分泌物

4.3.2 中药材种质混乱问题实例分析

中药材存在着多基原入药的情况，同种药材不同基原，质量、价格均可能存在差异，因此进行多基原中药材种质鉴定十分必要。同时中药材种子种苗质量参差不齐，中药材种质混乱，近缘种、混伪品充当正品问题较为普遍，质量无法保障。根据中国食品药品检定研究院对中药材及饮片检查相关公示信息，结合种业企业生产经营实践活动中遇到的较为突出的、大宗常用药材种质混乱问题进行实例分析，如下。

1. 甘草

甘草是常用的大宗药材之一，在医药、食品、化工等领域均具有广泛的应用，国内外市场需求量都很大。近年来，野生甘草的数量越来越少，导致甘草市场供不应求。在此条件下，人工甘草种植迅速发展。但在甘草种子市场上，种质混杂、品种混乱现象十分突出，严重影响了药材的质量和药农的收益。市场上销量主要是以甘草（乌拉尔甘草）（*Glycyrrhiza uralensis*）为主，但光果甘草（*Glycyrrhiza glabra*）、胀果甘草（*Glycyrrhiza inflate*）、刺果甘草（*Glycyrrhiza pallidiflora*）经常被混杂在里面进行销售，给种植和生产带来许多不便。在实际中，可根据荚果和种子的外观性状进行辨别，具体区分方法见表 4-2。

表 4-2 4 种甘草种子的区分方法

名称	荚果形态	种子形态
甘草（乌拉尔甘草）	长矩形，长 3~4.5cm，弯曲，镰刀状，密被有柄腺毛，脱落后呈刺状	宽椭圆形或圆形，暗棕绿色，略有光泽，直径 2.5~4.5mm
光果甘草	长圆柱形，长 2.0~3.5cm，光滑无毛	淡棕绿色，无光泽，直径 1.6~3.0mm
胀果甘草	长椭圆形，长 0.8~2.2cm，明显膨胀，略被腺瘤	种子阔椭圆形或肾状近圆形，黄绿色，直径 2.0~3.6mm
刺果甘草	卵形，褐色，长 1~1.5cm，密生尖刺	种子椭圆状肾形，表面绿褐色、光滑，长 3~4mm，宽 2.5~3mm

2. 黄芩

黄芩（*Scutellaria baicalensis*）为唇形科（Labiatae）黄芩属（*Scutellaria*）多年生草本植物，别名山茶根、土金茶根，在临床应用上已有两千多年的历史，具有清热燥湿、泻火解毒、止血、安胎的功效。随着近几年黄芩药材需求量的增加，黄芩种子的价格迅速提高，致使黄芩种子掺假现象严重，市场销售中，主要存在陈种子炒熟染色、小米染色、矿石粉碎染色及掺杂草种子等现象，为农业生产带来严重的经济损失。针对以上问题，可以应用DNA条形码分子鉴定、显微鉴别等方法对黄芩及其混伪品进行鉴定，也可采用热水浸种、放大镜观察等方法进行黄芩种子的鉴别，具体方法见表4-3。

表4-3　黄芩混伪品种子的区分方法

名称	方法
熟制陈种子染色、熟制银柴胡种子染色、小米染色、粉碎矿石染色	将黄芩的伪品种子放入透明杯中，倒入少许热水，浸泡约1min后，观察水的颜色，如果为黑色为假种子
一种熟制杂草种子	在放大镜下，黄芩种子表面具瘤状突起，突起表面有不规则的网状纹理的次级突起，而假种子表面光滑

3. 黄芪

黄芪为豆科植物蒙古黄芪（*Astragalus membranaceus* var. *mongholicus*）或膜荚黄芪（*Astragalus membranaceus*）的干燥根，是中医临床常用的中药之一。其资源广泛分布于甘肃、山西、陕西、内蒙古、宁夏、黑龙江等地，其中蒙古黄芪为主流药材品种，其质量好，栽培规模大。但黄芪栽培主产区的种子种苗来源混杂、混乱现象较为严重，由于缺乏规范的种子市场，药农每年播种前使用自采种子，或从当地其他农户购买，或到药材市场上购买种子，对药材的质量和产量均造成一定的影响。可应用显微鉴别、DNA条形码分子鉴定方法鉴定黄芪及其混伪品，也可以从黄芪种子的性状方面对黄芪种子的混杂现象进行区分，具体方法见表4-4。

表4-4　黄芪种子的区分方法

名称	区分方法
蒙古黄芪	荚果，半卵圆形，无毛，有显著网纹。种子肾形，扁平，长2.4～3.4mm，宽1.2～1.7mm，光滑革质
膜荚黄芪	荚果膜质，鼓胀，卵状长圆形，被黑色短绒毛。种子倒卵状肾形，长2.6～3.3mm，宽2.1～2.6mm，表面褐色，光滑
紫花苜蓿	荚果螺旋形，稍有毛，黑褐色，不开裂。种子肾形，黄褐色
沙苑子	荚果纺锤形。种子肾形，稍扁，表面褐色，光滑

4. 半夏

半夏为天南星科半夏属半夏（*Pinellia ternata*）的干燥块茎，为常用大宗药材，中医临床常用于湿痰寒痰、咳喘痰多等症。主要分布于长江流域及东北、华北等地区。近年来，由于野生半夏的过度开发利用，资源几近枯竭，但市场需求有增无减，常年供不应求，对半夏种子的需求量也逐年增加。在半夏种子市场上，天南星与半夏、掌叶半夏相似，容易混淆。应用显微鉴别方法、蛋白质技术、分子鉴定技术均可成功鉴别半夏及其混伪品。下面介绍通过半夏种子形态进行区分的方法，见表 4-5。

表 4-5 半夏种子的区分方法

名称	区分方法
半夏	浆果卵状椭圆形，顶端尖，黄绿色。种子椭圆形，两端尖，直径 2～2.4mm，表面灰绿色，不光滑，无光泽
掌叶半夏	浆果卵圆形或近球形，直径 2～3mm；新鲜时绿白色，干后棕褐色。种子近球形，顶端尖，直径 2.1～2.7mm，种皮棕褐色，无光泽
天南星	种子圆形，直径 3～3.6mm，橘黄色，表面有皱纹，呈泡囊状，橘黄色间淡红色小斑点

5. 当归

当归为伞形科植物当归（*Angelica sinensis*）的干燥根，具补血活血、调经止痛的功效。在我国已经有 1700 多年的药用历史，主产于甘肃省岷县的当归，俗称"岷归"，在云南、四川、青海等地均有分布，但野生资源很少，商品来源于栽培。目前，在当归种子生产中，不到收种周期结下的当归种子称为"火药籽"，"火药籽"抽薹现象严重，如果将"火药籽"混入常规种子中出售，很难分辨，在当归药材生产中造成极大的损失。在进行常规种子和"火药籽"区分时，可通过手感度、种子色泽进行分辨，具体方法见表 4-6。

表 4-6 当归种子的区分方法

名称	区分方法
常规种子	用手抓，或者用手在种子上轻轻抚摸，手感轻、松、柔软、无刺手感。成熟度不统一，部分种子颗粒小，成熟度差；种子脱粒后，整体看上去是深紫色
火药籽	手感实、硬、有刺手感。种子颗粒饱满，成熟度高，色泽也较常规种子淡

第 5 章　中药材种子加工技术

药材种子是药用植物遗传因素的载体，作为一种具有生命的生产资料，在农业生产中具有重要的作用。种子加工是种子工程建设中赋予种子商品性的重要环节，是采用先进的工程技术手段、专业化的设备设施对种子从收获到播种前进行的一系列加工作业的过程，通过改变种子物理特性，改进和提高种子品质，从而获得具有高净度、高发芽率、高纯度和高活力的种子。种子加工是提高种子整体质量、增加其科技含量和商品价值的重要手段，具有抵制伪劣种子、促进销售、保护农民利益的作用，是实行种子商品化的关键环节而成为当前实施种子工程的突破口（朱明东等，2019）。本章系统总结了我国种子加工技术发展现状，中药材种子加工技术的关键环节、存在的不足及展望。

5.1　中药材种子加工技术研究现状

5.1.1　种子加工技术发展历程

我国种子加工产业经过 30 余年的发展，种子加工水平已有较大提高，纵观种子加工业的发展历程，大致可分为以下 4 个阶段（舒英杰等，2011）。

1. 种子加工业的孕育阶段（计划供种时期）

新中国成立初期，我国实行计划供种，这一时期全国初步建立了良种选育繁育制度，形成"四自一辅"（自繁、自选、自留、自用，辅之以调剂）的格局，种子工作处于自给自足的初级阶段，种子商品化程度低，种子加工一直沿用传统的手工工具。到 20 世纪 50 年代末，随着水稻、小麦、棉花等 25 种主要农作物育种工作的推广，我国从苏联和东欧引进种子清选机，并开始仿制；1976 年，我国开始从欧美等国引进种子加工成套设备；这些设备的引进、消化吸收，对我国种子加工业的发展起到了积极的推动作用。

2. 中国种子加工业的形成和发展阶段（改革开放时期）

1978 年国务院提出"四化一供"的种子工作方针，即品种布局区域化、种子生产专业化、加工机械化、质量标准化和以县为单位统一供种。这个时期，在完善良种繁育推广体系的项目中，重点配备种子检验仪器设备和培训检验人员，保证种子质量逐年提高。同时，借助世界银行种子贷款项目先后从国外引进现代种子加工设备，并通过消化吸收，自行设计制造出一批适合中国国情的种子加工成套设备和单机，提高种子的商品率。1985～1995 年，全国建成种子精选加工厂达

490座，种子系统配备复式精选机和重力式精选机9000多台，种子烘干机400多台，果穗烘干室500多座，检验仪器4万台件，种子加工中、小型配套设备600多套。初步形成了具有中国特色的种子加工科研生产体系。

3. 种子加工业的壮大阶段（20世纪90年代）

1995年，以中央提出的种子工程"五化"目标（即种子生产专业化，经营企业化，管理规范化，育、繁、加、推、销一体化，以及大田用种商品化）为标志，种子加工业进入高级阶段。"九五"期间国家利用财政贴息专项基建贷款，投资15亿元建设了215个大中型种子加工中心、种子包装材料厂、种子加工机械厂等。到2000年，全国种子部门拥有1～3t/h的种子机械化加工流水线770条，比1995年增加517条；全国商品种子生产能力由64亿kg提高到80亿kg，种子加工能力由33亿kg提高到50亿kg，种子贮藏能力由18亿kg提高到22亿kg，种子质量检验能力达到50万份，种业综合生产能力明显增强。在这一时期，种子产业化之路已初见端倪，以加工、包装和标牌统供为突破口，重点抓主要农作物的"四统一"供种，即统一质量标准、统一加工要求、统一标志包装、统一标牌销售，在水稻、小麦、玉米、棉花四大作物上已取得明显成效。

4. 我国种子加工业的规范化发展阶段（进入21世纪）

进入21世纪，我国实施了《中华人民共和国种子法》和《农作物种子生产经营许可证管理办法》，均把种子加工放在很重要的地位，强调了种子加工设备在种子生产及经营过程中的重要性，而且必须进行种子加工人员的技术培训和考核，必须拥有一定数量的种子加工设备，销售的种子应当"加工、分级、包装"等。相关法规与条例的实施，推动了我国种子加工业朝着国际化和规范化的方向发展。

5.1.2 中药材种子加工技术基本流程

中药材种子加工主要包括预清选、干燥、精选、色选、包衣、丸粒化和计量包装等工艺流程（游明鸿等，2009）。

1. 预清选

通过风筛清选机除去种子中混有的秸秆等大的杂质、皮屑和灰尘等轻杂物，为进一步加工打下基础。除尘要求能除粉尘和种子的荚壳及破碎的叶子等杂物或附属物等轻杂物，有效地保障加工场所的空气清洁度，排除发生粉尘爆炸的隐患，保护操作人员的身体健康。

2. 干燥

种子干燥是制种、贮种的重要环节。种子对温度的变化较为敏感，一般要求低温干燥，做到安全高效、受热均匀、节能和环保。干燥方式有自然风干和机械烘干两种方式。自然风干可在四周空旷、通风又无高大建筑物的地方用日光曝晒干燥。机械烘干时，热风温度应选在40~60℃，种子的初始水分越大，选择的热风温度应该越低。含水量25%时可在55℃安全干燥。最大允许降水速率：大粒种子为0.8%~1.2%，小粒种子为0.5%~0.8%。

3. 精选

精选是一切种子加工中的核心工序，利用风筛精选机不同筛片尺寸和风量大小的复式组合，从种子中剔除比合乎要求种子宽度或厚度过大、过小或悬浮重量过轻的种子和杂质，有效地提高种子的净度和千粒重。在尽可能减少种子损失的前提下，除去种子中的混杂物。加工前须对清选机和其他设备彻底清理，以除去前次使用残留的种子。有附属物的种子须采用破碎附属物的方法，如用去芒机、脱荚机等去除，或铺于晒场上用碾子碾压，过筛除去附属物后进行精选。

4. 色选

色选机是一种根据待分选物料的光学特性的差异，利用光电技术将待分选物料的异色颗粒分拣出来的设备。有些种子由于成熟度不同，其色泽差异明显，种子的生活力、发芽率也具有明显差异。利用色选机剔除不符合颜色要求的种子，从而提高种子的发芽率和均一性。

5. 包衣

种子包衣技术作为一项促进农业增产丰收的高新技术，可有效杀灭种子表面所携带的致病菌，防治作物种传和土传病害、苗期害虫，提高种子发芽率，促进幼苗生长发育，有效避免了化学药物浸拌种、苗期喷洒农药及土壤灌药处理等防治病虫害带来的成本高、效果差、污染严重等问题。包衣是实现种子质量化标准的重要措施，通过种子包衣机将包衣剂均匀地喷覆在种子表面，形成药剂薄膜层。

6. 丸粒化

丸粒化是指将小粒种子（通常指千粒重在10g以下的种子）或表面不规则（如扁平、有芒、带刺等）的种子，通过制丸机将助剂与粉状惰性物质附着在种子表面，在不改变原种子的生物学特性的基础上形成具有一定大小、一定强度、表面光滑的球形颗粒，达到小粒种子大粒化的效果。即利用种子制丸机实现数种物料定时、定量的供给，将种子形成所需倍数大小的种子，提高种子的千粒重和适播性。

7. 计量包装

包装材料、标签等按照国家相关法律法规的规定，通过自动计量包装机对精选和包衣的种子进行包装。在种子包装材料、标签的使用及计量精度等方面，国家有关部门及相关法律已做出了明确的规定。应定时对包装好的成品进行抽检，严格把关，做到包装质量、计量精度合格。

5.1.3 中药材种子加工的作用

1. 破除休眠

种子休眠是植物在长期进化过程中自我保护的一种特性，具有重要的生物学意义（于成波和高玉刚，2019）。在生产中，如果未对处于休眠状态的中药材种子进行适当处理，可导致田间出苗参差不齐，影响中药材的产量。因此，在中药材种子采收或播前，采用合适的方法对种子进行处理可有效破除种子的休眠，促进种子的萌发。陈松树等（2017）对多花黄精初生根茎破除休眠及成苗的条件进行了研究，结果表明，通过对多花黄精种子进行沙藏处理，同时配合300mg/L的6-苄基腺嘌呤（6-BA）浸泡处理出生根茎，可使出苗时间减少1年。孙晓梅等（2013）研究打破芍药种子休眠的方法发现，通过浓硫酸处理1min+300mg/L赤霉素（GA）处理24h+沙层积的催根效果最好，27d即可生根，生根率为67.33%；根长3～4cm时，经300mg/L的赤霉素（GA）处理24h后变温层积处理可有效打破上胚轴休眠，发芽率为66.67%。雷振宏和陈叶（2016）研究指出，用沙磨的方法可以破坏黄芪种子种皮，提高吸胀率，使发芽率高于60%，发芽势则可以达到84%。鉴于中药材种子种类繁多且休眠特性各异，在实际生产中，可根据中药材种子不同的休眠特性选用适宜的处理方法。

2. 提高种子活力

种子活力是指在广泛的田间条件下，决定种子迅速整齐出苗和长成正常幼苗潜在能力的总称，作为种子播种质量的重要指标，是种用价值的主要组成部分（张红生和胡晋，2015）。中药材种子活力是由种子的发育程度和贮藏条件共同决定的，不同药用植物种子的活力随贮藏时间的变化差异很大，经过有效处理的中药材种子，可明显提高其活力，延长贮藏时间，提高田间出苗率（黄万兵等，2018）。雷慧霞（2019）研究发现，使用0.30%的$CaCl_2$引发处理芍药种子，可使老化14～63d的芍药种子生活力从33.33%～86.67%提高到44.44%～95.56%。彭世明（2018）研究指出，去种皮华重楼种子在0.10g/L的高锰酸钾溶液中浸泡24～48h后活力较高，未去种皮华重楼种子在0.50g/L的高锰酸钾溶液中浸泡48h后活力较高，但低于去种皮最高活力值。黄万兵等（2018）研究报道，将天麻种子贮藏的安全含水量保持在3.7%，同时结合非穿透防冻保护剂可有效长期保存天麻种子。目前，关于中药材种子活力机制的研究已成为一个热点方向，随着研究水平的深入，可进一步指导中药材种子处理方法，提高种子活力。

3. 促进幼苗生长

药用植物在幼苗时期，各个组织还未发育完全，对环境的适应性及对营养物质的吸收存在差异，通过使用微量元素及其他处理方法，可有效增加药用植物对养分的吸收，促进生长（刘晓漫等，2019）。黄涵签等（2017a）研究不同处理方式对北柴胡种子幼苗生长的影响，结果表明，一定浓度的赤霉素、水杨酸等均可促进北柴胡幼苗的生长。吴发明等（2015）研究发现，经草木灰处理的党参种子萌发快，幼苗发育快，植株性状正常且病害少。曹福麟等（2020）研究指出，不同质量浓度的细胞激动素和水杨酸对远志幼苗生长有不同程度的促进作用，其中细胞激动素处理的效果要优于水杨酸处理的。李志飞等（2014）研究报道，赤霉素和水杨酸处理均能提高北柴胡幼苗根系的活力，进而促进幼苗的生长。在栽培环境恶劣的地区，通过对中药材种子进行处理可促进其幼苗生长，对提高环境适应性、增加药材产量具有一定的促进作用。

4. 防治病虫害

药用植物许多病虫害是由种子带菌传播的，通过在种衣剂和丸化材料中添加杀虫剂、杀菌剂及除草剂对种子进行包衣处理，可在种子表面固化成膜成为种衣，在土壤中遇水只能吸胀而几乎不会被溶解，从而使药剂等物质逐步释放，有效地防治了药用植物的病虫草害（张静和胡立勇，2012）。黄文静等（2018）研究了种衣剂包衣对紫苏生长发育和抗病虫害的影响，结果表明，35%吡多福悬浮种衣剂按包衣比（包衣剂质量：种子质量）1：100包衣紫苏种子，可显著提高紫苏生物产量和抗病虫性。曾颖苹（2012）研究发现，在蔗糖3.0%、脱落酸（ABA）1mg/L、活性炭0.5%、多菌灵3.0%、海藻酸钠3.0%的浓度组合下制作的包衣剂，对铁皮石斛未萌发原球茎、萌发原球茎为繁殖体制作的人工种子进行包衣，种子的萌发率和成活率最高。范文艳等（2010）研究指出，复合型丸粒剂可有效改善防风种子的萌发，防风种子经复合型丸粒剂处理后，发芽集中度为裸种子的1.39倍。由此可见，通过对中药材种子进行处理，可大大提高中药材种子抵抗逆境胁迫的能力，对农业生产具有重要意义。

5.1.4 中药材种子加工技术存在的问题及展望

1. 中药材种子加工技术存在的问题

历史上我国的中药材主要依靠野生资源，自20世纪80年代开始，中药材由野生向家种转变，种子来源也逐步由野生采种向人工制种转变，中药材种业才逐步进入人们的视野。虽然近些年来，我国中药材种业企业数量和规模得到不断发展，但截至2019年12月，全国具备中药材种子生产经营许可的企业仅有117家，且近一半的企业并不专门从事中药材种子的生产与经营，中药材种子仅作为附属品存在，即使在中药材种子专营企业中，种子的加工生产方式也较为落后，大部分仅限于种子的清选，而无进一步的生产加工。纵观全国，我国中药材种子加工仍处于形成和发展阶段，行业整体存在以下许多不足。

1）种子加工设备不成套。目前，我国中药材种子经营企业多为县级种子公司，由于资金不足，大多公司的种子加工设备主要以小型单机为主，设备成套性不足，而且仅对部分中药材种子进行初级简单加工，而进行种子精选分级的企业仅有几家。尽管单机加工后使得种子得到了基本清选，质量有所提高，但仍达不到精量播种的质量要求，种子加工的整体水平仍处于初级阶段。

2）种子加工技术水平整体较低。目前，我国的中药材种子加工技术发展较慢，相比于主要农作物种子的加工，中药材种子设备的技术性能水平较低。由于我国中药材种子机械是从引进、仿制农业设备起步的，基础研究不深入，联系实际不紧密，导致生产出的设备无论是在种子破碎率、出成率，还是在机械的稳定性方面都有一定差距，加工效果不理想。许多种子加工设备的工艺设计没有分级、多次分级和包衣等工序，没有把计算机运用到控制、生产、检测加工各环节和厂房的除尘等方面，设备在工艺方面还有很大缺陷。

3）种子加工规模小。由于中药材品种多，相较于主要农作物单个品种体量小，部分品种的中药材受地域影响，其适宜种植区域有局限性，且中药材栽培用种长期以来以野生采种或者自繁自育为主，导致种子加工不成规模，种子加工多呈现分散式分布，以作坊式加工为主。

4）缺乏有效的种子加工管理制度和高素质的种子加工人员。目前，我国中药材种子公司相对较少，且对种子加工重视程度不够，没有建立起中药材生产加工的过程管理制度；同时，在从事种子加工业的人员中，缺乏掌握机械原理基础知识和操作技能的人才。很多中药材种子企业没有专职加工技术人员，或加工技术人员未经培训就上岗，导致种子加工设备使用不当，多数技术人员不能独立解决加工过程中遇到的技术问题，从而影响种子的加工水平。

5）缺乏统一的种子质量标准，影响种子加工的规范性。目前，中药材大部分品种的种子质量标准缺失，几乎所有品种均无可参考的国家标准，而且部分品种在不同省份的地方标准中的质量要求和质量指标均不一致，而大部分公司无企业质量标准，因此种子的加工和包装无统一标准，种子加工规范性难以保证，阻碍了我国中药材种子加工业的发展。

2. 中药材种子加工技术发展展望

（1）着力推动较大规模中药材种业公司种子加工技术的发展

中药材种子加工设备不成套、技术水平整体较低且加工规模较小，严重制约了中药材种业的发展。可依据《全国道地药材生产基地建设规划（2018—2025年)》的发展规划，以品种为纲、产地为目，按照全国道地药材基地区划，有目标地针对不同类型的中药材种子开展加工设备及技术研究,逐步推动形成中药材种子加工的集约化优势,着力推动并扶持较大规模中药材种业公司种子加工技术的发展。

(2)着力推动种子加工技术操作规范的制定及专业人才的培养

应参照农作物种子相关的加工技术要求,制定中药材种子的加工技术操作规范,包括加工场地、加工设备、加工方法等,通过企业标准、行业标准等的制定,逐步规范种子加工技术,实现种子加工的标准化生产。同时,建议高校、科研院所等加强对中药材种子加工专业技术人才的培养,并着力构建人才梯队,不断推动中药材种子加工技术的研发与转化。

(3)着力推动《中药材种子管理办法》的制定实施

《全国道地药材生产基地建设规划(2018—2025年)》指出要加快制定《中药材种子管理办法》,《中药材种子管理办法》的制定和实施将从根本上解决中药材种子无标准、无法律可依的现状,将为中药材种子加工业的发展提供法律保障。

5.2 中药材种衣剂及种子带菌检测研究进展

中药材种子是药材生产最基本、最重要的生产资料,中药材种业作为中药材产业的源头,种子质量的优劣决定了植株生长发育的好坏、产量的高低,也是决定药材品质的关键因素和先决条件。我国自20世纪80年代开始实现部分野生中药材向家种中药材转变,种子来源也逐步由野生采种向人工制种转变,我国常用中药材600多种,已有300多种实现了人工种养,且持续增加势头明显(魏建和等,2015)。但近年来,随着中药材种植品种的不断增加,种植面积的不断扩大,病虫害的防治逐渐成为我国各中药材产区面临的难点和重点问题,由于用于中药材的农药登记起步较晚,到目前为止仅有少数农药在个别中药材中进行了登记,导致中药材种植过程中过量使用与盲目滥用农药的现象频发,这不仅造成中药材农药残留的严重超标,更影响着中药材的质量与安全(陈君等,2016)。

为贯彻我国"综合防治,预防为主"的植保方针,从防治种传和土传病虫初侵染源入手,是实现中药材植物保护的最好预防措施,不仅可做到省药、省工、省钱、省种,更可减少农药对害虫天敌的杀伤和环境污染,提高中药材的质量和品质(李金玉等,1999)。种子包衣作为一项促进农业增产丰收的高新技术,在我国于20世纪80年代中期开始兴起,种子包衣播种后能够达到杀灭种子所携带的病菌,防治作物种传、土传病害及苗期地下、地上害虫,提高种子发芽率、增加幼苗营养、促进生长发育,从而实现苗全、苗齐、苗壮和增加作物产量的目的,有效避免了化学药物浸拌种、苗期喷洒农药、土壤灌药处理等防治病虫害带来的成本高、效果差、污染严重等问题,同时,种子包衣也是实现作物良种标准化、播种精量化、农业生产增收节支的重要途径，在我国粮食作物生产中发挥了重要的作用，其显著的防效和环保意义已经被人们广泛认可（葛继涛等，2016）。

近年来，很多学者和研究人员已着手开展中药材种子种衣剂的相关研究，本节系统总结了我国中药材种衣剂的研究进展，并展望其未来的发展趋势，旨在为中药材种衣剂的研究与应用提供参考依据。

5.2.1 种衣剂基本概况

1. 种衣剂的概念

种衣剂是由农药原药（杀虫剂、杀菌剂等）、肥料、生长调节剂、成膜剂及配套助剂经特定工艺流程加工制成的，可直接或经稀释后包覆于种子表面，形成具有一定强度和通透性的保护层膜的农药制剂（吴学宏等，2003）。

2. 种衣剂的发展过程

20世纪30年代英国的Germains种子公司在禾谷类作物上首次成功地研制出用于种子包衣的药剂，20世纪60年代苏联首先提出"种衣剂"的概念，70~80年代其在美国、德国等西方发达国家得到迅速发展（赵磊磊等，2009）。

但我国种子包衣技术研究起步较晚，首个种子处理剂产品（35%甲霜灵拌种剂，防治谷子白发病）于1985年取得正式登记，到1998年种衣剂的登记企业有40多家，品种有51种，年产量2万t以上，截至2017年底，我国登记种子处理剂共762个（其中，单剂393个，混剂369个），约占登记产品总数的2%（张楠等，2018）。

3. 种衣剂的种类

种衣剂的分类有多种方式，按照适用作物生境可分为水田种衣剂、旱田种衣剂，按照用途可分为物理型、化学型、生物型、特异性、综合型，按照使用时间可分为现包型种衣剂、预包型种衣剂，按照剂型可分为悬浮剂、悬乳剂、水乳剂、水剂、干悬浮剂、微粉剂等（冯建国，2010）。

4. 种衣剂的作用

种衣剂的主要活性成分杀虫剂、杀菌剂可在种子及其所发育成的幼苗周围形成保护层，或内吸到植物体内，可有效防治苗期病虫害；种衣剂中添加的植物生长调节剂、肥料等活性物质可提高发芽率，促进幼苗生长，提高作物产量；种衣剂处理可明显提高种子质量，可实现精量播种，减少喷药次数，省种省药，降低生产成本；种衣剂中包含的农药、化肥等活性成分包被在种子周围，直接作用于种子和植物根部，避免了大剂量使用带来的环境污染，可维护生态平衡；种衣剂的有效使用是以筛选籽粒饱满、生活力强的良种为基础的，按照正规的包衣工艺流程，可促使良种标准化和商品化，加速了种子的产业化进程（赵磊磊等，2009）。

5.2.2 中药材种子带菌检测研究现状

根据《全国道地药材生产基地建设规划（2018—2025年）》，按照因地制宜、分类指导、突出重点的思路，依据气候资源、立地条件等区域特点，定品种、定产地。总结出青霉属、曲霉属、根霉属等普遍存在于所有道地产区，链格孢属病菌存在于西北、东北、华北和西南道地产区，镰刀菌属病菌存在于西北、东北和西南道地产区，通过明确不同区域不同品种的带菌情况，不仅有利于把控道地产区中药材种子的质量，更为研制开发适宜于中药材种子处理的种衣剂专用产品提供理论依据。

1. 华北道地产区药材种子带菌检测研究现状

杨力钢等（2006）采用马铃薯葡萄糖琼脂（PDA）平板检测法对内蒙古的甘草种子进行带菌检测，研究结果显示，甘草种子表面携带的优势真菌群主要为青霉属、曲霉属，产地间差异不显著，内部寄藏的优势菌群主要有青霉属、根霉属、曲霉属和链格孢属，产地间有较大差异，福美双和代森锰锌可作为种子消毒处理、实现预防保健的药剂。范钱和简恒（2010）对黄芪种子表面与内部的带菌情况进行了检测，研究结果显示，黄芪种子携带的主要真菌类群为链格孢属、曲霉属和青霉属；其中导致种子出苗后出现死苗或种苗大面积发病现象的病菌类群为链格孢属，100μg/mL 的世高和 500μg/mL 的多菌灵可作为黄芪播种前种子处理的药剂。

2. 华中道地产区药材种子带菌检测研究现状

淡红梅等（2007）采用离体平皿法对牛膝种子表面和内部进行带菌检测，研究结果显示牛膝种子颖壳和种仁内均携带较多菌群，主要为链格孢属、青霉属和曲霉属。刘飞等（2006）对湖北和重庆合川两地不同存放时间的决明子种子进行了带菌检测和分离鉴定，研究得出决明子种子携带的主要菌群为青霉属、根霉属和曲霉属，其中青霉属为主要致死病菌，严重影响决明子种子的正常生长。

3. 华东道地产区药材种子带菌检测研究现状

罗光明等（2015）对全国15个产地的栀子种子进行表面和内部带菌检测，研究得出栀子种子内部寄藏的主要优势菌群为曲霉属和青霉属。漆乐媛等（2011）对全国20个产地的车前种子进行带菌检测，研究得出车前种子携带的优势菌群为曲霉属、青霉属和根霉属。罗光明等（2011）对全国13个产地的蔓荆子种子进行带菌检测，结果得出蔓荆子种子携带的主要菌群为曲霉属、镰孢菌属和根霉属。黄颖桢等（2013）对泽泻种子表面和内部进行带菌检测，研究得出泽泻种子携带的主要优势菌群为曲霉属、青霉属和木霉属。

4. 东北道地产区药材种子带菌检测研究现状

关一鸣等（2010）对 10 批人参种子样品进行种子表面和种子内部寄藏真菌检测，研究得出人参种子所携带的优势菌群主要为青霉属、镰刀菌属、链格孢属、丝核菌属。张国珍和张树峰（2002）对东北等地西洋参种子样品的带菌量及带菌种类进行检测，结果显示西洋参种子种脐和种壳携带菌较多，且主要优势病菌群为镰刀菌属、链格孢属两种。刘博等（2008）对辽宁省 6 个地区的五味子种子进行带菌检测，研究得出辽宁五味子种子携带的主要菌群为曲霉属、青霉属、镰刀菌属、根霉属和链格孢属。崔丽丽等（2018）对吉林省抚松县和吉林市昌邑区左家镇的北五味子种子进行带菌检测，研究得出北五味子内部携带的主要优势菌群为青霉属、链格孢属和木霉属。薛彩云等（2007）通过洗涤法对五味子种子表面进行带菌检测，发现种皮携带的真菌有青霉菌、曲霉菌，种胚所带的真菌主要为青霉菌、镰刀菌、曲霉菌、链格孢、根霉。

5. 西北道地产区药材种子带菌检测研究现状

杨力钢等（2006）采用 PDA 平板检测法对新疆、宁夏和甘肃三个产地的甘草种子进行带菌检测，研究结果显示甘草种子携带的主要菌群为曲霉属、青霉属、根霉属和链格孢属真菌。于晶等（2011）对肉苁蓉种子进行外部和内部带菌检测，研究得出肉苁蓉种子携带优势菌群为曲霉属、链格孢属、镰孢属和青霉属的结论。刘西莉等（2003）采用平皿法检测了红花种子的带菌情况，研究得出红花种子携带的主要优势菌群为链格孢属、黄曲霉属、镰孢霉属、黑根霉属和青霉菌属。刘飞等（2007）对甘肃的大黄种子进行了带菌检测和分离鉴定，结果显示大黄种子所携带的菌群为短梗梭孢霉属。

6. 西南道地产区药材种子带菌检测研究现状

刘飞等（2007）对青海、四川等地的大黄种子进行了带菌检测和分离鉴定，结果显示大黄种子所携带的菌群为短梗梭孢霉属、束丝菌属和青霉属，其中大黄种子内部携带的优势菌群为束丝菌属。赵芝等（2017）、刘晓漫（2019）采用 PDA 平板法对三七种子表面和内部寄藏真菌进行检测，研究得出三七种子表面携带的真菌主要为镰刀菌，其中腐皮镰刀菌是三七根腐病的重要病原物，可导致三七根部腐烂，植株死亡。何冬云等（2008）对 5 个品种的万寿菊种子表面进行带菌检测，研究得出万寿菊种子携带的主要优势菌群为链格孢属和镰刀菌属真菌。刘飞等（2009）对 18 批青蒿种子样品进行了带菌检测，结果得出青蒿种子携带的主要菌群为青霉属。

5.2.3 中药材种衣剂的登记现状

《农药管理条例》（2017 年 2 月 8 日国务院第 164 次常务会议修订）第三十四

条规定:"农药使用者应当严格按照农药的标签标注的使用范围、使用方法和剂量、使用技术要求和注意事项使用农药,不得扩大使用范围、加大用药剂量或者改变使用方法。农药使用者不得使用禁用的农药。标签标注安全间隔期的农药,在农产品收获前应当按照安全间隔期的要求停止使用。剧毒、高毒农药不得用于防治卫生害虫,不得用于蔬菜、瓜果、茶叶、菌类、中草药材的生产,不得用于水生植物的病虫害防治。"依据中国农药信息网(China Pesticide Information Network)的不完全统计,截至 2018 年 12 月 31 日,仅有 1 种中药材(人参)进行了种衣剂农药产品登记,登记产品有 2 种,生产企业也仅有 1 家(瑞士先正达作物保护有限公司),具体信息见表 5-1。

表 5-1 登记可用于中药材的种衣剂

作物	证号	名称	类别	剂型	总含量	有效期	防治对象	用药量
人参	PD20150729	噻虫·咯·霜灵	杀虫剂/杀菌剂	悬浮种衣剂	25%	2015~2020 年	金针虫 立枯病 锈腐病 疫病	每 100kg 种子 880~1360mL
人参	PD20050196	咯菌腈	杀菌剂	悬浮种衣剂	25g/L	2015~2020 年	立枯病	每 100kg 种子 200~400mL

我国常用的药用植物中以种子(或果实)繁殖的种类占 65% 以上(郭巧生等,2009a),并且每种中药材种子所携带的病原菌种类及苗期发生的病虫害多种多样,但目前仅有人参进行过种衣剂登记,所以中药材种衣剂的登记现状还远远不能满足中药材生产过程中种传病害及苗期病虫害的防治需要(陈君等,2016)。

5.2.4 中药材种衣剂的研究现状

1. 种衣剂对中药材种子发芽率和出苗率的影响

马伟等(2008)制备的黄芪专用型种衣剂对种子发芽安全,能够加速种子萌发,提高发芽率与出苗率,发芽率高于对照 2.67%,出苗率高于对照 8.83%。孔祥军和佟春香(2014)应用自制的种衣剂对黄芪种子进行包衣,研究发现包衣处理可以促进黄芪种子萌发,平均发芽势和平均发芽率分别比对照高出 20.66% 和 16.54%。陈君等(2003)研究发现红花种衣剂能显著提高红花的出苗率,平均高于对照 18.1%。俞旭平等(2001a)研究发现桔梗子经种衣剂处理后田间出苗率增加,出苗比较整齐,壮苗比例提高,平均出苗率高于对照 9.5% 以上。沈奇等(2018)利用艾科顿、满适金、锐胜 3 种种衣剂处理紫苏种子,研究发现低浓度艾科顿种衣剂处理紫苏种子可提高其发芽率和萌发活力,也可提高种苗活力,增加幼苗生长速度,提高大田成苗率。可见,种衣剂的使用对提高中药材种子发芽率和出苗率效果明显。

2. 种衣剂对中药材病虫害防治的影响

孔祥军和佟春香（2014）研究发现黄芪种衣剂对根腐病的防治效果可达50.38%，可以在一定程度上降低病情指数，提高黄芪的抗逆性，但并没有减轻蚜虫的发生程度。陈君等（2003）发现红花种子包衣对红花苗期蚜虫、病毒病、锈病的发生都有不同程度的控制作用。沈奇等（2018）研究发现艾科顿种衣剂处理紫苏种子比对照组可有效降低锈病、白粉病及根腐病的发病率。杨丽娜等（2015）的研究表明噻虫·咯·霜灵25%悬浮种衣剂对人参苗期疫病有很好的防治效果，施药后的防治效果在66.13%~77.02%，对人参植株安全无药害。可见，种衣剂的使用对于防控中药材苗期的病虫害具有较为明显的效果。

3. 种衣剂对中药材植株生长的影响

陈君等（2003）的研究表明红花种子包衣能显著提高红花的苗期生长量。沈奇等（2018）研究发现艾科顿种衣剂处理的紫苏种子在单株生物量及主要产量构成性状上均有提高。张浩和杨世海（2014）研究了甘草种衣剂对一年生甘草根长、根干重的影响，结果表明，甘草种衣剂能促进甘草根部干物质的积累，增加甘草的根干重，促进甘草根部的生长。杨慧洁等（2014）研究了甘草种衣剂对甘草形态指标的影响，结果表明，甘草种衣剂包衣处理后，甘草的株高、茎粗、根粗、根长、根干重、根体积、茎干重、叶干重、叶面积和壮苗指数显著提高，说明甘草种衣剂的使用可以提高甘草的品质与产量。刘秀波等（2010）研究了黄芪种衣剂对二年生黄芪根部的影响，结果表明，黄芪种衣剂在黄芪生长的第2年仍然可以增加黄芪的根粗与主根体积，提高中药材黄芪的产量。马伟等（2009）研究发现黄芪种衣剂包衣处理后，黄芪的根粗、主根体积明显增加，主根和茎的干物质重量显著提高，适宜质量分数的黄芪种衣剂可以提高黄芪地下生物量、地上生物量和总生物量，改善黄芪品质，结果表明黄芪种衣剂的使用可以提高黄芪的品质与产量。俞旭平等（2001b）研究了种衣剂对白术苗期性状的影响，发现包衣后可显著增加幼苗的鲜重、干重。

沈奇等（2018）研究发现艾科顿种衣剂处理紫苏种子对其品质没有显著影响，其含油量略低于未经种衣剂处理的种子，其他脂肪酸成分含量并无显著性差异。张浩和杨世海（2014）研究了甘草种衣剂对一年生甘草甘草酸含量的影响，结果表明甘草种衣剂可以提高甘草中甘草酸含量，包衣组甘草中的甘草酸含量比未包衣组增加了0.01%。马玲等（2009）研究了黄芪种衣剂对二年生黄芪品质的影响，结果表明，黄芪种衣剂可以显著改善黄芪药材品质，各处理均能够提高黄芪甲苷、总黄酮、总皂苷含量。

可见，种衣剂的使用不仅可以提高中药材苗期的产量，还能提升其品质。

5.2.5 展望

1. 加快中药材种衣剂的研发工作

种衣剂作为化学农药的一种，其产品结构逐步从以克百威、甲拌磷等高毒原药制造的各类产品向毒死蜱、吡虫啉、高氯、噻嗪、戊唑醇、苯醚甲环唑等一大批低毒化、低残留的杀虫、杀菌剂产品过渡，有效成分也逐步由低含量向高含量方向发展，剂型也由悬浮型液体向干粉型、超微粉体型等多方向发展，这不仅提高了种衣剂的产品活性，降低了毒性，也改善了种子产业化的条件（王彦军，2014）。

中药材种衣剂的研发与农作物一样也要遵循低毒、低残留、高含量、多剂型等要求，但由于其自身的特殊性，在研发过程中不仅要注重提高中药材的产量，降低环境污染，更重要的是要开展种衣剂对中药材抗逆性、内在成分含量等的考量与评价，因为中药材的内在品质是决定其质量与药效的关键因素之一，由于个别中药材种植年限较短，要更加注重农药残留对中药材质量的影响。同时，因为我国专业从事中药材病虫害相关的研究机构和专业人员相对较少，还不能满足多种类、大面积中药材生产的需求，所以陈君等（2016）呼吁要加强中药材植保专业人才的培养，普及中药材种植病虫害防治相关知识。可见，应当进一步呼吁政府、科研机构、农药企业共同加快中药材种衣剂研发队伍的建设，从中药材种子入手，从源头上切实保障中药材的质量与品质。

2. 加快中药材种衣剂的登记工作

农药登记是中国农药管理的基本制度，也是国际上对农药进行管理的通行且有效的做法（王以燕和张桂婷，2010）。2017年2月8日新修订的《农药管理条例》规定农药使用者应当严格按照农药的标签标注的使用范围、使用方法和剂量、使用技术要求和注意事项使用农药，不得扩大使用范围、加大用药剂量或者改变使用方法。所以，在中药农业的生产过程中，任何在登记注册的使用对象、使用方式之外的农药使用均为违规使用（吕朝耕等，2018）。2018年12月19日，由农业农村部、国家药品监督管理局、国家中医药管理局联合印发的《全国道地药材生产基地建设规划（2018—2025年）》中要求加快道地药材适用农药登记，支持科研教学单位、农药企业开发道地药材适用农药新品种，优化审批程序，加快登记进程，完善道地药材主要农药限量标准，解决道地药材生产无专用药的问题。

早在《2016年农药专项整治行动方案》中就提出要"加快特色小宗作物（特色小宗作物是指特色蔬菜、水果、谷物、食用菌、中药材等种植面积小，但区域特色明显，可用防治药剂不完善的特色小作物）用药登记"，以尽快解决部分特色小宗作物病虫防治"无登记农药可用、农民用药混乱"的问题。但由于其登记试验时间长、投资回报率低，当前许多农药企业仍不愿意对种植面积小和/或农药用量少的作物进行登记,这已成为世界各国农药管理工作的难题,即"特色小宗作物(小作物)用药短缺"问题。所以,国家应该支持并鼓励农药企业积极加入到中药材种衣剂登记行列中,充分凝聚科研教学、产业体系、产业协会、专业化合作组织等多方力量,研究中药材种植过程中的病虫害及其防治手段,加强实际用药情况调研,完善中药材种衣剂残留试验群组分类,结合生产区划研究推动中药材种衣剂登记工作,使更多的种衣剂在中药材上合法、合理使用(吕朝耕等,2018)。

3. 推进中药材种子带菌检测工作

目前,我国在大田作物种子带菌检测方面进行了大量研究,在中药材种子方面,虽然我国针对甘草、黄芪、人参、三七等开展了带菌检测及消毒处理工作且技术已较为成熟,但与大田作物相比仍有较大差距(张延秋等,2018)。同时,不同品种、产地、年限、采收方式和不同仓储方式等对药材种子带菌情况的影响方面的研究仍然不够深入,且尚未对大部分大宗药材和珍贵药材品种开展研究。例如,淡红梅等(2006)虽然研究了内蒙古、陕西、宁夏、新疆和甘肃产地甘草种子所携带的差异病菌,但没有研究道地产区与一般产区甘草种子带菌差异,以及不同年限的甘草种子带菌的差异性。因此,我们需进一步丰富研究内容,优先研究道地性强、种植技术成熟和需求量大的大宗药材种子,着力解决大宗药材种子生产中发生的病害问题,逐步开展更多品种的带菌检测工作,建立不同品种药材种子带菌检测数据库,解决中药材种子在生产中的实际问题。

4. 加大推动中药材良种包衣工作

种业是国家战略性、基础性的核心产业,是农业现代化的芯片,是促进农业长期稳定发展、保障国家安全的根本。我国自1996年以来实施种子产业化工程建设,其主要内容为新品种选育和引进、种子繁殖和推广、种子加工和包装、种子推广和销售及宏观管理等5个方面,具体有包括种子包衣在内的15个环节,累计投资63亿元,引进、购置种子加工成套设备815套,种子包衣面积由8000万亩增加到4.2亿亩,作物种子由散装销售转变为统一质量标准、统一加工要求、统一包装标识、统一标牌销售,极大地提高了我国种子的供应保障能力(舒英杰等,2011)。

党的十八大以来,以习近平同志为核心的党中央高度重视中华优秀传统医药文化的传承发展,明确提出"着力推动中医药振兴发展",从国家战略的高度对中医药发展进行了全面谋划和系统部署。中药材种业作为中药材产业良性发展的质量源头,同时也是弘扬中医药传统文化的重要载体,其产业化进程应当纳入国家种子工程建设体系,从5个方面切实提高和完善我国中药材种子产业体系,切实提升中药材种衣剂研发与良种包衣能力,因为中药材良种包衣是中药材种子工程建设中的一个重要环节，是良种繁育和良种精选基础上的一个重要步骤，更是实现中药材种子商品化的重要标识，是实现中药材种子产业化的必经之路（葛继涛等，2016）。

5.3 中药材种子丸粒化研究

自20世纪80年代以来，我国中药材种植品种逐渐增多，种植面积不断扩大，中药材种子的需求量也随之增加。但中药材种子种类繁多，部分种子体积小、质量小、几何形状不规则，在播种过程中影响了播种的深度及用量。而种子丸粒化技术作为一种新型种子加工技术，不仅可以实现播前植保，带肥、带药下田，达到保苗壮苗、调节植物生长的目的，同时也为实现种子机械化精量播种提供了便利，避免浪费种子，也可起到提产、降本、增效的目的（王海鸥等，2006）。近年来，部分学者开展了中药材种子丸粒化的相关研究，本节系统总结了我国种子丸粒化研究的行业现状及中药材种子丸粒化的研究进展，并对其未来的发展趋势进行了展望，旨在为中药材种子丸粒化的应用与研究提供参考。

5.3.1 种子丸粒化的基本概况

1. 种子丸粒化的定义

种子丸粒化是指将小粒种子（通常指千粒重在10g以下的种子）或表面不规则（如扁平、有芒、带刺等）的种子，通过制丸机将助剂与粉状惰性物质附着在种子表面，在不改变原种子的生物学特性的基础上形成具有一定大小、一定强度、表面光滑的球形颗粒，达到小粒种子大粒化的效果，从而为实现不同类型种子的"精量播种"奠定了基础（李明等，2004）。

2. 种子丸粒化的发展过程

西方国家对种子丸粒化技术的研究相对较早，美国于20世纪40年代首次采用丸粒化技术，该技术于60年代前后传入欧洲，80年代末在发达国家已得到普遍应用（高仁君和李金玉，1999）。目前，在欧美及部分亚洲国家种子丸粒化技术的发展已经较为成熟，如英国的莴苣种子，西北欧地区的甜菜种子，荷兰的花卉种子，美国、巴西等国的烟草种子，日本的水稻种子等（孙守如等，2006）。

种子丸粒化技术的研究与应用在我国起步相对较晚，20世纪80年代末，我国烟草种子丸粒化率先取得突破性进展，其丸粒化技术水平可与美国相媲美（刘惠静等，2005）。从20世纪90年代起，我国陆续对油菜种子、甜菜种子、玉米种子、大白菜种子、披碱草种子等进行了丸粒化，并取得了一定成果（赵正楠等，2013）。但目前，我国种子丸粒化技术发展仍较为缓慢，尚未实现大规模推广。

3. 种子丸粒化的类型

种子丸粒化依据丸粒化的程度和用途不同，可分为重型丸化、结壳包衣、速生丸化、扁平丸化和集束丸粒化 5 种类型（赵正楠等，2013）。重型丸化是指丸化后的种子质量为原种子质量的 3 倍以上的丸粒化技术，重型丸化技术主要适用于质量较小的种子，如小粒的蔬菜种子和花卉种子。结壳包衣是指丸化后的种子质量为原种子质量的 1.5~3.0 倍的丸粒化技术。速生丸化是指在种子丸粒化之前先对种子进行催芽处理，再进行丸粒化，该丸化类型适用于大规模育苗的蔬菜，或进行沙漠绿化改造的林木种子和牧草种子。扁平丸化是针对细小的种子（多用于飞机播种的牧草、树木种子）的形状特点，将种子丸粒化成扁平状，以提高飞机播种的准确性和落地的稳定性。集束丸粒化是指多粒或者多种种子在一颗丸化种子中，这项技术多应用于组合盆栽和花坛花境布置。

4. 种子丸粒化的材料

种子丸粒化所用材料可分为活性物质和非活性物质两类。具有药效作用的部分称为活性物质，活性物质主要有磷酸二氢钾、尿素、硫酸铜、硫酸锌、硫酸锰、硼酸等营养物质，福美双、多菌灵等杀菌剂，吡虫啉等杀虫剂等。具有填充作用的粉剂、黏合剂、成膜剂等物质称为非活性物质，非活性物质主要有凹凸棒土（坡缕石）、硅藻土、膨润土、活性炭、滑石粉、蛭石等粉料，羧甲基纤维素、阿拉伯树胶等黏合剂，吸水性树脂等保水剂等（马玉虎，2016）。活性物质与非活性物质二者结合可形成网状结构，当丸粒化种子吸收外界水分时，活性物质被缓慢释放出来，以此来抵抗外界不良环境的干扰（郑述东等，2019）。

5.3.2 种子丸粒化研究的行业现状

1. 种子丸粒化机械的研究进展

我国种子丸粒化研究较晚，种子丸粒化加工技术不成熟，目前自主研发的种子丸粒化加工设备较少，当前生产上应用的丸粒化设备主要依赖于从美国和德国进口。随着农业机械市场的需求越来越大及种子丸粒化技术的发展，国内的一些科研机构和企业加大对丸粒化机械设备的投资力度，且取得了较大进展，例如，农业农村部农业机械试验鉴定总站和农业农村部南京农业机械化研究所共同研制成功的 5WH-150 型种子丸粒化设备，可适用于蔬菜、烟草、牧草、甜菜、花卉、林木种子的丸粒化加工。尽管该设备与美国、欧洲等一些发达国家和地区的种子丸粒化设备技术水平相比，还存在一定差距，但具有加工能力强、无籽率和多籽率低、供粉均匀、雾化性能好、无滴漏、操作简单、自动化程度高、成本低等特点，发展前景广阔（宋英等，2011）。

2. 种子丸粒化加工方式的研究进展

常见种子丸粒化加工的方式主要有两种，一种是滚动造粒法，另一种是流动造粒法。滚动造粒法又称旋转法，利用种子表面特征与旋转锅体表面间的附着性能，种子随筒身旋转的同时，加入粉料和黏合剂，种子在其中不断滚动，逐渐形成丸粒化种子的衣壳。流动造粒法又称漂流成粒法，利用风力（气流）使种子在筒内呈悬浮状态，同时向筒内加入粉料和黏合剂，使种子表面因漂浮翻滚黏结而形成丸粒化种子。通常种子进行丸粒化的一般步骤为种子清选、精选、制丸、着色、筛选、干燥等（赵正楠等，2013）。

3. 种子丸粒化质量标准的研究进展

丸粒化种子的质量指标反映了丸粒化技术工艺、配方的科学性。虽然我国已经出台了种子薄膜包衣的质量标准，但丸粒化种子尚无统一的标准（孙守如等，2006）。根据王海鸥等（2006），对丸粒化种子质量及技术指标的要求如下：①丸粒近圆形，大小适中，表面光滑；②单粒抗压强度≥1.47N；③单籽率≥98%；④有籽率≥98%；⑤种子含水量≤8%（水中1min内的崩裂力）；⑥裂解度≥98%；⑦整齐度≥98%；⑧不改变农艺性状；⑨在种子加工与应用过程中，对农药、激素等添加剂的使用，要按照国际安全卫生环保标准，严格控制残留量；⑩伤籽率＜0.5%。

5.3.3 中药材种子丸粒化研究进展

1. 中药材种子丸粒化研究的整体现状

我国于20世纪80年代开始进行种子丸粒化技术的相关研究，研究多集中于农作物、蔬菜、牧草等种子，在中药材种子领域的研究甚少。近年来，部分学者在中药材矮牵牛（姚东伟和李明，2010）、防风（范文艳等，2010）、党参（陈红刚等，2017）、桔梗（黄华等，2017）种子上进行了丸粒化的相关研究，研究方向多为不同丸粒化材料对上述种子萌发及生长影响的研究，而关于中药材不同品种种子丸粒化材料、机械设备及质量标准等方面的研究较少，尚无相关研究报道。

2. 中药材种子丸粒化对其萌发及幼苗生长的影响

姚东伟和李明（2010）使用自制配方对矮牵牛种子进行丸粒化包衣，发现丸粒化处理对所用批次的矮牵牛种子发芽和出苗没有显著影响，添加的活性物质枯草芽孢杆菌可以提高矮牵牛幼苗的鲜重。范文艳等（2010）的研究表明：丸粒化处理后的防风种子活力、过氧化物酶和脱氢酶活性，以及种子发芽集中度均得到了显著提高。陈红刚等（2017）研究发现丸粒化后的党参种子萌发时间滞后，发芽势、发芽率降低，但其发芽持续期长，幼苗长势健壮，抗逆性得到了增强。黄华等（2017）的研究表明不同丸化填充剂对桔梗种子活力和苗素质均有不同的影响，但对桔梗种子活力的影响较小，填充剂的比例不同，丸化桔梗种子的出苗率和苗素质有差异。

3. 中药材种子丸粒化技术实践

目前，中药材种子的种植方式还较为粗放，大多数中药材种子的生产和加工技术与农作物种子相比，还较为落后，大多以"裸种"的形式流向市场，部分企业的加工技术止步于风选、比重选或色选环节，开展丸粒化技术研究的少之又少。中国中药有限公司近年来一直致力于中药材种子加工技术方面研究，特别针对大宗药材品种甘草、板蓝根等种子开展了丸粒化技术的研究与实践（图5-1）。目前，丸粒化甘草种子的种植面积已达数千亩，既减少了用种量、节约了成本，又实现了甘草种子的精量播种，有效保证了苗齐、苗壮，提升了甘草的品质。

图 5-1　甘草种子原种与丸粒化种子

5.3.4　发展建议

1. 推进中药材种子丸粒化材料研究

种子丸粒化技术作为种子加工技术的一种，在中药材种子机械化精量播种中起着至关重要的作用。目前，丸粒化材料的种类已经越来越多，其中添加的活性物质如杀虫剂和杀菌剂也已经由原来的高毒向低毒方向发展。由于中药材的内在品质是决定其质量和药效的关键因素之一，因此在中药材种子丸粒化配方的研发过程中不仅要注重对中药材产量的影响，还应该关注对中药材生长、抗逆性及其内在成分含量变化的影响（尚兴朴等，2019）。所以，中药材种子丸粒化配方的研发不仅应与农作物种子、牧草种子等一样遵循方便、经济、实用、环保且能够大规模投入生产的原则，更应注重提升中药材的质量品质。因此，需进一步加强政府、科研机构和相关企业的合作，共同推进中药材种子丸粒化配方的研发进度，为生产优质的丸粒化种子奠定基础（芦光新等，2011）。

2. 推进中药材种子丸粒化机械设备研究

目前，我国关于种子丸粒化机械已有一些研究，但主要以研究、仿制、吸收改进国外的设备为主，设备的稳定性、自动化程度有待提高（韩柏和等，2018）。因此，我国应充分利用已有的研发基础，引进借鉴与自主创新并举，装备研发与工艺研究有机结合，重点围绕提高作业效率、自动化程度和产品质量等方向展开研究，加快研发经济、实用、高效的丸粒化加工设备步伐，使其朝着智能化、精细化、优良化的方向发展（张会娟等，2011）。

3. 推进中药材种子丸粒化质量标准研究

中药材种子是药材生产最基本、最重要的生产资料，是中药材生产的物质基础，优质的种子是实现中药材规范化生产的基础和首要条件（李颖，2017）。如今国内中药材种子的质量评价体系正在逐步完善，但种子丸粒化的质量标准研究仍属空白领域，导致中药材种子丸粒化产品存在质量不稳定、质量差等问题。因此，政府和科研院所应加大投入，推进中药材种子丸粒化质量标准的研究制定，包括丸粒化种子的发芽率、单粒抗压强度、单籽率、有籽率、种子含水量、裂解度、整齐度等，逐步完善和提高中药材种子丸粒化质量管理体制机制，不断提升丸粒化产品的质量与品质。

4. 推进中药材种子丸粒化技术的推广应用

农业发展，种业先行。种业作为农业的源头产业，是农业生产的核心（朱明东等，2019），也是促进农业长期稳定发展、保障国家安全的根本（马淑萍，2019）。中药材种业作为中药产业源头的源头，其产业化进程应当纳入国家种子工程建设体系，依据国家种子工程建设体系的标准推动中药材种业工程建设（邓明瑞，2019）。因此，为实现中药材种业工程建设，促使中药材种子进一步实现标准化、商品化的进程，应大力推进中药材种子丸粒化技术的研究及产业化推广，不断提升种子的品质，提高其适播性，增强苗期抗病虫害能力，从而为中药材品质的提升做出应有的贡献。

第6章 中药材种子贮藏技术

目前，300余种中药材已经实现了人工种植，其中包括200余种大宗中药材（魏建和等，2015）。而中药材种子的生活力与发芽力是保证中药材人工种植的重要前提条件。中药材种子具有易油败、虫蛀、霉变等特点，这些特点导致中药材种子贮藏时间缩短，发芽率迅速降低，影响药农的经济收入。而种子的安全贮藏是保证种子生活力和发芽力的关键环节，为确保中药材生产的顺利进行，做好中药材种子的安全贮藏显得尤为重要（张悦等，2019）。种子的生活力与贮藏期长短因品种、成熟度、完整度、水分、温度等因素的影响而不同。为了保持种子的生活力，延长中药材种子的寿命，提高种子的播种品质，为中药材的增产打下良好的基础，掌握不同中药材种子的贮藏特性、贮藏时间、贮藏方法（贾风勤等，2017），控制种子在贮藏期间的水分、温湿度、通气情况是中药材种子贮藏的主要研究方向。

随着国家的发展和时代的进步，玉米和小麦等农作物种子已经实现了高品质、高效、低耗能、低药剂等的仓储技术（吴镇等，2019）。但是，目前中药材种子的仓储技术仍旧相对落后。许多学者进行了部分中药材种子的贮藏研究，本章针对目前的相关研究进行了综合分析和归纳，并提出其未来的研究发展，旨在为中药材种子的安全贮藏提供理论基础和技术支撑。

6.1 中药材种子贮藏的理论基础

中药材种子贮藏的任务是采用合理的贮藏设备和贮藏技术，人为控制贮藏条件，降低种子劣变，保持种子发芽力和生活力，延长种子寿命，从而确保种子的播种价值。因此，贮藏条件是影响中药材种子寿命的关键。创造种子的优良贮藏环境，可以降低种子的质量损伤，保证种子生活力，延长种子寿命。种子寿命一方面取决于种子的遗传特性，另一方面受到贮藏环境的影响。在种子贮藏期间，种子会发生一系列的生理生化变化，如有毒物质逐渐积累、营养物质不断消耗、酶活性随之变化、细胞通透性发生改变等，而适宜的外部环境可延缓这一变化，但这一变化是不可逆的。

呼吸作用是种子贮藏过程中进行的主要生理活动，包括有氧呼吸和无氧呼吸两种方式。有氧呼吸是氧化种子内贮藏的营养物质，产生水、二氧化碳和热能的呼吸方式。有氧呼吸作用越强，消耗的营养物质越多，种子内产生的水和热量越多，越不利于种子的安全贮藏。而无氧呼吸是种子在缺氧的环境下产生乙醇、二氧化碳和热能的呼吸方式，乙醇的产生会使种子丧失发芽力（王进朝，2013）。因此，在贮藏过程中，我们应该尽量降低种子的有氧呼吸作用强度，抑制种子内部代谢作用，同时避免种子进行无氧呼吸。贮藏环境的温湿度和种子本身的含水量是影响种子呼吸作用从而影响种子发芽力的主要因素，所以我们可以通过控制贮藏环境的温度、湿度和氧气浓度等因素，尽可能保证种子生活力并延长种子的贮藏时间。

6.2 中药材种子贮藏过程中的生理生化变化

中药材种子在萌发前期主要靠种子内部贮藏的营养物质提供能量和营养，随着种子贮藏环境的变化和贮藏方式的不同，种子内部的营养物质和各种酶会发生复杂的生理生化变化。而种子中酶活力及内含物质的变化，可以揭示种子生理物质的变化规律，阐明种子生活力与种子贮藏过程中内含物质及酶活性变化的联系，从而为探寻中药材种子的最佳贮藏方式提供理论依据。

6.2.1 中药材种子贮藏过程中的酶变化

多数粮食作物及部分中药材种子在发芽前需要经过后熟作用，如三七（Yang et al.，2019）、朝鲜白头翁（顾地周等，2014）、宽叶羌活（杨植松等，2006）等。种子后熟过程需要大量的过氧化物酶（POD）、过氧化氢酶（CAT）、超氧化物歧化酶（SOD）来分解种子贮藏的营养物质，而这些酶的含量变化反映了种子在贮藏过程中的发育过程，保证了种子在后熟层积过程中发育的正常进行。三七种胚（段承俐等，2010）、人参种子（田义新等，1991）、西洋参种子（黄耀阁等，1996）等生理后熟期以脂类代谢为主，随着代谢作用的增强，丙二醛（MDA）含量增加，CAT、SOD和POD的活性也随之保持较高水平，使得体内自由基的产生和清除处于动态平衡中，维持了活性氧代谢平衡。黄精种子（李吟平等，2016）在贮藏过程中，其POD、CAT、SOD的含量与贮藏温度、种子含水量及光照有关，总之，抗氧化酶系统活性较高的种子发芽率较高。安娜等（2010）研究发现三七种子的层积温度越低，POD和CAT的活性越低，且随着贮藏时间的延长所有酶的活性整体呈现下降趋势。因此，三七种子不宜长期低温贮藏。赵冬和李明（2013）研究发现白木香种子在湿沙低温贮藏过程中POD、CAT、SOD活性较高，所以白木香种子宜采用湿沙低温贮藏法。

6.2.2 中药材种子贮藏过程中的代谢产物变化

中药材种子萌发时需要大量的营养物质，这些营养物质的积累是种子活力形成的基础，为种胚形成新的组织提供了动力，种子的主要贮藏物质是蛋白质、可溶性糖和脂肪三大类。种子在贮藏过程中各种代谢产物的变化不仅是种子生理变化的重要特征，也是引起种子劣变的主要因素。马琳等（2015）研究表明，随着贮藏时间的延长，北细辛种子中脂肪和蛋白质含量逐渐降低，可溶性糖的含量基本没有变化。三者不断消耗和转化，为种胚提供萌发能量，对种子活力的保持和细胞膜的稳定具有很大的作用。安娜等（2010）、段承俐等（2010）研究发现，三七种子在贮藏过程中蛋白质、可溶性糖和脂肪发生相互转化，随着层积时间的延长，可溶性糖、淀粉、蛋白质、粗脂肪含量均表现出逐渐下降的趋势。李玛等（2015）发现滇重楼种子随着贮藏时间的延长，蛋白质和可溶性糖的含量逐渐降低。总之，种子中一次代谢产物的含量随着储存时间的延长均呈现降低趋势，活力也逐渐降低。实际上，当种子达到生理成熟后，便开始老化，这是自然规律。但是我们可以通过改善种子贮藏条件以延长种子寿命，并通过研究种子的生理生化变化寻找最佳贮藏时间，为科学合理地贮藏中药材种子提供理论基础。

6.3 影响中药材种子贮藏的主要因素

贮藏条件的改变主要受种子的呼吸作用影响。呼吸作用越强，种子劣变速度越快。种子的种类和含水量是决定贮藏条件的主要生理因素，而种子贮藏温度、湿度及种子的通气情况均可视为影响种子呼吸作用的主要环境因素。此外，种子的贮藏时间也是影响种子活力的关键因素。以下，笔者主要从影响种子贮藏的环境因素入手，首先讨论中药材种子贮藏的共性问题，再针对种子的生理因素对中药材种子贮藏影响的特性问题进行综述。

6.3.1 影响中药材种子贮藏的主要环境因素

1. 贮藏温度

种子的呼吸作用与贮藏温度有关（王华磊等，2017），贮藏温度越高，种子的呼吸作用越强，种子劣变越快。低温贮藏可有效减少种子的呼吸作用。低温贮藏的白术种子发芽率高于高温贮藏的种子发芽率（陈怡等，2017），表明温度越高，呼吸作用越强，种子活力丧失越快。侯茜等（2014）通过比较秦艽种子在室温、冷藏和冷冻三种温度下贮藏一年后的发芽率，发现在冷藏条件下秦艽种子发芽率最高，达到79%。部分研究表明，大多数伞形科植物种子在冷藏条件下贮藏的发芽率高于室温条件下贮藏的种子，且贮藏时间较长。例如，柴胡种子在冷藏条件下贮藏后发芽率最高（朴锦等，2007）；白花前胡种子在冷藏条件下可保存1～2年，而在室温条件下贮藏，隔年种子活力基本丧失（孙开照，2015）。虽然低温可降低种子的呼吸作用，延长种子寿命，然而，贮藏温度并非越低越好。若贮藏温度过低，也会影响部分种子的萌发，因此，合理控制种子的贮藏温度显得尤为重要。例如，崔月曦等（2016）发现桔梗种子在-20℃下贮藏，种子的发芽率最高，可达94.44%，然而在室温和-80℃条件下贮藏，其发芽率均小于75%。但并非所有种子都适合低温贮藏，例如，天师栗（明孟碟等，2017）等顽拗型种子在成熟时仍具有较高的含水量，不耐失水，在保存过程中忌低温。萱草种子（付宝春等，2017）在萌发过程中，并不需要低温完成生理后熟，在低温和室温贮藏后，其萌发率反而显著下降。因此，在进行中药材种子贮藏前探索种子的最佳贮藏温度显得十分重要。

2. 环境湿度

当贮藏环境湿度过高时，种子易吸潮发生霉变或者引起发热烧坏种子（任火英和敖礼林，2012）；此外，环境中的水分对种子中的酶及代谢产物的含量有影响。研究表明，当贮藏湿度不同时，水杉种子中POD、SOD和ATP酶的含量随湿度的增加呈先升高后降低的趋势，当环境相对湿度为50%时达到最大，而贮藏湿度对淀粉酶（AMY）无显著影响（景丹龙等，2011）。种子的含水量与贮藏介质的含水量呈正相关，当红藤种子在贮藏介质绝对含水率为55%和65%的条件下贮藏6个月后，其发芽率分别是自然状态下（相对湿度为70%～80%）种子的4.1倍和4.5倍，而当介质绝对含水率低于50%时，种子失水速度明显加快，活力丧失加快，不利于贮藏（尹光天和许煌灿，1992）。百蕊草种子（张成才和向增旭，2020）的发芽率随着湿度的增加而逐渐增大，在相对湿度为75%时，达到最高，而后随着贮藏介质湿度的增加，其发芽率逐渐降低。红豆杉种子中可溶性糖、脱氢酶和葡萄糖六磷酸脱氢酶的含量随着湿度的增加均呈现先降低后升高的趋势，粗脂肪含量逐渐下降（阎腾飞等，2020）。实际上，像天南星（付锋等，2016）、金果榄（薛襟祺等，2019）、肉桂（彭寿强等，2009）、重楼（冼康华等，2020）等具有深度休眠特性的种子常采用沙藏法，使贮藏介质保持一定的湿度以打破种子休眠，提高种子的发芽率。

3. 通气情况

一方面，空气中含有的氧气、氮气、水分和热量等因子会增强种子的代谢作用，使种子吸潮吸热、含水量增加（刘月娥，2017）；另一方面，常通风有助于降温散湿，所以种子贮藏环境的空气流通情况是影响种子存储的重要因素之一。因此，在进行种子仓储工作时，包装材料的透气性就显得十分重要。党参种子在晒干后，应装入通风性好的牛皮纸袋贮藏（王俊全和曹爱兰，2016）；李红莉等（2009）研究发现，青蒿种子在室温下贮藏时用纸袋包装较好，不宜用瓶子、布袋、塑料袋等包装方式贮藏；侯茜等（2014）研究发现秦艽种子在冷藏条件下贮藏时，用纸袋包装的种子发芽率远大于用聚乙烯塑料袋包装的种子发芽率，可见秦艽种子在冷藏条件下用纸袋包装较好。实际上，良好的通风条件在农作物种子的贮藏过程中也极受重视。例如，大豆（路凡和杜银鹏，2019）、玉米（商春祥，2019）等农作物种子应选择透气的装载工具，在堆积贮藏时，应合理控制堆放高度，并定时翻动，以保证种子具有良好的通风散热环境。

4. 贮藏时间

随着贮藏时间的延长，种子的活力和发芽率逐渐降低（金小雯等，2019），不同种子对贮藏时间的长短要求也不同。孙长生等（2016）研究发现，山豆根种子无论在室温贮藏还是5℃冰箱贮藏，随着时间的延长，种子的发芽率均逐渐降低；杨全等（2015）发现广金钱草种子在贮藏3年后发芽率降低约45%；独活种子分别在室温下贮藏290d、4℃下贮藏690d、-15℃下贮藏946d后，发芽率均逐渐降为0（罗倩等，2019）。

部分中药材种子在萌发前需要经过生理后熟的过程，其发芽率随着贮藏时间的变化呈现由低到高，再由高到低的变化。例如，麻花秦艽种子在第一年贮藏中发芽率逐渐升高，贮藏一年后的种子发芽率逐渐降低，直至丧失种子活力（裴国平和裴建文，2016）；李钱钱等（2018）发现北柴胡种子在贮藏的前5个月中，发芽率逐渐升高，5个月之后发芽率逐渐降低，贮藏11个月后种子活力基本丧失；十字花科的部分中药材种子在贮藏半年后发芽率最高，之后种子活力逐渐下降（田娇娇等，2019）。

实际上，种子无论贮藏在什么环境条件下，随着贮藏时间的延长，随着种子中的营养物质，如糖类、脂肪、淀粉等被不断消耗，其生活力逐渐下降，种子不断老化，若超过一定的贮藏期限，终将引起胚部细胞死亡，这是不可逆的自然规律。但是我们可以通过改变贮藏条件延长种子寿命，从而延长种子仓储时间以适应生产需求。那么探寻合理的种子贮藏环境，寻求贮藏时间与种子生活力之间的最佳平衡点就显得尤为重要。

6.3.2 影响中药材种子贮藏的主要生理因素

1. 种子的类型

不同种植物的种子，有其各自的遗传特性，其种子寿命的长短迥异，贮藏时间和贮藏方式也有差异。例如，禾本科植物的种子较易丧失生活力，贮藏时间短；伞形科等含挥发油较多的中药材种子，呼吸强度大，因此贮藏时间短，同时在贮藏时应注意通风和环境温度控制以及时散发因种子呼吸作用产生的热量；而葫芦科植物的种子寿命一般较长，可延长贮藏时间；即使是同科植物，其遗传特性不同，种子存在差异，其贮藏条件也应做适当调整。例如，膜荚黄芪和蒙古黄芪虽然同为黄芪属的植物，但蒙古黄芪种子的硬实率要高于膜荚黄芪种子，而硬实的蒙古黄芪种子活力高于非硬实种子，其活力随着硬实程度的增加而有所提高（王楠等，2017）。

根据寿命的不同把种子分为短命种子、中命种子和长命种子。短命种子寿命一般在3年以内，如榆、扁柏等中药材的种子（赵小琴等，2018），此类种子在贮藏时即使贮藏条件适宜，贮藏时间也不宜过长。中命种子寿命在3～15年，常见的有禾本科种子和豆科种子，如黄芪种子等（张鸿谟，1980）。另外，荞麦种子也属于中命种子，可贮藏年限较长。长命种子寿命可达15～100年，如绿豆、芝麻、紫云英等。由于种子的寿命与贮藏条件密切相关，简单地将种子划分为短命或者长命种子比较片面，有学者根据种子的贮藏行为把种子分为传统型种子、顽拗型种子和中间型种子（杨期和等，2006）。这些种子最大的差别是含水量的不同，大多数中长命种子属于传统型种子，含水量较低，具有较好的耐储性。顽拗型种子含水量较高，不耐失水，可选用种子层积等方法进行储存（唐安军等，2004）；而室温贮藏或者低温低湿的贮藏环境，有利于传统型种子的贮藏。因此，根据种子的类型选择合适的贮藏条件对于保证中药材种子的生活力和发芽力极为重要。

2. 种子的含水量

种子的含水量是限制种子萌发、决定种子寿命长短的主要因素之一（汪晓峰等，2001）。据文献报道，中药材种子贮藏期的长短主要由贮藏温度和种子含水量决定（张兆英等，2012），适当的干燥处理可以显著提高种子的抗老化能力和耐藏性。所以可以通过控制种子含水量，以干燥代替低温，以此延长种子的寿命。目前，超干贮藏等基于该原理的技术也具有非常广阔的应用前景（程红焱，2005），成清琴等（2010）发现丹参种子的含水量为7.5%时发芽率最高，可以采用超干贮藏法进行贮藏；王引权等（2012）研究发现，当归种子贮藏6个月后，2.85%含水量的种子发芽率和发芽指数分别能保持在80%和19以上，发芽率和发芽指数分别比含水量为9.17%的高0.9、0.7倍，当其含水量大于12.42%时，种子的发芽率迅速下降，所以在同一贮藏期内，当归种子的含水量越低，贮藏时间越长。但是，随着种子贮藏研究工作的不断深入，人们发现并不是所有种子的贮藏时间都与含水量呈负相关。当种子的含水量低于最佳含水量时，种子的活力可能会降低。例如，刘永华等（2012）研究发现甘草种子的含水量为4.5%时，发芽率最高；当种子含水量为2.1%时，发芽率迅速下降。

3. 种子自身的状态

不同健康状况的种子，其呼吸作用及代谢活动的强度存在差异。由于种子一般是统一机械采收，因此存在成熟度不统一的种子、破碎种子、虫蚀籽等不饱满种子。未成熟的种子和不饱满的种子等呼吸强度较大，若与较好的种子混合贮藏，则会缩短优质种子的贮藏时间，所以为了提高种子的发芽率，应在种子入库前对种子进行筛选。

除种子的健康状况外，种子是否处于休眠状态也是决定种子贮藏条件的关键因素。然而引起种子休眠的条件有很多，在进行中药材种子贮藏时应根据造成种子休眠的原因调整仓储条件，打破种子休眠。很多中药材种子，如人参（商丽煌等，

2018)、冬青（周晓峰，2010）、银杏（曹帮华和蔡春菊，2006）、紫堇（芦建国和张振玲，2016）等植物的种子在脱离母体后，由于种胚未成熟，仍处于休眠状态。此类种子在贮藏时需要保持一定的温度和湿度使其继续发育；而牡丹（潘昊磊等，2019）、芍药（崔金秋，2016）、花楸（张秋菊等，2013）、黄精（刘佳等，2018）等中药材种子的胚虽然已经成长，但由于种子未完成生理后熟，仍需要在贮藏时通过层积处理打破种子休眠，提高种子的发芽力和生活力；还有部分中药材种子由于种皮障碍导致种子处于休眠状态难以萌发，如小粒豆科植物紫苜蓿（余玲等，2004）、绿豆（梅丽等，2011）、黄芪（郑天翔和陈叶，2016）等的种子。针对硬实种子，其贮藏条件宜高温多湿，以打破种子休眠；部分种子由于抑制物质的存在，导致种子休眠；对于含有挥发性抑制物质的种子，在贮藏时宜高温干燥，以打破种子休眠。

6.4 中药材种子的贮藏方法及其对仓储中心建设的启示

6.4.1 中药材种子的贮藏方法

不同的贮藏方法均决定了种子的贮藏温度与湿度，进而影响了种子寿命的长短，选择一种合适的贮藏方法对延长种子贮藏时间尤为重要。目前，中药材种子贮藏过程中常用到自然风干法、带果阴干法、晒干法、湿沙贮藏法、常温超干贮藏、超低温贮藏、超低氧贮藏、人工种子贮藏等方法。

常青等（2016）研究发现，白木通种子采用湿沙贮藏法发芽率最高，晒干法发芽率最低；卫士美等（2012）针对丹参种子进行了常温超干贮藏、超低温贮藏、超低氧贮藏、人工种子贮藏 4 种贮藏方法的对比实验，实验结果显示，丹参种子较适合采用超低温贮藏技术进行贮藏。

6.4.2 中药材种子仓储中心建设相关思考

种子的健康状态是决定中药材种子贮藏条件的前提，而通过控制贮藏环境的条件保持种子活力是中药材种子仓储中心建设的重心。

在进行中药材种子仓储中心的建设前，首先，应该对种子进行筛选，选用纯净一致、成熟饱满、健全、无病害、生活能力强的良种进行贮存；其次，应综合考虑仓储中心的水文地质情况、气候条件、供电排水的方便程度及成本。优先选择具有土壤耐压力强、地势较高、降雨量少、阴凉通风等条件的地方作为仓储中心，同时也应兼顾交通条件、供电条件及仓储成本等问题。

在进行中药材种子仓储中心的建设时，第一，应选用具有牢固、防潮、隔热的性能优良的设施及有良好通风条件的地点作为仓储中心；第二，建设现代化中药材种子仓储中心的硬件和软件设施也相当重要，例如，购买现代化农业设备，采用遥测温湿仪等先进设备对环境温湿度进行合理控制与监测,选用制冷设备对仓储中心进行温度控制等;第三,考虑到种子进出库的方便性,选用合理的输送装置也很关键;第四,应根据种子的类型选用不同的贮藏方法,合理控制仓储条件。

种子贮藏方法虽然较多,但是均主要围绕贮藏环境的温度、湿度、通风条件及种子含水量的控制进行。其中,种子的特性及含水量是决定贮藏方式的首要因素。在进行仓储中心建设时,应重点根据种子的特性进行分类,并选择合适的贮藏方式,还要对贮藏环境的温度、湿度及通风情况进行严格的控制。对于具有休眠特性的种子,在贮藏过程中可以根据种子不同的休眠类型,采取不同的处理方式,如低温层积、沙藏等,打破种子休眠。

6.5 展望

种子是中药材生产的基础,而优质的中药材种子是中药材可持续发展的重要保障(尚兴朴等,2019)。为了延长种子的寿命,为种子的安全贮藏提供理论指导,国家相关部门已发布了农作物种子、林木种子、牧草种子等贮藏标准,目前,中药材种植业已得到大力发展,但是中药材种子的贮藏还没有相关标准指导,建立中药材种子的贮藏标准对保证种子的安全贮藏具有非常重要的意义。

随着社会的发展,中药材种子在贮藏加工技术方面不断进步,目前,种子的超干贮藏和超低温贮藏等技术也越来越广泛地被应用于实际生产过程中。计算机等数字化技术也逐步被应用于农作物种子贮藏(李海珀,2017),为了促使中药材种子贮藏工作向现代化、自动化、智能化方向发展,用现代化设备合理控制贮藏条件,建立中药材种子自动智能化贮藏仓库势在必行。

第7章 中药材种子质量标准研究

2018年12月农业农村部、国家食品药品监督管理局和国家中医药管理局联合印发的《全国道地药材生产基地建设规划（2018—2025年）》明确指出制定道地药材种子种苗等产品质量标准，完善道地药材标准体系，加强种子种苗质量监管，贯彻实施《中华人民共和国种子法》，加快制定《中药材种子管理办法》。2019年10月中共中央、国务院发布的《中共中央 国务院关于促进中医药传承创新发展的意见》将制定中药材种子种苗管理办法向中药材上下游延伸，逐步实现全过程可追溯的要求提升到了一个更高的层面。从国家政策层面确定了中药材种子作为中医药体系中重要的组成部分，中药材种子质量作为中药材产业发展的重要基础之一的地位。

现代中医药的发展，要求中药材品种纯正、质量稳定、安全可靠，只有优良的中药材种子种苗，才能生产出优质的中药材（赵文吉等，2012）。本章就近年中药材种子质量标准的研究情况进行了综述，并对中药材种子质量标准化的发展趋势进行了展望，以期为进一步推进中药材种子质量标准化建设提供依据。

7.1 中药材种子质量标准现状

7.1.1 中药材种子检验规程现状

种子检验是种子质量管理工作的技术依托和支持系统，是保证种子质量的主要手段，统一、标准的检验方法及程序是保证检验公正性和可靠性的前提条件（李秀凤等，2009）。随着我国种子产业的发展、《中华人民共和国种子法》的完善和实施，参照国际种子检验协会（ISTA）发布的《国际种子检验规程》，先后发布了一系列种子检验规程的国家标准，即《农作物种子检验规程》（GB/T 3543.1-3543.7—1995）、《林木种子检验规程》（GB 2772—1999）、《牧草种子检验规程》（GB/T 2930.1-2930.11—2001）等。中药材种子产业发展严重滞后，2016年实施的《中华人民共和国种子法》第九十三条规定"草种、烟草种、中药材种、食用菌菌种的种质资源管理和选育、生产经营、管理等活动，参照本法执行"，中药材种子才开始被纳入到法规的管理中，目前各品种的检验大多依据《农作物种子检验规程》（GB/T 3543.1-3543.7—1995）执行，2021年12月31日国家市场监督管理总局和国家标准化管理委员会发布了《中药材种子检验规程》（GB/T 41221—2021），并于2022年7月1日开始实施。

种子检验作为一种保证种子质量的关键手段，对种子质量起着重要的监督和保证作用。中药材品种较多，常用栽培种就有300多种，栽培种中栽培年限超过

100年的寥寥无几，因此中药材种子虽然是农作物种子之一，但由于其特殊性，种子质量情况与农作物存在极大差异，沿用农作物的检验规程和方法研究中药材种子质量，不符合中药材种子的特性，中药材种子应该有独立于农作物的符合其实际特性的统一的检验规程和方法。

目前，我国尚没有关于中药材种子详细、全面的质量检验指标，也没有相关的检验规程国家标准。近年来，已对部分中药材种子的检验方法和质量分级标准进行了初步研究，李秀凤等（2009）、王金鹏等（2012）分别从研究方法与结论和检验方法与分级角度报道了相关的研究进展情况。我国中药材种子质量与检验研究主要参考了农作物种子研究方法，近年中药材种子检验方法的研究情况见表7-1。在中药材种子检验方法报道中，发芽方法研究较多，如甘草（张连义等，2002）、益母草（孙群等，2005a）、黄芪（段琦梅等，2005）、桔梗（郭巧生等，2006）、天仙子（孙群等，2005b）等，但对幼苗鉴定标准不一或没有，各品种确认正常幼苗的标准差异较大；种子的真实性鉴定方法主要为形态鉴定，如蒙古黄芪与膜荚黄芪（王俊杰等，2005）、播娘蒿（周颂东和罗鹏，2003）等，结合现代鉴定技术的研究方法比较少，仅在黄芪种子鉴定中应用了扫描电镜及紫外光谱（闫冲等，2004），羌活种子鉴别中应用了红外光谱（沈亮等，2011），红景天种子中应用了生化标记鉴定技术（王强，2003）；扦样在检验方法中很少单独列出进行研究，仅有党参（张文龙，2014）、苦参（张文龙等，2019）扦样方法研究的报道；水分的测定中温度要求不统一，高温法有140℃的，如返魂草（秦佳梅等，2006）、金铁锁（杨斌等，2009）等，低温法有（105±2）℃的，如北沙参（乔凯宁等，2017）、川白芷（杨枝中等，2013）、夏枯草（郭巧生等，2009b）等，《国际种子检验规程》（国际种子检验协会，1996）水分测定的温度要求为低恒温测定法（103±2）℃、高恒温测定法130～133℃。

表 7-1　近年中药材种子检验方法的研究情况

名称	质量指标及检验方法	幼苗鉴定	质量分级	参考文献
远志 *Polygala tenuifolia*	净度；千粒重；百粒法；含水量：高温法，130℃，1.5h；发芽率：20～30℃变温（光照8h，30℃；黑暗16h，20℃），纸上，7～10d；生活力：TTC；真实性：形态鉴定法	按照国际种子检验协会的《种苗评定手册》鉴定	Ⅰ、Ⅱ、Ⅲ	贺玉林等，2007a, 2007b
白花蛇舌草 *Oldenlandia diffusa*	净度；千粒重；千粒法；含水量：低温法，（105±2）℃，2h；发芽率：25℃配合8000lx光照条件，纸床，2～17d；生活力：电导率法；真实性：形态鉴定法	—	—	卢魏魏等，2012

续表

名称	质量指标及检验方法	幼苗鉴定	质量分级	参考文献
川白芷 Angelica dahurica	净度；千粒重：千粒法；含水量：低温法，(105±2)℃，4h；发芽率：18～25℃昼夜变温，光照12h，砂上，9～30d；生活力：TTC；真实性：形态鉴定法；健康度测定：PDA培养基，28℃，3d	—	—	杨枝中等，2013
川明参 Chuanminshen viloaceum	净度；千粒重：百粒法；含水量：高温法，130～133℃，4h；发芽率：20℃，光照6h，脱脂棉床；生活力：TTC；真实性：形态鉴定法	—	Ⅰ、Ⅱ、Ⅲ	雷晓莉等，2012
党参 Codonopsis pilosula	净度；千粒重：千粒法；含水量：高温法，130℃，5h；发芽率：25℃，纱布床；生活力：TTC；真实性：形态鉴定法	—	Ⅰ、Ⅱ、Ⅲ	肖淑贤等，2014
滇重楼 Paris polyphylla	净度；千粒重：五百粒法；含水量：高温法，(131±2)℃，8h；发芽率：0.1%高锰酸钾溶液浸泡10min，20℃暗培养，纸上，30～100d；生活力：TTC；真实性：形态鉴定法	—	—	李玛等，2018
冬凌草 Rabdosia rubescens	净度；千粒重：千粒法；含水量：高温法，130～133℃，4h；发芽率：2%次氯酸钠溶液浸泡15min，25℃，纸上，1～6d；生活力：TTC；真实性：形态鉴定法；健康度测定：PDA培养基，25℃，5d	—	—	杨朝帆等，2017
甘草 Glycyrrhiza uralensis	净度；千粒重：百粒法；含水量：高温法，(133±2)℃，3h；发芽率：浓硫酸处理20min，25℃光照培养，纸上，2～8d；生活力：TTC；真实性：形态鉴定法	按照国际种子检验协会的《种苗评定手册》鉴定	—	于福来等，2011
广金钱草 Desmodium styracifolium	净度；千粒重：五百粒法；含水量：低温法，(105±2)℃，5h；发芽率：浓硫酸处理5～6min，25℃光照培养，纸上，5～7d；生活力：TTC	—	Ⅰ、Ⅱ、Ⅲ	罗登花等，2015
黄檗 Phellodendron amurense	净度；千粒重：百粒法；含水量：高温法，(133±2)℃，3h；发芽率：8℃低温沙藏30d转入4℃低温沙藏30d后，12℃/24℃变温，高温光照8h、低温无光照16h，纸上，5～30d；生活力：TTC；真实性：形态鉴定法	—	Ⅰ、Ⅱ、Ⅲ	刘琰璐等，2011

续表

名称	质量指标及检验方法	幼苗鉴定	质量分级	参考文献
黄芩 *Scutellaria baicalensis*	净度；千粒重：五百粒法；含水量：高温法，(133±2)℃，4h；发芽率：0.1%的次氯酸钠溶液浸泡10min，25℃暗培养，纱布垫纸，2～7d；生活力：TTC；真实性：形态鉴定法；健康度测定：直接培养进行带菌率检验，将种子剖开检验带虫率	—	—	李云静等，2016
灰毡毛忍冬 *Lonicera macranthoides*	净度；千粒重：五百粒法；含水量：高温法，(130±2)℃，3h；发芽率：4℃下沙藏层积80d后，15℃光照培养，纸上，4～23d；生活力：TTC；真实性：形态鉴定法	以芽长为种子长度的1/2为萌发标准	Ⅰ、Ⅱ、Ⅲ	张应等，2016
金荞麦 *Fagopyrum dibotrys*	净度；千粒重：五百粒法；含水量：低温法，(103±2)℃，6h；发芽率：100mg/L赤霉素（GA₃）浸种24h，25℃光照12h培养，纸上，2～12d；生活力：TTC；真实性：形态鉴定法	以胚根突破种皮1cm为萌发标准	—	李进瞳等，2020
金银花 *Lonicera japonica*	净度；千粒重：百粒法；含水量：整粒低温法，(105±2)℃，3h；发芽率：4℃低温层积75d，25℃光照培养，纸上，7～20d；生活力：TTC；胚率：水中浸泡12h，用解剖刀沿种子脊部两侧的凹沟切开，观察其胚，计算有胚种子占比；真实性：形态鉴定法	以种皮开裂，胚根凸出为萌发标准	Ⅰ、Ⅱ、Ⅲ	王书云等，2019
苦参 *Sophora flavescens*	净度；千粒重：百粒法；含水量：高恒温法，(131±2)℃，1.5h；发芽率：98%浓硫酸浸种1～1.5h，20℃光照培养，纸上，5～15d；生活力：TTC；真实性：形态鉴定法	以种子胚根伸出种皮2mm时计数	—	李安平等，2013
毛鸡骨草 *Abrus mollis*	净度；千粒重：百粒法；含水量：高恒温法，130～133℃，2h；发芽率：95%～98%浓硫酸腐蚀8～9min或JMNJ-3型精白机磨2min，种子消毒用强氯精500倍液浸泡2h或0.5%高锰酸钾水溶液浸泡1h，25℃或30℃培养，纸上，5～10d；生活力：TTC；真实性：形态鉴定法	—	—	董青松等，2018

续表

名称	质量指标及检验方法	幼苗鉴定	质量分级	参考文献
蒙古黄芪 *Astragalus membranaceus* var. *mongholicus*	净度；千粒重：百粒法；含水量：高恒温法，(130±2)℃，4h；发芽率：砂纸磨损，25℃水浸种8h，25℃光照培养，纸上，1～4d；生活力：TTC；真实性：形态鉴定法	以种子露白为发芽	—	王栋等，2015
牛蒡 *Arctium lappa*	净度；千粒重：千粒法；含水量：高恒温法，(133±2)℃，4h；发芽率：清水浸泡12h后，用0.2%高锰酸钾溶液消毒20min，25℃光照培养，纸上2～8d；生活力：TTC；真实性：形态鉴定法	—	—	李彤彤等，2015
七叶莲 *Schefflera minimiflora*	净度；千粒重：千粒法；含水量：高恒温法，130℃，30min；发芽率：25℃光照培养，纸上；生活力：TTC；真实性：形态鉴定法	—	—	郑雷等，2018
北沙参 *Glehnia littoralis*	净度；千粒重：千粒法；含水量：低恒温法，(105±2)℃，8h；发芽率：种子进行沙藏处理，沙藏后的种子去果皮处理，15～25℃变温培养，纸间，3～20d；真实性：形态鉴定法	以种子胚根长度大于种子长度计数	—	乔凯宁等，2017
广西莪术 *Curcuma kwangsiensis*	净度；千粒重：百粒法；含水量：低恒温法，(105±2)℃，2h；发芽率：25℃培养，纱布，3～14d；生活力：TTC；真实性：形态鉴定法	以胚根伸出种皮2mm时计数	Ⅰ、Ⅱ、Ⅲ	朱诗国等，2016
青蒿 *Artemisia annua*	净度；千粒重：千粒法；含水量：高恒温法，130～133℃，1h；发芽率：15～25℃变温，间隔光暗培养，纸上，5～10d；真实性：形态鉴定法	按照《国际种子检验规程》发芽试验中幼苗鉴定的要求进行计数；描述了青蒿幼苗的鉴定标准	—	闫志刚等，2011
三七 *Panax notoginseng*	净度；千粒重：百粒法；含水量：低恒温法，(103±2)℃，6h；发芽率：1.0% NaClO溶液中消毒10min，10℃的恒温光照培养2000lx（12h/d），纸上，15～60d；生活力：TTC；真实性：形态鉴定法	—	Ⅰ、Ⅱ、Ⅲ、Ⅳ	韩春艳等，2014

续表

名称	质量指标及检验方法	幼苗鉴定	质量分级	参考文献
王不留行 *Vaccaria segetalis*	净度；千粒重：千粒法；含水量：低恒温法，(105±2)℃，8h；发芽率：0.5%高锰酸钾浸泡10min，20℃的恒温光照培养2000lx（12h/d），纸间，4～10d；生活力：TTC；真实性：形态鉴定法	突破种皮的胚轴长度达到种子自身长度时计数	—	高钦等，2014
续断 *Dipsacus asperoides*	净度；千粒重：百粒法；含水量：高恒温法，(133±2)℃，3h；发芽率：水浸泡10h，25℃培养，纸上，0～25d；生活力：TTC；真实性：形态鉴定法	—	—	艾伦强等，2016
	净度；千粒重：千粒法；含水量：低恒温法，105℃，3h；发芽率：20℃光照培养，纸上，5～13d；生活力：TTC；真实性：形态鉴定法	以胚根长为种子长的1/2作为发芽标准	Ⅰ、Ⅱ、Ⅲ	张雪等，2012
玄参 *Scrophularia ningpoensis*	净度；千粒重：五百粒法；含水量：低恒温法，(105±2)℃，3h；发芽率：浸种0.5h，20/30℃变温（高温12h，光照/低温12h，黑暗）培养，纸上，3～7d；生活力：BTB；真实性：形态鉴定法	按照国际种子检验协会的《种苗评定手册》鉴定，去除有损伤的幼苗、畸形或不匀称的幼苗和腐烂幼苗，发芽率以最终正常幼苗百分率计	—	王汪理等，2011
牡丹 *Paeonia suffruticosa*	净度；千粒重：百粒法；含水量：低恒温法，(105±2)℃，10h；发芽率：室温清水浸泡24h，黑暗条件下昼夜变温层积（20℃，12h和25℃，12h）60d后，用300mg/L GA$_3$浸泡种子24h，以砂中作为发芽床，在15℃光照培养，12～60d；生活力：TTC；真实性：形态鉴定法	以种子根茎处胚芽伸出2mm计数	—	曹亚悦等，2014
益母草 *Leonurus japonicus*	净度；千粒重：百粒法；含水量：高恒温法，(131±2)℃，5h；发芽率：室温清水浸泡24h，再用0.2%高锰酸钾溶液消毒20min，25℃光照培养，纸上；真实性：形态鉴定法	—	Ⅰ、Ⅱ、Ⅲ	胡漩等，2011

续表

名称	质量指标及检验方法	幼苗鉴定	质量分级	参考文献
云木香 *Saussurea costus*	净度；千粒重：百粒法；含水量：高恒温法，135℃，3h；发芽率：25℃或15/25℃变温，12h光照培养，纸上，2~8d；生活力：TTC；真实性：形态鉴定法	—	Ⅰ、Ⅱ、Ⅲ	管燕红等，2017
	净度；千粒重：百粒法；含水量：低恒温法，整粒种子105℃，4h；发芽率：25℃暗培养，纸上或纸间，4~8d；生活力：TTC；真实性：形态鉴定法	—	—	王珏等，2011
西洋参 *Panax quinquefolius*	净度；千粒重：百粒法；含水量：低恒温法，105℃，8h；发芽率：蒸馏水室温浸泡48h，20~25℃光照8h培养，纸上，20~28d；生活力：TTC	—	Ⅰ、Ⅱ、Ⅲ	臧埠等，2011
秦艽 *Gentiana macrophylla*	净度；千粒重：千粒法；含水量：高恒温法，130℃，1h；发芽率：蒸馏水浸种24h，用1%的次氯酸钠处理30min，20℃，12h/12h光暗交替培养，纸上，发芽种子数连续5d不再增长为发芽结束；生活力：TTC；真实性：形态鉴定法	—	Ⅰ、Ⅱ、Ⅲ、Ⅳ	牛晓雪等，2012
桔梗 *Platycodon grandiflorus*	净度；千粒重：千粒法；含水量：高恒温法，(133±2)℃，4h；发芽率：25℃，8h/16h（昼/夜）交替培养，纸上，13d统计发芽率；生活力：TTC	—	Ⅰ、Ⅱ、Ⅲ	杨成民等，2012
	净度；千粒重：千粒法；含水量：高恒温法，(135±2)℃，7h；发芽率：水浸种14h，25℃光照培养，纸上，16d统计发芽率；生活力：TTC、红墨水法；真实性：形态鉴定法	—	Ⅰ、Ⅱ、Ⅲ	郭巧生等，2007a
白及 *Bletilla striata*	净度；千粒重：千粒法；含水量：高恒温法，(133±2)℃，3h；发芽率：30℃光照培养，纸上，4~20d；生活力：TTC；真实性：形态鉴定法	以种胚细胞颜色从褐色转变为淡绿色，种子突破种皮，原球茎顶端分化出叶原基，发育成绿色叶片为计数标准	—	张智慧等，2016

续表

名称	质量指标及检验方法	幼苗鉴定	质量分级	参考文献
夏枯草 *Prunella vulgaris*	净度；千粒重：千粒法；含水量：低恒温法，(105±2)℃，10h；活力：相对电导率；发芽率：浸种12h，20℃光照培养，纸上，15d统计发芽率；真实性：形态鉴定法	—	Ⅰ、Ⅱ、Ⅲ	郭巧生等，2009b
当归 *Angelica sinensis*	净度；千粒重：千粒法；含水量：低恒温法，(103±2)℃，8h；发芽率：25℃光照培养，纸上，10d统计发芽率，7d统计发芽势；生活力：TTC；真实性：形态鉴定法；种子健康：病种率，死虫及卵率	—	Ⅰ、Ⅱ、Ⅲ	邱黛玉等，2010
栝楼 *Trichosanthes kirilowii*	净度；千粒重：五百粒法；含水量：高恒温法，130～133℃，1h；发芽率：40℃浸种4～6h，冷水浸24h，30℃光照培养，纸上；生活力：TTC；真实性：形态鉴定法	—	—	单成钢等，2011
川牛膝 *Cyathula officinalis*	净度；千粒重：五百粒法；含水量：高恒温法，(133±2)℃，3h；发芽率：25℃光照培养，纸间，2～9d；生活力：TTC；真实性：形态鉴定法；种子健康：PDA直接28℃培养5d，计算种子带菌率	待突破种皮的胚轴长度达到真种子自身长度时计数	—	刘千等，2011
知母 *Anemarrhena asphodeloides*	净度；千粒重：百粒法；含水量：高恒温法，(133±2)℃，5h；发芽率：浸种12h，以0.2%高锰酸钾溶液消毒20min，25℃光照培养，纸上；生活力：TTC；真实性：形态鉴定法	以种子胚根伸出种皮2mm时计数	—	邢丹等，2011
阳春砂仁 *Amomum villosum*	净度；千粒重：百粒法；含水量：高恒温法，130～133℃，3h；发芽率：湿砂贮藏20d，100mg/L GA$_3$浸种30h，30/20℃变温12h光照培养，纸上，15～50d；生活力：TTC；真实性：形态鉴定法	按照国际种子检验协会的《种苗评定手册》鉴定	—	张丽霞等，2011
决明 *Cassia obtusifolia* 和小决明 *Cassia tora*	净度；千粒重：百粒法；含水量：高恒温法，130～133℃，3h；发芽率：30℃，6h光照培养，纸上；生活力：TTC；真实性：形态鉴定法；种子健康：平皿法	—	—	谢达温等，2009

续表

名称	质量指标及检验方法	幼苗鉴定	质量分级	参考文献
金莲花 *Trollius chinensis*	净度；千粒重：千粒法；含水量：高恒温法，130℃，5h；发芽率：20℃光照培养，纸上，5~10d；生活力：TTC；真实性：形态鉴定法	—	Ⅰ、Ⅱ、Ⅲ	赵东岳等，2011
柴胡 *Bupleurum chinense*	净度；千粒重：五百粒法；含水量：高恒温法，130~133℃，1.5h；发芽率：15℃ 16h暗培养/25℃ 8h光照培养，纸上，7~35d；生活力：TTC；真实性：形态鉴定法、幼苗鉴定、田间植株鉴定；种子健康：平皿法、吸水纸法	—	—	张婕等，2011
大黄 *Rheum officinale*	净度；千粒重：千粒法；含水量：高恒温法，(131±2)℃，1h；发芽率：水浸24h，20~25℃暗培养，纸上，10~15d	—	Ⅰ、Ⅱ、Ⅲ	王昌华等，2009
丹参 *Salvia miltiorrhiza*	净度；千粒重：百粒法；含水量：高恒温法，130~133℃，3h；发芽率：25℃ 12h光照培养，纸上；生活力：TTC；真实性：形态鉴定法	—	—	淡红梅等，2008
	净度；千粒重：千粒法；含水量：高恒温法，130℃，4h；发芽率：水浸24h，25℃光照培养，纸上，15d统计发芽率；生活力：TTC；真实性：形态鉴定法	—	Ⅰ、Ⅱ、Ⅲ	李小玲和华智锐，2013
白木香 *Aquilaria sinensis*	净度；千粒重：五百粒法；含水量：《中国药典》测定药材第一法（105℃）；发芽率：28℃培养，纸上；生活力：TTC；真实性：形态鉴定法	—	—	刘军民等，2005
	净度；千粒重：百粒法；含水量：高恒温法，(133±2)℃，3h；发芽率：25℃，8h/16h（光/暗）培养，纸上，12d统计发芽率；生活力：TTC；真实性：形态鉴定法	—	Ⅰ、Ⅱ	孟慧等，2014
明党参 *Changium smyrnioides*	净度；千粒重：千粒法；含水量：高恒温法，130℃，4h；发芽率：5℃层积45d，10~15℃培养，纸上，10~25d；生活力：TTC；真实性：形态鉴定法	—	Ⅰ、Ⅱ、Ⅲ	郭巧生等，2007a

续表

名称	质量指标及检验方法	幼苗鉴定	质量分级	参考文献
返魂草 *Senecio cannabifolius*	净度；千粒重：千粒法；含水量：高恒温法，140℃，1h；发芽率：用升汞表面消毒10min，用200mg/L赤霉素处理24~48h，25℃培养，纸上；真实性：形态鉴定法；病虫害检测：显微观察	—	Ⅰ、Ⅱ、Ⅲ	秦佳梅等，2006
何首乌 *Fallopia multiflora*	净度；千粒重：五百粒法；含水量：高恒温法，130~133℃，6h；发芽率：25℃浸种26h，25℃暗培养，砂上，3~15d；生活力：TTC；真实性：形态鉴定法	以胚根伸出种皮2mm时计数	Ⅰ、Ⅱ、Ⅲ	肖承鸿等，2015
新疆阿魏 *Ferula sinkiangensis*	净度；千粒重：百粒法；含水量：低恒温法，105℃，1.5h；生活力：TTC	—	Ⅰ、Ⅱ	赵鑫等，2010
金铁锁 *Psammosilene tunicoides*	净度；千粒重：千粒法；含水量：高恒温法，140℃，1h；发芽率：0.5%多菌灵可湿性粉剂溶液浸泡24h，25℃光照培养，纸上；真实性：形态鉴定法	—	Ⅰ、Ⅱ、Ⅲ	杨斌等，2009
太子参 *Pseudostellaria heterophylla*	净度；千粒重：五百粒法；含水量：高恒温法，(130±2)℃，5h；发芽率：-2~3℃沙藏层积65d，10℃暗培养，砂上，2~15d；生活力：TTC；真实性：形态鉴定法	—	Ⅰ、Ⅱ、Ⅲ	肖承鸿等，2014
射干 *Belamcanda chinensis*	净度；千粒重：五百粒法；含水量：高恒温法，135℃，2h；发芽率：0.5%高锰酸钾浸泡10min，纸间，萌发温度为5~30℃（低温或高温向15~25℃变温）培养，5℃和35℃变温培养40d；生活力：TTC；真实性：形态鉴定法	—	Ⅰ、Ⅱ、Ⅲ	畅晶等，2011

注：TTC 表示氯化三苯基四氮唑法；BTB 表示溴麝香草酚蓝法；"—"表示对应参考文献中未研究该检测方法

7.1.2 中药材种子质量标准制定现状

种子质量标准是判定种子质量的依据，好的种子质量标准是种子产品符合要求的重要保证。中药材种子的质量是提高中药产品产量、品质、生产效率的基础，是促进中药材生产发展的重要保证。我国绝大多数中药材种子还没有相应的检验标准和质量标准，无法对市场上的中药材种子质量进行检验和有效控制。目前发布的中药材种子质量标准的指标不一致，大多数标准的质量指标依据《农作物种子检验规程》（GB/T 3543.1-3543.7—1995）制定，即纯度、净度、水分、千粒重、发芽率、生活力、健康度等；少数品种依据《牧草种子检验规程》（GB/T 2930.1-2930.11—2001）制定，即净度、发芽率、种子用价、其他植物种子、水分等，如甘草种子（GB 6141—2008）、黄芪种子（DB15/T 1298—2017）、丹参种子（T/CACM 1056.33—2017）等。

据相关资料和报道（张尚智等，2019），我国目前中药材种子种苗质量的国际标准有两项，人参种子种苗（ISO 172171-1—2014）、三七种子种苗（ISO 20408—2017）；国家标准和行业标准有7项；地方标准较多，发布的有130多项，现行的有108项，涉及84个品种；截至2019年12月，已发布的中华中医药学会的团体标准有139项。除国家和行业标准外，同一品种的标准在多个地方标准和团体标准中出现，且各地标准规定的质量限度、指标及检验方法差异性较大，标准不一，具体品种如黄芪、桔梗、丹参、板蓝根、黄芩、当归、柴胡等，部分品种的具体质量指标及标准要求见表7-2。另外，在大多数的标准中，均没有对应标准要求的检验方法，特别是发芽率的检测方法，均为按农作物种子检验规程GB/T 3543.4—1995执行，如柴胡（DB62/T 2815—2017）、当归（DB62/T 2548—2014）、白术（DB34/T 555—2005）等，依从性较差，无法实际执行。

表7-2 黄芪种子等部分中药材种子质量标准对比表

品种名称	标准	等级	纯度/% ≥	净度/% ≥	发芽率/% ≥	千粒重/g ≥	水分/% ≤	种子用价/% ≥	其他植物种子数	发芽势或生活力/% ≥
黄芪种子	内蒙古自治区地方标准 DB15/T 1298—2017（蒙古黄芪）	一级	—	95	90	—	11	85.5	0.10%	—
		二级	—	90	80	—		72	0.20%	—
		三级	—	85	60	—		51	0.40%	—
	甘肃省地方标准 DB62/T 2002—2010（黄芪）	—	99	98	60	—	13	—	—	—
	安徽省地方标准 DB34/551—2005（蒙古黄芪）	—	—	95	35	6.2~8.0	12.5	—	—	—
	宁夏回族自治区地方标准 DB64/T 1462—2017（黄芪）	原种	95	95	70	—	10	—	—	—
		大田	90						—	—

续表

品种名称	标准	等级	纯度/% ≥	净度/% ≥	发芽率/% ≥	千粒重/g ≥	水分/% ≤	种子用价/% ≥	其他植物种子数	发芽势或生活力/% ≥
黄芪种子	河北省地方标准 DB13/T 1320.6—2010（膜荚黄芪）	—	95	95	40	—	10	—	—	—
	中华中医药学会团体标准 T/CACM 1056.44—2017（蒙古黄芪）	一级	95	95	90	6	10	—	—	—
		二级	90	90	80	6		—	—	—
		三级	85	85	60	6		—	—	—
	中华中医药学会团体标准 T/CACM 1056.111—2019（膜荚黄芪）	一级	95	95	85	6.2	10	—	—	—
		二级	95	92	80	6.0		—	—	—
		三级	95	90	70	5.5		—	—	—
	内蒙古自治区地方标准 DB15/T 1297—2017	一级	—	98	95	—	10	93	1000粒/kg	—
		二级	—	96	85	—		81.5	1500粒/kg	—
		三级	—	94	75	—		70.5	2500粒/kg	—
桔梗种子	安徽省地方标准 DB34/T 831—2008	—	—	95	68（20℃）	0.93～1.4	12	—	—	90
	河北省地方标准 DB13/T 1320.3—2010	—	95	95	75	—	7	—	—	—
	中华中医药学会团体标准 T/CACM 1056.47—2017	一级	—	90	60	0.9	3.0～7.0	—	—	80
		二级	—	80	55	0.8	3.0～11.0	—	—	70
		三级	—	70	50	0.7	≤3.0或≥11.0	—	—	60
丹参种子	山东省地方标准 DB37/T 2598.3—2014	一级	—	96	75	1.2	11	—	—	—
		二级	—	90～96	50～75	1.0～1.2		—	—	—
		三级	—	90	50	1		—	—	—
	四川省地方标准 DB51/T 1044—2010	原种	95	90	25	0.9	25.0～30.0	—	—	—
		良种	90	—	—	—		—	—	—

续表

品种名称	标准	等级	纯度/% ≥	净度/% ≥	发芽率/% ≥	千粒重/g ≥	水分/% ≤	种子用价/% ≥	其他植物种子数	发芽势或生活力/% ≥
丹参种子	陕西省地方标准 DB61/T 1102—2017	一级	95	90	55	1.9	10	—	—	—
		二级	95	90~80	55~27	1.90~1.60	—	—	—	—
		三级	95	80	27	1.6	—	—	—	—
	中华中医药学会团体标准 T/CACM 1056.33—2017	一级	—	95	81	—	10	81	1000粒/kg	—
		二级	—	85	68	—	—	68	2000粒/kg	—
		三级	—	80	56	—	—	56	3000粒/kg	—
板蓝根种子	北京市地方标准 DB11/T 323.2—2005	—	99	90	80	—	14	—	—	—
	河北省地方标准 DB13/T 1320.2—2010	—	95	85	80	—	9	—	—	—
	安徽省地方标准 DB34/T 832—2008	—	—	98	84 (20℃)	10.2	12	—	—	93
	山西省地方标准 DB14/T 1245—2016	一级	—	95	90	9	11	—	—	80
		二级	—	95	80	8.5	—	—	—	70
		三级	—	95	70	8	—	—	—	65
	中华中医药学会团体标准 T/CACM 1056.81—2019	一级	—	95	90	—	12	85.5	100粒/kg	—
		二级	—	90	80	—	—	72	200粒/kg	—
		三级	—	80	70	—	—	56	500粒/kg	—

注：表头中"≥"或"≤"分别表示大于等于或小于等于该列单一数字；表中"—"表示相应标准对该指标没有要求

7.2 中药材种子质量标准化的必要性和迫切性

中药材种子是中药材生产和发展的源头，是决定中药材质量的重要因素，是发展优质中药材生产的科学前提。与农作物种子相比，中药材种子质量控制还非常落后，农作物种子品质检验及质量标准要求在《中华人民共和国种子法》中有明确规定，而绝大部分中药材种子还没有相应的种子检验规程和质量标准，中药材种子市场混乱，种子质量良莠不齐，已经对中药材的生产产生了较大的影响（魏建和等，2006）。随着2016年实施的《中华人民共和国种子法》将中药材种纳入管理范畴，2016年3月，农业部、国家中医药管理局召开协商会，着手研究并起草《中药材种子管理办法》，2019年5月，《中药材种子管理办法（草案）》发布了征求意见函。制定中药材种子检验规程和质量标准，是《中药材种子管理办法》实施的基础保障，是推动中药材规范化种植亟待解决的重要问题，开展中药材种子质量标准化势在必行。

目前，多数农作物种子质量检验方法与质量标准比较成熟，但绝大部分中药材种子还没有相应的国家质量标准，中药材种子的国家检验规程尚属空白，地方标准的质量要求差异较大（表7-2），无法对市场上的中药材种子质量进行有效控制，开展中药材种子质量标准化，是实现中药材种子市场质量监管的前提条件，是中药材种业发展的必然趋势。

7.3　中药材种子质量标准化的发展趋势

7.3.1　完善并实施中药材种子质量标准

我国中药材种子产业起步较晚，用于衡量种子质量的检验标准和质量标准的制、修订工作刚刚起步。目前，我国中药材种子国家发布的质量标准仅覆盖到7个品种，还有相当一部分中药材种子质量无判定标准。另外，发布的地方标准和团体标准中，由于其指标差异大、质量要求不一等问题，标准的实施难以落实。建立和完善统一的中药材种子检验规程和质量标准是种子质量标准执行与实施的前提，也是实现中药材种子质量监督的技术保障。

中药材种子质量标准应明确规定中药材种子特性、质量要求、检验方法、运输、包装、贮存等要求，进而为管理、使用、生产提供依据。种子质量的指标可以概括为真（品种真实性）、纯（品种纯度）、净（种子净度）、饱（千粒重）、壮（发芽率）、健（病虫感染率）、干（种子水分）和强（生活力），单项指标不能表明种子的真正质量（颜启传，1997）。中药材种子的质量包括内在质量和外在质量：内在质量即种子的真伪，指标包括纯度（品种）、真实性（基原）、来源（道地性）等；外在质量即种子的优劣，指标包括净度、发芽率、水分、千粒重、健康度、生活力等。种子质量检验则是按照规定的种子检验规程，确定给定农作物种子的一个或多个质量特性进行处理或提供服务所组成的技术操作，并与规定要求进行比较的活动（杨雪梅，2010）。种子检验是种子质量标准实施的技术保障，种子检验方法是种子质量标准可判定的基础，健全和完善检验方法与质量标准是中药材种子质量标准实施的保障。

随着我国中医药的国际化、标准化，中药材种子产业将以前所未有的速度发展，中药材种子质量标准将成为行政监督、行政执法、商品种子贸易流通、种子质量纠纷解决等活动的技术支撑；同时，又是种子企业质量管理体系的一个重要组成部分，将作为种子质量管理和质量控制的重要手段，日益受到国家和企业的高度重视，将为促进我国种子质量整体水平的提升做出重要的贡献。

7.3.2 建立中药材种子质量管理体系

我国栽培中药材种子种苗标准化包括中药材品种标准化和种子种苗质量标准化，其中种子种苗质量标准化是指所用品种的种子种苗质量达到规定标准，包括中药材种子种苗（原、良种）生产技术规程、种子质量分级标准、种子检验规程和种子包装、运输、贮存标准（魏建和等，2005）。中药材种子的质量管理涉及农业、工业和商业三大体系，农业包括种子的繁育和采收，工业包括种子的加工和包装，商业包括种子的贮藏和流通。中药材种子质量的标准化，应对优质中药材种子种苗的特征特性、繁育与加工、质量、检验方法及包装、运输、贮存等方面做出科学明确的技术规定，并制定一系列可行的技术标准，建立中药材种子质量管理体系，为中药材种子质量的控制奠定基础。

随着《中医药法》（2017年1月1日执行）、《药品管理法》（2019年12月1日执行）及《中药材种子管理办法》的发布与实施，国家对《药品生产质量管理规范》（GMP）、《药品经营质量管理规范》（GSP）、《中药材生产质量管理规范》（GAP）的实施提出了更高的要求，中药材种子质量管理体系是药品及中药材质量溯源的源头质量管理体系，是其标准化和规范化的基础，建立中药材种子质量管理体系的重点是对种子生产、加工、贮藏等环节实施全面的质量管理，通过对种子种源、繁育、加工、检验、运输、贮藏等过程的严格控制，达到保证种子质量的目的。2019年9月，中华中医药学会发布了《中药材种子种苗生产经营质量管理规范》的团体标准立项公告，并且该标准获得了高度的重视。建立中药材种子质量管理体系，对中药材种子的全产业链实行全面质量管理，这项工作将会为我国中医药的标准化发展提供坚实的基础，为我国中药材种业的高质量发展提供有力保障。

7.3.3 开展中药材种子质量认证

种子认证是20世纪初在世界上兴起的由第三方对种子质量进行监控、评价的做法（梁正华，1995）。种子认证体系最初建立于19世纪，为解决种子遗传质量的问题，20世纪50年代美国、加拿大等发达国家最先开始使用种子认证制度，并且在种子真实性和品种纯度控制上成效显著。此后，种子认证制度逐渐成为发达国家控制种子质量的主要途径，是种子流通的质量认证体系。目前，种子认证制度仍然是国际自由贸易、市场流通和认可的重要途径，也是实现国家种子质量管理和评价的主要途径之一（黄赛，2019）。

我国种子认证始于 1996 年，国家农业技术服务中心起草的《中国农作物种子质量认证方案（试行）》作为认证试点的标准。2016 年 1 月 1 日起实施的《中华人民共和国种子法》确立了自愿性种子质量认证制度，开启了我国种子质量认证监控新模式，2022 年 3 月起实施的《中华人民共和国种子法》关于自愿性种子质量认证制度的规定与 2016 年版一致（第五十二条　种子生产经营者可自愿向具有资质的认证机构申请种子质量认证。经认证合格的，可以在包装上使用认证标识）。种子质量认证是由第三方认证机构依据种子认证方案，通过对种子生产、加工等一系列过程控制，实施扦样检测，确认种子质量、标识和封缄是否符合认证方案和规定质量要求的活动（孟全业等，2019）。种子质量认证方案是种子质量认证技术体系的核心。目前，美国种子认证的范围极广，几乎涵盖了市面上所有能够销售的作物类型，而我国截至 2019 年仅起草了水稻、玉米、小麦、马铃薯、西瓜、辣椒等 20 多种作物和 10 种蔬菜的种子种苗认证方案（吴伟等，2019），中药材种子均不在其列。

2017～2018 年，国家农业技术服务中心组织开展的农作物种子质量认证方案试点示范工作取得了显著成效，提高了种子企业的质量意识和质量管理水平，提高了种子质量和市场竞争力，提升了种子公司的品牌效应。例如，水稻种子纯度提高 0.5～1.5 个百分点，发芽率提高 4～6 个百分点；小麦种子发芽率提高 2～5 个百分点；高粱种子发芽率提高 1.0 个百分点（吴伟等，2019）；等等。中药材种子应借鉴国内外经验，研究和探讨具有中国特色中药材的种子质量认证方法，由官方种子机构提出中药材种子质量认证方案（包括田间检验、种子扦样、种子检验、加工过程控制、贮存质量控制等），通过开展种子认证工作，规范和完善种子企业的质量管理制度，提高管理水平。种子质量认证的实施，可以促进中药材种子产业的高质量发展，有助于我国中药材种子产业走出国门，走向世界。

7.3.4　建立中药材种子质量监督检验体系

目前，我国农作物的质量监督管理由农业农村部种业管理司进行，各省、市、县均有相应的种子管理站及种子执法大队进行监督管理，种子检验体系完善，主要农作物、主要经济作物均有国家统一的检测方法和质量标准；检测机构认证体系完善，国家有《农作物种子质量检验机构考核管理办法》对相关检测机构进行认证考核，且在各省、市、县均配备有相应的检测中心和检验站。中药材种子的质量监管尚属空白，专业的检验机构仅有两家。目前的市场监管处于真空状态，一方面我国尚无专门针对中药材种子种苗质量检验、控制的机构和执法部门；另一方面法律法规不健全，没有统一的中药材种子质量标准及检验方法。这种质量监管的真空状态，造成了当下中药材种子大量无证经营、违规经营、种子质量差等市场问题。

建立中药材种子质量监督检验体系，加快中药材种子质量标准及检验方法的研究，建立相应的国家标准，在此基础上，建立检测中心，实施检测中心认证管理。随着《中药材种子管理办法》的颁布、实施，应建立和完善不同层次的种子质量监督检测体系，确定种子质量监督管理主体，完善以国家、省级种子质检中心为龙头、以地市级质检中心为骨干、以县级质检中心为网络的种子质量监督检测体系，加强中药材商品种子的"产前、产中、产后"质量监督管理，全面提高中药材种子质量监督检测机构的检测能力和检测质量，以充分发挥监督检验职能。

7.4 结语

种子质量是决定中药材质量的重要因素，是促进中药材生产发展的重要保证。中药材质量稳定需要中药材生产的规范化，中药材生产规范化需要中药材种子生产的标准化。随着中医药产业的发展，中药材种子质量标准化的重要程度日益显现。对中药材种子质量进行监督、认证、管理，保证种子质量，是进行中药材标准化生产的前提条件，是我国中药材种业发展的必然产物，是我国中医药事业走向世界的基础保障。

第8章 中药材种业政策法规现状

与农作物种业发展相比较，中药材种业还处于起步阶段，在科研水平、市场规范性、管理制度等方面远远落后于农作物种业。特别是在法规方面，中药材种业还没有颁布专门的"种子管理办法"，仅在《中华人民共和国种子法》（后简称《种子法》）中规定，"草种、烟草种、中药材种、食用菌菌种的种质资源管理和选育、生产经营、管理等活动，参照本法执行"。为了保障中医药的疗效，就必须从中药材质量控制的源头"中药材种业"切入，把"民族种业"做好，可见制定和颁布适宜中药材特性的"种子管理办法"的重要性。本章对国内种业政策法规情况、《种子法》的变化情况、中药材种业现有的相关政策法规情况，以及中药材种子管理办法制定的背景和进展进行介绍，以期让本行业相关人员了解中药材种业政策的基本情况及制定适于中药材种业特性的"种子管理办法"的迫切性。

8.1 中国种业发展过程中的政策法规情况

8.1.1 中国种业发展不同阶段的政策法规情况

种业是国家战略性、基础性的核心产业，是促进农业长期稳定发展的根本。自新中国成立以来，在党和政府的重视下，我国种业发展掀开了新的篇章（张延秋，2012）。

"四自一辅"阶段（1949～1977年）：新中国成立初期，农业生产加快恢复发展，农民对良种要求迫切，农业部提出"依靠农业生产合作社自繁、自选、自留、自用，辅之以调剂"的种子工作方针，并充实了各级种子机构。种子经营由粮食和商业部门划归种子部门管理。全国各地逐步建立起以县良种场为核心、公社良种场为桥梁、生产队种子田为基础的三级良种繁育推广体系。

"四化一供"阶段（1978～1981年）：1978年5月，国务院批准成立中国种子公司，并批准在全国建立省、市、县三级种子公司。明确种子工作要实行"品种布局区域化、种子生产专业化、加工机械化、质量标准化，以县为单位统一供种"的方针，简称"四化一供"，对我国种子事业发展起到了巨大推动作用。以大规模建设各类原（良）种场和种子繁育生产基地为核心，逐步完善了良种繁育推广体系；通过加强研究开发和消化吸收国外先进技术，初步形成了具有中国特色的种子加工科研生产体系；颁布实施各类种子管理规定、标准，为各级种子部门强化种子管理提供了法律依据和技术标准，强化了种子市场和种子质量监测。

市场化转型阶段（1982～1994年）：这13年，是计划经济向市场经济的转型期，是种子产业向何处发展的争论时期。1987年10月，农牧渔业部将全国种子总站与中国种子公司分设,在中央层面上实行政、事、企分开。但大多数省并没有改变"三位一体"的体制。这一时期,种子产业发展的争论没有停止,但改革的步伐也没有停止:一是推进了种子市场化,种子由种子公司一家经营,开始先由蔬菜种子放开,进而明确"两杂"种子实行许可经营;二是打破以县为单位的地区封锁,发展全国统一市场;三是种子公司突破画地为牢的桎梏,部分种子公司探索实行企业经营、企业管理,开拓全国和区域市场。市场化转型期的主线是种子市场化催生种子公司企业化,企业化的公司反过来要求更大范围开放市场。

种子产业化阶段(1995年至今):1995年9月,农业部召开全国农业种子会议,姜春云副总理做了题为"创建种子工程,推动农业上新台阶"的重要讲话,种子工程开始在全国组织实施。2000年,《种子法》正式颁布,标志着我国种业开始了市场化的探索。2011年国务院出台《关于加快推进现代农作物种业发展的意见》,标志着我国种业进入改革深化期。种业改革的重点从销售、产权向科研、产业转移。我国种业市场化、产业化、育繁推一体化的格局初具规模,结束了各种争论,实现了思想认识统一。国家明确提出了对未来中国种业发展定位和构想的政策,明确了科研机构和种业企业的责任分工,鼓励育繁推一体化种子企业构建商业育种体系,并建立健全品种审定机制,加强市场监督。

近十年来,国家在种业发展方面配套提出了一系列政策。2011年4月,国务院《关于加快推进现代农作物种业发展的意见》中提出构建以产业为主导、企业为主体、基地为依托、产学研相结合、"育繁推一体化"的现代农作物种业体系,全面提升我国农作物种业发展水平。2012年12月,国务院办公厅印发了《全国现代农作物种业发展规划(2012—2020年)》,提出要加大农作物种业投入,整合农作物种业资源,强化基础性公益性研究,推进商业化育种,完善法律法规,严格市场监管,快速提升我国农作物种业科技创新能力、企业竞争能力、供种保障能力和市场监管能力,努力构建与农业生产大国地位相适应、具有国际先进水平的现代农作物种业体系,全面提高我国农作物种业发展水平。2013年12月,国务院办公厅《关于深化种业体制改革、提高创新能力的意见》中提出要充分发挥市场在种业资源配置中的决定性作用,强化企业技术创新主体地位,调动科研人员积极性,加强国家良种重大科研攻关,提高基础性公益性服务能力,加快种子生产基地建设,加强种子市场监管。2016年10月,国务院印发的《全国农业现代化规划(2016—2020年)》中提出了推进现代种业创新发展,加强种质资源普查、收集、保护与评价利用,深入推进种业领域科研成果权益改革,加快培育一批具有国际竞争力的现代种业企业。

8.1.2 《中华人民共和国种子法》的颁布、修订及主要变化

《中华人民共和国种子法》最早由中华人民共和国第九届全国人民代表大会常务委员会第十六次会议于2000年7月8日通过,自2000年12月1日起施行。

2021年12月24日，中华人民共和国第十三届全国人民代表大会常务委员会第三十二次会议通过《全国人民代表大会常务委员会关于修改〈中华人民共和国种子法〉的决定》，自2022年3月1日起施行。《种子法》的修订和实施是为了更好地保护和合理利用种质资源，规范品种选育、种子生产经营和管理行为，保护植物新品种权，维护种子生产经营者、使用者的合法权益，提高种子质量，推动种子产业化，发展现代种业，保障国家粮食安全，促进农业和林业的发展。

通过对比，2016年版《种子法》无论是在立法理念、立法结构，还是在制度设计和具体规定上都发生了很大的变化（傅海鹏，2016），体现了通过简政放权激发市场活力，并设专章强调保护植物新品种，同时多项举措保护农民利益及加强监管等。如改革完善主要农作物品种审定制度，对生产经营相结合、育繁推一体化的大企业主要农作物品种设立"绿色通道"，将生产经营许可证审批权下放到省一级农业林业主管部门，完善了省级同一适宜生态区引种的规定，取消了种子质量检验机构检验员的资格许可等；对植物新品种的授权条件、授权原则、品种命名、保护范围及例外、强制许可等作了原则性规定，同时提高了违法行为的处罚力度；加强种子执法和监督，依法惩处侵害农民权益的种子违法行为，依法打击经营假劣种子的违法行为，完善种子索赔的相关规定，从而保护农民的合法权益，维护公平竞争的市场秩序（袁莹，2019）。时任农业部种子管理局局长张延秋在解读2016年版《种子法》时，特别强调了要保护植物新品种权，保障国家粮食安全和发展现代种业，鼓励企业利用公益性创新成果自主培育新品种，支持科研单位人员向企业流动，鼓励科研教学单位向基础性、公益性研究方面发展，商业化育种主要由企业承担等。《种子法》以简政放权、改革创新、充分发挥市场作用为原则，增加了发展现代种业的新任务，构建了新的法律制度体系，提出了新的职责要求，明确了企业的主体地位和主体责任，将进一步推动我国种业向市场化方向迈出新的重要一步（孙增辉，2017）。

2021年对《种子法》的再次修改，立足我国种业知识产权保护的实际需要，通过扩大植物新品种权的保护范围、扩展植物新品种保护环节、建立实质性派生品种制度、实施延伸保护、明确植物新品种权人的惠益分享途径、强化侵权损害赔偿力度等，全面强化了品种权的保护力度，将保护水平推向新高度（刘振伟，2022）。

另外，在2016年7月8日，以农业部令形式颁布了《主要农作物品种审定办法》《农作物种子生产经营许可管理办法》《农作物种子标签和使用说明管理办法》，这三个《办法》是贯彻落实《种子法》核心内容的配套规章，三个《办法》的实施将对推进现代种业发展、提升依法治种水平发挥重要作用（吴晓玲，2016）。

8.2 中药材种子相关的政策法规

8.2.1 国家相关政策法规中对中药材种子的管理规定

2016年1月1日起实施的《种子法》规定，草种、烟草种、中药材种、食用菌菌种的种质资源管理和选育、生产经营、管理等活动，参照本法执行，中药材种首次被写进《种子法》。2016年8月15日起施行的《农作物种子生产经营许可管理办法》加强了农作物种子生产经营许可管理，规范农作物种子生产经营秩序，规定了农作物种子生产经营许可证的申请、审核、核发和监管等。此处所述农作物按照《主要农作物范围规定》，内容包括粮食、棉花、油料、麻类、糖料、蔬菜、果树（核桃、板栗等干果除外）、茶树、花卉（野生珍贵花卉除外）、桑树、烟草、中药材、草类、绿肥、食用菌等作物，以及橡胶树等热带作物。

但是，配套《种子法》的管理办法均未单独列出中药材种的相关规定，中药材种在各项内容中均归类为农作物中的非主要农作物管理。《中华人民共和国中医药法》于2017年7月1日起正式施行，其中第三章"中药保护与发展"明确鼓励发展中药材规范化种植养殖和扶持道地中药材生产基地建设。从现状来看，中药材种业相关的行政管理还比较模糊，专门的法律法规还处于空白。

8.2.2 地方政府中药材种子管理相关政策

我国农作物品种审定始于20世纪60~70年代，首先在广东、黑龙江、辽宁、山西、河北等部分省份开展，随后才逐渐上升到国家层面的品种审定。一直以来，品种审定的实施以《主要农作物品种审定办法》为主要法律依据。2016年版《种子法》取消了农业部及各省份对主要农作物种类的确定权力，减少品种审定农作物的数量，由28种主要农作物减少到5种主要农作物，同时创建了品种登记制度。目前，现行植物新品种由农业和林业两个部门分别管理，中药材新品种国家级登记须遵循农业农村部《非主要农作物品种登记办法》审定体系或申报国家林业和草原局林木品种审定委员会；部分省份纳入非主要农作物进行新品种的"认定、鉴定或登记"，认定或鉴定的标准基本与农作物相类似。

对于中药材种业，各省份均没有单独颁布专用的法律法规。仅在中药材新品种登记或审定方面部分省份有一些相关政策，但大都没有突出中药材特色。

例如，河北省2005年发布了《河北省林木品种审定办法》，相关林源药材按此办法审定，由河北省林木品种审定委员会负责审批；山西省2009年发布《山西省农作物品种审（认）定管理办法》，主要农作物外的其他品种在自愿申请的原则下实行认定，2019年发布《山西省非主要农作物品种认定办法》，中药材认定照此执行，由山西省种子管理总站负责审批；云南省1999年发布《云南省园艺植物新品种注册登记办法》，中药材可以照此进行注册登记，由云南省种子管理站负责审批；甘肃省 2008 年发布《甘肃省非主要农作物认定登记办法》，中药材新品种审定按此办法进行，由甘肃省种子管理局负责审批；2005 年浙江省农业厅发布了《浙江省非主要农作物认定暂行办法》，设立省非主要农作物品种认定委员会，中药材新品种认定开始起步，2009 年发布了《浙江省非主要农作物审定办法》，中药材新品种改认定为审定，由浙江省种子管理总站和浙江省林业局负责审批。总之，在 2016 年版《种子法》实施之前，各省份政策不一，十余个省按照不同途径开展过中药材新品种认定工作。

2016 年版《种子法》实施后，大多省份停止了中药材新品种认定和审定工作；2022 年版《种子法》关于新品种审定与登记的规定与 2016 年版一致，在《中药材种子管理办法》正式颁布之前，各省份仍持观望态度。

8.2.3 《中药材种子管理办法》制定的背景和进展

近几年农作物种子管理的相关法律和法规得到了进一步完善及修订，但配套《种子法》的管理办法均未单独列出中药材种的相关规定，中药材种在各项内容中均归类为农作物中的非主要农作物管理。2016 年开始，农业部（现农业农村部）、国家中医药管理局相关司局就中药材品种审定与登记等事宜进行了多次协商并达成共识，联合推动有关工作，制定和颁布《中药材种子管理办法》势在必行。2016 年 3 月 22 日，国家中医药管理局-农业部中药材品种审定与登记等事宜协商会顺利召开，明确了两部门联合制定《中药材种子管理办法》（简称《办法》），《办法》制定工作正式启动。

2016 年 5 月 29 日，农业部相关人员、中药行业相关专家、农业相关专家就《中药材种子管理办法》起草召开第一次小组会议，成立了起草专家组，正式开始了《办法》起草工作。至 2017 年 9 月期间，起草小组共召开了 3 次起草工作会议、3 次修订会议和 1 次定稿会，形成了《办法（草案）》上报相关领导部门和征求广泛的意见。起草期间，农业部和国家中医药管理局成立联合调研小组，多次在重点区域和重点品种针对《中药材种子管理办法》的可行性、管理名录等展开调研，并根据调研的结果对《办法（草案）》进行了修改。《办法（草案）》制定起草过程中广泛征求了专家意见，农业农村部种业管理司、国家中医药管理局和国家林业局领导意见，中药材种子经营和使用者意见，农业和中医药管理系统的意见等。

2017 年起草小组就初步形成的《办法（草案）》开展了广泛的调研和修改，两部门联合协调小组进行了多次沟通，基本确定了《办法（草案）》的内容和征求意见、颁布实施的工作流程。2017 年 2 月 7 日黄璐琦院士组织召开了 2017 年《办法（草案）》制定工作沟通会，农业部种子管理局和国家中医药管理局相关领导参加会议，充分肯定了《办法（草案）》的制定和实施，同时确定《办法（草案）》实行目录管理制。随即，农业部和国家中医药管理局成立联合调研小组，在重点区域和重点品种针对《办法（草案）》的可行性及管理名录展开调研，并根据调研的结果对《办法(草案)》进行了修改。3 月 21～22 日农业部与国家中医药管理局相关领导在安国中药材种子种苗市场展开了联合调研,并组织行业专家和安国中药材市场中药材种子种苗经营户开展了座谈会,广泛听取了对《办法(草案)》的意见。4 月 18 日在吉林开展了关于人参列入管理目录参照《办法(草案)》实施管理的必要性及可行性的调研。9 月 20 日,起草定稿会上国家中医药管理局法监司、农业部种子管理局相关领导和起草小组主要专家对《办法(草案)》进行逐条讨论、修改,会议形成的版本分别上报了两部门相关负责领导。11 月 8 日,农业部和国家中医药管理局有关领导参加了《办法(草案)》制定联合协调领导小组会议,会议指出草案目前已初具样式,修改完善后可开始在行业内部征求意见,并提出由起草小组与林业主管部门进行沟通协调。2018 年 2 月,起草小组与国家林业局就《办法(草案)》制定有关事宜进行沟通,双方就《办法(草案)》的内容展开了讨论,对加强中药材种子管理的必要性和意义达成共识。2018 年 11 月 27 日,国家中医药管理局科技司、中国中医科学院、农业农村部种业管理司召开了《办法(草案)》专题研讨会。会议后就《办法》发布、职能分工、管理制度设计等进行了深入讨论,并对下一步工作形成了初步意见,双方议定《办法》的起草由国家中医药管理局、农业农村部种业管理司共同推进,联合发布,《办法》拟由农业农村部办文,会签国家中医药管理局。

2019 年完成了《办法(草案)》农业和中医药行业内征求意见。2019 年 5 月,农业农村部和国家中医药管理局分别发文在农业农村管理系统和中药材管理系统内征求《办法(草案)》的意见。2019 年 8 月两部门根据征求意见的情况,组织人员共同修改完善了草案,此次征求意见一共收集整理了来自各省份农业农村厅、中医药管理局和行业协会的 120 条意见和建议,经逐一讨论、研判,共采纳了 77 条,进一步完善了《办法(草案)》,并上报了农业农村部和国家中医药管理局相关部门领导。

第9章 中药材新品种产业化应用情况

我国现有中药资源丰富，第三次全国中药资源普查数据显示，我国中药资源 12 807 种，其中药用植物 11 146 种，其中常用中药材约 800 种，可进行人工种植的药材有 300 种左右，在中药总量中所占比例较小，但是产量却占据了中药材用量的 60% 以上。大部分可人工种植的药材野生变家种的时间都不长，部分仅有几十年甚至十几年的时间。所需种源相当部分来自野生，部分已经实现了人工育种并开始进行新品种的选育，为种植的进一步发展提供了基础的种质保障。本章整理了部分重点药材新品种的选育和推广种植情况，为未来药材新品种选育和中药材种业的发展提供参考。

9.1 中药材新品种基本情况

据不完全统计，2005~2019 年，全国共培育出中药材新品种超过 600 个，涉及 23 个省（自治区、直辖市），选育出的新品种药材种类已从占常用栽培药材种类的 5% 增长到 40.5%，育成的新品种涵盖目前生产上的主流品种。现有新品种的选育目标主要定位在综合农艺性状不断改良，综合抗性逐步提高，单产水平大幅提升，品质（有效成分含量）得到优化，农药化肥用量不断减施。新品种的选育有力支撑了中药材产业的快速、健康、可持续发展。

中药材育种技术的发展及市场需要促进了中药材品种的不断更新换代。例如，人参'新开河1号'，具有人参皂苷含量高、中抗黑斑病等特点，6 年参产量比对照增产 17.5%；丹参新品种达 17 个，其中'中丹1号'在产量上高于对照 30% 以上，'冀丹1号''冀丹2号''冀丹3号'丰产性、抗病性突出；大果枸杞新品种'宁杞8号'具有果粒大、营养价值丰富的特性，特级果率达 80% 以上；浙贝母新品种'浙贝3号'具高抗病性。但基于目前新品种市场使用情况来看，甘草、柴胡、桔梗、红花、瓜蒌、石斛等部分中药材某些新品种（如甘草'国甘1号'、柴胡'中柴2号'、桔梗'中梗2号'、红花'云红'系列、栝楼'皖蒌'系列、石斛'天斛''仙斛'系列等）具备良好推广性能和产业化特质，具有较高的市场认同度，推广面积较大，为其他中药材新品种产业化推广提供了成功案例。

自 2003 年以来，随着国家对中药材安全有效和品质提升的高度重视，中药材育种导向出现了由产量向品质和安全转变，育种技术由传统育种向杂交育种和现代生物技术育种过渡。通过群体改良、种间杂交、小孢子（花粉）培养、生物技术和化学诱变等技术手段，打破耐逆抗病与丰产、优质与丰产之间的负相关，从作物自身遗传潜力出发，实现高产、优质、抗病、抗虫、耐逆等各类优良性状的基因聚合，创制药材优异新种质，进而选育出优质高产多抗的药材优异新品种（系）并得到广泛应用。

9.2 甘草等6种重点中药材新品种选育及推广情况分析

通过市场调研发现，甘草、柴胡、桔梗、红花、瓜蒌、石斛等中药材中部分新品种产业化较好。其中甘草为我国用量最大的药材，柴胡为最常用的解表药，桔梗在治疗肺部疾病中使用频率较高（且为重要的药食同源类药材），红花为我国种植历史最久的花类药材，石斛为贵细药材的代表之一。这些中药材主产区分别位于我国西北、华北、华东、西南及长江流域以南区域，无论是药用部位还是分布区域，均具有代表性。

9.2.1 甘草

1. 甘草新品种选育现状

甘草作为最常用的一味中药，有"十方九草"之称。国内年用量超过8万t，为用量最大的中药材，主产我国西北，以内蒙古、甘肃、新疆为主产区。《中国药典》（2020版）中甘草药材的基原为甘草（*Glycyrrhiza uralensis*）、胀果甘草（*Glycyrrhiza inflata*）和光果甘草（*Glycyrrhiza glabra*）三个植物种（国家药典委员会，2020），其中又以甘草应用历史悠久且药效最好。在20世纪60~70年代，由于野生甘草资源的日渐减少，为满足药用需求，胀果甘草和光果甘草才被纳入药用，野生变家种的工作也随之开展。然而，新品种的选育工作则是在20世纪末21世纪初期，甘草种植技术日趋成熟后才开始逐步启动：从最早的航天育种、野生资源收集、集团选育等方式逐步推进，在2014年才选育出了第一个甘草新品种，为现中国中药有限公司（原中国药材公司）耗时13年方才选育成功。甘肃农业大学也在该领域成绩卓然，选育出了3个新品种。截至2020年初，我国总计有甘草新品种2个，胀果甘草新品种1个，光果甘草新品种1个。具体情况见表9-1。

表9-1 甘草新品种及相关选育信息统计表

植物种	品种名称	选育单位	选育编号	年份
甘草	国甘1号	中国药材公司（中国中药有限公司）	甘认药2014003	2014
甘草	甘育甘草1号	甘肃农业大学，甘肃巨龙供销（集团）股份有限公司	甘认药2016001	2016
光果甘草	甘育甘草2号	甘肃农业大学，甘肃巨龙供销（集团）股份有限公司	甘认药2016002	2016
胀果甘草	甘育甘草3号	甘肃农业大学，甘肃巨龙供销（集团）股份有限公司	甘认药2016003	2016

2. 新品种推广种植情况

甘草作为多年生宿根草本植物，其种植年限较长，一般需要3~5年方可采收，其选育过程十分漫长。'国甘1号'的选育历时13年，从民勤当地农家品种中通过集团选育优选而来。民勤作为我国野生甘草的分布区，处于内蒙古和新疆的交界处，也是最早进行甘草种植的区域，甘草的生态型和基因型更为丰富，并且有着较为成熟的甘草种植技术。因此新品种'国甘1号'选育过程中，其区域试验布置在甘肃、新疆和内蒙古等产区，其产量和质量表现均十分优异。受限于甘草的生长年限，甘草在播种后生长3年后才开始接种，且结种量少。种子的生产受到了极大的限制，因此其推广种植速度较慢。目前，中国中药有限公司和国药种业有限公司经过多年布局，累计推广种植'国甘1号'面积已经超过了1万亩，主要分布在甘肃、内蒙古、新疆等主要种植区。'甘育甘草1号'的选育过程同样漫长，通过系统选育而来，目前主要在巨龙公司的自有基地和合作基地中进行推广种植，面积已过千亩。

3. 新品种在推广应用中存在的问题

1）野生甘草种子产量低，限制了甘草种植和新品种选育。早在20世纪末，在各地进行野生变家种的过程中，即有农民进行优质甘草的筛选，主要通过对传统道地产区所产优质甘草药材的判断，来进行种子的收集种植，但是由于野生甘草分布稀疏，且种子产量低，未能形成规模种植和新品种。

2）甘草种子及"新品种"种子来源混乱。至21世纪初，有部分商贩开始从各分布区收集野生种子进行跨地域销售，并有所谓'民勤1号'等品种出现，均未经过主管部门登记，为企业行为。公司研发人员在2010年前后进行甘草产地调研的过程中，曾遇到过部分该类品种的种植田，在一个独立地块中种植的一个品种，长出了甘草、光果甘草、胀果甘草、刺果甘草等多个植物种，且甘草中还存在不同的表现型，长势高矮不一，种子来源之混乱可见一斑。

3）甘草种子市场价格混乱，影响产业发展。近几年调研发现，市场流通的甘草种子中50%以上存在着不同产地混杂的情况，例如，来自内蒙古的种子中掺杂着来自新疆的种子，来自南疆的种子与来自北疆的种子混杂，等等。虽然价格成本更容易让农户们接受，但是这在一定程度上影响了甘草药材的平均质量，产出的药材反而卖不出好价钱，成为一个恶性循环，若种植的是新品种则是良性循环，可见新品种对产业发展的重要性。

由于甘草新品种选育具有周期长、种子繁育技术难度大、扩繁速度慢等特点，现有甘草新品种种子的生产的成本较采集野生种子的成本高。在推广种植过程中一般的种植户较难接受，随着对药材质量控制的日趋严格和药材-饮片生产过程管理的可追溯化的要求（张廷红和张东佳，2017），优质、高产、高抗的新品种占据市场是未来的大趋势，现有的4个新品种远不能满足市场需求（李颖等，2017）。因此，甘草新品种选育工作还要继续推进。

9.2.2 柴胡

1. 柴胡新品种选育现状

柴胡是一味重要的解表药，一直以来均以野生资源为药材的主要来源，其中柴胡（*Bupleurum chinense*）或狭叶柴胡（*Bupleurum scorzonerifolium*）为《中国药典》（2020年版）收载（国家药典委员会，2020），俗称为"北柴胡"和"南柴胡"或"红柴胡"，在地方上则有竹叶柴胡、银州柴胡、藏柴胡（窄竹叶柴胡）、锥叶柴胡等习用品（梁镇标等，2012），加之柴胡属植物形态差异小，易出现混用的情况（李晓伟等，2012），因此其正本清源的工作一直是产业发展中的重点（黄涵签等，2017b）。柴胡新品种的选育工作始于2009年，'中柴1号''中柴2号''中柴3号'的选育成功，标志着柴胡进入了具有新品种的时代（郑亭亭等，2010）。随着柴胡药材需求的旺盛、市场上柴胡药材来源的混乱和野生资源的逐步匮乏（孟祥才等，2011；姚入宇等，2013），国内各科研单位和企业逐步开始了柴胡新品种的选育，安徽（魏建和和杨成民，2019）、甘肃（甘肃种业信息网，2014）、河北（贾和田等，2020）等地相继选育出了新品种，自2009年至2017年底，我国总计选育柴胡新品种10个，其中北柴胡新品种7个、南柴胡新品种3个（表9-2）。从选育单位的成果来看，中国医学科学院药用植物研究所选育出的品种数量最多，涉及的产区最广。

表 9-2 柴胡新品种及相关选育信息统计表

植物种	品种名称	选育单位	选育编号	年份
北柴胡	中柴1号	中国医学科学院药用植物研究所	京品鉴药 2009004	2009
	中柴2号	中国医学科学院药用植物研究所	京品鉴药 2009005	2009
	中柴3号	中国医学科学院药用植物研究所	京品鉴药 2009006	2009
	北柴1号	安徽凤鸣药业集团公司	皖品鉴登字 1306007	2013
	香柴1号	安徽凤鸣药业集团公司	皖品鉴登字 1306008	2013
	川北柴1号	四川德培源中药材科技开发有限公司，中国医学科学院药用植物研究所，四川农业大学，西南科技大学	川审药 2015004	2015
	冀柴1号	涉县农业技术推广中心，涉县擎阳种业有限责任公司	冀科成转评字〔2017〕第 116 号	2017
南柴胡	中红柴1号	中国医学科学院药用植物研究所	京品鉴药 2012036	2012
	陇柴1号	陇西稷丰种业有限责任公司	甘认药 2014002	2014
	川红柴1号	四川德培源中药材科技开发有限公司，中国医学科学院药用植物研究所，四川农业大学，西南科技大学	川审药 2015003	2015

2. 新品种推广种植情况

经调研发现，以'中柴2号'为代表的中柴系列柴胡新品种，是最早选育出来的北柴胡新品种，目前为止推广种植面积最大，在华北、西北和东北等区域推广种植面积有2万多亩，包括了甘肃、河北等多个柴胡主产区。'川北柴1号'（姚入宇，2013；徐冬梅等，2018）和'川红柴1号'，主要在四川及周边区域推广种植（高珂等，2014），其中'川北柴1号'是旺苍县大力发展柴胡种植过程中的主要推广种植品种，目前该地2019年的柴胡种植面积已达4350亩（九三学社广元市委员会官网，2019）。

'冀柴1号'作为传统道地产区品种的代表，是集团选育出的地产品种，主要在河北及山西部分区域种植，目前选育单位已建立了该品种的种子生产田，年推广种植面积1000多亩（贾和田等，2020）。

3. 新品种在推广应用中存在的问题

1）种植过程中，柴胡基原混乱。在调研中发现，由于柴胡属植物种类繁多，各地均有习用品，农民在种植过程中并不会去明确地区分植物种，从而导致一个地块中种植2~3个植物种的情况，无论是宁夏（李明等，2016）、庆阳（贺爱萍，2017）等小产区，还是甘肃定西、陕西宝鸡等大产区，现有的种植习惯均是种植户自行引种种植，没有新品种的概念。由于柴胡种植种子的亩用量并不大，而作为药材的副产品的种子从第二年开始即有产出，种植三年的柴胡，可产出两批种子，完全可以满足自用需求，剩余的种子则对外销售。作为国内目前柴胡种子最主要产地的甘肃定西、陇南等地，种植的种类也是北柴胡、狭叶柴胡、银州柴胡、藏柴胡、竹叶柴胡等多种混杂（武怀庆，2013），当地的种子生产多是与药材生产在一起，田间采收后出售给经销商，再进一步转销，全过程并无质控，且部分甚至对不同的种子来源也不进行区分，很大程度上是造成柴胡田间种植混乱的源头。加之农民种植时也不明白其间的区别，甚至部分农户只是由于种植药材较种植粮食作物经济效益好，更是加剧了混杂的程度。

2）柴胡新品种选育意识不足，且受种植习惯及自身生长特性影响，推广困难。作为国内柴胡产量最大产区之一的山西万荣县，在相关统计中，2011年的药材产量为300t，2012年达600t，主要有银州柴胡、北柴胡和狭叶柴胡三种（岳建英等，2005），其中北柴胡部分为当地自行野变家培育而来，种植面积逐步增大（武怀庆，2013），后期由于效益可观，扩大种植规模的过程中自产的种子量不够，便从甘肃采购种子，种植的品种也逐步多了起来。但是在种植过程中并未刻意选择新品种，当地的部分种植户在种植和销售过程中对政策敏感，发现符合《中国药典》标准的北柴胡的销售价格更高，便开始有意识地进行种子的收集和筛选（王紫艳等，2012）；但也仅限于自用，销售的较少。'陇柴1号'新品种虽然在2014年即已选育出来，但是至今市场上依旧没有销售。这可能是由于柴胡的花序为无限花序，人工制种的成本比较高，限制了新品种的推广种植。

3）各地区地方习用种多，质量、价格差异大。在安国药市种子街的调研中发现，柴胡作为北方的广布种，不仅野生分布广泛，适宜种植区也很多，市场销售的种子来源包括陕西、甘肃、山西、河北、内蒙古等多个地区，价格则低至7~8元、高至30元不等，且均无新品种销售，种子质量也参差不齐，净度、饱满度等差异较大。而且，地产的柴胡种子也存在北柴胡、黑柴胡、红柴胡、三岛柴胡（31号）等诸多品种，种子的销售往往是跟药材行情挂钩，非《中国药典》收载种的种子有一定的销售量的原因就是其药材产量高且有定向销售，包括三岛柴胡、甘肃大量种植的藏柴胡、银州柴胡等品种均属此类。

9.2.3 桔梗

1. 桔梗新品种选育现状

桔梗（*Platycodon grandiflorus*）作为我国传统常用大宗药材（国家药典委员会，2020），具有开宣肺气、祛痰排脓的功效，在治疗肺部疾病上功效显著，一直以山东、安徽为道地产区。2016年安徽将其纳入"十大皖药"（安徽网，2016），更是进一步推动了桔梗产业的发展。内蒙古赤峰地区、吉林、黑龙江等地是桔梗的主要产区，尤其是赤峰地区，目前已经成为国内种植面积最大的产区（中国中医药报，2019）。在我国东北地区及韩国、日本食用桔梗需求不断增加的情况下，桔梗的种植面积更是逐年增加（自建志和梅满刚，2009）。目前，山东的种植面积已经极度萎缩，太和种植面积已从最高峰的15万亩逐渐缩减（太和县人民政府官网，2008），赤峰成为我国目前种植面积最大的地区（中国中医药报，2019），同时陕西等地区的种植也在逐步发展，种植面积的增加速度高过需求的增加，目前已经呈现了供过于求的状态。

我国桔梗新品种选育工作最早在吉林开展，由吉林市农业科学院从野生资源中选育出了国内第一个桔梗新品种'九桔兰花'（巩毅刚和王俊杰，1998），随后太和当地企业也选育出了一个农家品种'太桔1号'（李挺等，2004），山东省农业科学院于2007年开始，陆续选育出了'鲁梗'系列新品种（朱彦威等，2009），中国医学科学院药用植物研究所也选育出了'中梗'系列新品种（魏建和等，2011a），安徽主产区的技术力量也选育出了独具特色的新品种，其主要特征以产量、条形为选育目标，除符合《中国药典》要求外，更多的是符合食用出口的要求。桔梗新品种及相关选育信息见表9-3。

表 9-3　桔梗新品种及相关选育信息统计表

品种名称	选育单位	选育编号	年份
九桔兰花	吉林市农业科学院	—	1997
太桔 1 号	安徽省太和县种子公司，太和县高效农业开发研究所	004	—
鲁梗 1 号	山东省农业科学院原子能农业应用研究所	008	2007
鲁梗 2 号	山东省农业科学院原子能农业应用研究所	021	2011
鲁原桔梗 1 号	山东省农业科学院原子能农业应用研究所	2013062	2013
中梗 1 号	中国医学科学院药用植物研究所	京品鉴药 2009001	2009
中梗 2 号	中国医学科学院药用植物研究所	京品鉴药 2009002	2009
中梗 3 号	中国医学科学院药用植物研究所	京品鉴药 2009003	2009
中梗白花 1 号	中国医学科学院药用植物研究所	京品鉴药 2010024	2010
中梗粉花 1 号	中国医学科学院药用植物研究所	京品鉴药 2010025	2010
吉梗 1 号	中国农业科学院特产研究所	吉登药 2012003	2012
吉梗 2 号	中国农业科学院特产研究所	吉登药 2015003	2015
中梗 9 号	中国医学科学院药用植物研究所，安徽省农业科学院园艺研究所	皖品鉴登字 1106005	2011
金梗 1 号	安徽省亳州市皖北药业有限责任公司，安徽中医药大学	皖品鉴登字 1506008	2015

注："—"表示未查到该品种选育编号或年份

2. 新品种推广种植情况

桔梗自 20 世纪 90 年代开始在山东淄博和安徽太和地区发展种植，种植面积逐步增加，在 21 世纪初达到顶峰，均是收集野生资源，逐步扩展而来（丁乡，2006），农家品种也逐步形成，新品种选育紧跟产业发展需求而开展，并迅速应用于生产（郭靖和王英平，2006；刘自刚等，2006；张燕等，2017）。2010 年之后，桔梗的种植面积在两地逐渐萎缩，'太和 1 号'农家种退化严重（孙晓云，2017），淄博产区种植面积萎缩，'鲁梗'系列在山东种植面积不大，但多作为种源，供应其他产区的用种，包括陕西、河南等地在内的新产区及东北、赤峰等老产区（刘润妮等，2018）。'中梗 2 号'目前立足赤峰主产区，已建立种植示范基地 1000 亩，种子也有一定产量，为进一步推广种植打下了基础。

3. 新品种在推广应用中存在的问题

1）新品种选育目标与市场需求不符。由于受食用桔梗需求的引导，大部分产区的优质桔梗均优先出口，以食用为主，药用桔梗多条形较差（葛鼎，2017），而现有新品种的选育多集中在产量、含量上，目前也有部分品种以条形为选育目标，作为产量的附属性状（刘自刚等，2006）。

2）可自留种和异地调种不利于新品种的推广。桔梗种子作为药材的副产品，产量亦较大，可自行留种使用，并可对外销售，在一定程度上限制了新品种的用量和推广种植,而不同区域的大规模调种行为,也使得种子的混杂成为一个新的问题。在未来的产业发展中,适合本区域新品种的选育才是方向,有针对性地进行品种选育、标准化管理,才会推动产业的进一步升级。

9.2.4 红花

1. 红花新品种选育现状

红花药材来源于菊科植物红花(*Carthamus tinctorius*)的干燥花(国家药典委员会,2020),是我国为数不多的有着千年以上种植历史的药材,也是种植历史最久的花类药材。自汉代传入我国后,其传统种植区域主要集中在河南、四川等地(田志梅,2014),所产"川红花""卫红花"均为道地药材。后种植面积逐步减少(张玉红等,2019),产区不断变迁,近年来云南、新疆成为红花药材的主要产区,两个产区的产量占据了药材来源的90%以上(胡学礼等,2018)。我国使用的红花新品种最早为20世纪70~80年代引自美国等地的'UC-1''14-5''AC-1'等,并在新疆等地推广种植。随着我国民族种业的逐步发展,本土的红花新品种的选育工作自20世纪70年代末开始推进,以主产区的科研单位为主,新疆农业科学院及地方科研人员选育有'花油二号''花油三号''新红花'系列新品种和'裕民红1号''吉红1号'等地方品种(王兆木,1998),云南省农业科学院经济作物研究所选育了'云红'系列新品种6个和'滇红花'系列、'花容'系列新品种各两个,四川和河南分别选育有'川红花'系列和'豫红花'系列新品种各2个(余永亮等,2019)。

红花新品种选育的目标性状由最初的药材产量逐步拓展为在保证药材品质和质量的前提下,增加种子产量、无刺性状、一致的花期及适宜采收高度、抗性等指标,随着对红花油、红花籽粕的综合利用逐步受人重视,选育过程中也逐渐增加了含油量、亚油酸的含量等指标,为红花的选育及产业的发展提供了技术基础。红花新品种及相关选育信息见表9-4。

表9-4 红花新品种及相关选育信息统计表

品种名称	选育单位	选育编号	年份
裕红1号		—	—
川红花二号	四川省农业科学院经济作物育种栽培研究所	川审药2009004	2009
川红花三号	四川省农业科学院经济作物育种栽培研究所	川审药2014001	2014
云红1~6号	云南省农业科学院经济作物研究所	—	2005
滇红花1号	云南省农业科学院经济作物研究所	云林园植新登第20190009号	2019
滇红花2号	云南省农业科学院经济作物研究所	云林园植新登第20190010号	2019
花容1号	云南省农业科学院经济作物研究所	—	2019
花容2号	云南省农业科学院经济作物研究所	—	2019

续表

品种名称	选育单位	选育编号	年份
豫红花 1～2 号	河南省农业科学院芝麻研究中心	—	2017，2018
新红花 1 号	新疆农业科学院经济作物研究所	—	1994
新红花 2 号	新疆农业科学院经济作物研究所	—	1994
新红花 3 号	新疆农业科学院经济作物研究所	—	1999
新红花 4 号	新疆农业科学院经济作物研究所	—	1999
新红花 7 号	新疆农业科学院经济作物研究所	—	2007

注：'裕红 1 号'是农家品种；"—"表示未查到该品种选育编号或年份

2. 新品种推广种植情况

新疆、云南两地在 20 世纪 70～80 年代开始大量种植红花，为较早进行新品种选育的地区，最初为民间自选，而后地方农业科学院系统成为选育的主导力量。选育出的新品种在各自的区域内都有着一定的种植面积。但最早的农家品种'裕红 1 号'等在新疆裕民、吉木萨尔等地为主流品种，代替了引进的'AC-1'等品种（胡学礼等，2018），后被'新红花'系列取代逐渐退出市场，'云红'系列以其花油两用及高产、无刺等特点，在云南广泛种植（李玮等，2018），并于 2006 年前后被引入新疆产区，逐步占据市场份额，替代了'新红花'系列品种而成为推广种植面积最大的品种系列（李新亮，2016），其中又以'云红 3 号'更为突出，一度占据了新疆 70% 以上的市场。云南红花新品种进入新疆种植形成的影响甚为深远，至今为止，云南产红花种子在新疆甚至甘肃一带成为优质红花种子的代名词。目前，国内红花种植面积约 70 万亩，其中新疆、甘肃种植面积约占国内种植面积的 70%，以平原集中连片种植为主（刘小龙等，2019）；云南以丽江、大理为相对集中种植区域，为新疆、甘肃以外最大的种植区域，占全国种植面积的 20% 以上，河南、四川均为农户零星种植，面积不过万亩（张玉红等，2019）。

3. 新品种在推广种植应用中存在的问题

1）红花种子可自繁自用，使得"套牌""换装"等侵权行为普遍存在。由于云红系列新品种引种至新疆后的品种名称的本地化，种植户并不了解品种的真实来源，因此只是概称其为"云南红花种子"，从而一定程度上为种子经营提供了便利，使得各种来源的种子，包括云南常用种、农家种、甘肃新疆等地栽种新品种的二代、三代种都成了部分经销商的选择，进行简单包装后作为商品种子，以"云南红花种子"的名义进行销售，也占据了一定的市场份额。在调研中发现"大红袍""云南红花"等品种名称多属此类（彭云承，2015）。此类情况严重侵犯了育种人的权益。

2）红花种子可自繁自用，不利于新品种推广，种质退化影响种植积极性。由于红花种子可作为采收药材后的副产品,种植过程中没有去杂选优,也没有系统的加工,因此种子的质量及品种的纯度并不能与新品种种子相提并论。农户习惯自留种,虽然节约了种子的成本,但是造成严重的种质退化,后代的花丝产量及种子产量均不断降低。且油用红花和药用红花种子的特性差异也较大,混用会造成药材和油的产量均降低,从而严重影响经济效益,不断打击农民种植的积极性。

目前,各地的种植面积均维持在一个相对稳定的水平,面积的扩大和产量的提升存在着一定的困难。其一,采收困难,采收成本高。红花的花丝外的苞片上长有刺突,采收时需要逐朵采收,采收人员极易被刺伤,因此采收速度受到限制,而无刺红花的选育已成为新品种选育的重要特征;其二,采收人力稀缺,红花种植区域多为经济欠发达地区,为人口输出地,而新疆又地广人稀,云南多山,均是对劳动密集型作业的限制因素;其三,红花采收机械化问题一直未能解决,除了机械设计的因素,红花花期延续时间长是一个重要的限制因素,不同花期同时出现在一个地块中,只能选择人工采收以提高产量,而提升的产量形成的利润却大部分作为人工成本支出,成为一个悖论。因此,在未来的选育工作中,不仅要继续保持无刺性状,统一的花期也是重要的选育性状,扫除机械化的障碍,从而解决人力稀缺限制红花产业发展的困难。

9.2.5 瓜蒌

1. 瓜蒌新品种选育现状

栝楼属植物在我国有34种和6变种,分布于全国各地,其中王瓜、大子瓜蒌、南方瓜蒌、尖果瓜蒌、绵阳瓜蒌、长萼瓜蒌等为各地习用品种。《中国药典》(2020年版)中收录的瓜蒌基原为葫芦科植物栝楼(*Trichosanthes kirilowii*)或双边栝楼(*Trichosanthes rosthornii*),其干燥成熟果实、种子、果皮、根均为药材(国家药典委员会,2020)。栝楼在我国广泛种植,其中瓜蒌全个药材以山东长清、肥城及宁阳所产为道地;天花粉则以河南新乡、安阳至河北邯郸、武安一带所产为道地,俗称"安阳花粉"(邢颖和邢振杰,2009),但是产量已逐渐减少,市场上已少有商品流通,面临同样境况的还有"亳花粉",现有天花粉的主产区为河北安国、山西等区域。瓜蒌子部分为药用,大多作为食用的"吊瓜子",主要以安徽南部为主产地,并有逐步向江苏、浙江及其他周边区域扩张的趋势(李真等,2010;金国虔等,2015)。双边栝楼主产四川,但省内产地分散,以绵阳、德阳、简阳、峨眉及乐山等地产量稍大,有栽培品也有野生品,常将果实剖开,子、皮干燥为瓜蒌子及瓜蒌壳(廖婉露等,2017)。瓜蒌用于肺热咳嗽,痰浊黄稠,胸痹心痛,乳痈、肺痈、肠痈肿痛,在心血管疾病及肺部疾病的治疗中疗效显著,瓜蒌子用于燥咳痰黏,肠燥便秘;天花粉用于热病烦渴,肺热燥咳,内热消渴,疮疡肿毒,在糖尿病治疗中占据重要地位。

瓜蒌有很多农家品种，如仁瓜蒌、糖瓜蒌、海市瓜蒌、小光蛋瓜蒌、牛心瓜蒌等农家品种，以生产全瓜蒌和天花粉为主。'短脖一号'及改良的'短脖二号'一度是安徽地区的主流品种，后逐渐转移至其他产区（汪祖英和张阅彬，1994）。瓜蒌新品种及相关选育信息见表9-5。

表9-5　瓜蒌新品种及相关选育信息统计表

品种名称	选育单位	选育编号	年份
皖蒌7号	安徽省农业科学院园艺研究所	皖品鉴登字1306009	2013
皖蒌8号	安徽省农业科学院园艺研究所	皖品鉴登字1306010	2013
皖蒌9号	安徽省农业科学院园艺研究所	皖品鉴登字1406005	2014
皖蒌15号	潜山县有余瓜蒌开发有限责任公司，安徽省农业科学院园艺研究所	皖品鉴登字1606005	2016
皖蒌16号	安徽省农业科学院园艺研究所	皖品鉴登字1606008	2016
皖蒌17号	安徽省农业科学院园艺研究所	皖品鉴登字1606009	2016
皖蒌19	安徽省农业科学院园艺研究所	皖品鉴登字第1706011	2017
皖蒌20	安徽省农业科学院园艺研究所	皖品鉴登字第1706012	2017
传文8号	潜山县传文瓜子有限公司	皖品鉴登字1306011	2013
皖蒌12号	潜山县传文瓜子有限公司，潜山县棉花瓜蒌技术指导站	皖品鉴登字1606004	2016
霍蒌2号	安徽霍山启思生态农业有限公司	皖品鉴登字1306012	2016
皖蒌10号	岳西县惠农瓜蒌专业合作社联合社	皖品鉴登字1506004	2013
皖蒌11号	岳西县惠农瓜蒌专业合作社联合社	皖品鉴登字1506005	2013
皖蒌18号	潜山县天宝农业开发有限公司，潜山县棉花瓜蒌技术指导站	皖品鉴登字1706022	2017
皖蒌21号	岳西县岳民生态农业发展有限公司，创惠供销合作有限公司，岳西县惠农瓜蒌专业合作社联合社	—	2019
徽记1号	岳西县徽记农业开发有限公司	皖品鉴登字第1906028	2019
徽记2号	岳西县徽记农业开发有限公司	皖品鉴登字第1906029	2019
徽记3号	岳西县徽记农业开发有限公司	皖品鉴登字第1906030	2019
徽记4号	岳西县徽记农业开发有限公司	皖品鉴登字第1906031	2019
川瓜蒌1号	成都理工大学，四川回春堂药业连锁有限公司	川审药2015006	2019
越蒌2号	浙江省绍兴市农业科学研究院	浙（非）审蔬2014018	2014
短脖一号			20世纪80年代
短脖二号			20世纪80年代

注：'短脖一号'和'短脖二号'是农家品种；"—"表示未查到该品种选育编号

瓜蒌的种植目前以河北、山东、陕西、安徽、浙江为主，湖南、江苏、河南等地也有种植。新品种选育则以安徽最有成效，'皖蒌'系列 21 个新品种的选育，最早起源于安庆潜山县（汪祖宏等，2004），该县也是目前种植瓜蒌面积较大的区域之一，并影响着周边区域的种植，包括岳西（刘和祥，2014）、东至、霍山、太和、淮安（杨文杰等，2017）、涟水（樊磊等，2018）等地，以及其他省份地区，如浙江庆元（左溪）（吴家庆和胡显钦，2015）、长兴（赵伯涛等，2004），山西宁武（温美珍等，2018），江苏宿豫、阜宁（陈洁和孙天曙，2016），福建建阳（李华君，2019）等地。'皖蒌'系列新品种近年来主要以瓜蒌子为选育目标，因瓜蒌子作为食用的经济效益较为可观（方爱闻等，2005；徐胜国和程有余，2019），从而一定程度上使作为药用的偏少。

2. 新品种推广种植情况

安徽省瓜蒌的新品种选育工作成绩最为显著，早在 20 世纪 80 年代，就有农民自选的'短脖一号'和'短脖二号'在"亳花粉"的道地产区亳州地区进行种植。后在食用瓜蒌子等因素的刺激下，2000 年之后又开始了新一轮的'皖蒌'系列新品种的选育（方爱闻等，2005）。目前，'皖蒌'系列新品种已经有 21 个，另有'徽记''霍蒌''传文'等系列新品种 6 个，以安徽省农业科学院园艺研究所选育的数量最多（8 个）。'皖蒌'系列以生产果实及种子为主，也产出部分天花粉，推广种植面积也十分可观，从 2001 年最早的'皖蒌一号''皖蒌二号'开始，到 2017 年鉴定的'皖蒌 20 号'，其种植面积逐年增加。'皖蒌 7 号''皖蒌 8 号'有据可查的推广种植面积均在 5 万亩左右，'皖蒌 17 号''皖蒌 20 号'推广种植面积均达 10 万亩，广泛分布在安徽、江苏、湖南、江西、四川、湖北、河北、河南等区域。多地看重了瓜蒌子相对较高的经济产出（于春兰，2006），以其作为改善经济的作物进行推广种植，产出的瓜蒌皮、天花粉为副产品，在药材市场上有一定量的流通。浙江推广种植的瓜蒌品种与安徽类似，四川则更关注于药材部分的产出。

3. 新品种在推广种植应用中存在的问题

1）育苗移栽为主要繁殖方式，限制了新品种的推广。瓜蒌作为多年生宿根藤本雌雄异株植物，雌株可栽种一次，多次收获果实，用雄株生产天花粉，但是瓜蒌种子出苗后的雌雄比例目前尚未能人工控制，因此多以种苗作为繁殖材料。然而种苗存在着成本高、不耐长途运输与易携带病原菌的缺点，一定程度上限制了新品种的推广种植（李佳等，2010）。

2）食用瓜蒌占据了部分市场。食用瓜蒌种子"吊瓜子"使得相当一部分的瓜蒌药材转变为食用，部分新品种的选育也紧跟其上，对药用瓜蒌的发展有一定影响。

由于瓜蒌的种植过程中需要较多的人工和生产资料的投入，成本较高，而且瓜蒌果实的干燥时间较长，天花粉的采挖耗费人工较多，加之产地众多，野生资源较为丰富，家种面积大，产量一直较大，药材价格的持续低迷，一定程度上限制了种植户的经济收益，对瓜蒌的种植有着一定的限制（刘伟等，2016），近几年山西等地的弃种现象已有出现。2020年在应对新冠肺炎疫情时，中医药大放异彩，有效地控制和治疗了新冠肺炎，在国家卫生健康委员会和国家中医药管理局发布的《新型冠状病毒肺炎诊疗方案》前五版的推荐处方中均有瓜蒌，在一定程度上带动了瓜蒌药材用量的增加和价格的上涨。因此在一定时期内，瓜蒌的种植面积可能出现一个新高。

9.2.6 石斛

1. 石斛新品种选育现状

石斛为我国传统常用贵细药材，主要分布于秦岭—淮河一线以南的温暖湿润地区。自《中国药典》2010年版开始收载石斛和铁皮石斛两种药材（国家药典委员会，2010），其中石斛为多基原药材，包括了金钗石斛、鼓槌石斛、流苏石斛及其同属植物近似种。随着野生资源的枯竭，野生抚育、野生变家种等技术攻关工作逐步开展，并相继于20世纪末、21世纪初逐步攻克了种植技术，开始进行规模化种植。随着种植量的增大和药材需求的增加，对石斛药材品质方面的要求日益增加，新品种的选育工作也随之开展。目前，已有金钗石斛（Dendrobium nobile）、铁皮石斛（Dendrobium officinale）、霍山石斛（Dendrobium huoshanense）、齿瓣石斛（Dendrobium devonianum）、叠鞘石斛（Dendrobium aurantiacum var. denneanum）、兜唇石斛（Dendrobium aphyllum）、球花石斛（Dendrobium thyrsiflorum）、细茎石斛（Dendrobium moniliforme）、鼓槌石斛（Dendrobium chrysotoxum）等9个植物种，选育出了约74个新品种，其中，铁皮石斛新品种50个、霍山石斛新品种9个、齿瓣石斛新品种6个、叠鞘石斛新品种3个、石斛（金钗石斛）新品种1个、兜唇石斛新品种1个、球花石斛新品种1个、细茎石斛新品种2个、鼓槌石斛新品种1个。石斛新品种及相关选育信息见表9-6。

表9-6 石斛新品种及相关选育信息统计表

植物种	品种	育种单位	选育编号	年份
铁皮石斛	天斛1号	杭州天目山药业股份有限公司	浙认药2006001	2006
	仙斛1号	金华寿仙谷药业有限公司，浙江寿仙谷生物科技有限公司，浙江寿仙谷珍稀植物药研究院，浙江省农业科学院园艺研究所	浙认药2008003	2008
	仙斛2号	金华寿仙谷药业有限公司，浙江寿仙谷生物科技有限公司，浙江寿仙谷珍稀植物药研究院，浙江省农业科学院园艺研究所	浙（非）审药2011001	2011

续表

植物种	品种	育种单位	选育编号	年份
铁皮石斛	仙斛 3 号	金华寿仙谷药业有限公司，浙江寿仙谷医药股份有限公司，浙江寿仙谷珍稀植物药研究院，浙江省农业技术推广中心	浙（非）审药 2015001	2015
	森山 1 号	浙江森宇实业有限公司	浙认药 2008007	2008
	晶品 1 号	浙江农林大学	浙 R-SV-D0-015-2015	2015
	圣兰 8 号	浙江大学现代农业研究示范中心	—	—
	红鑫 1 号	红河群鑫石斛种植有限公司，云南农业大学	—	2010
	普洱铁皮 1 号	普洱市民族传统医药研究所，云南农业大学	云林园植新登第 20120014 号	2012
	普洱铁皮 2 号	普洱市民族传统医药研究所，云南农业大学	云林园植新登第 20120015 号	2012
	青谷 1 号	云南青谷生物科技有限公司	园艺植物新品种	2013
	高山铁皮 1 号	云南高山生物农业股份有限公司	园艺植物新品种	2014
	高山铁皮 2 号	云南高山生物农业股份有限公司	园艺植物新品种	2014
	滇铁皮 1 号	云南农业大学	园艺植物新品种	2014
	昆植 1 号	中国科学院昆明植物研究所	园艺植物新品种	2014
	红鑫 5 号	云南农业大学，红河群鑫石斛种植有限公司	园艺植物新品种	2015
	红鑫 6 号	云南农业大学，红河群鑫石斛种植有限公司	园艺植物新品种	2015
	光明 1 号	光明食品集团云南石斛生物科技开发有限公司，云南农业大学	园艺植物新品种	2015
	光明 2 号	光明食品集团云南石斛生物科技开发有限公司，云南农业大学	园艺植物新品种	2015
	黑金 1 号	云南丰春坊生物科技有限公司，云南省农业科学院药用植物研究所	园艺植物新品种	2016
	紫缘	云南省农业科学院花卉研究所，文山春之兰生物科技有限公司	园艺植物新品种	2017
	康源铁皮 1 号	云南久丽康源石斛开发有限公司，云南德宏热带农业科学研究所	园艺植物新品种	2017
	康源铁皮 2 号	云南久丽康源石斛开发有限公司，云南德宏热带农业科学研究所	园艺植物新品种	2017
	红鑫 9 号	龙陵县石斛研究所	园艺植物新品种	2019
	皖斛 1 号	安徽农业大学，安徽新津铁皮石斛开发有限公司	皖品鉴登字第 1106004	2012
	皖斛 2 号	安徽新津铁皮石斛开发有限公司，安徽农业大学	皖品鉴登字第 1106005	2012
	皖斛 3 号	安徽皖斛堂生物科技有限公司，安徽农业大学	皖品鉴登字第 1606001	2016
	皖斛 4 号	安徽农业大学，安徽皖斛堂生物科技有限公司	皖品鉴登字第 1606002	2016

续表

植物种	品种	育种单位	选育编号	年份
铁皮石斛	皖斛 5 号	安徽皖斛堂生物科技有限公司，安徽省农业大学	皖品鉴登定第 1906001	2019
	皖斛 6 号	安徽省农业大学，安徽皖斛堂生物科技有限公司	皖品鉴登定第 1906002	2019
	冠斛 1 号	福建省农业科学院药用植物研究中心	—	2012
	泰斛 1 号	福建省农业科学院药用植物研究中心	—	2012
	福斛 1 号	龙岩市农业科学研究所，福建省连城冠江铁皮石斛有限公司	闽认药 2016001	2016
	神元 1 号	苏州神元生物科技股份有限公司	苏鉴花 201218	2012
	神元 2 号	苏州神元生物科技股份有限公司	苏鉴花 201505	2012
	桂经斛 001	广西农业科学院经济作物研究所	桂登（药）2015017 号	2015
	桂经斛 002	广西农业科学院经济作物研究所	桂登（药）2015018 号	2015
	桂植 5	中国科学院广西植物研究所	—	2015
	桂斛 1 号	广西农业科学院生物技术研究所	桂审药 2012001 号	2012
	桂斛 2 号	广西农业科学院生物技术研究所	桂审药 2012002 号	2012
	白石山 1 号	桂平市经济作物工作站	桂审药 2016001 号	2016
	白石山 2 号	桂平市经济作物工作站	桂审药 2016002 号	2016
	中科从都铁皮石斛	中国科学院华南植物园，广州市从化鳌头从都园铁皮石斛种植场	粤审药 2013002	2011
	中科从都铁皮石斛 2 号	中国科学院华南植物园，广东从都园生物科技有限公司	粤审药 2015001	2015
	中科 1 号	中国科学院华南植物园，广州宝健源农业科技有限公司	粤审药 2011001	2011
	中科 2 号	中国科学院华南植物园	—	—
	中科 3 号	中国科学院华南植物园	粤审药 20160002	2016
	中科 4 号	中国科学院华南植物园	粤审药 20160003	2016
	雁吹雪 3 号	深圳市农业生物技术发展有限公司，浙江省乐清市鑫斛堂石斛有限公司	粤审药 2015002	2015
	永生源 1 号	广东永生源生物科技有限公司	粤审药 20180001	2018
霍山石斛	霍山石斛 1 号	霍山县长冲中药材开发有限公司，安徽中医药大学，安徽省中医药科学院中药资源保护与开发研究所	皖品鉴登字第 1306014	2013
	霍山石斛 2 号	霍山县长冲中药材开发有限公司，安徽中医药大学，安徽省中医药科学院中药资源保护与开发研究所	皖品鉴登字第 1306015	2013

续表

植物种	品种	育种单位	选育编号	年份
霍山石斛	霍山石斛3号	霍山县亿康中药材科技发展有限公司，安徽省石斛产业化开发协同创新中心	皖品鉴登字第1406003	2014
	霍山石斛4号	霍山县亿康中药材科技发展有限公司，安徽省石斛产业化开发协同创新中心	皖品鉴登字第1406004	2014
	九仙尊1号	九仙尊霍山石斛股份有限公司，安徽农业大学	皖品鉴登字第1406002	2014
	九仙尊2号	九仙尊霍山石斛股份有限公司，安徽农业大学	皖品鉴登字第1406003	2015
	金米斛1号	安徽农业大学生命科学学院，金寨县大别山林艺植物科技开发有限公司	皖品鉴登字第1406007	2014
	金米斛2号	安徽农业大学生命科学学院，金寨县大别山林艺植物科技开发有限公司	皖品鉴登字第1406008	2014
	圣晖1号	深圳市双晖农业科技有限公司，深圳市华盛实业有限公司	粤审药20160001	2016
叠鞘石斛	川科斛1号	中国科学院成都生物所	川审药2010002	2010
	川科斛2号	中国科学院成都生物所	川审药2015007	2015
	乐斛1号	乐山农业科学研究院，乐山市乐福生物科有限责任公司	川审药2016008	2016
齿瓣石斛	山里红1号	云南山里红生物科技有限公司	园艺植物新品种	2013
	山里红2号	云南山里红生物科技有限公司	园艺植物新品种	2013
	龙紫1号	龙陵县石斛研究所，保山市林业技术推广总站	园艺植物新品种	2013
	龙紫5号	龙陵县石斛研究所	园艺植物新品种	2018
	龙梳1号	龙陵县石斛研究所	园艺植物新品种	2019
	龙梳2号	龙陵县石斛研究所	园艺植物新品种	2019
金钗石斛	银凤金钗	云南德宏热带农业科学研究所	园艺植物新品种	2014
兜唇石斛	瑞丽兜斛1号	云南德宏热带农业科学研究所，云南中医学院	园艺植物新品种	2014
球花石斛	紫茎球花	云南德宏热带农业科学研究所，云南农业大学	园艺植物新品种	2014
细茎石斛	黄雀	云南省农业科学院花卉研究所，文山春之兰生物科技有限公司	园艺植物新品种	2017
	铜皮石斛	云南久丽康源石斛开发有限公司，云南德宏热带农业科学研究所	园艺植物新品种	2017
鼓槌石斛	云淞1号	云南省农业科学院药用植物研究所普洱淞茂谷林下中药材开发有限公司	园艺植物新品种	2020

注："—"表示未查到该品种选育编号或年份

2. 新品种推广种植情况

铁皮石斛新品种总计50个，浙江为首先开始铁皮石斛新品种选育的省份，浙江杭州天目山药业股份有限公司选育出了第一个铁皮石斛新品种'天斛1号'，随后金华寿仙谷药业有限公司、浙江森宇实业有限公司、浙江农林大学也相继开始进行铁皮石斛的新品种选育工作，并于2008年开始先后选育出了'仙斛'系列（李明焱等，2011）、'森山1号''晶品1号'等新品种，在浙江省内大面积种植，并在全国首次形成了上千亩规模的种植基地，且种植面积在2011年突破了1万亩，各新品种也随着各公司的种植基地的扩张逐步推广，并带动了其他企业和科研机构在新品种选育工作上的投入。由此可见新品种的选育和推广工作跟产业的发展有着极为紧密的联系。随着铁皮石斛产业的不断壮大，云南于2010年（周莹等，2013）、江苏（赵昕，2014，2016）、福建（种业商务网，2016）、广西（何忠等，2019）、安徽（焦连魁，2021）于2012年也相继选育出了铁皮石斛新品种。且一直到2018年，铁皮石斛新品种选育的工作也一直在持续，其中以云南、广东的新品种数量位列浙江之后，其种植面积和产值也是排位靠前。

叠鞘石斛新品种有3个，作为四川主要产出的一个石斛药材种类（种业商务网，2010），在2010年即选育出了第一个新品种。霍山石斛新品种有9个，2013年第一个新品种选育成功，其中8个品种的选育单位所在地为安徽（戴亚峰等，2019），1个品种的为深圳（陈文等，2016）。'霍山石斛1号''霍山石斛2号'的选育正处于霍山石斛种植面积的快速增长期间，在霍山县广泛种植，不仅因为其通过野生驯化而来，性状稳定性较好，更得益于中国中药公司组培中心年出苗量0.5亿株的产能。石斛（金钗石斛）新品种1个、兜唇石斛新品种1个、球花石斛新品种1个、齿瓣石斛新品种6个、细茎石斛新品种2个、鼓槌石斛1个，均由云南省相关单位选育（云南省林业和草原局，2014）。云南省由于野生石斛资源丰富，同时石斛产业发展紧随浙江之后，其新品种选育工作与产业需求紧密相连，持续发力，自2010年开始截至2020年4月，持续有新品种在注册登记。

3. 新品种在推广应用中存在的问题

石斛作为贵细药材，对品质的要求较高，尤其是安徽的霍山石斛，浙江、云南的铁皮石斛和云南的紫皮石斛均是较为常用的滋补品。其新品种的选育工作是随着药材产业的发展而跟进的，服务于产业发展（朱虹等，2014）。在最初的新品种选育中，多以产量与含量为主要选育指标，以满足当时对药材量的需求，并且要满足《中国药典》的标准。后期的品种选育则在满足对产量和含量需求的基础上，逐步进行了抗性的筛选，其中以抗病性和抗寒性为主。这得益于石斛产业的发展，最初铁皮石斛作为石斛中的濒危品种最先实现了规模化种植，并从浙江逐步扩展至云南（梁泉等，2012）、湖南、广东、福建等地，而这些区域多是铁皮石斛的野生分布区，同时也是适宜生长区，而安徽、河南等地也在逐步发展，甚至一度黄河以北的部分地区也有种植，对种植技术是挑战，对种质的要求也就更高。而霍山石斛的产业发展较铁皮石斛晚，但是轨迹类似，然而它与金钗石斛、鼓槌石斛等相似，适宜生长区域的范围较小，从而产业发展在一定程度上受到了限制，新品种选育的需求自然相对较少。

1）石斛属植物遗传稳定性差，影响新品种推广种植面积。在已选育的新品种中，浙江、云南、广东等地的企业选育的新品种尚有较大的种植面积，而其他科研单位选育的新品种却多无市场份额，一方面是由于兰科植物作为异化授粉的植物，本身的变异系数较大，另一方面是由于现有选育出的新品种多为系统选育与诱变育种，少部分为杂交育种，其性状的稳定性并不高。

2）育苗技术堡垒的突破，有利于新品种的推广种植，但侵害了育种家的权益。蔬菜组培育苗技术在民间的广泛应用也使得石斛育苗失去了技术壁垒，大量的小型育苗工厂通过种子繁育石斛种苗，大量的石斛种苗上市促进了产业的发展，也加速了石斛种苗品种间的混杂，侵害了育种家的权益。

3）石斛由于种植周期长、投入高、管理复杂，大面积种植受到限制，影响新品种的推广种植。2017年的统计数据显示，国内仅铁皮石斛的种植面积就达到了0.8万 hm^2，由于南方各省份均可种植，区域范围大，相对较为分散，且现有的种植企业多为个体经营，面积在几亩到几十亩之间，超过百亩甚至千亩的大型种植企业并不多见（王枫和石红青，2019），虽然浙江、云南较为集中，但是总体来讲其集约化程度较低，新品种的推广阻力较大。且由于总体种植面积增长快，产量暴发，供需失衡，而造成了2015年底铁皮石斛价格的暴跌，从而使得种植一度受到抑制，并影响了霍山石斛和紫皮石斛产业。

4）石斛药材及其产品多为初级产品，市场需求单一，影响新品种选育工作的推进。铁皮石斛所代表的滋补类石斛的市场需求虽然一直在持续增加，但是缺乏创新性的产品，对新品种的需求并非十分迫切。而以金钗石斛为代表的石斛类药材仅做药用且需求量变化不大，也没能刺激新品种选育工作的推进。综上所述的多方面因素限制了石斛新品种的推广种植。

9.3 讨论与建议

9.3.1 中药材新品种选育仍处于初级阶段

汇总以上6种药材的新品种选育情况可以看出，新品种选育的最初阶段选择的方法均是选择育种，由于其选育需要以大量的资源收集及评价工作为基础，选育出的品种的特异性、一致性和稳定性均较好，后随着经验的积累和技术手段的提升，逐步开始使用杂交选育及突变诱导等技术，使得新品种的选育速度逐步加快，选育数量也越来越多。最初的农家品种的选育多来源于生产，以产量和部分性状特征为选育目标，后期科研单位的介入，让新品种的选育工作规范化和专业化。选出的品种多依照《中国药典》的质量要求进行，但是部分品种没有跟市场需求结合，针对性不强，没有很好地进行推广。

9.3.2 中药材新品种选育过程投入高

在中药材新品种选育过程中,不得不面临的一个实际问题是,其时间和资金投入高,而相应的产出则较小,投入产出比较主要农作物及以蔬菜水果为主的非主要农作物要低得多。如部分根茎类药材,生长年限一般都较长,以人参为例,人工种植一般4~6年采挖,即一个生长周期为4~6年,其选育时限也相应十分漫长,'新开河1号'耗时32年,'黄果人参'耗时38年,需要两代人甚至三代人付出毕生的心血,方才见到成果。生长周期为两年的白术选育出的新品种'浙术1号'耗费时间为11年。即使是一年生的草本,耗时也颇长,浙江中药研究所选育的益母草、薏苡、郁金新品种,通过辐照处理、株系扩繁后,也耗费了7年时间方才选育出新品种'浙益1号''浙薏1号''温郁金2号',而生长周期同为一年的菌类药材灵芝,则耗费了10年,才从一株变异子实体经过扩繁选育成为一个新的品种。

可见在传统的选育方法中,即使是发现了具备稳定的目标性状的植株,时间仍是新品种选育过程的重要限制因素,而在农作物中已经广泛应用的分子育种技术中,由于基因片段与目标性状间的关系可以通过大批量的测序来确定,以实现基因型与表现型的有机结合,可以在药材的性状尚未显示时通过"标记片段"来确定是否符合要求,因此可以极大地加快选育进程。相应的则是需要大的经费支持,一个样品的测序成本动辄几百元甚至几千元,并不是所有育种家都能够承担的。可见中药材新品种选育的投入不论是时间成本、金钱成本还是人工成本都极高。

9.3.3 中药材新品种推广应用过程任重道远

现有中药材新品种种类不多,部分新品种种性优良,但是却没有进入市场流通,其中重要原因首先是没有专业的公司参与推广。'中柴2号'、'川北柴1号'、'云红'系列、'皖蒌'系列及'仙斛'系列新品种的推广种植,在很大程度上都是在当地政府的大力扶持下,有对应的公司进行繁种育种,并与当地的种植大户及合作社共同进行新品种的推广种植,从而取得了一定的效果。但是在该过程中,繁种育种的公司一般为当地较大的种植企业或合作社,并非专业的种子公司,无论是从专业技术角度还是规范化管理的角度,都与农作物种子的生产有着较大的差距,在一定程度上并不能作为未来发展的方向,应该在现有的基础上,增加专业技术人员在种子生产过程中的参与程度,为种子生产提供技术支撑,保障种源纯正的同时,通过规范化的管理,加强种质质量管理,为新品种的推广种植打牢基础。其次,相较于主要农作物及蔬菜水果等非主要农作物动辄千万亩、上亿亩的种植规模,中药材的种植面积并不大,2019年的统计数据显示,全国中药材的种植面积为7475万亩,平均到单个药材则不过几万亩的面积,即使是作为大品种的三七、人参、当归等单品种的种植面积也不过四五十万亩，其对新品种的需求量极易达到饱和，新品种的推广面积极易达到"天花板"，使得企业的收益也有限。药材的产地分布范围往往比较大，以铁皮石斛为例，秦岭—淮河以南均可种植，目前虽然集中在浙江、云南、四川、广西等地，但是对种业公司来讲，不足10万亩的总面积、跨区域推广、近50个新品种的竞争对手，使得单品种的推广步履维艰。

随着国家对中医药的日渐重视，出台的多项政策对中药材的要求也越来越严格，不仅药材质量要符合相关质量标准，加工过程、种植过程、基原种质也要求设置溯源系统进行管控。因此，中药材种业作为控制药材质量的第一道关口，新品种选育的进一步发展也是大势所趋。近年来，发展经济多选择种植中药材及盲目种植，导致部分地区出现了部分药材种植面积的过快发展，使得药材供过于求、产能过剩，虽然一定程度上促进了中药材种业的需求，但是在接下来的一段时间内热度退去，种植面积会逐步减小，对优质新品种的需求会逐步提升，且随着《中医药发展战略规划纲要（2016—2030年）》和《全国道地药材生产基地建设规划（2018—2025年）》的逐步推进，药材的道地化会成为未来发展的核心，而良种化则是其基础。新品种是未来药材种植对种子需求的方向。因此重点药材的品种选育、良种繁育的过程中，需要严控新品种种性、严查种子质量，以促进中药材种业升级，提升药材的核心竞争力。

第 10 章 中药材良种繁育情况

我国自 20 世纪 80 年代开始实现部分野生中药材向家种中药材转变，种子来源也逐步由野生采种向人工制种转变，我国常用中药材 600 多种，已有 300 多种实现了人工种养。近年来，人工中药材制种、育苗面积虽然取得一定规模，但由于没有统一的标准化生产技术规程，大多为农户自发组织开展制种或育苗，导致生产的中药材种子种苗质量参差不齐、差异较大，无法从源头上保证所生产的中药材的质量与品质。所以，《全国道地药材生产基地建设规划（2018—2025 年）》明确指出要开展道地药材良种繁育，分品种、分区域集成道地药材种子种苗繁育技术规范，开展道地药材提纯复壮、扩大繁育和展示示范，提升优良种子种苗供应能力。因此，迫切需要依据道地药材区划建设完善的中药材制种及育苗技术体系。本章重点介绍了近几年中药材种植基地的变化情况，国家中医药管理局支持的 28 个中药材种子种苗繁育基地的情况，并对国家中药材产业技术体系开展的"中药材（区域性）良种繁育基地"调研数据进行分析，以展现目前中药材繁育基地的现状、问题及发展趋势。

10.1 28 个国家级中药材种子种苗繁育基地基本情况

10.1.1 建设背景

中药材种子种苗繁育基地建设在第四次全国中药资源普查试点工作开展之初即纳为四项重点任务之一，也是中医药部门公共卫生专项"国家基本药物所需中药原料资源调查和监测项目"的核心工作之一，具体工作由中国中医科学院中药资源中心组织承担。为了做好吉林、江西、海南、四川和甘肃的国家基本药物所需中药材种子种苗繁育基地建设工作，2012 年 7 月，国家中医药管理局中药资源普查试点工作领导小组办公室组织制定了"国家基本药物所需中药材种子种苗繁育基地建设目标和基本要求"。根据建设目标，确定中药材种子种苗繁育基地的建设任务，主要为以下五项：①建成种子种苗繁育生产基地，要求基地建设总规模不少于 2000 亩，主体基地面积不少于 200 亩，土地所有权清晰稳定；②对规定地区中药资源普查中收集的种子种苗进行有效的保存；③对 5 种以上省域内道地的、常用或稀缺的药材品种进行繁育生产，药材种的选择不局限于植物类药材；④建成中药材种子种苗检测实验室，开展中药材种子种苗检测服务，制定种子种苗生产技术标准、技术规程，形成相关技术规范和标准；⑤建立产学研用合作与运行机制，具有提供种子种苗服务的辐射能力，提供社会化、专业化的服务，成为科技研究与人才培训的平台。

10.1.2 建设进展

根据任务目标,依托试点基地已有工作基础,联合科研院校、业内企业等 140 余家建设单位,先后在全国 20 个省份布局建设了 28 个中药材种子种苗繁育基地,在我国西北、西南、中部、东北、东南等地区均有分布,子基地合计近 180 个。

通过项目建设,各承建单位通过土地租赁等形式,保证基地建设面积及土地所有权的清晰稳定,中药材种子种苗繁育基地建成面积累计近 7 万亩。

试点工作收集到的种质资源,种子形式的交付种质资源库保存,部分活体种苗便可就近保存至中药材种子种苗基地。各基地除完成试点工作种质资源的保护外,在原有工作基础上,或依托基地建设,积极主动收集保存区域内药用种质资源,建设药用种质资源保种基地、保存圃、药用植物园等,进一步发挥项目优势,实现中药材种子种苗的有效收集保存。

各基地结合自身区域地理环境特点,每个基地对 5 种以上省域内道地或稀缺的药材品种进行繁育生产。在充分考虑药材道地性、地区药材生产特点的基础上,2012 年、2013 年,分两批在吉林等 12 个省份建设的中药材种子种苗繁育基地,基地繁育的药材种以大宗常用药材种为主;2015 年,在河北等 11 个省份建设的中药材种子种苗繁育基地,基地繁育的药材种侧重考虑药材本身或相对市场需求的稀缺性,多方面保障药用种质资源的繁育与供应。目前,28 个基地繁育中药材种子种苗近 140 种(表 10-1),推广种植面积超过 3 万亩,极大地改善了区域内中药材种子种苗用种供应与质量。在项目支持下,基地积极开展药材种新品种繁育工作,目前已审定或登记中药材新品种 19 个(表 10-2),育有新品种的药材种既有甘草、柴胡、桔梗等常用药材,也有人参、三七、石斛等贵细药材。

表 10-1　28 个国家级中药材种子种苗繁育基地主要繁育药材

省份	主要繁育药材名称
河北	菊花、山药、紫菀、沙参、薏米、芥穗、白芷、丹参、北柴胡、知母、射干、远志、黄精、连翘、黄芩、北苍术、黄芪、苦参、防风等
山西	迷迭香、远志、北柴胡、苦参、党参、黄芩、胡麻、黄芪等
内蒙古	肉苁蓉、小秦艽、黄芪、赤芍、桔梗、枸杞、山沉香、黑果枸杞等
吉林	人参、刺五加、细辛、玉竹、西洋参、板蓝根、桔梗、赤芍、返魂草、白芍、防风、五味子、白鲜、北乌头、北豆根、林下参、灵芝等
黑龙江	寒地山楂、升麻、防风、关黄柏、黄芪、金莲花、苍术、龙胆、赤芍、北五味子等
江苏	茅苍术、黄蜀葵、银杏、桑、芡实、青蒿、荆芥等
浙江	铁皮石斛、西红花、覆盆子、浙贝母、元胡、黄精、重楼、白术等
安徽	白芍、亳菊、霍山石斛、铁皮石斛、桔梗、颍半夏、丹参、白及、天麻、茯苓、灵芝等
江西	黄栀子、草珊瑚、龙脑樟、广东紫珠、金银花、曼地亚红豆杉、吴茱萸、枳壳、延胡索、白木通、车前子、掌叶覆盆子、夏枯草、夏天无等

续表

省份	主要繁育药材名称
湖北	茯苓、天麻、半夏、黄连、苍术、白及、柴胡、重楼、水蛭等
湖南	玉竹、白及、重楼、龙脑樟、多花黄精、百合、茯苓等
广西	白及、五指毛桃、功劳木、两面针、鸡血藤等
海南	白木香、降香、莪术、裸花紫珠、海马、益智、槟榔、胆木、胡椒、砂仁、广藿香、铁皮石斛、灵芝、牛大力等
四川	川贝母、麦冬、川芎、栀子、红花、雅连、味连、赶黄草、姜黄（郁金）、黄柏、附子、半夏、黄精、丹参、白芷、虎杖等
贵州	三七、天麻、半夏、头花蓼、丹参、何首乌、黄精、太子参等
云南	铁皮石斛、重楼、金铁锁、三七、阳春砂、灯盏花、金银花、白及、黄草乌、乌天麻、滇黄精等
陕西	丹参、连翘、元胡、黄精、太白贝母等
甘肃	当归、大黄、红芪、苦豆子、甘草、肉苁蓉、黄芪、柴胡、党参、板蓝根、枸杞等
宁夏	银柴胡、甘遂、秦艽、金莲花、黄芪等
新疆	甘草、罗布麻、黑果枸杞、香青兰、蜀葵、驱虫斑鸠菊等

表10-2 28个国家级中药材种子种苗繁育基地已审定或登记新品种

省份	已审定或登记新品种
吉林	玉竹1号（玉竹），新开河1号（人参）
甘肃	甘育1号（甘草）、甘育2号（甘草）、甘育3号（甘草）、银杞1号（枸杞）、陇柴1号（柴胡）、定蓝1号（菘蓝）
安徽	霍山石斛1号（霍山石斛）、霍山石斛2号（霍山石斛）、金梗1号（桔梗）
云南	苗乡三七1号（三七）、滇七1号（三七）、光明1号（铁皮石斛）、光明2号（铁皮石斛）、白药滇重楼1号（滇重楼）、白药滇重楼2号（滇重楼）、千山1号（灯盏花）、千山2号（灯盏花）

各基地配套建有中药材种子种苗检测实验室，能够开展日常中药材种子种苗质量检测工作。实验室多依托省级技术牵头单位所在科研院所建设，设备、人员等软硬件条件能够保障。各基地配套实验室积极提升自身能力，进行资质认证工作，如甘肃等省份将实验室打造成省级中药材种子种苗质量检测中心，海南中药材种子检测实验室已获得CMA（中国计量认证）资质认定。

通过与科研院所合作，结合生产实际，制定种子种苗质量标准、繁育技术规程，形成标准规程草案200余项，其中颁布20余项（表10-3）；开展育种技术创新，获专利授权10余项（表10-4），专利内容涉及种植养殖、保存培育、栽培方法、技术改良等多方面；与省域内中药资源普查试点工作办公室、科研院所、生产种植企业开展产学研合作。各中药材种子种苗繁育基地主动提升社会化服务能力，通过技术培训、网站发布、技术咨询与指导、生产推广等多种形式，传统与信息化手段结合,积极开展技术服务,如甘肃省建有中药材种子种苗良种繁育技术服务中心,河北省建成太行山道地中药材工程技术服务中心等,在种植选址、品种选择、育种栽培、病虫害防治等多方面指导本地区农户;并联合生产、技术基础较好的企业,推广良种繁育,带动周边地区中药材种植生产,为企业自身原料的稳定供应和农业增效、农民增收起到了良好的促进作用;同时繁育基地也成为人才培养、教育教学的园地,产生了良好的经济效益和社会效应。基地建设过程中,应势成立、发展了有利于中药材种子种苗产业发展的组织与企业,2014年5月成立全国中药材种子种苗基地科技联盟,以加强对中药材种子种苗相关科技工作进行的集体攻关;2015年4月国药种业有限公司成立,是国内唯一一家以中药材种子种苗为主营品种的国有企业,公司积极参与中药材种子种苗繁育基地建设和商业运营工作,致力于打造全国一体化中药材种子种苗供应保障平台。

表 10-3　28 个国家级中药材种子种苗繁育基地已颁布标准规程

省份	标准规程名称
海南	降香黄檀种苗繁育技术规程
	裸花紫珠采种及育苗技术规程
	益智种苗繁育技术规程
	中药材种子裸花紫珠
	温郁金生产技术规程
	白木香苗繁育技术规程
	三斑海马苗繁育技术规程
	三斑海马苗种
甘肃	中药材种子当归
	中药材种苗当归
河北	山药零余子种苗质量标准
	山药芦头种苗质量标准
	紫菀良种繁育技术规程
	紫菀种苗质量分级
山西	党参良种繁育技术规程
	苦参种子 ITS2 序列鉴定方法
内蒙古	内蒙古东部地区桔梗栽培技术规程
	内蒙古中西部小秦艽育苗移栽技术规程
吉林	人参种子种苗
	植物新品种特异性、一致性和稳定性测试指南　人参
	人参新品种鉴定技术规程　DUS 测试
	北细辛种子
	北细辛种苗

表 10-4 28 个国家级中药材种子种苗繁育基地主要授权专利

省份	授权专利名称
海南	一种海马生态养殖方法
	一种提高裸花紫珠发芽率和成苗率的方法
	一种裸花紫珠脱毒微繁方法
	益智种子保存及种子苗培育技术
江苏	一种农用智能化微小分子簇水灌溉系统
云南	青蒿在三七栽培中的用途
	一种灯盏花的漂浮育苗方法
	一种灯盏花大棚连作种植方法
甘肃	一种枸杞育苗方法
	一种促进全缘叶绿绒蒿种子萌发的方法
	高寒二阴地区四倍体黄芩的大棚套小弓棚扦插育苗方法
	一种丸粒化的党参种子制备方法
安徽	一种生态化茯苓仿野生抚育技术及其应用

经过近五年的建设，形成了一批中药材种子种苗核心示范基地，推广了一批中药材新品种，形成了一批种子种苗标准和繁育技术规范，摸索了一批种子种苗繁育关键技术，对于后期中药材良种繁育基地建设起到了技术支持和示范推动作用。

10.2 中药材国家区域性良种繁育基地情况

近年来，农业农村部通过现代种业提升工程加强对中药材种子种苗繁育基地建设的支持，先后支持建设了湖北恩施藤茶、湖南龙山百合等中药材良种繁育基地。但在 2017 年 1 月公布的《第一批区域性良种繁育基地目录》中并没有涉及中药材。在 2019 年 6 月公布的《第二批区域性良种繁育基地目录》中则认定了安徽省霍山县、福建省邵武市、山东省平邑县、湖北省英山县、湖南省邵东县（现为邵东市）、甘肃省陇西县、贵州省大方县和云南省云县等 8 个中药材国家区域性良种繁育基地，并纳入"十四五"现代种业提升工程建设规划，下一步将继续加大支持中药材种子种苗繁育基地建设力度。

10.3 全国中药材良种繁育（示范）基地情况

2019 年 4 月初，国家中药材产业技术体系组织体系内各岗位科学家、试验站团队，进行中药材繁育基地信息调研，并将信息进行汇总和分析。从 2016～2018

年整体来看，可统计到的中药材良种繁育（示范）基地面积呈现快速增长趋势，分别为 155.98 万亩、175.66 万亩和 200.35 万亩；可统计到的种子产量（不限于良种繁育示范基地）分别为 9547.32 万 kg、8121.78 万 kg 和 7944.74 万 kg，种苗产量分别为 579 432.82 万株、852 245.4 万株和 1 093 010.95 万株；各省份种子种苗自繁自用的比例约为 63.86%，跨区/省调运的比例约为 36.14%。其中核心繁育（示范）基地面积前五位的是肉苁蓉、白木香、银柴胡、菟丝子、蕲艾，面积分别达到了 73 万亩、12.4 万亩、10 万亩、10 万亩和 10 万亩，其种子种苗产量分别达到了 3.65 万 kg、1344 万株、100 万 kg、400 万 kg 和 200 000 万株（各省份具体情况见表 10-5）。

另外，通过各省份汇总信息发现，中药材新品种商业化推广的数量并不多，比较成功的如人参'福星 2 号''新开河 1 号''新开河 2 号''康美 1 号'等，其形成的新品种种子种苗繁育（示范）基地约 0.6 万亩，年生产（不限于繁育示范基地）种子超过 16 万 kg，种苗约 300 万株。中国中药有限公司和国药种业有限公司联合培育及产业化推广的甘草新品种'国甘 1 号'目前已经建设完成了制种基地 0.4 万亩，年供优质甘草种子达 6.2 万 kg、种苗约 1.7 亿株，新品种推广栽培超过了 1 万亩。此外，贵州省的太子参新品种'施太 1 号'种子种苗繁育基地年供种参约 6 万 kg，繁育种苗 5100 万株，种参（非脱毒苗）的出售数量每年 2500～6000kg，示范推广 1200 亩。福建柘荣县推广的太子参新品种'柘参 1 号''柘参 2 号''柘参 3 号'三个新品种形成核心繁育（示范）基地 0.26 万亩，年繁育种苗 100 余万千克；福建浦城、仙游等地区推广的薏苡新品种'蒲薏 6 号'和'金薏 1 号'两个品种形成的核心繁育（示范）基地约 0.25 万亩，年繁育种子约 32.5 万 kg。由中国热带农业科学院热带生物技术研究所选育出的白木香优良品种'热科 1 号'（*Aquilaria sinensis* 'Reke 1'）和'热科 2 号'（*Aquilaria sinensis* 'Reke 2'）在海南文昌、定安、儋州和澄迈等市县进行了推广，目前形成育苗基地/圃共 160 亩，年可供应种苗数量 324 万株，推广栽培面积 300 多亩。

10.3.1 吉林省

吉林省目前中药材良种繁育基地主要有人参、西洋参、五味子、细辛、水飞蓟等，主要分布在吉林省东部长白山区的抚松、集安、通化、临江等县市。2016～2018 年，中药材良种繁育基地累计面积近 6 万亩，其中，人参与西洋参面积最大，均在 2 万亩左右，占中药材良种繁育面积的 71.3%。2016～2018 年，累计生产人参良种种子 52.26 万 kg，西洋参良种种子 48.97 万 kg，细辛良种种子 11 万 kg；累计生产人参良种种苗 897.75 万株，五味子良种种苗 2300 万株，细辛良种种苗 32.3 亿株；累计调出人参良种种苗 1537.29 万株，西洋参良种种苗 729.56 万株，五味子良种种苗 950 万株，细辛良种种苗 20 亿株。从 2016～2018 年总的发展趋势上看，人参、西洋参良种繁育面积较稳定，但有下行趋势，这与近年人参、

表 10-5 各省份中药材良种繁育基地情况汇总表

省份	原种繁制种面积/万亩			类型	繁制种产量/（万 kg 或万株）			类型	种子种苗调出量/（万 kg 或万株）		
	2016 年	2017 年	2018 年		2016 年	2017 年	2018 年		2016 年	2017 年	2018 年
吉林	2.11	1.74	1.86	种苗	175 979.25	225 078.25	275 228.25	种苗	201 197.71	276 006.84	276 013.79
				种子	41.10	35.60	38.92	种子	6.76	8.22	7.00
黑龙江	1.61	1.00	3.19	种苗	571.50	4 800.00	11 078.00	种苗	0.00	500.00	2 930.40
				种子	4 625.00	2 156.60	1 331.40	种子	2 961.00	965.00	564.33
河北	0.72	0.78	1.11	种苗	2 142.18	3 111.90	5 912.20	种苗	1 110.10	1 505.60	3 655.90
				种子	16.49	18.62	24.92	种子	6.90	6.88	7.67
河南	0.87	1.26	2.46	种苗	18 317 万株+ 1 162.8 万 kg	25 607.25 万株+ 1 689.8 万 kg	63 468 万株+ 2 334.5 万 kg	种苗	2 012 万株+ 966.5 万 kg	2 905 万株+ 1 237.5 万 kg	9 960 万株+ 1 922 万 kg
				种子	7.52	2.62	3.04	种子	1.00	0.00	0.00
辽宁	2.26	2.93	3.40	种苗	2 800.00	5 600.00	7 800.00	种苗	1 600.00	4 535.00	7 045.00
				种子	26.95	39.25	48.00	种子	6.40	8.35	12.15
山东	1.25	1.49	1.59	种苗	4 103 万株+ 15.1 万 kg	6 700 万株+ 20.4 万 kg	7 260 万株+ 25.1 万 kg	种苗	1 120 万株+ 4 万 kg	1 675 万株+ 6.5 万 kg	2 288 万株+ 9 万 kg
				种子	18.00	19.60	19.55	种子	3.20	3.65	3.72
山西	2.04	2.31	3.46	种苗	7.29	8.85	12.70	种苗	2.62	3.88	3.79
				种子	90.18	104.40	98.43	种子	73.34	85.69	77.07
广东	3.80	3.60	3.50	种苗	29 720.00	23 720.00	20 720.00	种苗	29 660.00	23 660.00	20 660.00
				种子	14.70	14.70	14.70	种子	4.70	4.70	4.70
海南	18.10	20.50	19.40	种苗	1 924.00	1 994.00	1 424.00	种苗	1 001.00	974.00	626.00

第10章 中药材良种繁育情况

续表

省份	原种繁制种面积/万亩			类型	繁制种产量/（万kg或万株）			类型	种子种苗调出量/（万kg或万株）		
	2016年	2017年	2018年		2016年	2017年	2018年		2016年	2017年	2018年
四川	5.15	5.70	6.38	种苗	6 800 万株+ 1 291.3 万kg	8 148 万株+ 1 589.6 万kg	9 713 万株+ 2 090.5 万kg	种苗	320 万株+ 1 057.5 万kg	1 057.5 万株+ 1 155 万kg	1 595 万株+ 1 548.5 万kg
				种子	1.90	2.35	4.60	种子	0.12	0.31	0.41
甘肃			9.36	种苗			3 655.4 万kg				
				种子			85.90				
内蒙古	58.08	65.39	75.63	种苗	1 215 万株+ 6.3 万kg	2 217 万株+ 7.35 万kg	5 088 万株+ 9.47 万kg	种苗	149.40	284.27	456.28
				种子	24.86	28.96	37.18	种子	6.05	6.04	6.12
宁夏	24.10	24.15	24.40	种苗	810.00	845.00	1 000.00	种苗	570.00	590.00	740.00
				种子	950.00	950.00	950.00	种子	675.00	675.00	675.00
陕西			0.10	种苗			15 520.00	种苗			300.00
				种子			1.00				
新疆	1.61	2.19	2.17	种苗	250.00	350.00	400.00	种苗	120.00	160.00	200.00
				种子	100.02	165.01	150.01	种子	0.00	35.00	60.00
浙江	2.70	3.30	3.29	种苗	47 210 万株+ 4 897 万kg	83 950 万株+ 5 312 万kg	131 100 万株+ 5 292 万kg	种苗	12 050 万株+ 2 465 万kg	37 280 万株+ 2 420 万kg	73 080 万株+ 2 410 万kg
湖南	3.18	4.07	5.36	种苗	9 850 万株+ 1 200 万包+ 802 万kg	14 400 万株+ 1 200 万包+ 1 505 万kg	25 450 万株+ 1 200 万包+ 3 208 万kg	种苗	91 万株+ 500 万包+ 700 万kg	150.3 万株+ 500 万包+ 800 万kg	2 072 万株+ 500 万包+ 1 675 万kg
				种子	1.75	2.05	2.75	种子		0.20	1.40

续表

省份	原种繁制种面积/万亩			类型	繁制种产量/（万 kg 或万株）			类型	种子种苗调出量/（万 kg 或万株）		
	2016 年	2017 年	2018 年		2016 年	2017 年	2018 年		2016 年	2017 年	2018 年
福建	0.47	0.68	0.83	种苗	12 375.00	19 875.00	28 875.00	种苗	460.00	780.00	1 030.00
				种子	70.40	110.35	134.75	种子	14.50	26.50	22.50
安徽	0.04	0.10	0.08	种苗	9 700.00	17 420.00	12 600.00	种苗	0.00	3 200.00	2 200.00
湖北	7.99	14.30	23.61	种苗	241 900 万株+ 1 980 万 kg	383 050 万株+ 6 740 万 kg	480 825 万株+ 12 700 万 kg	种苗	64 800 万株+ 1 290 万 kg	113 600 万株+ 4 810 万 kg	136 100 万株+ 9 300 万 kg
				种子	6.80	11.95	17.40	种子	2.30	4.45	5.90
江西	0.52	0.95	1.44	种苗	4 826.10	6 858.35	11 071.42	种苗	219.15	884.00	2 010.70
				种子	12 240.00	11 390.00	9 800.00				
重庆	0.66	1.08	0.77	种苗	60 630 万株+ 146 万 kg	61 168 万株+ 295 万 kg	60 780 万株+ 194 万 kg	种苗	320 万株+ 30 万 kg	750 万株+ 30 万 kg	350 万株+ 30 万 kg
				种子	1.01	2.01	2.01	种子	0.80	1.20	1.50
贵州	4.94	5.27	5.89	种苗	25 000 万株+ 4 392 万 kg	28 000 万株+ 6 021.5 万 kg	32 000 万株+ 7 565 万 kg	种苗	1 500.25 万 kg	3 600.25 万 kg	4 000.4 万 kg

注:"繁制种产量"和"种子种苗调出量"中数据后未标注单位的，种子对应单位为万 kg，种苗对应单位为万株

西洋参市场价格下行有关。另外，吉林省人参、西洋参良种生产的特点基本表现为以自产自用模式为主，调出种子占比较低，但种苗调出量较多。吉林省目前中药材种子种苗繁育尚无明晰的政策，基本处于自由发展阶段，但是，在科技支撑层面一直给予一定支持，特别是人参、西洋参每年均被吉林省科技厅项目指南列为重点领域。

10.3.2 黑龙江省

黑龙江省是全国唯一一个有部分处于寒温带的省份，防风、龙胆、刺五加、白鲜皮、五味子、升麻、赤芍、人参、满山红、桔梗、平贝等均为道地药材，目前有中药材种植专业合作社983家。通过全国第四次中药资源普查试点工作不完全统计，现有中药材种植面积近130万亩，涉及30余个品种。繁育生产面积最大的为板蓝根和水飞蓟，总面积均超过10万亩，道地药材繁育生产面积超过500亩的品种有30余种。在2015年开始建设良种繁育基地，2016年正式开展繁育生产工作，五个基地分别建于大兴安岭呼玛县、加格达奇区、铁岭市、鹤岗市，总面积约3.2万亩，主要繁育生产的品种有五味子、白鲜皮、刺五加、赤芍、防风、升麻、人参、金莲花、黄芪、龙胆、苍术、水飞蓟等。黑龙江省中药材良种繁育工作起步较晚，很多品种都在摸索中进行繁育生产，除去良种繁育基地的12个品种外，还尝试返魂草、白芍、牛膝等品种的繁育生产实验，但规模小，技术还未达到大规模繁育生产的能力。

10.3.3 陕西省

陕西省中药材良种繁育基地主要以种植企业建设为主，涉及的品种主要有丹参、柴胡、连翘和皂角刺。2018年，陕西省洛南县繁制连翘种苗500万株，其中种苗调出量300万株；陕西省西安市长安区繁制皂角刺种苗20万株；陕西省宝鸡市陈仓区繁制柴胡种子产量1万kg；陕西省商洛市繁制丹参种苗面积1000亩，种苗产量1.5亿株。涉及的中药种植企业主要有：宝鸡博仁药业有限公司、陕西天士力植物药有限公司等。其余中药材种子的生产方式主要以农户自繁自用为主，种子种苗繁制区域零散、面积小、集约化程度较低，需要进一步规范优良种子种苗的繁育。《陕西省中药材保护和发展实施方案（2016—2020年）》明确提出："重点建设30种中药材种子种苗专业化、规模化繁育基地，为产业化发展奠定基础"，涉及品种有丹参、黄芩、柴胡、远志、连翘、酸枣仁等大宗中药材。

10.3.4 甘肃省

为解决好中药材的源头质量问题，推动中医药产业良性高质量发展，甘肃省出台了《关于支持陇药产业发展的意见》《关于加强中药材质量安全管理工作的意见》《关于加快陇药制药企业技术创新工作的意见》《关于推进陇药标准化种植基地建设的意见》等扶持政策及措施。通过政策引导和资金扶持，在适宜生态区建设相对集中、稳定中药材种子种苗生产基地，实现种子种苗生产集约化、规模化，增强种子种苗生产能力。其中，定西市以打造"中国药都"和创建国家中医药产业发展综合试验区核心区为目标，2015年全市中药材种子种苗基地面积就已达到8.65万亩，岷县、陇西、渭源、漳县4个县建立了自己的良种繁育基地，占全市中药材种子种苗基地总面积的80%以上，主要进行当归、黄芪、党参等中药材的良种繁育，占全省中药材种子种苗基地总面积的40%左右。岷县、漳县以中药材当归、黄芪、党参为主要的繁育品种；陇西、渭源以黄芪、党参、黄芩为主要的繁育品种。陇南市2015年中药材种子种苗基地面积达到0.342万亩，在全市9个县区中，有5个县建立了自己的良种繁育基地，宕昌县中药材种子种苗繁育面积最大，占全市中药材种子种苗基地总面积的46.2%，主要进行党参、当归、大黄、黄芪等的良种繁育，其次是武都区和文县，分别占全省中药材种子种苗基地总面积的19.88%和18.13%。武都区以中药材红芪和党参为主要的繁育品种；文县以纹党参为主要的繁育品种。礼县是陇南大黄的主产区，以大黄和党参为主要的繁育品种。西和县是全国的半夏之乡，以半夏为繁育品种。另外，国药种业有限公司在甘肃民勤、武威地区建设有4000亩良种繁育基地，年供种/苗占全省的30%以上。

10.3.5 宁夏回族自治区

宁夏的重点中药材繁育基地包括甘草、银柴胡、麻黄、黄芪、小茴香、菟丝子、柴胡、葫芦巴、肉苁蓉、秦艽、大黄、板蓝根、黄芩、党参、当归等30余种。其中银柴胡、黄芪、小茴香、菟丝子有比较稳定的种子种苗生产基地。甘草：盐池县、灵武市、红寺堡区等及其周边区域是我国乌拉尔甘草核心分布区域。甘草种苗主要有盐池田丰甘草种植合作社、荣峰甘草产业合作社、宁夏拓明农业开发有限公司在繁育，每年生产面积不到1000亩。银柴胡：同心县每年留床面积16.3万亩以上，年产银柴胡种子500～1000t。黄芪：宁夏全区黄芪种子生产田不足1万亩，主要分布在盐池拓明公司，同心县下马关镇、预旺镇，原州区，隆德县，年产量50～100t。黄芩：全省目前种植面积约5000亩，现每年可产种20t。板蓝根：年种植面积3.5万亩，种子亩产量10kg/亩，年总产量350t，可以实现自给有余。小茴香：在海原县年种植面积约3万亩，年产量约3000t。菟丝子：宁夏平罗及银北引黄灌区是我国菟丝子的重点道地产区之一，每年种植面积约15万亩，年产量种子约6000t。

10.3.6 新疆维吾尔自治区

新疆的阿尔泰山区、天山山脉、阿尔金山-昆仑山区，以及伊犁河谷、准噶尔盆地、塔里木河流域的高原、森林、草原、荒漠等区域分布着大量原生的特色药材，如新疆紫草、天山雪莲、伊犁贝母、阜康阿魏、新疆藁本、甘草、红景天、肉苁蓉、锁阳、罗布麻等品种。新疆特殊的地理、气候环境，也适宜栽培多种药材，如甘草、红花、肉苁蓉、枸杞、罗布麻、一枝蒿等大宗药材已经种植近百万亩。目前，已有60多种药材实现人工种植养殖，20多种大宗药材实现了规模化种植养殖。但目前新疆大多数药材种植仍依赖野生种源，或内地中药材产区调拨种子种苗，或进口种源。本土中药材育种育苗甚少，仅有甘草、罗布麻、枸杞、黄芪等大规模品种有育苗，且育苗大多也是以自用为主，并非由专业的中药材种子种苗育苗单位进行，其中2018年年产甘草种苗80万kg、黄芪种苗70万kg、枸杞种苗400万株。种子种苗仅甘草调拨出省，其余品种均在新疆内销。

10.3.7　内蒙古自治区

内蒙古自治区重点中药材良种及种苗繁育核心示范基地涉及的品种主要有蒙古黄芪、赤芍、苍术、桔梗、北沙参、肉苁蓉、白鲜等，蒙古黄芪种子种苗基地主要分布在固阳县、武川县、乌拉特前旗、赤峰等地，育苗基地将近1万亩，年产良种种苗600万kg，种子基地6000亩左右，年产良种45万kg；肉苁蓉种子基地主要分布在阿拉善盟，面积达到74万亩，年产良种3.7万kg；桔梗和北沙参种子基地主要在赤峰市喀喇沁旗，桔梗种子基地0.4万亩左右，年产种量10万kg，种子种苗调出量4万kg左右，不足一半；北沙参种子基地0.1万亩，年产种量13万kg，种子种苗调出量2万kg左右。另外，多伦县种植中草药总面积达40 000亩，其中种植多伦赤芍5000亩，含多伦赤芍育苗150亩。从近些年总的发展趋势上看，黄芪、肉苁蓉良种繁育面积较稳定，枸杞药材种植面积在内蒙古逐渐减少，种子种苗通常从宁夏购买。另外，内蒙古良种生产的特点基本表现为以自产自用模式为主，调出种子种苗占比较低。内蒙古目前中药材种子种苗繁育尚无明晰的政策，基本处于自由发展阶段，但是，在科技支撑层面一直给予一定支持，内蒙古科技厅、卫健委、农牧业厅、财政厅等部门每年均有项目支持。

10.3.8　河北省

2018年，河北省中药材种植面积达到128万亩（不含山楂、山杏），形成了燕山、太行山产业带和冀中平原、冀南平原、坝上高原产区"两带三区"产业发展格局，各地区纷纷建设中药材种植示范园区和种植基地，规模化程度逐渐提高。已形成十大道地中药材产业大县，包括涉县柴胡连翘、巨鹿县金银花、邢台市酸枣仁、内丘县酸枣仁王不留行、安国市八大祁药、隆化县北苍术桔梗、围场满族蒙古族自治县桔梗黄芪、滦平县黄芩桔梗、青龙满族自治县北苍术和蔚县知母防风，产业区域布局规模和优势凸显。形成的核心良种繁育示范基地品种有金银花、柴胡、连翘、黄芩、黄芪、射干、苍术等，面积约1万亩。其中金银花供苗量超过3000万株，柴胡种子3万kg，连翘种苗500万株、黄芩种子10.6万kg、黄芪

12 万 kg、射干 3 万 kg、北苍术种苗 2400 万株/种子 1.4 万 kg。河北省现已审定的中药材品种包括丹参、紫苏、板蓝根、金银花、酸枣、柴胡等的新品种，其中有'冀丹 1 号'丹参、'冀丹 2 号'丹参、'冀丹 3 号'丹参、'丹杂 1 号'丹参、'丹杂 2 号'丹参、'冀蓝 1 号'菘蓝、'河北香菊'菊花、'冀紫 1 号'紫苏、'冀紫 2 号'紫苏、'巨花 1 号'金银花、'久和 1 号'酸枣、'冀柴 1 号'柴胡等新品种。

10.3.9 山西省

山西省具有得天独厚的中药资源，其中许多道地或大宗中药材如北黄芪、潞党参、苦参、远志、柴胡、黄芩、连翘等，还有些特有的中药品种因种种原因处于资源濒危状态，如九节菖蒲、太白贝母、红豆杉等。但长期以来，这些优势资源品种的种苗繁育技术研究和种苗繁育基地的建设工作没有引起重视，投入较少。从 2013 年开始，借助"国家中药材繁育基地建设"的契机，确定了建设浑源黄芪、五寨迷迭香、五寨胡麻、榆社黄芩、和顺黄芩、武乡苦参、永和远志、绛县北柴胡、陵川潞党参、沁水濒危野生中药材等 10 个中药材种子种苗繁育基地。2016 年，山西省种子种苗繁育基地建设项目基本完成，各基地按计划完成了相应的建设任务，具备了相应的种子种苗生产能力。目前，山西省中药材种子种苗繁育基地共建设7642 亩。各基地在上述管理框架内，完成了各自《种子种苗繁育基地建设管理制度》《种子种苗繁育基地建设建设规范》《种子种苗繁育基地建设操作手册》等文件的制订，建立了《种子种苗繁育基地技术档案》，依据技术规范开展了种子种苗工作，并逐步形成了中药材种子种苗繁育基地的生产和科研能力。各基地年生产种子 16.4 万 kg，年生产黄芪种苗 3000 万株，年生产迷迭香种苗 100 万株，年生产党参种苗 40 万 kg。山西省中药材种子种苗繁育基地建设完成，为山西正规化、规范化进行中药材种子种苗繁育奠定了基础，形成了诸多成果。

10.3.10 辽宁省

2016～2018 年，辽宁省中药材种子种苗繁制种面积逐渐增大。2016～2018 年全省中药材种子繁制种面积分别为 2.26 万亩、2.93 万亩、3.40 万亩。其中涵盖龙胆草、北苍术、西洋参、辽细辛、人参、辽五味、玉竹、辽藁本 8 个品种。各县繁制种面积如下：清原满族自治县，品种以龙胆草和北苍术为主，2016 年，繁制种面积 0.4 万亩，2017 年 0.6 万亩，2018 年 1 万亩；新宾满族自治县，主栽品种为西洋参、辽细辛，2016～2018 年繁制种面积分别为 0.45 万亩、0.7 万亩、0.7 万亩；桓仁满族自治县，以繁制人参、辽五味种子种苗为主，三年来繁制种面积分别为 1.03 万亩、1.28 万亩、1.2 万亩；宽甸满族自治县，2016～2018 年繁制种面积分别为 0.3 万亩、0.2 万亩、0.25 万亩，品种以人参、玉竹为主；辽阳县，以发展辽藁本、辽五味种子种苗繁育为主，2016～2018 年繁制种面积分别为 0.08 万亩、0.15 万亩、0.25 万亩。2016～2018 年全省中药材种子、种苗繁制种产量逐年增加。2016~2018 年，种子繁制种产量分别为 36.95 万 kg、39.25 万 kg、48 万 kg。种苗制种产量：2016 年辽五味 2400 万株、玉竹 400 万 kg；2017 年辽五味 5400 万株，玉竹 200 万 kg；2018 年辽五味 7500 万株，玉竹 300 万 kg。从地域上看，清原、新宾以种子繁育为主，桓仁、宽甸、辽阳种子种苗繁育都有，种苗繁育量较大。从品种上看，辽五味种苗繁育增量明显。2016~2018 年全省中药材种子调出量分别为 6.4 万 kg、8.35 万 kg、12.15 万 kg。其中西洋参种子调出量为零。种苗调出量：2016 年辽五味 1500 万株、玉竹 100 万 kg；2017 年辽五味 4500 万株，玉竹仅 35 万 kg；2018 年辽五味 7000 万株，玉竹 45 万 kg。2016~2018 年，辽五味种苗调出量较大，北苍术种子调出量在 2018 年激增，年调出量是 2017 年的 5.5 倍，这与近年辽五味和北苍术市场行情上涨有关。

10.3.11 山东省

2014 年，山东省出台了《山东省中药材产业发展规划（2014—2020 年）》，该规划旨在加强中药材科技示范园与规范化生产基地建设，包括建立山东省中药材种子种苗繁育工程技术中心。目前，省内中药材大品种包括金银花、丹参、西洋参、黄芩、玫瑰、牡丹、桔梗、白芍及栝楼等。2016~2018 年，山东省中药材种子种苗繁制种面积逐渐增大。各县繁制种面积如下：平邑县品种以金银花和丹参为主，2016 年，繁制种面积 0.063 万亩，2017 年 0.105 万亩，2018 年 0.114 万亩；文登区主栽品种为西洋参，2016~2018 年繁制种面积分别为 0.05 万亩、0.06 万亩、0.07 万亩；莒县以黄芩种子种苗基地为主，三年来繁制种面积均在 100 亩以内，有轻微减少趋势；平阴县 2016~2018 年玫瑰繁制种面积由 0.05 万亩稳步提升到 0.09 万亩，栝楼繁制种面积则由 2016 年的不到百亩迅速减少；菏泽以牡丹区为例，种子种苗繁育基地主要为牡丹，2016~2018 年繁制种面积分别为 0.06 万亩、0.11 万亩、0.16 万亩，涨幅明显。2016~2018 年全省中药材种子、种苗繁制种产量逐年增加。其中以金银花、玫瑰、牡丹、西洋参最为突出。2016~2018 年，金银花繁制种产量由 2100 万株提高到 3800 万株，牡丹繁制种产量由 1000 万株提高到 2000 万株，玫瑰繁制种产量由 800 万株提高到 1200 万株，西洋参繁制种产量则由 7 万 kg 增长到 12 万 kg。另外，西洋参、栝楼无大面积种子种苗调出，其中栝楼种子种苗基本靠从外省购买，西洋参种子则是在自己生产的基础上从东北地区购买种子作为补充，黄芩、白芍种子种苗调出量减少，牡丹、玫瑰种苗调出量则保持稳定增长，平邑县丹参与莱芜区丹参种子种苗调出量都稳步增加，金银花调出量则明显增加，增幅近 200%。

10.3.12 河南省

河南省地处我国中东部，是中药材资源分布大省，目前中药材的产量、人工栽培种植面积均居全国前三位。豫北黄河平原地区主要以四大怀药种植为主，如焦作的怀山药、怀地黄、怀菊花等。从2016年到2018年调研数据来看，怀菊花种苗繁育基地面积变化不大，每年在220亩左右，种苗繁育量大约1400万株，种苗调出量大约600万株。铁棍山药和怀地黄种苗繁育基地面积逐年增加。豫北地区金银花主要分布在新乡封丘县，面积目前稳定在10万亩。从2017年开始，封丘育苗金银花面积大幅度增加，2018年金银花育苗面积达到800亩，出圃苗木达到480万株，2019年出圃苗木约700万株。河南豫西山区嵩县和渑池县丹参育苗基地从2016年的只有220亩，到2018年增加到1100亩，丹参种苗繁育量达到2.3亿株。豫西山区连翘种苗繁育基地从2016年的100亩，到2018年翻了一番，种苗繁育量达到400万株。方城县裕丹参种苗繁育基地从2016年的500亩，2018年增加到了1000亩，丹参亩有效种苗量由20万株达到30万株左右。

10.3.13 江苏省

目前，江苏省中药材种子种苗基地主要有菊花、浙贝母、元胡、芡实、黄蜀葵等，中药材良种繁育基地主要分布在江苏省中北部的射阳县、海安市、高邮市等县市。2016~2018年，累计中药材良种繁育基地面积近6.5万亩，其中，菊花和浙贝母种苗繁育面积最大，分别为2.3万~2.4万亩，占中药材良种繁育面积的72.3%。2016~2018年，累计生产菊花良种种苗23.5亿株；浙贝母良种种苗1700万kg，元胡良种种苗640万kg。从2016~2018年总的发展趋势上看，菊花、芡实、黄蜀葵良种繁育面积较稳定，呈现逐步上升趋势，这与近年来原料药材市场需求增加有关；但受药材价格下跌影响，浙贝母和元胡种苗呈减少趋势，但总体相对较为稳定。另外，江苏省菊花良种生产的特点基本表现为以自产自用模式为主，本地栽培比例超过80%，调出种苗占比较低。浙贝母、元胡、芡实、黄蜀葵调出比例较高，其中浙贝母、元胡等种苗较大比例被销往浙江金华等地，小部分在省内南通、泰州等地栽培，芡实良种销往省外安徽、江西等地种子数量与本省金湖县、宝应县、淮安区等数量接近，黄蜀葵几乎全部外拨，为苏中药业黄蜀葵基地供应良种。江苏省目前中药材种子种苗繁育尚无明晰的政策，基本处于自由发展阶段，无专门的中药材新品种认定机构。目前，受国家基本药物目录所需中药材种子种苗繁育基地项目支持，黄蜀葵、芡实等品种已申请中华中医药学会种子团体标准。其他品种标准研究工作相对滞后。

10.3.14 安徽省

安徽省地处我国东部，是中药材资源分布大省，拥有霍山石斛、灵芝、亳白芍、黄精、茯苓、宣木瓜、菊花、丹皮、断血流、桔梗等"十大皖药"。其中霍山石斛、灵芝、黄精、茯苓、断血流主要分布在皖西大别山区，亳白芍、菊花、丹皮、桔梗主要分布在皖北地区，宣木瓜主要分布在皖南，菊花、黄精在皖东、皖南也有分布。从2016年到2018年调研数据来看，霍山石斛种植面积达5000余亩，种源圃面积基本维持在 200 亩左右，每年通过种子的组培种苗繁育达到 10 000 万株左右，主要用于霍山、金寨本地的种植面积，种苗调出量极少。由于霍山石斛的栽植面积已经相对稳定，增加的面积有限，种苗繁制量逐年减少，2019 年种苗繁制出苗约 400 万株；灵芝、茯苓主要分布在大别山区的金寨、霍山，种植面积分别稳定在 8500 亩、10 000 亩左右，菌种繁育基地稳定，具有年产栽培菌棒 400 万～600 万棒能力；黄精主要分布在皖西大别山区及皖南山区，种植面积达 25 000 余亩，具有良种繁育基地 2 家，良种繁制基地面积由 300 亩增加到 500 余亩，每年繁育种苗由 3000 万株增加到 5000 万株；宣木瓜栽植面积达到 8000 亩左右，种苗繁制基地面积基本没变化，每年生产优质种苗约 10 万株；断血流是大别山区特色中药材，回音壁集团安徽制药有限公司建有栽植基地 1000 余亩，种子繁制基地面积稳定在 50 余亩；菊花有亳菊、滁菊、黄山贡菊等，2018 年的栽植面积达到 30 余万亩，繁制基地主要在亳州、滁州、黄山的歙县等地，面积由 2016 年的 620 亩增加到 2018 年的 3000 余亩，年繁育种苗达到 9 亿株；亳白芍主要分布在亳州的谯城区，2019 年的种植面积达到 6 万亩，其种苗繁制基地由 2016 年的 300 亩增加到 2018 年的 1200 亩，出苗量达到 1900 万株；传统收取丹皮的药用牡丹，其种植主要在安徽亳州、铜陵及其邻近的南陵一带，其中安徽亳州的种植面积最大，达到 12 万亩，其他总计约 8 万亩，主要依靠种子繁殖，其种苗繁殖基地由 2016 年的 1200 亩扩大到 2018 年的 3600 亩，年出苗量达到 7.2 亿株。桔梗在安徽的主产地是太和县，2018 年的种植面积达到 22 万亩，没有建立繁制基地，其繁殖用种子主要来源于内蒙古。

10.3.15　福建省

目前，福建省比较核心的中药材种子种苗繁育示范基地主要有太子参、薏苡、金线莲和建莲等，主要分布在柘荣、蒲城、仙游、南靖、永安和建宁等县市。2016～2018 年，累计中药材良种繁育基地面积近 2 万亩。其中，太子参与建莲面积最大，分别在 0.6 万亩和 0.75 万亩左右，占中药材良种繁育面积的 75% 左右。近年来，多花黄精、重楼（七叶一枝花）、穿心莲和巴戟天等药材的繁育工作在福建省也有零星分布。2016～2018 年，太子参繁制种参达 229.5 万 kg，金线莲繁制种苗 60 000 万株，薏苡繁制种子 85 万 kg，建莲繁制种藕 1125 万株。另外，太子参的种参繁育主要以药农自家留种、自繁自用为主，部分企业开展了太子参新品种的选育和良种繁育工作，但目前仍处于起步阶段；薏苡和建莲的良种繁育主要采取公司+农户的形式；金线莲的良种繁育主要以公司或合作社为主，中药材种子种苗技术标准和繁育生产、经营方面尚无明晰的政策，基本处于自由发展阶段。

10.3.16　江西省

江西省中药材良种繁育基地主要集中在宜春、吉安、上饶等市的部分县市。

针对江西省各地的优势和环境差异，通过对不同中药材良种进行繁育和驯化栽培，建立了不同的中药材良种试验示范基地。同时，结合全国第四次中药资源普查工作，江西省分别在宜春樟树市，吉安峡江县和井冈山市、九江修水县、庐山市和德安县，抚州临川区，鹰潭余江区和上饶德兴市等地建有栀子、草珊瑚、广东紫珠、龙脑樟、延胡索、车前子、白木通、枳壳、吴茱萸、掌叶覆盆子、夏天无、夏枯草、曼地亚红豆杉和金银花等14个品种的种子种苗繁育基地。2018年江西省枳壳的良种繁育基地面积200多亩，繁育约230万株枳壳苗（枳壳实生苗和嫁接苗），繁育基地主要集中在樟树市和新干县；吴茱萸的良种繁育基地面积约260亩，能繁育约170万株，繁育基地主要集中在樟树市、新干县和鄱阳县；铁皮石斛的良种繁育基地面积约2000亩，能繁育约4000万株，主要集中在鹰潭市。掌叶覆盆子的良种繁育基地面积约200亩，每年能繁育约200万株，主要在德兴市。

10.3.17　湖北省

湖北省是我国七大中药材主要产区之一。从2016～2018年总的发展趋势上看，黄连、蕲艾、苍术、半夏、玄参、独活等湖北道地品种良种繁育处于稳步发展阶段；湖北贝母、竹节参、白及等湖北特色中药材品种处于急速发展阶段，生产量和需求量都快速增长；半夏、独活、天麻等种苗外销型品种生产基地发展稳定，但育苗基地发展较快，种苗大部分销往省内外其他地区，特别是半夏80%以上的种苗销往省外甘肃等地。2016～2018年，累计生产黄连种苗50亿株，蕲艾种苗38亿株，湖北贝母种苗2.6亿株，苍术种苗1700万kg，玄参种苗1100万kg，独活种苗4亿株，半夏种苗870万kg，白术种苗10亿株，党参种子6.15万kg，天麻种苗400万kg，大黄种苗4500万株，白及种苗1.6亿株，黄精种苗2275万株，竹节参种苗4.6亿株，白前种苗1350万kg，百合种苗2000万株，夏枯草种苗30万kg；累计调出黄连种苗15.5亿株，蕲艾种苗9亿株，湖北贝母种苗0.85亿株，苍术种苗350万kg，玄参种苗390万kg，独活种苗1.15亿株，半夏种苗650万kg，白术种苗3亿株，党参种子1.65万kg，天麻种苗310万kg，大黄种苗2300万株，白及种苗1.29亿株，黄精种苗800万株，竹节参种苗1.6亿株，白前种苗800万kg，百合种苗400万株，夏枯草种苗11万kg。同时湖北省科技部门自2016年以来将中药材品种选育和良种繁育列入专项支持。湖北省现已审定的中药材品种有'双河紫油厚朴''鄂竹节参1号''鄂半夏1号''鄂半夏2号''恩玄参1号''鄂青蒿1号''宜优红1号''鄂当归1号''恩七叶甜''恩五叶甜''平利四倍体'等11个。

10.3.18　湖南省

目前，湖南省中药材种子基地主要有百合、玉竹、山银花、茯苓、白及、黄精、博落回、白术、枳壳、栀子等，中药材良种繁育基地主要分布在湖南省武陵山区和雪峰山区的龙山、慈利、靖州、洪江、隆回、新邵、安化等，以及罗霄山的平江、安仁等县市。2016~2018年，累计中药材良种繁育基地面积12.6万亩，其中，百合繁育面积最大，达3.5万亩左右，占中药材良种繁育面积的27.8%。2016~2018年，累计生产百合良种种苗5500万株，玉竹良种种苗9700万株，山银花良种种苗4000万株，茯苓良种种苗3600万包，白及良种种苗1亿多株；累计调出百合良种种苗1675万株，山银花良种种苗14.3万株，茯苓良种种苗1500万包，白及良种种苗1390万株。从2016~2018年总的发展趋势上看，湖南省中药材良种繁育面积稳定上升，这与近年来湖南省中药材栽培面积增大及良种选用有关。但湖南省中药材良种除茯苓、百合调出率稍高之外，其他良种调出率均较低，生产的特点基本表现为以自产自用模式为主。湖南省政府比较关注中药材良种繁育，先后出台《湖南省中药材保护和发展规划（2016—2025年）》《2017年湖南省技术创新引导计划中药材全产业链发展科技创新专题项目申报指南》等，通过政策倾斜和资金扶持，促进了道地中药材原种繁育、优良种子种苗繁育基地建设的发展。并在湘潭、邵阳、怀化、常德、张家界、益阳、娄底、株洲等的中药材最佳适宜区，集中建成道地中药材湘莲、茯苓、百合、黄精、杜仲、厚朴、博落回等原种繁育生产基地。

10.3.19 广东省

广东省地处热带-南亚热带地区，森林覆盖率达到60%以上，药用植物种类繁多，主要的道地药材有广金钱草、肉桂、广佛手、何首乌等。其中，化橘红、广阳春砂仁等8种南药精华、"地理标志产品"成为首批广东立法保护岭南中药材品种。现就主要的道地药材繁育基地的发展情况进行整理。广金钱草：种植面积较大的区域在平远县，每亩产种子15~17.5kg，每年种植面积500亩左右，因此，每年产种子7500kg以上，种子一部分用于市场销售，大部分满足基地种植需求。肉桂：集中在广东罗定市、肇庆市、德庆县、郁南县等地。通常采用种子繁殖方式，每年育种面积约400亩，亩产种苗2.5万株左右。需求量较大，种苗一部分满足基地自己需求，一部分用于农户山地种植。广佛手：集中在肇庆、罗定、郁南等地。大部分为分散栽培，主要采用扦插方式繁殖，育苗地面积约50亩，产苗量120万株，通常销售60万株，剩余的苗用于基地种植。何首乌：主要集中在德庆县、广宁县、罗定市等地。通常采用扦插繁殖方式，全省种植面积较大，约0.3万亩，育苗地面积约200亩，产苗量1300万株，来满足基地种植需求。穿心莲：主要集中在遂溪、英德种植。采用种子繁殖，育种地面积约100亩，每亩产种子约10kg，遂溪种子基地约0.008万亩，英德种子基地约0.002万亩，合计生产种子0.1万kg，种子主要满足基地需求，少量外销。广藿香：主要在阳江市、茂名市、湛江市、肇庆市高要种植。采用扦插繁殖方法，广藿香总种植面积约2万亩，育苗地约0.3万亩，产苗量共2000万~2300万株。通常生产基地自用。巴戟天：主要种植在德庆县、高要市、郁南县、罗定市。种植面积约6万亩，采用插条繁殖，育苗地面积约0.2万亩，产苗量约11 000万株。通常生产基地自产自用。阳春砂：主要集中在阳春、高州、信宜、广宁、封开等地。种植面积约2.5万亩，种子繁殖，产干果量约6.5万kg，其中1.5万kg作为育苗用种，用于市场流通。化橘红：主要集中在化州。种植面积8万亩，采用嫁接繁殖方式，柚作砧木。2016年育苗地近0.5万亩，逐年递减，2017年0.3万亩，2018年0.2万亩，2016年产苗量15 000万株，2017年9000万株，2018年6000万株。通过以上调查发现，广东道地药材广佛手育苗面积比较小，为了实现药材的永续利用，有必要号召广佛手的种植；化橘红、何首乌、巴戟天、肉桂等历史上久负盛名的道地药材的种植面积较大，因此对苗木的需求量也较大。

10.3.20　广西壮族自治区

广西壮族自治区中药材种子种苗基地主要有山豆根、三七、穿心莲、鸡骨草、金钱草、两面针、鸡血藤、钩藤、草珊瑚、天冬、牛大力、广西莪术、姜黄、砂仁、白及、五指毛桃、诃子、百部等，中药材良种繁育基地主要分布在河池、百色、玉林、钦州、柳州等地。2016～2018年，累计中药材良种繁育基地面积14.12万亩，其中三七繁育面积最大，达3万亩，占中药材良种繁育面积的21.2%。2016～2018年，累计生产山豆根种子16万kg、三七种子60万kg、穿心莲种子12万kg、鸡骨草种子3万kg、金钱草种子3万kg，两面针种苗900万株、鸡血藤种苗300万株、钩藤种苗600万株、草珊瑚种苗1500万株、天冬种苗300万株、牛大力种苗600万株、广西莪术种苗1200万株、姜黄种苗600万株、砂仁种苗1050万株、白及种苗120万株、五指毛桃种苗300万株、诃子种苗30万株、百部种苗30万株。从2016～2018年总的发展趋势上看，广西中药材良种繁育面积基本处于平稳状态，这与近年来广西大宗中药材栽培面积和栽培品种基本保持不变有关。广西生产的中药材良种主要为自产自销，调出率约为50%，调出目的地包括云南、贵州、广东、湖南等周边省份。近年来，广西壮族自治区人民政府比较关注中药材良种繁育和种植基地建设，先后出台了《广西壮族自治区壮瑶医药振兴计划（2011—2020年）》《广西生物医药产业跨越发展实施方案》等政策文件，通过政策倾斜和资金扶持，支持壮瑶药发展，加快重点品种构建合理的产业体系，推动建设原料药材基地。

10.3.21　海南省

海南省代表性中药材良种繁育基地涉及的品种主要有沉香、槟榔、益智、高良姜、石斛、胆木、裸花紫珠、牛大力、莪术、砂仁等，中药材良种繁育基地主要分布在海南省海口、五指山、儋州、琼中、白沙、琼海、屯昌、保亭、乐东、万宁、澄迈、东方等市县。2016～2018年，累计中药材良种繁育基地面积15.4万亩，其中，槟榔繁育面积最大，达 12.5 万亩左右，占中药材良种繁育面积的 81.2%。2016~2018 年，累计生产沉香良种种苗 2460 万株、槟榔良种种苗 7250 万株、益智良种种苗 1880 万株、高良姜良种 464 万 kg、石斛良种种苗 2640 万株、胆木良种种苗 1312 万株、裸花紫珠良种种苗 15 600 万株、牛大力良种种苗 390 万株；累计调出沉香良种种苗 760 万株、槟榔良种种苗 2150 万株、益智良种种苗 680 万株、高良姜良种 151 万 kg。从 2016~2018 年总的发展趋势来看，海南省中药材良种繁育面积趋于稳定，这与近年来海南省中药材栽培面积相对稳定及良种选用有关，其中近年选育的沉香优良品种'热科 1 号'（$Aquilaria\ sinensis$ 'Reke 1'）和'热科 2 号'（$Aquilaria\ sinensis$ 'Reke 2'）与益智良种'琼中 1 号'将是今后该品种推广的首选良种。海南省中药材良种除沉香、槟榔、益智调出率稍高之外，其他良种调出率均较低，生产的特点基本表现为以自产自用模式为主。海南省政府近年比较关注中药材良种繁育，出台《海南省中药材保护与发展实施意见（2015—2020 年）》及实施海南绿色中药材种植基地项目，通过政策倾斜和资金扶持，促进了道地中药材原种繁育、优良种子种苗繁育基地建设的发展，到 2020 年，将建设 5~10 个种子种苗专业化、规模化繁育基地。

10.3.22 重庆市

重庆市自建立直辖市以来，各中药材研究单位高度重视中药材品种选育工作，开展了相应的品种选育工作，选育了一批中药材良种。丰都县农业种子站 2010 年鉴定了'丰苏 1 号'（渝品审鉴 2010008，种子油用），西南大学 2012 年一次鉴定了 3 个紫苏品种（'渝苏 1~3 号'油用紫苏子，非药用）；太极集团选育叶用紫苏品种；重庆市中药材其余新品种主要由重庆市中药研究院选育并推广。重庆市中药研究院经过近十年的技术攻关，新品种选育取得突破性进展，重庆市率先培育、自行完成品种区域试验并通过审定（认定、鉴定）的新品种有 7 个，即'渝青 1 号'（2009）、'渝青 2 号'（2015）青蒿新品种，'渝蕾 1 号'秀山金银花新品种，'地金 2 号'及'茗葛 1 号'粉葛新品种，'渝枳 1 号'枳壳新品种，'渝玄参 1 号'玄参新品种；引进新品种 2 个。引进驯化并成功推广槐米'双季米金槐'（引种）、青蒿'药客佳 1 号'（引种）、'巫溪太白贝母'（鉴定为优良种源）。目前，青蒿良种自 2004 年累计推广面积在 100 万亩以上，秀山金银花新品种累计 10 万亩以上，粉葛新品种累计推广 10 万亩以上，新增中药材产值 20 亿元以上。重庆市主要采用常规技术生产中药材种子种苗，采用良种种子种苗进行繁育生产的较少。目前，主要有秀山银花（山银花）、青蒿、枳壳、紫苏、佛手、金槐米等采用良种生产种子种苗，粉葛在 2005~2010 年采用良种生产种苗，近年生产萎缩；金槐米曾经建立 100 亩良种种苗繁育基地，近年生产萎缩未生产。据粗略统计，2016 年重庆建立 6240 亩主要药材良种、种子种苗繁育基地，2017 年 10 420 亩，2018 年 7390 亩，实际种子种苗繁育基地面积在 5 万亩以上。

10.3.23 四川省

四川有道地中药材品种49个，据统计2018年种植面积近400万亩（除了三木药材），种植面积10万亩以上（除了木本药材）的有黄连、川芎、川明参、丹参、金银花（细毡毛忍冬，Lonicera similis）5种。四川建设较具规模和标准化的中药材种子种苗基地有雅安、广安2个国家基本药物所需中药材种子种苗繁育基地。雅安基地年生产桔梗种子1000kg，玄参种子300kg，鱼腥草种苗2.7hm^2，保存黄连1万株，繁育重楼0.1hm^2，白及0.1hm^2。2015年繁育品种增至26种。单品种基地10个：青川附子、三台麦冬、松潘川贝母、彭州川芎、双流姜黄、简阳红花、资中栀子、沙湾黄连、大邑黄柏、泸县赶黄草等药材种子种苗基地。松潘川贝母基地，建成川贝母种苗繁育大棚7000m^2，年产种苗数7000万株以上。三台麦冬种苗基地，年产麦冬种苗40亿株。彭州川芎基地，年产川芎苓种4000万株。资中栀子基地，年产栀子种子120kg，繁育栀子种苗2.7hm^2。简阳红花基地，年完成23hm^{2}红花播种。沙湾黄连基地，生产黄连繁育种子300kg，约300万株。泸县赶黄草基地，年生产赶黄草种子1000kg。双流姜黄基地，2015年种植姜黄（郁金）4hm^2。大邑黄柏基地，年繁育黄柏种苗7hm^2。青川附子基地年提供附子种根约210t。经过多年发展，四川已建成四十余种药材规范化种植科技示范区，通过GAP认证的有川芎、麦冬、川贝母、附子、丹参、姜黄、天麻、鱼腥草、白芷9个品种，建成19个基地。与之配套的区域内种子种苗繁育基地涉及10余个道地药材和珍稀名贵品种，涵盖四川盆地成都平原区、盆周山区、川西北高原区和攀西亚热带区，总面积超过130hm^2。目前，已通过四川省农作物新品种审定委员会审定、具有自主知识产权的有麦冬、川芎、附子、郁金、红花、天麻、丹参、石斛、白及等多个药材的新品种。

10.3.24 贵州省

贵州省中药材种子种苗种植主要分布在毕节、遵义、铜仁、黔东南、黔西南、黔南，其中基地面积增长速度最快的是黔南州，其次是铜仁市。2017～2018年，全省中药材种子种苗基地面积12万亩，其中毕节地区繁育面积最大，占全省中药材种子种苗基地总面积的39.1%，其次是遵义地区和黔东南州，分别占14.8%和12.1%。2017～2018年，贵州省中药材种子种苗面积千亩以上的品种有太子参、山银花、白及、天麻等。繁育面积万亩以上的品种有太子参（2.33万亩）、山银花（2.05万亩）、白及（1.81万亩）、天麻（1.19万亩）、金钗石斛（1.09万亩）。中药材种子种苗销售收入1000万元以上的品种有天麻、白及、钩藤、太子参等；其中种子种苗销售收入1亿元以上的品种4个，分别是天麻（6.10亿元）、钩藤（4.82亿元）、白及（4.54亿元）、太子参（2.86亿元），销售收入5000万～10 000万元的品种 5 个。2018 年，贵州省中药材种子种苗繁育生产年产值 13.66 亿元，毕节市占全省中药材种子种苗总产值的 34.3%，其次是黔东南州、黔南州和铜仁市，占全省中药材种子种苗总产值的比例分别为 15.0%、11.9%、11.9%。

10.3.25 云南省

云南省中药材资源有 6559 种，占全国的 51.2%，资源和品种数量居全国第一。2017 年云南省中药材种植面积达 747 万亩，2018 年达 756 万亩，种植规模居全国第一。从 2018 年起云南省通过实施中药材产业三年行动计划，重点推进了中药材绿色、有机、GAP 基地建设，支持道地药材良种选育、良种繁育基地建设工作。全省中药材种植面积稳定在 800 万亩左右、产量 100 万 t 左右，良种繁育基地将围绕三七、重楼、石斛、天麻、灯盏花等中药材大品种，以黄精、滇龙胆、当归、砂仁、草果等中药材骨干品种为重点，开展药用植物新品种繁育与良种繁育，到 2018 年良种繁育基地有昆明、曲靖、楚雄、红河、文山和西双版纳 6 个，中药材 GAP 标准化种植基地面积达 6.18 万亩，绿色、有机认证面积 6 万亩左右。据统计，2016~2018 年云南三七繁制种面积为 26 万亩，繁制种产量 5200 万 kg，种子种苗调出量 4000 万 kg。

10.3.26 浙江省

目前，浙江省中药材种子种苗基地基本以企业自行建设为主。据初步统计，近年来，浙江省中药材生产保持良好发展势头，种子种苗繁育水平逐年增长。"浙八味"中杭白菊种苗几乎为浙江省垄断，江苏、安徽等地引种杭白菊的面积也逐年增长，2018 年年产菊苗 1.8 亿株。延胡索在浙江东阳、磐安等繁育基地近 1.2 万亩，与生产需求基本持平。浙江浙贝母产量占全国总产量的 90%，但由于大部分种源从江苏引进，因此浙贝母面积虽逐年增大，但繁育基地在主产区宁波和磐安仍非常少，在 2018 年近 2000 亩，很难满足省内生产用种。其他 5 味药材面积相对缩减，繁育基地面积也锐减。新"浙八味"中铁皮石斛的种苗占全国的 60%，大量供给云南等地，2018 年乐清市繁育种苗达 6 亿株，另外磐安、金华、杭州等地也有近 3 亿株种苗出售，覆盆子产业近年效益增长快，种苗繁育量也逐年递增，2018 年淳安县生产种苗 500 万株，丽水、磐安等地出苗也超 200 万株，淳安县临岐镇被评为覆盆子之乡；三叶青种苗繁殖超 1000 万株，主要产地为遂昌、临安等，临安中泽公司三叶青新品种'泽青 1 号'2018 年通过认定，中央电视台第 7 套节目对其进行了宣传，'泽青 1 号'种苗售价比其他三叶青品种高 100%，体现了优质优价。新兴中药材品种如白及、黄精等种苗产量也随行情逐年升温，特别是白及种苗超 5 亿株。

10.4 问题与发展建议

10.4.1 存在的问题

目前，较为规范化的中药材繁育基地提供种子种苗有限，大多以自用和供周边区域为主，并且项目已经结题，缺乏后续资金支持，其他专门的中药材良种繁育基地非常少，而规范化的良种繁育基地生产的优质种子种苗是市场急需的，目前在市场上有供不应求的情况。另外，已经市场化的优良品种种子种苗供应能力也非常弱，需要尽快扩大其良种繁育基地的建设，尽快生产满足市场需求的种子。种子由于自身遗传和栽培环境的差异，质量不稳定、不均一，中药材本身种内品种较少，栽培品种单一，高产优质品种较少且不易辨别，自繁种子种苗存在退化、丰产性能低、种子种苗市场混乱等问题。另外，不同的药材品种繁育技术是不同的，有相当部分的中药材对气候条件、生长环境、土壤肥力、伴生植物要求较高，盲目进行驯化种植不仅有可能导致品质下降，甚至有可能导致中药材出现异化，严重影响中药材质量。随着气候变化加剧和品种退化问题的逐年加重，如何提高繁育技术、改善中药品种已经成为当前需要关注的问题。同时，由于中药材育苗没有进行有效隔离，多种药材品种混杂培育，造成原本具有较大优势的品种出现退化。

10.4.2 发展建议

中药材种子种苗是中药材产业链的起点，其质量的优劣在中药材种植中起着举足轻重的作用。建议政府加快完善中药材种子种苗适宜性种植区划编制，合理布局建立中药材种子种苗生产基地；同时应加大政策倾斜力度，加大资金投入，增加对道地大宗中药材种子种苗繁育的补贴标准；因地制宜地通过"政府+企业+农户""企业+农户""中药材合作社+农户"等模式，在各中药材栽培区建立道地药材和大宗药材的种子种苗繁育基地，扩大种子种苗基地规模；制作种子种苗繁育培训教程，鼓励引导企业和药农坚持繁种，不受市场价格的影响而变化；在优质道地种子种苗产区，培育龙头企业，建设形成更多的品牌基地。另外，需要进一步促进各省份依托特色资源的优势，加强中药材育种工作，对正在进行或即将开启中药材育种工作的，给予政策上的支持和倾斜，根据不同品种的适应性，建立良种种子生产基地，把品种区域试验、示范、审定、繁殖和推广等环节紧密地连接起来，加强品种选育、引种驯化、区域试验等工作，为中药材新品种的培育提供有利条件，对已经培育出的优良品种，加大宣传推广力度，提高良种基地建设的积极性和效率。

繁育基地建设要从种源质量把控、施入品管理、采收、贮存、运输等关键环节入手，做好质量监管工作。要做好化肥农药、激素等的使用管理，如减少种苗"肥而不壮"的质量问题;相关部门要对繁育基地依托企业/合作社进行有效管理,尽量杜绝杂种、假种进入市场,一旦发现质量问题即刻展开清查工作,从而使中药材种子种苗生产和流通迈入正轨,推动中药材产业走向可持续健康发展之路。

第 11 章 中药材工厂化育苗

工厂化育苗是随着现代农业的发展而出现的一项先进农业技术，是现代化农业的重要组成部分。工厂化育苗具有集约化、规模化、生产效率高、自动化程度高等特征。而传统的育苗方式占地多、用工大、劳动强度高，且费工费时、效率低下（郝金魁等，2012）。改变传统的育苗方式、实施工厂化育苗是提高我国农业产业化水平的必然选择。工厂化育苗，可在可控环境条件下进行育苗并缩短育苗周期、保证秧苗质量，已在国内呈现加速发展的势态（王莉，2017）。

目前，国内不仅有蔬菜、花卉、水稻、林木等在进行工厂化育苗生产，中药材的育种育苗也在开展相关研发和工厂化生产（王敏珍等，2009），一些品种包括石斛、白及、金线莲等在工厂化育苗方面已取得了成功，推动着相关种苗产业的升级换代，有效解决了这些药材缺乏优良种苗的产业发展瓶颈问题（孔凡真，2005）。但中药材工厂化育苗总体发展存在产业规模小、产业集中度低、规模化推广品种少、育苗技术单一、种苗成本高等突出问题，因此，摸清中药材工厂化育苗现状，总结育苗过程中的关键技术，提出针对性的对策建议，对推动中药材工厂化育苗进程具有重要意义。本节综述了中药材工厂化育苗行业发展现状、存在问题及发展趋势，以期为提升中药材工厂化育苗技术水平、促进育苗行业健康快速发展提供参考和借鉴。

11.1 中药材工厂化育苗发展现状

经查阅相关文献及资料，结合笔者近几年的实地调研及参与相关产业的实践，了解到目前实现工厂化育苗的中药材品种较少，有铁皮石斛、霍山石斛、白及、金线莲等几个代表性品种，工厂化育苗生产种苗技术最成功、效益也最高的是铁皮石斛，利用铁皮石斛成年植株所产出的蒴果内含的大量细小种子，通过组培育苗技术实现了铁皮石斛种苗的规模化生产。据估算，2021 年铁皮石斛组培苗年出苗量在 20 亿株以上，年产值达 10 亿元（杨明志和单玉莹，2022）。

霍山石斛、白及与铁皮石斛均为兰科植物，同样可以产生大量细小种子，利用组培育苗技术实现了种苗的大量繁育。目前，霍山石斛种苗年供应量达 1 亿株，年产值约 1 亿元（戴亚峰等，2018）。白及通过直播育苗技术，实现种苗年供应量达 2 亿株，年产值约 1.4 亿元（牛俊峰和王喆之，2016）。金线莲因自然条件下自我繁育困难导致种苗稀缺，利用组培育苗技术实现了金线莲种苗的批量供应。三七则采用了集约化育苗技术，实现了种苗的规模化生产。现就主要的中药材工厂化育苗品种发展现状介绍如下。

11.1.1 石斛

组培育苗技术是一种无性系繁育方式，是在保证石斛类药材优良性状的同时快速扩繁的最佳途径。自20世纪60年代以来，组培育苗已从研究试验阶段迅速成为大批量生产种苗的工厂化方法（李泽生等，2011）。组培育苗是工厂化育苗的核心技术之一，通过组织培养进行工厂化育苗在许多名贵花木上成效卓越（胡金全等，2016），目前这一技术也在石斛属药材育苗方面取得成功，实现了石斛种苗的工厂化生产（李小丽和李弟，2008）。

1. 铁皮石斛

铁皮石斛（*Dendrobium officinale*）是兰科石斛属珍稀药用植物，其种子细小、面粉状，没有胚乳，不含供给幼苗萌发和生长的营养成分，因此，在自然条件下自我繁殖率很低，野生资源已濒临灭绝。由于铁皮石斛为珍稀名贵药材且具有良好的保健作用，近年来其种植产业发展迅速，种苗需求旺盛（胡金全等，2016）。

铁皮石斛是石斛类药材率先通过组培工厂化育苗实现向市场大批量供应优质种苗的品种，国内企业和科研机构通过不断试验和摸索，最终掌握了铁皮石斛种子——蒴果（内含数万粒细小种子）无菌组织培养技术，包括出苗、扩繁、生根等技术环节，通过规模化生产，有效解决了市场上对种苗的迫切需求，促进了全国石斛产业全产业链的发展，带动了千千万万种植农户脱贫致富（陈潇倩，2016）。

目前，国内石斛产业发展较好的有浙江天皇药业有限公司、金华寿仙谷药业、杭州天目山药业股份有限公司等企业，其中浙江天皇药业有限公司是目前国内石斛产业实力最强的一个企业，该公司经过了长期艰辛的摸索，在国内率先攻克铁皮石斛组培育苗、炼苗、模仿野生环境等技术难关，突破了濒危植物铁皮石斛的繁殖和栽培两大难题，对铁皮石斛的资源保护和可持续利用做出了重要贡献。三十多年来，公司不断发展扩大铁皮石斛组培育苗规模，现已建成2.6万 m^2 的铁皮石斛育苗大楼，年生产铁皮石斛组培苗400万瓶/约2亿株，有效满足了铁皮石斛产业化发展对种苗的大量需求，目前铁皮石斛栽培面积已达2000余亩。铁皮石斛组培育苗及规模化种植见图11-1、图11-2。

大规模利用组培技术工厂化繁育铁皮石斛的企业在全国还有许多，不仅满足了自身种植的大量需求，还为市场提供了大量的优质铁皮石斛种苗，促进了全国铁皮石斛产业快速、高效发展。

关于利用组培工厂化育苗技术繁育铁皮石斛种苗的经济收益，现分析总结如下：经实地调研和测算，按照中等规模育苗车间5000m^2、年出产种苗100万瓶、培养周期6个月、40株/瓶的标准核算，达到出厂移栽的1瓶种苗综合成本约为10元人民币（单株成本0.25元/株），其成本主要为以下四部分：一是育苗所需厂房、设备等固定资产的折旧成本，占约 20%；二是种苗培育的人工成本，占约 40%；三是种苗培育所需光照的电费成本，占约 30%；四是其他成本，包括购买试剂、耗材等的成本，占约 10%。

图 11-1　铁皮石斛组培育苗

图 11-2　铁皮石斛组培育苗规模化种植

2007～2015 年，铁皮石斛种苗的价格最高可达到 2 元/株，利润率可达到 80% 以上，2015 年后随着参与组培育苗技术的企业不断增多，价格逐步下跌。目前，铁皮石斛种苗的价格约为 0.5 元/株，育苗企业出售铁皮石斛种苗的收益也在不断下滑，甚至只能保本销售。

2. 霍山石斛

霍山石斛（*Dendrobium huoshanense*）俗称米斛，是兰科石斛属的草本植物，主产于大别山区的安徽省霍山县，市场需求量大，但目前国内自然资源已枯竭，很难采到野生植株，同时霍山石斛繁殖难，生长慢，周期较长，目前的产量远远不能满足药用需求（李向东等，2015）。

目前，霍山石斛种苗已可以利用种子组织培养的方法进行工厂化育苗，包括组培育苗、炼苗、驯化和移栽等步骤（图11-3～图11-5）。中国中药有限公司在当地的全资子公司中国中药霍山石斛科技有限公司与霍山县政府及当地厂家合作，在获得优质、纯正霍山石斛种源的基础上在当地开展了霍山石斛工厂化育苗工作，在霍山县组建近2000m^{2}霍山石斛种苗繁育中心，可实现霍山石斛种苗组培扩繁、炼苗、驯化到移栽的集约化生产，霍山石斛种苗年出苗量达5000万株，可满足约200亩种植基地的用苗量，这为其发展壮大霍山石斛产业奠定了坚实的基础（李静和毛礼和，2019）。

图11-3　霍山石斛组培育苗

图11-4　霍山石斛种苗炼苗

图11-5　霍山石斛种苗驯化

另外，公司先后获得安徽省"十大皖药"（霍山石斛）产业示范基地、国家级珍稀物种霍山石斛规范化基地等荣誉称号；霍山石斛产品先后获得"国家地理标志保护产品""生态原产地保护产品""安徽省著名商标""安徽省名牌产品""中国著名品牌"等殊荣，霍山石斛"龙头凤尾"加工工艺被列入"非物质文化遗产名录"，公司在霍山石斛工厂化育苗和优质石斛生产方面已走在全国前列。

3. 金钗石斛

金钗石斛（*Dendrobium nobile*）是我国传统名贵中药，在我国主要分布于台湾、福建、湖南、湖北、广东、广西、贵州、云南、四川、海南岛等长江以南的亚热带地区。因其形似古代妇女头上的饰物金钗而得名，为兰科石斛属多年生附生草本植物，具有较高的药用价值；又因其花色艳丽，花姿优美，清香宜人，而成为世界著名的观赏花卉（王琳等，2004）。

贵州省赤水市金钗石斛的人工栽培已有五十多年历史，是我国著名的道地石斛产区。赤水金钗石斛已于 2006 年获国家地理标志产品保护。金钗石斛自然条件下种子自我繁殖率低，利用组培技术可在短期供应大量的种苗，能有效满足种苗的市场需求。

当地企业已成功解决了金钗石斛种苗繁育技术问题，在遵义市建立了种苗繁育中心（图 11-6、图 11-7），每年具有 50 万瓶石斛种苗的生产能力，驯化种苗 1000 多万株。经过近几年的发展，赤水金钗石斛种植面积已达 2000 亩。

图 11-6　金钗石斛组培育苗

图 11-7　金钗石斛种苗驯化

11.1.2 白及

1. 组培育苗

白及（*Bletilla striata*）为兰科白及属地生植物，广泛分布于中国长江流域各省份（曹建新等，2016），尤以贵州量大、质优（张洁等，2014）。白及作为国家濒危药材，种子细小、没有胚乳，自然萌发率极低，自我繁殖困难，加上野生白及滥采乱挖，导致野生资源越来越少，而市场对其需求量逐年递增，2014 年白及需求量已达到 2000t 以上。

为了保护白及野生资源，人工培育和繁育白及迫在眉睫。白及传统栽培主要靠分割假鳞茎进行分株繁殖，但繁殖率低、耗种量大，难以满足市场需求。采用白及蒴果无菌播种的方式能有效提高种子萌发率，庞文波和钟能（2015）试验了白及种子无菌播种的技术，并对培养条件进行了优化，达到了较好的增殖效果。

张洁等（2014）在白及种子无菌播种的基础上，攻克了移栽驯化成活率低的难题，成活率达到 95% 以上，总结出一套白及工厂化育苗技术体系，包括无菌播种、增殖与壮苗培养、组培苗驯化等环节，有效缩短了育苗时间，并降低了成本，可以在短时间内获得大量均一的白及种苗。该体系的建立对促进白及种植产业的健康发展和资源保护具有重要意义。白及组培种苗见图 11-8。

图 11-8 白及组培种苗

2. 直播育苗

牛俊峰和王喆之（2016）研究了一种白及种子直播育苗新方法，该方法简单易行，出苗速度快，可有效降低白及种植成本至 0.9 万元/hm^2。该方法包括搭建育苗棚、建设育苗床、种子处理及直播育苗、苗期管理、设施大棚苗床驯化等过程，使白及种子萌发率提高至 70%，实现了白及种苗的规模化繁育，建立了一套白及种苗工厂化育苗技术体系，为白及快速繁殖开辟了一条新途径。

该方法已在合作基地推广，在陕西汉中、安康、商洛和云南普洱建立白及直播育苗基地约 20 000m², 年出苗 1 亿株以上, 推广种植约 300hm². 白及种子直播工厂化育苗现已在全国多地 (如湖北罗田等地) 付诸实施 (图 11-9), 不仅为市场提供了大量优质种苗, 而且大幅度降低了种苗成本, 有效解决了白及种苗的供需矛盾, 实现了白及育苗产业的升级换代。

图 11-9　湖北罗田白及种子直播育苗基地

关于白及种子直播工厂化育苗的成本及收益, 以位于湖北罗田的白及育苗基地为例说明: 该基地占地面积约 12 000m², 建成投产育苗大棚 100 余座, 2019 年出产白及成苗约 2000 万株, 种苗成本可控制在 0.3 元/株以内, 种苗成本主要为设施大棚和设备的固定资产折旧、人力成本、农资花费等, 市场售价约 0.5 元/株, 利润率约 40%, 规模效益显著, 年收益约 400 万元。

11.1.3　金线莲

金线莲主产于福建、浙江、台湾和江西等地区。由于野生金线莲资源匮乏, 早在 1990 年福建省就将其列为濒危植物 (刘丹, 2013)。近年来, 金线莲人工种植规模不断扩大, 而金钱莲种苗组培工厂化生产技术也已成熟, 金线莲的组织育苗主要以不定芽和茎段作为繁殖材料, 组织培养条件逐渐得到优化, 设施规模化栽培等关键技术也已取得突破, 这为金线莲产业的健康快速发展奠定了良好的基础 (张月娇, 2011)。

福建省是国内金线莲产量最大的省份, 也是金线莲种苗工厂化育苗和栽培技术较为成熟的省份。福建省南靖县是最早开展金线莲种苗组培技术的地区, 由省林业科技试验中心研发成功后向社会进行了推广, 南靖县已成为中国最大的金线莲产地。该省金草生物集团有限公司专业从事金线莲的母种诱导、组培工厂化育苗和林下生态种植。该省武平县引进了金线莲组培快繁技术, 现有金线莲组培车间 2000m², 已实现集约化、工厂化生产金线莲种苗 (汤珺琳, 2016)。

11.1.4 三七

杨文彩等（2012）分析了三七主产地云南三七产业存在的问题，总结了当地有机三七种植和集约化育苗的现状与不足，提出工厂化育苗可以实现精密播种，有效减少种子用量，人为控制环境条件，缩短育苗周期，生产出病害少的优质种苗，有效解决实际生产种植过程中连作障碍的问题。

同时，杨文彩等（2014）针对云南当地三七育苗产业种植模式仍以传统人工模式为主、播种效率低、种苗质量参差不齐的现状，提出了基于农机农艺融合的三七机械化精密播种系统的概念，并开展了相关实验研究，包括三七种子机械化精密播种机、三七种子包衣、标准育苗槽等，以期为实现三七工厂化育苗做好准备。

11.1.5 其他品种

1. 半夏

由于人工栽培半夏用种量大，用种多来源于野生资源，受限于野生资源的缺乏，半夏的种苗供应长期处于紧缺状态。张晓伟等（2007）研究了半夏的组培快速繁殖，建立了一套半夏工厂化育苗技术体系，种苗生产具有生产周期短、繁殖系数高等特点，但种苗的生产成本较高，限制了其规模化育苗生产的开展。半夏组培育苗见图11-10。

图11-10 半夏组培育苗

张廷红等（2011）利用组培苗在防虫网室大棚内做苗床栽培半夏种苗工厂化育苗试验，产出种茎称为原原种，用原原种再栽培一年产出原种作为种茎出售或进行大田栽培，但田间试验和推广种植效果不理想，主要原因是半夏组培苗成活率低，且成本高于异地培育出售的半夏种茎（图11-11）。

图 11-11　网室大棚内苗床栽培半夏种苗

2. 秦艽

魏莉霞等（2007）试验了秦艽温室工厂化育苗的方法，对种子处理、播种方法、苗期管理、移栽驯化和大田种植技术进行了研究，总结出繁育要点和关键技术，可以缩短生长周期，为种植户提供优质种苗，形成了一套可行的秦艽工厂化育苗与大田移栽技术，为秦艽的人工栽培奠定了基础。

3. 五味子、连翘、杜仲、黄芩、金银花等

霍国琴等（2003）尝试利用扦插快速繁殖技术对五味子、连翘、杜仲、黄芩、金银花等在连栋温室内进行中药材立体育苗试验。在试验成功的基础上，进行了工厂化生产，每平方米年产种苗量达 1000 株以上，缩短育苗周期至 3 个月，具有种苗成活率高、健壮、易包装运输等特点，为中药材类植物工厂化育苗生产建立了一种新途径。

11.2　中药材工厂化育苗品种选择范围分析

当前中药材品种的工厂化育苗主要利用组培育苗和大田集约化育苗得以实现，与现代农业相比存在技术单一、先进设备和技术利用度低、投资规模和产业集中度小、规模效益不显著等劣势，还存在很大的差距。

已实现工厂化育苗的中药材品种具有以下特征：①种子细小且数量巨大，或者产量较大、容易获得；②药材价值高，种苗成本较高市场也可以承受；③利用集约化育苗规模化生产种苗，有效降低成本。铁皮石斛、霍山石斛和白及具有前述①、②、③的特征，金线莲和三七具有②、③的特征。由此可见，其他中药材品种若想实现工厂化育苗，可以借鉴上述 3 个特征，特别是②、③两个特征。

总之，目前实现工厂化育苗的中药材品种较少，原因主要有以下几点：①工厂化育苗种苗成本较高，限制了其在市场上的推广种植；②现有的工厂化育苗研发基础薄弱，技术攻关不强，优良品种选育进展缓慢，导致优质和价格适中种苗欠缺；③多数中药材品种以种植户自留种为主，通过大田育苗或简易温棚育苗实现种苗的批量供应，种植户对工厂化培育的种苗接受度低。由此可见，加大科研投入和产业化开发，利用工厂化育苗技术有效降低成本并培育出大量优质的种苗才能实现规模化推广种植。

11.3　中药材工厂化育苗关键技术和设备

通过分析已开展工厂化育苗的中药材品种的相关技术，以及分析有报道的中药材工厂化育苗的相关试验和技术攻关，结合现代农业的先进技术、设备和设施，现将中药材工厂化育苗已使用或可能使用的相关技术、设备和设施等的信息汇总及分析如下。

11.3.1　组培育苗技术

自20世纪60年代以来，组培育苗已从研究试验阶段迅速成为大批量生产种苗的工厂化方法。组培育苗技术是一种无性系繁育方式，在保证药材优良性状的同时实现种苗快速大量培育。组培育苗是工厂化育苗的核心技术之一，目前这一技术也在石斛属药材育苗方面取得了成功。

组培育苗技术的核心是培养基的营养成分，现已发展出MS、KT、N6等多种培养基，不同植物适合的培养基也不同，经选择对比试验可以选出单个中药材品种的最适培养基成分。组培核心设备有高压蒸汽灭菌器、超净工作台、臭氧发生器等，高压蒸汽灭菌器选购的关键是安全等级和品牌影响力，核心要求是操作安全和仪表精确度高；超净工作台的核心部件是空气过滤系统，要有保证符合无菌接种要求的微生物过滤系统（图11-12）。

图11-12　垂直送风式超净工作台

组培育苗技术由于育苗过程需要消耗大量的电能、频繁转接种苗需要大量的人工、对环境的要求高相应地厂房设备的折旧也高，很大程度上提高了种苗繁育成本，以铁皮石斛为例，成苗的单株成本约 0.25 元；以白及组培苗为例，成苗的单株成本约 0.6 元，故本技术适用于繁育种子产量大或药材价值较高的中药材品种。

该技术的优点：可以大量、快速、短时间内繁育出种源纯正、脱毒、遗传性状一致的大量种苗，用于开展大田推广及植物新品种选育等工作，是现代工厂化育苗的核心技术，具有明显的快速、高效繁育种苗优势。该技术的缺点：提高了种苗繁育成本，因成本高，农户不愿意订购，导致大田推广困难；另外，该技术初期投入大、设备设施维护专业性强、技术要求高，导致其实际生产应用难以普及。

11.3.2　水培育苗技术

水培是指植物根系直接与营养液接触，不用基质的栽培方法。营养液是无土栽培的关键，不同作物要求不同的营养液配方。营养液配方中，差别最大的是其中氮和钾的比例。

水培供液方式很多，有营养液膜、灌溉法、漫灌法、滴灌系统、喷雾法和人工浇灌等。归纳起来可以分为循环水系统和非循环水系统两大类。水培营养液的供应系统是水培育苗技术的关键点，要特别重视营养液供应量、时间和周期，水泵控制器的选择，营养液的过滤，营养液的添加和 pH 调节等环节，供液系统选择质量可靠的厂家供应的设备，可以将水泵、pH 计及控制器等集成在一起，以便于控制和管理（赵有生和于海业，2009）。图 11-13、图 11-14 为典型的水循环营养液水培系统培育奶油白菜及喷雾法水培鸭跖草照片，可以达到理想的高质、高产和高收益的实际生产效果。

图 11-13　水培系统培育奶油白菜

图 11-14　喷雾法水培鸭跖草

水培育苗是现代农业的新兴技术，叶菜类包括生菜、芹菜、韭菜和西红柿的水培生产技术已较为成熟，利用现代育苗大棚，可以实现水培蔬菜的优质高产且无病害及农药残留，其生产效率已远大于大田种植。水培育苗的成本主要是育苗大棚、育苗设备设施、环境控制设施等投入较大，折旧占成本主要部分，需要精细化管理、协调设施设备，有效分摊折旧成本，才可以产生规模效益，实现盈利。

该技术也有一定的局限性，特别是营养液成分复杂，筛选适用的营养液难度大；在生产过程中，营养液管理复杂，需要不断调节营养液的 pH 和 EC，还需做好各项防护措施，避免营养液中藻类大量繁殖争夺营养和病害侵袭；该技术也同样存在设备设施维护专业性强、技术要求高，导致其实际生产成本高企的问题。

11.3.3　工厂化穴盘育苗和机械化精量播种技术

穴盘育苗具有育苗整齐、出苗率高、移栽容易不伤根、可以机械化播种等优势。工厂化穴盘育苗是将机械化精密播种机械搬进育苗车间，为育苗的快速生产提供了保障。自动化机械播种系统是工厂化育苗过程中最重要的技术，包括多个环节，分别是送料系统、基质填料系统、精量播种系统、基质覆土系统（于亚波等，2017）。国内研究应用较成熟的是穴盘机械化自动播种机，根据工作原理不同分为气吸式播种和机械转动式播种两种。

机械转动式播种机对种子形状要求较为严格，种子需要进行处理方能使用，而气吸式播种机对种子外形适应性相对较好，适用播种范围广，且更容易与播种生产线相配套，现成为主流应用设备。气吸式播种育苗机播种速度快，可播种穴盘（200 穴/盘）120 盘/h，且播种深度均匀、过程易于控制，秧苗优质、整齐度高，生产过程自动化、机械化，是理想的苗盘播种育苗机械（图 11-15）。

图 11-15 气吸式播种育苗机

工厂化穴盘机械化精量播种育苗技术是现代化农业生产种苗的关键技术，可大大提高种苗繁育效率、提高自动化水平，明显减轻种苗生产中繁重的劳动强度，有效降低人工成本（张俊杰等，2013）。该技术对种子的要求较高，一些不规则或不均一的种子需要包衣处理，才可以达到精量播种的目的，这无形中增加了生产成本。

11.4 存在的问题及建议

11.4.1 市场需求与供应不匹配

种苗市场上种植户对优质、价格适中的种苗需求迫切，而生产企业不能有效满足其需求，生产出的种苗存在质量标准欠缺或不完善、种苗成本较高、优良品种缺乏、品牌影响力弱等突出问题。这就需要种苗生产企业牢固树立质量优先意识，建立健全相应种苗标准；通过科研攻关完善工艺和有效降低成本；不断增强服务意识，树立起牢固的品牌影响力；这样才能生产出满足市场需要的优质产品，实现公司的规模和经济效益最大化。

11.4.2 生产规模小，工厂化程度不高

目前，相当一部分工厂化育苗企业规模还较小，且自动化程度较低，无法形成规模化效应，劳动力成本投入大、设备质量不一、协调性差、生产效益低等共性问题严重制约着工厂化育苗行业的健康发展。

建议应该加大扶持力度和资金投入，培育大型企业。目前，国内中药材工厂化育苗还处于发展阶段，基础较弱，技术和设施还不完善，仅依靠社会资本的投

入无法满足产业发展的需要,还需获得政府的大力支持,包括基础设施建设、项目补贴、贷款贴息等措施和手段,有力推动了工厂化育苗行业做大做强,以满足社会对大量优质中药材种苗的迫切需求。

11.4.3　设施设备成本高,投资成本大

工厂化育苗集成了智能控制、设施工程、生命科学和现代管理等技术,但在实际生产过程中所需的播种生产线等关键设备和配套设施均价格昂贵,因此开展大规模工厂化育苗初期投入很高,在一定程度上限制了该技术的发展。

建议前期做好各项论证,保障所购设备的适用性和可靠性,研究各设备、设施之间的协调与配合,以使所购的设备设施能良好地投入运行,以尽快产出效益,并收回成本。

11.4.4　研发技术不成熟,关键技术有待突破

国内研发的育苗设备和设施虽然价格较低,但性能往往不尽如人意,且配套性差、故障较多。尤其是育苗播种机械是一种核心设备,基于中药材种子的多样性,该设备多存在播种效益不高,漏播、重播、少播现象较为常见,播种质量不稳定等问题。

同时,育苗所用基质的研究较少,存在不同批次间质量差异大,导致基质的使用效果不稳定的问题。缺乏对基质的重复利用技术攻关,对基质在重复利用前如何处理、合理的消毒和灭菌方法研究不足,导致育苗产出不稳定,严重影响了经济效益(柴文臣等,2017)。

故应该加大科研投入,加强科研院所与育苗企业的合作,实现资源优势互补,让育苗企业在生产中遇到问题时能及时与科研人员沟通并进行联合攻关,达到优势互补,使科技成果快速转化为生产力,加快关键设备和技术的开发,提高设备的精度和可靠性,利用技术降低育苗的生产成本。

11.5　发展趋势

11.5.1　生产工艺和流程的标准化是实现中药材工厂化育苗生产的关键

工厂化育苗技术集成度高、工艺较多、对人员的要求较高,为实现工厂化育苗的周年生产和保障种苗质量,生产出优质种苗批量供应市场,就需要对整个生产流程严格把控、精细管理,而将相关的生产工艺和操作流程规范化及标准化是解决上述问题的最好方法。实现相关工艺和流程的标准化也是有效降低种苗成本和实现常年安全生产的保障措施。

11.5.2　中药材工厂化育苗将以设备、设施和技术等协同配合促进发展

中国的工厂化育苗将从分散、落后向规模化、集约化生产转变,设备、工艺和技术将协同配合、协调发展。机械化、自动化、信息化的"三化"结合将成为未来工厂化育苗的发展方向(郑刚等,2019)。从设备到设施,整个育苗系统将更集约化,管理也将更趋于智能化,而生产工艺各流程技术体系的协同与完善将有力地促进工厂化育苗的健康、快速发展。

11.5.3　规模化、专业化是未来的发展方向

工厂化育苗的优势之一就是利用规模效应达到降低单位产品生产成本和提高生产效率的目的,规模小不能充分发挥出育苗设备设施的效率,专业化的设备和设施可以实现自动化、智能化精确控制,降低人力成本和运行成本,更高效地提升生产力,目前工厂化育苗正在朝着规模化、专业化方向发展。

第 12 章 中药材种业企业发展现状与实例

中国农业种业产业化发展可以分为 4 个阶段——"四自一辅"阶段（1949～1977 年）、"四化一供"阶段（1978～1982 年）、市场化转型阶段（1983～1994 年）、产业化发展阶段（1995 年至今）。与农业种业相比，中药材种业还处在发展的初级阶段，部分品种还属于自留种阶段。2016 年 1 月 1 日起执行的《种子法》规定"草种、烟草种、中药材种、食用菌菌种的种质资源管理和选育、生产经营、管理等活动，参照本法执行"后，中药材种子的生产经营才正式纳入到法规的管理中。自 2016 年版《种子法》实施后，中药材种的生产经营开启了许可证制度，成立了一批中药材种子生产经营企业。2021 年 12 月修订、2022 年 3 月起实施的《种子法》延续 2016 年版许可证制度，2022 年 1 月农业农村部对《农作物种子生产经营许可管理办法》进行修订（许可及申请条件详见附录 1），规范了中药材种子生产经营管理秩序。

目前，中药材种业的产业化处于初级阶段，随着中医药产业的快速发展，中药材种业产业化也必将得到快速的提升。本章就中药材种业企业的发展现状、中药材种业与农业种业的差别、中药材产业化发展模式的路径及中药材种业的典型企业案例等进行简述，以期为中药材种业的产业化发展提供思路。

12.1 中药材种业企业发展现状

中药材种业相对于中药材种植、中成药、中药饮片产业起步晚，整体规模较小。2016 年以前，中药材种子种苗交易主要以个体农户交易为主，没有固定的经营主体，质量无保障；新法实施以后，出现了一批具有生产经营许可证的中药材种子生产经营企业。据中国种业大数据平台统计，2016 年有 6 家获得种子生产经营许可证的企业生产经营范围有中药材种子，2018 年登记种类有中药材种子、具有生产经营许可证的企业全国有 77 家，登记种类仅为中药材种子的企业有 18 家，并未形成具有一定影响力和规模的市场，截至 2019 年 12 月，全国具备中药材种子生产经营许可证的企业增至 117 家，但中药材种业专业化程度和品种集中度不高，缺乏自身品牌和特色，企业经营品种多以所在地地产品种为主，种类少，且基本无新品种的生产经营。2016～2019 年每年获得种子生产经营许可证、生产经营范围涉及中药材种子的企业数量变化见图 12-1。

目前，中药材种子种苗的生产经营主体有企业、合作社、个体工商户、农户等，业态覆盖了农业、工业和商业，形式上有自繁自销、自繁自销或他销、自繁自育自加工自销或他销等，经营规模上有年销售额几千万元的企业，也有作为农副产品年销售额几百元的农户。

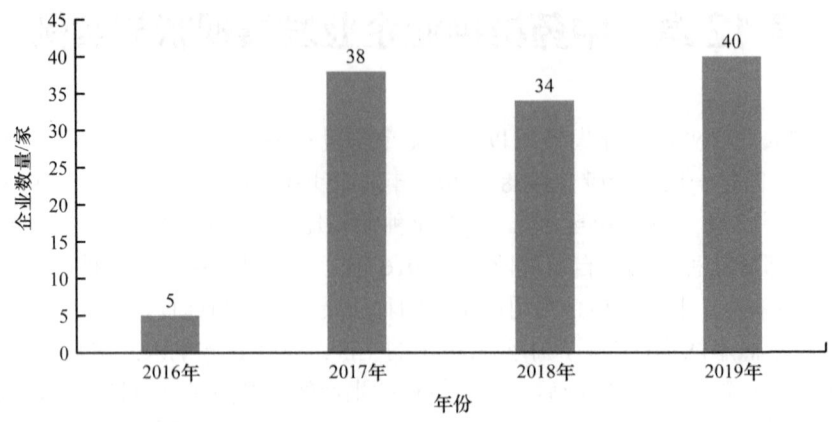

图 12-1 2016~2019 年获得生产经营许可证、生产经营范围涉及中药材种子的企业数量

12.1.1 中药材种业企业概况

1. 具有种子生产经营许可证的企业情况

据中国种业大数据平台（http://202.127.42.145/bigdataNew/home/ManageOrg）统计，截至 2019 年 12 月，生产经营范围涉及中药材种子的具备农作物种子生产经营许可证的企业全国共有 117 家（详见附录2），涉及 19 个省份，各省份企业情况见图 12-2。第一梯队 4 个省份，包括甘肃、山西、河北、四川，合计 65 家企业，占总数的 55.6%，其中甘肃省企业最多，共计 30 家，占总数的 25.6%；第二梯队 4 个省份，包括贵州、云南、湖北、内蒙古，合计 29 家企业，占总数的 24.8%；第三梯队 11 个省份，包括北京、广西、黑龙江、湖南、宁夏、山东、陕西、福建、

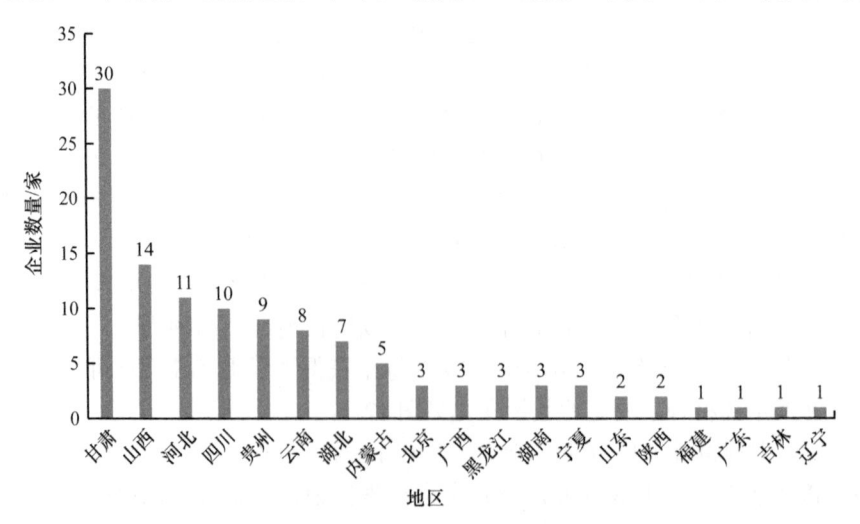

图 12-2 全国具有农作物种子生产经营许可证、生产经营范围涉及中药材种子的企业分布

广东、吉林、辽宁，合计 23 家企业，占总数的 19.6%；第四梯队 15 个省份，包括河南、安徽、浙江、重庆、江苏、江西、青海、海南、新疆、西藏、上海、天津、香港、台湾、澳门，尚处于空白。

全国具有农作物种子生产经营许可证且生产经营范围涉及中药材种子的企业，从发证部门来看，由农业农村部签发许可证的企业有 1 家，省级主管部门签发许可证的企业有 9 家，市级主管部门签发许可证的企业有 39 家，县级主管部门签发许可证的企业有 68 家。117 家具备农作物种子生产经营许可证的企业中，以中药材种子作为品种申请生产经营许可证的企业有 71 家，各省份的分布情况见图 12-3，占总数的 60.7%，其余企业以杂粮、蔬菜、花卉、水果为主；71 家以中药材种子作为品种申请生产经营许可证的企业中以常规品种登记的企业有 57 家，占比为 80.3%；以新品种登记的企业有 14 家，占比为 19.7%，共涉及 3 个省份 5 种药材，其中以甘肃省的企业数量最多，为 11 家，占比为 78.6%（表 12-1）。

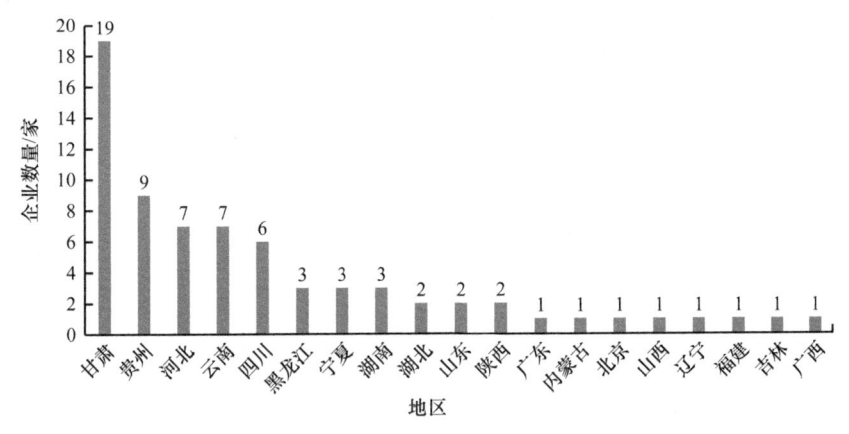

图 12-3　以中药材种子作为生产经营许可品种的企业分布（截至 2019 年 12 月）

表 12-1　以中药材新品种作为生产经营许可品种的情况

省份	企业数量/家	品种数量/个	中药材种类
甘肃	11	9	黄芪、柴胡、党参、当归
陕西	2	2	黄芪
北京	1	1	甘草
合计	14	12	

2. 2017～2019 年营业执照经营范围涉及中药材种子种苗的企业数量

通过信息查询（https://www.tianyancha.com）发现，营业执照经营范围涉及中药材种子种苗的企业数量从 2017 年的 3104 家、2018 年的 3952 家，增加到 2019 年的 4860 家。其中，河南、安徽、四川、贵州、云南连续 3 年排在前 10 位。具体见表 12-2。

表 12-2　2017~2019 年中药材种子种苗企业数量分析

地区	企业数量/家 2017 年	2018 年	2019 年	年均增长率/%
甘肃	88	1181	609	163.07
山西	82	351	513	150.12
湖北	83	293	415	123.61
四川	114	252	627	134.52
贵州	136	251	333	56.48
云南	251	166	329	14.49
河南	542	164	195	−40.02
辽宁	47	121	149	78.05
安徽	305	120	190	−21.07
广东	62	102	126	42.56
湖南	67	102	139	44.04
浙江	94	102	44	−31.58
陕西	87	100	174	41.42
内蒙古	69	89	139	41.93
广西	167	83	102	−21.85
河北	153	63	112	−14.44
重庆	53	60	72	16.55
山东	104	51	96	−3.92
宁夏	34	50	85	58.11
青海	6	49	78	260.56
吉林	86	46	69	−10.43
黑龙江	82	38	97	8.76
福建	113	30	47	−35.51
江苏	88	25	28	−43.59
北京	31	16	8	−49.20
江西	106	15	28	−48.60
海南	15	11	16	3.28
新疆	15	7	24	26.49
西藏	2	5	9	112.13

续表

地区	企业数量/家 2017年	企业数量/家 2018年	企业数量/家 2019年	年均增长率/%
上海	16	3	1	-75.00
天津	6	1	1	-59.18
香港	0	1	1	0
台湾	0	4	4	0
澳门	0	0	0	0
合计	3104	3952	4860	25.13

12.1.2 中药材品种的生产经营

数据调研发现，我国2005～2019年，已有北柴胡、丹参、薏苡、青蒿、荆芥、桔梗等药材新品种超过600个。截至2019年12月，以中药材新品种登记而获得生产经营许可证的企业涉及5种药材的10个新品种见表12-3，按各企业品种登记的次数从大到小顺序为'陇芪3号'（9次）＞'渭党1号'（6次）＞'岷归1号'（5次）、'陇芪2号'（5次）＞'陇柴1号'（4次）＞'西芪1号'（3次）、'陇芪1号'（3次）、'陇芪4号'（3次）＞'渭党3号'（1次）、'国甘1号'（1次），这说明中药材新品种在实际的生产经营中，推广应用不足，仍具有相当大的发展空间。

表12-3 企业登记的品种统计

编号	品种名称	审定（登记）编号	编号	品种名称	审定（登记）编号
1	西芪1号	甘认药2014001	6	陇芪2号	甘认药2009005
2	陇柴1号	甘认药2014002	7	陇芪3号	甘认药2013001
3	渭党1号	甘认药2008002	8	陇芪4号	甘认药2015001
4	渭党3号	甘认药2013002	9	岷归1号	甘认药2009001
5	陇芪1号	甘认药2009204	10	国甘1号	甘认药2014003

12.1.3 中药材种子企业规模

依据企业天眼查（https://www.tianyancha.com）的数据资料，我国以中药材品种登记获得农作物种子生产经营许可证的企业的注册资本情况见图12-4。71家企业中，企业性质为全民所有制的有1家、农民专业合作社有17家、有限责任公司有53家；人员规模为100～499人的有1家，50～99人的有2家，小于50人的有68家。从中药材种业企业的整体规模来看，中药材种业还属于起步发展阶段，存在一头重的情况，即小企业占比较大。

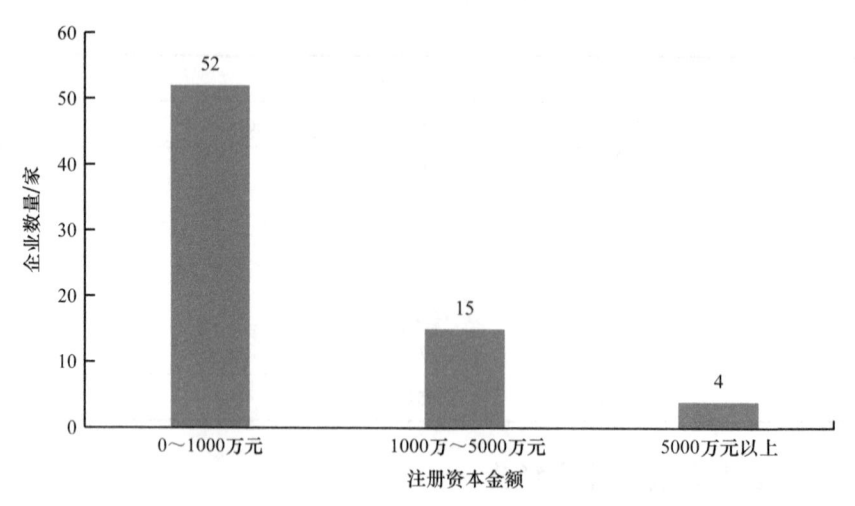

图 12-4　以中药材种子作为农作物生产经营许可品种的企业注册资本情况（2019 年 12 月）

12.2　中药材种业发展模式分析

12.2.1　农作物种业企业的发展情况

21世纪头十年，我国种业产业刚刚起步，恰逢跨国种业公司全球布局之时，我国种业发展遭遇巨大压力。国外种子席卷而来，震撼了国内种业市场（佟屏亚和周建东，2002；李小梅和霍学喜，2008；隋文香和李晓明，2008）。当时，国外品种最主要的代表是美国杜邦先锋公司的玉米品种'先玉335'和部分设施蔬菜品种，最高峰时，'先玉335'推广面积达4000多万亩，国外种子占据了山东寿光设施蔬菜种子的半壁江山。

放眼全球，从2016年开始，陶氏化学并购杜邦，拜耳收购孟山都，中国化工收购先正达，全球种业新一轮并购已经完成。这不仅是市场份额的聚集，更是种业与农化领域的深度融合，是对生物技术、信息技术、智能技术的集成。世界种业正迎来以基因编辑、人工智能等技术融合发展为标志的新一轮科技革命，种业强国已进入"常规育种+生物技术+信息技术+人工智能"的育种4.0时代。2017年全球种子企业销售额20强名录见表12-4。

表 12-4　2017 年全球种子企业销售额 20 强

排名	公司（国家）	2017年销售额/×10^6 美元	2016年销售额/×10^6 美元	增长率/%
1	孟山都（美国）	10 913	9 988	9.26
2	科迪华农业科技（陶氏杜邦）（美国）	8 143	8 188	−0.55
3	先正达（中国化工）（中国）	2 826	2 657	6.36
4	利马格兰（法国）	1 900	1 746	8.82

续表

排名	公司（国家）	2017年销售额/×10⁶美元	2016年销售额/×10⁶美元	增长率/%
5	拜耳作物科学（德国）	1 805	1 427	26.49
6	科沃施（德国）	1 596	1 506	5.98
7	坂田种苗株式会社（日本）	558	529	5.48
8	丹农（丹麦）	542	533	1.69
9	隆平高科（中国）	492	331	48.64
10	瑞克斯旺（荷兰）	480	431	11.37
11	泷井种苗株式会社（日本）	459	480	-4.38
12	百绿集团（荷兰）	291	258	12.79
13	安莎种业（荷兰）	NA	281	NA
14	必久种业（荷兰）	NA	270	NA
15	佛罗利蒙-德佩育种公司（法国）	NA	255	NA
16	RAGT Semences（法国）	238	239	-0.42
17	安地种业（联合磷化）（印度）	231	234	-1.28
18	北大荒垦丰种业（中国）	220	244	-9.8
19	优利斯集团（法国）	NA	192	NA
20	英维沃集团（法国）	189	178	6.18

资料来源：*Seed Special*，2018年第6期，13～15页，www.agropages.com。

注：NA表示暂无相关数据

自2013年中国种子企业并购浪潮以来，种子企业的数量由原有的8000多家减少到3700多家，50强市场份额占到35%以上。根据2017～2019年的中国种业发展报告，截至2017年，全国种子企业资产总额达到2066.18亿元，资产总额1亿元以上企业达到380家，其中10亿元以上的企业20家，5亿～10亿元（含）的33家，2亿～5亿元（含）的133家，1亿2亿元（含）的194家。截至2019年底，全国纳入种业基础信息统计的持有效种子生产经营许可证的企业数量为6393家，比2018年增加730家；全国种子企业资产总额达到2479.47亿元，比2018年增加406.74亿元；全国种子企业实现利润总额63.39亿元，其中种子销售利润58.33亿元，比2018年增加4.93亿元；全国种子企业实现净利润总额47.09亿元，其中种子销售净利润42.49亿元，较2018年增加4.16亿元。据全国农技中心公布的统计数据，2019年全国种子销售收入超过1亿元的企业110家，超过2亿元的35家，超过5亿元的9家，超过10亿元的3家，超过20亿元的1家。2019年我国种子企业销售额十强名录见表12-5。

表 12-5　2019 年我国种子企业销售额十强

排名	公司	2019年销售额/亿元
1	袁隆平农业高科技股份有限公司	31.30
2	北大荒垦丰种业股份有限公司	13.80
3	江苏省大华种业集团有限公司	12.35
4	广东鲜美种苗股份有限公司	9.21
5	山东登海种业股份有限公司	8.23
6	中国种子集团有限公司	NA
7	安徽荃银高科种业股份有限公司	NA
8	中农发种业集团股份有限公司	NA
9	九圣禾种业股份有限公司	NA
10	山东圣丰种业科技有限公司	NA

注：NA 表示暂无相关数据

12.2.2　中药材种业与农作物种业的差别

中药材属于农作物中的非主要农作物，其与主要农作物如水稻、玉米、小麦等和其他非主要农作物如蔬菜、烟草、牧草等有着本质的区别，主要体现在中药材的最终用途是治病救人，而不是一般普通的粮、菜、草。另外，由于中药材是传统中药的来源，是中华民族传承千年的中医的物质基础，自古以来主要来自野生，栽培历史较其他农作物短，因此决定了中药材种业与其他农作物种业的发展有很大的差别。

1. 发展历程不同

我国种子产业发展始于 1950 年全国各地种子机构的成立，真正的市场化、产业化发展，从 2000 年《种子法》出台后开始计算，距今已有二十多年的历史，加之近年科技信息的全球化发展，促进了全球知识体系的融合，这二十多年我国种业得到了超高速的产业化发展。

我国中药材大面积栽培始于 20 世纪 60 年代，随着我国农业产业结构的调整，目前中药材种植在国内各地均有所发展，且种植面积在逐年增加，但中药材种业的发展仍处于初级阶段。我国常用中药材约 600 种，已实现栽培的约 300 种，有一定栽培历史的仅有 200 种左右，中药材种子一直作为中药材种植的副产品即农产品在市场进行交易，无相应的专业的种子企业生产经营，无商品化的种子，也无相应的监管法规。

2016 年 1 月 1 日起执行的《种子法》规定 "草种、烟草种、中药材种、食用菌菌种的种质资源管理和选育、生产经营、管理等活动，参照本法执行" 后，中药材种子的生产经营才正式纳入到法规的管理中。自 2016 年版《种子法》实施后，成立了一批中药材种子生产经营企业，开启了中药材种业的发展道路。

2. 中药材种业具有独有的特性

农作物种业的种类单一，其多样性主要为品种多样性，且其种类或新品种的分布区域性不强，栽培技术差异不大，生长期多数为6～8个月。例如，一个玉米品种，从播种到采收，一般为6～8个月，其分布范围可以囊括全国的大部分地区，因此其种子商品化的市场份额比较大，产业化发展较快。而中药材栽培种有300种，栽培历史较长的就有200多种，这200多种药材还有区域性限制，多数药材的种植区域性较强，如三七主要集中在云南省的少数地区，人参主要集中在长白山、大兴安岭等狭长的地带。另外，不同品种的栽培技术，栽培年限，栽培用种形式如种子、种苗、种茎、种根、珠芽等均不同，除了少数全草类、花类、种子类药材栽培时间在12个月内，多数药材栽培时间在2年以上，所以与农作物相比，中药材种业的市场份额较小，经营难度较大。此外，多年生中药材产种能力与农作物相比也存在产种时间长，产种量受气候、大小年影响较大等问题，因此，虽然目前全国中药材种子面积已经达到了8000多万亩，但实际中药材种业产业仍然处于初级发展阶段，种子商品化程度并不高。

从种子的农业角度出发，中药材种子和农作物种子的用途并无差别，主要用途都是发芽生长出植物，但从生长出的植物的用途出发，那两者的差别就是巨大的。中药材种子长出的植物是用来治病救人的，其主要目的是需要有药效成分，其药效成分的各项化学成分占比还需符合中医理论的要求，不可多，也不能少，讲究的是均衡；而农作物主要是用来吃的，其主要目的是多产、好吃，富含营养物质，因此在农作物中，各类新品种较多，良种和新品种的推广情况较好；而中药材中，新品种推广落后，良种推广仅为少数区域性分布。

12.2.3 中药材种业企业发展的路径及建议

随着中医药产业的国际化，中药材种植规范化、标准化发展趋势日趋凸显，其源头的中药材种业的高质量、规范化发展将成为必然。企业是种子产业化发展的主体，虽然中药材种业和其他农作物种业存在差异，且尚处于初级发展阶段，但其产业化的发展可借鉴农作物种业发展的宝贵经验。

中药材种业产业化发展与农业种子产业化发展一样，是一个系统工程，其发展途径主要可分为良种引育、生产繁殖、加工包装、推广销售、宏观管理等，下面就企业的发展路径进行简要的说明，以期为初涉中药材种业的企业提供方向。

1. 构建种业产业化发展体系

企业应结合企业所处的区域位置，进行经营品种、经营范围、经营区域的定位，构建科研、质量、生产加工、销售、技术服务等体系的一体化发展模式（詹慧龙，2010），发展为集育、繁、推一体化的规范化经营的现代种业企业。

种子生产加工体系搭建：通过对种子生产过程中的关键技术环节进行控制，确保田间管理和技术操作的标准化、规范化；制定标准的加工技术规程，确保种子采收后的加工过程可实现机械化、高效化、信息化，有效控制精选、加工、包衣、丸化、包装等生产环节的工作，建立科学规范的种子生产加工体系。

质量管理体系的搭建：构建完善的种子生产质量保证体系，依据《种子法》对商品种子的生产、分级、包装、标签、检验等的要求，依据国家、行业、地方标准，制定企业内部质量控制标准，开展种子质量检验，确保公司生产产品的质量，建立严格的质量监管体系，实现企业的全面质量管理。

科研创新体系的搭建：以自建或与国家或地方科研院所及高等院校等合作的形式建设商业化的种子研究与开发机构，把品种资源研究和新品种、良种的选育或引繁作为种子产业化的生命线，通过先进的科研设备、先进的科技人才和巨额的科技投入，选育适应市场的稳定、整齐的良种或新品种，建立适应市场化需要的科研创新体系，打造企业核心竞争力（苏呷约且，2016）。

服务体系的搭建：建立以育、繁、推一体化为目标的完善的社会化种子服务体系，最大限度地满足广大客户的一切合理要求，其服务主要包括满足广大客户对优质品种的实物需求、满足广大客户对技术的需求、提供信息服务、解决农产品的出路等方面，依靠完善坚实的售后服务体系，为客户提供最优质、最全面的服务。

2. 构建产品销售渠道

产品销售是企业生存的基础，产品销售渠道的构建是企业能够在市场竞争中生存、发展的关键，企业应根据所经营品种的特点，结合自身体系架构情况，在全面提高自身产品的商品品质的基础上，深度掌握并发掘终端农户的实际需求，采取灵活适宜的营销策略，科学配置并不断优化各种营销资源，构建适应于市场的销售渠道。

自营渠道：该渠道主要面向大客户，如规模化种植企业、合作社、种植大户等，提供繁育技术、种植技术、田间管理、售后支持、机械优化等社会化的一体化种子销售服务。

分销渠道：基于中药材种植品种多、区域性强的特点，可以依据企业自身经营品种情况，建设分销渠道，如区域代理商、门店等，拓宽产品的销售区域覆盖，促使产品占有更大的市场份额，拓展产品销售网络。

3. 创建知名品牌

种子产业化发展要有品牌意识，从某种角度进行认识，市场经济其实更是品牌经济。随着中医药行业的快速发展，中药材种子行业的竞争将不仅是服务的竞争,更是品种、品牌与质量的竞争(任建轩,2012)。在这三个载体中,品牌不仅是产品质量、企业宗旨及客户信誉的象征,更是属于种子的营销载体,在市场上经常出现同样的种子,由于品牌不同,价格也出现差异的现象,这个现象就是品牌效应。未来市场的发展中,如果一个企业没有属于自己品牌的种子,终将会被市场淘汰。因此,企业要想具有旺盛的活力,只能不断地进行新产品的开发与研究,创建出属于自己的品种和产品,不仅如此,企业还要在种子的包装、质量、信誉、服务等方面下功夫,促进种子产业化的发展,打造属于企业自己的知名品牌(张金牛,2006)。

12.3 中药材种业企业典型案例

12.3.1 中药材种子种苗的专营企业

该类企业目前数量有限,属于引领种业行业发展的企业,具有代表性的企业如国药种业有限公司。

1. 代表性企业简介

国药种业有限公司(以下简称"国药种业")成立于2015年4月,取得了国家相关部门颁发的种子生产经营许可证,是以中药材种子种苗生产经营、技术服务和质量分析检测为主营业务的中央企业。国药种业建设有完备的生产经营体系、研发技术体系、质量控制体系和综合保障体系。国药种业以大宗药材良种选育与产业化经营为核心,以专有种子生产和种苗繁育技术为支撑,以珍稀濒危和大宗药材种苗生产与销售为主营业务,以先进的种苗基原鉴定和质量评价技术为质量控制手段,发挥品牌、技术标准和信用优势,聚集中药材行业优势资源,为用户提供权威中药材种苗政策与市场信息、鉴定检验技术服务和一体化中药材种子种苗供应保障解决方案,从源头上为中药消费者把好质量第一关。

2. 优势分析

国药种业是由中国中药有限公司控股的国有企业,能够以更高的维度来审视整个行业的发展现状和缺陷,能够更好地从中药材行业内切入,从而引领种业产业化的快速发展。

国药种业具有完善的组织架构和管理体系,公司成立初就首先取得了种子生产经营许可证,并健全了质量控制体系,从而保障了公司运营的合法、合规性。目前,国药种业已建设形成功能完善的中药材种子种苗质量评价与分析检测中心、中药材种子种苗组培室、中药材种子种苗鉴定实验室等功能实验室,并建设形成了全国中药材种子种苗标准样品库。

特别是种子生产经营许可证的取得保障了公司的经营符合《中华人民共和国

种子法》的条款，从资质上符合法规要求。质量控制体系的建设从公司内部架构上保障了经营的产品质量符合行业标准和企业标准，相关检测中心、实验室的建设保障了公司产品质量检测水平的提升和技术水平保持在行业前列。目前，国内中药材种业企业中能够具有如国药种业的质控体系的企业较少，若企业在中药材种业中想占有一席之地，应首先健全自身的质量控制体系。

国药种业积极开展科研创新工作，自成立以来，先后承担了科技部、工信部、国家发展改革委、中医药管理局等多部委的科研项目子课题，获得专利 10 余项、新品系 8 个。公司在重点中药材品种种子种苗标准制定、良种繁育技术研究、濒危药材繁育、种子种苗基原鉴定和质量评价关键技术研究、种子加工技术研究等方面投入了大量的科研力量，并在甘草、半夏、黄芩、川贝母等重点品种产业化关键技术方面取得了重大突破。建立了重点中药材种子种苗质量标准 25 个，形成了甘草种子高产技术和黄芩种子稳产技术，攻克了贝母、白及等濒危中药材品种组培快繁技术等。此外，公司建立了中药材种子种苗质量追溯系统，将所生产和经营的中药材种子种苗纳入追溯体系管理，公司目前经营的重点品种包括甘草、黄芪、黄芩、半夏、金荞麦等。科研创新是企业持续发展的核心动力，代表企业对行业的认知深度和企业未来发展的方向和定位，国药种业在科研上的投入和定位，在新品种、优良品种的选育、培育工作能够保障其始终处于行业的领先地位。

国药种业构建了完善的工业体系，公司根据战略布局及区域发展需要，目前建有辐射西北区域的民勤生产加工仓储中心和辐射东北、华北区域的安国生产加工仓储中心，同时布局有赤峰仓储中心等。各加工中心通过自主研发技术不断提高种子加工水平，优选高品质种子，目前甘草、黄芪、黄芩等大宗品种建有成熟的加工生产线；各仓储中心可满足年仓储种子总量 200t 的需求，呈辐射状的仓储中心能保证就近优先配货。工业体系是种业工程发展的重点，是提升种子质量、形成品牌、增加市场认可度、让中药材种子以产品形式面向市场的重要基础，中药材种业工业体系的建设打破了中药材种子传统的产品模式，告别了基原不清、质量无法保障的困局，能够引领行业向规范化、规模化、产业化发展。国药种业通过去除杂质提升净度，通过工业加工提升发芽率，通过包衣丸粒化提升保苗率，最终形成有包装、有品质、有保障的产品，如甘草、黄芪、黄芩、苍术等产品均得到了行业内的普遍认可，市场占有率也逐年提升。

国药种业具有优质的种子繁育基地，公司经过多年的布局和建设，现已建设完成民勤甘草种子繁育基地 3000 亩、五寨黄芪种子繁育基地 500 亩、围场黄芩种子繁育基地 500 亩、内蒙古黄芪种子繁育基地 8000 亩、赤芍种子繁育基地 3000 亩、北苍术种子繁育基地 4000 亩等，覆盖了西北、东北、华北、西南区域的甘草、黄芪、黄芩、赤芍、苍术、金荞麦等 11 个品种的种源繁育，从根本上保障了公司种源的质量和产量。中药材种业有别于传统农业的种业，具有品种多、道地性强、分布零散、种植技术要求高的特点，中药材种源的基原准确、质量稳定、产量可持续，才能保障工业化产品的质量均一性和稳定性，才能保障产品具有市场竞争力。目前，国内中药材专业的种子繁育基地比较少，大部分是药材生产基地，种子只是其副产品，这就造成了种子的质量千差万别，来源为千家万户，无法从根本上保障种子的质量均一和产量稳定。

3. 企业特点

国药种业有限公司是专营中药材种子种苗的代表性企业，其对行业具有引领作用，其代表了一类承担中药材种业行业发展使命，能够站在行业顶端的格局去规划、发展的企业，这类企业在未来将是整个行业的领军企业，将带领行业健康快速发展，这也是国药种业在短期内能够将营业额从100万元增长到3000多万元的原因，随着行业的不断完善和发展，这类企业销售额也会快速增长，市场的占有率也会随之提升，将是我国未来中药材种业产业化发展的核心企业。

12.3.2 中药材种植转入种业的企业

该类企业目前数量较多，其建设初期只是以药材为最终的产品收益，种子只作为副产品经营，但随着种植面积的扩大、管理的提升、市场需求的变化，逐渐将种子种苗的繁育和经营作为主营业务，药材作为副产品。具有代表性的企业如内蒙古九禾农业科技发展有限公司。

1. 代表性企业简介

内蒙古九禾农业科技发展有限公司（以下简称"九禾农业"）注册成立于2017年，公司目前已完成5600亩苍术、1200亩白鲜、5370亩赤芍种植基地建设及216亩苍术原种保护地、种质资源圃的建设，为目前国内最大的苍术种植基地。2019年2月获得了"优秀农牧业产业化龙头企业"称号，2019年10月通过了中国合格评定国家认可委员会（CNAS）认可的苍术有机产品认证，2020年1月由农业农村部授予"全国农产品全程质量控制技术体系（CAQS-GAP）试点生产经营主体"，2020年10月由教育部授权为"中药材规范化生产教育部工程中心检测平台"。公司具有全程追溯体系，野生种子种苗繁育—土地整理—大田管理—采收—起挖—批次出入库—物流，全程以图像/监控/数据统计，全部节点实现溯源追溯记录工作。

2. 优势分析

九禾农业的北苍术、赤芍基地规模在国内名列前茅，由于其单品种种植具有规模，从而保障了其所产种子的产量，使其能快速地介入到中药材种子种苗行业并获得较好的收益。该企业北苍术、赤芍的种植面积均超过5000亩，其规模在两个品种的药材产量上处于领先地位，该企业的核心业务为中药材而非种子、种苗，之所以能够在目前的种业产业化中具有一定地位，完全是因为药材的副产品种子的产量达到了一定的量，这也是其能够快速介入种业的基础。

九禾农业虽然具有种子产量的优势，但是作为种植企业其没有销售渠道和销售体系，也无法鉴别其种子质量的优劣，无法有效将其种子推向市场，九禾农业与国药种业的联营，将其基地纳入国药种业的种源基地，纳入国药种业的种源基地管理模式、技术标准、产品加工体系、市场销售渠道，从而使其能够快速地介入到种业行业，在介入种业当年即做到销售过千万元，使企业发展步入良性轨道。

12.3.3 中药材种业的商业企业

该类企业目前数量最多，占有的市场份额较大，主体形式有公司、合作社、个人商户等，主要是以商业交易的模式赚取差价，多集中于全国的几大药材市场。该类以药材市场内原有经营药材、饮片的企业为主，具有代表性的企业如安国市伊康药业有限公司（以下简称"伊康药业"）等。

1. 代表性企业简介

伊康药业成立于2004年，是一家集中药材种植、中药饮片加工、中药植物提取于一体的现代化中药企业，是国家GMP认证企业，企业先后荣获国家科技型中小企业、河北省农业产业化龙头企业、河北省高新技术企业等称号。公司承担了国家基本药物所需中药材种子种苗繁育基地建设项目，进行中药材种子种苗繁育和中药材种植规范化研究，建设种子种苗繁育基地2000亩，包括沙参、紫菀、祁薏米、脱毒菊花、小白嘴山药等品种十余个；基地以河北省农林科学院药用植物研究中心为技术依托单位，同时与河北省中医药科学院、河北农业大学等单位建立了密切的技术协作关系，具有强大的技术支撑。

2. 优势分析

伊康药业作为一个传统的饮片加工企业，其主营业务为中药材饮片的加工和销售，同时进行一定规模的中药材种植以满足企业自身需求。公司位于安国中药都，在市场内有销售门店，随着公司的发展和对市场判断的变化，逐步介入到种业行业。

伊康药业采取代理的商业运作模式，在安国市场进行独家经营，快速介入到中药材种业行业。通过代理保障了企业的产品来源与质量，不需要与市场其他商贩进行同类恶性竞争，同时保障企业经营的低风险，不需要承担库存、质量、价格波动等风险，只需要开拓市场、开拓客户即可产生效益，企业的收益也会随着自身市场销售能力的提升和代理产品在市场认可度的提升而提升。

伊康药业的商业运作模式是可以为今后的从业者提供一定借鉴的，初入种业行业，如自身实力不足以快速在该行业内占有一席之地，则可以采取代理的模式与大企业进行合作，作为代理快速介入到行业内，在协同成长的同时逐步完善自身的各项硬件和基础，开发自己的优势品种和市场，从而实现中药材种业的商业营收。

第13章 现代中药材种业发展的产业和技术需求分析

中药材种业相对于农业其他领域在其技术、市场和法规等方面的发展相对滞后。中药材种业要想适应高质量发展的现代种业，尽快纳入到现代种业的发展轨道，首先需要以中药产业高质量发展和企业发展的需求为立足点。本章通过分析中药材种业企业发展过程中品种选育、制种及基地建设，质量标准和控制体系、加工仓储条件与配套的相关政策，以及新品种选育技术、良种繁育技术、质量控制技术、种子加工和仓储技术等产业和技术的需求，从而为现代中药材种业发展和种业公司建设提供借鉴。

13.1 现代中药材种业发展的产业需求

国家相关规划中提出了实施新一轮种子工程的要求，包括建设商业化育种基地，购置先进的种子生产、加工、包装、检验和仓储、运输设备，改善工程化研究、品种试验和应用推广条件（朱明东等，2019）。中药材种业整体落后，企业建设过程中的需求重点包括优良品种、规范化制种基地、生产过程相关标准、专业的质量检测机构、质量追溯体系、加工和仓储中心、专业人才及配套政策法规等。

13.1.1 优良品种

优良品种是指同一作物种类的不同品种，在当地经两年以上正规区试和大区示范，种植表现明显优于其他的品种。良种是指用常规原种繁殖的第一代至第三代和杂交种达到良种质量标准的种子。

目前，我国有300余种中药材实现了人工栽培，但是作为"源头工程"的良种选育却是薄弱环节。"源头工程"缺位，成为制约中药材规范化生产、优质中药材供应的主要"瓶颈"之一。目前，已对北柴胡、丹参、薏苡、青蒿等大宗常用药材进行了选育，共选育出超600个中药材新品种，但得到较好产业推广的新品较少。由于中药材品种选育工作起步晚，商业化利用少，良种推广率不足10%，导致优质种源缺乏。

基于中药材的特殊性，中药材优良品种既要考虑品种的药材产量，也需要考虑药材成分含量、药材性状、综合品质特征等。对于企业，急需获得具有良好推广性能和可产业化特质的中药材优良品种，为企业良种繁育提供优良种源，推动其商业化供应。

种子企业经营的是种子，而真正占领市场的是品种和品牌。一个品种可以成就一个产业，谁拥有突破性的创新品种，谁就拥有种业竞争的主动权和优势，就拥有了市场和发展动力。但目前种业育种创新仍以科研院校为主，作为商业化育种主体的种子企业缺少资源、缺少人才、缺少技术，商业化育种体系目前没有形成。无论是畜牧良种还是农作物良种对种业发展的贡献率都超过了40%，是决定种业核心竞争力的关键因素（孙好勤，2019）。因此，推动中药材种业的发展，品种创制和应用是关键，中药材种业急需具有市场前景的优良品种。

13.1.2 规范化制种基地

将需要市场推广的优良品种进行规范化制种，以满足市场需求。或选择纯正优质的中药材种子种苗，按照统一规划生产基地，统一供应种子种苗，统一管理化肥、农药等投入品，统一种植或者养殖技术规程，统一采收与产地初加工技术规程，统一包装与贮藏技术规程（简称"六统一"）的要求进行繁种，满足市场对优质、纯正和整齐一致的种源的迫切需求。而开展良种或优质种子种苗生产的载体是规范化和规模化的制种基地。

我国自20世纪80年代即开始实现部分野生中药材向家种中药材转变，种子来源也逐步由野生采种向人工制种转变。近年来，中药材人工制种、育苗虽然在面积上达到一定规模，但由于没有统一的标准化生产技术规程，大多为农户自发组织开展制种或育苗，导致生产的中药材种子、种苗质量参差不齐、差异较大，无法从源头上保证所生产的中药材的质量与品质。另外，我国中药材种子管理还缺乏完善的法律、法规，中药材种子的加工大多为农户自发开展，缺乏专业化、标准化、规模化的中药材种子加工中心，缺乏配套的加工技术规范，生产的种子质量参差不齐。《全国道地药材生产基地建设规划（2018—2025年）》明确指出要开展道地药材良种繁育，分品种、分区域集成道地药材种子种苗繁育技术规范，开展道地药材提纯复壮、扩大繁育和展示示范，提升优良种子种苗供应能力。

优质的种源或新品种，统一的技术规范（如"六统一"），确定的质量标准，完善的质量控制体系等，这些都是规范化繁育基地建设的重点，需要形成一套比较固定的技术规范，并严格按照技术规范开展基地建设和产品生产，才能生产优质种子种苗。

国家通过现代种业提升等各类工程，已形成海南、甘肃、四川三大国家级制种基地为龙头，52个杂交水稻、玉米制种大县为骨干，49个区域性良种繁育基地为基础的制种基地"国家队"，成为全国种子生产的主体（中华人民共和国农业农村部办公厅，2018）。主要农作物种子质量合格率稳定在98%以上，良种覆盖率超过97%、对农业增产的贡献率达到45%（孙好勤，2019）。而中药材良种推广率不足10%。生产上需要的数量充足、质量可靠的种子种苗不足。需要保障优质中药材质量和中药的疗效，作为其源头的优质种子种苗生产需要进一步加强。

13.1.3 生产过程相关标准

标准是对重复性事物和概念所做的统一规定,以科学技术和实践经验的结合成果为基础,经有关方面协商一致,由主管机构批准,以特定形式发布,作为共同遵守的准则和依据。对不同品种中药材种子种苗,其各方面的特性有所差异,在其生产加工、质量、检验方法及包装、运输、贮存等方面应做出科学明确的技术规定,形成一系列符合市场实际的技术标准和规范,为企业生产经营和市场监管提供依据。这是支持企业高质量发展必需的"规章制度"。

与农作物相比,中药材标准体系建设相关工作涉及的生产经营、质量控制、研发技术等的标准和规范还不完善。如农作物、牧草等大多数种子均有质量标准和检测规程,其相应的种子质量检测体系/机构完善,全国分布。但中药材种业尚未形成独立的产业,仍然是药材生产的附属。市场大量存在掺旧种子、假种子、陈种子再加工、销售假种子、以劣质种混充好种等现象。也存在种子无加工生产、无包装、无质量保障,种子净度一致但种子自身质量差异较大等一系列问题。无标准可遵循,产品生产必然无法保障,也必然会导致监管难上加难。

中药材品种多,同品种不同区域生长环境及生产过程差异大,种子种苗繁育技术、采收加工技术亦有所不同,制种过程相关标准可能是一个复杂和独具特色的"系统文件",需要生产实践过程中反复实践验证才能固定下来。

中药材种业企业在生产经营过程中,种子生产、质量控制、经营销售等各个环节无不需要按照一定的标准规范进行,这也是现代种业创新体系、产业体系和治理体系的核心需求。标准是优质产品输出的重要保障,优质的种子种苗生产供应是保障中药材质量稳定、可控、均一的前提。

13.1.4 中药材种子种苗质量检测机构

中药材种子种苗的质量涉及基原、纯度、净度、发芽率、千粒重、含水量等因素,各因素均影响中药材最终的质量和产量。如基原的正确与否直接关系到药材的真伪。对中药材种子种苗进行质量检测需要相应的质量检测机构,这是中药材种业企业的重要构成之一。

在农业领域,目前我国通过资质审核的各级种子质量检测机构达351家,其中国家级1家,省级39家,年检测样品量达20万份,有力保障了我国商品种子质量提升。并实现了由常规检测向分子检测的跨越,具备了SSR品种真实性检测和转基因分子检测能力,在品种监管和转基因执法中发挥了重要作用(纪高洁和李树君,2018)。而对于中药材种业,国内还没有一家专门的中药材种子质量检测公司,已有相关企业的质量检测平台的也不完善,形同虚设。基地种子生产大户或合作社对种子质量多为主观判断,基本不做科学和系统的质量评价。市场种子销售门店一般只能提供产地和采收时间等简单信息,种子发芽率等基本信息多是根据经验判断，或采用简单的纸杯发芽率趋势测试。

中药材种子种苗质量检测机构的建立涉及软件和硬件部分，包括相应的质量标准和规范、操作流程等一系列程序文件，还有专业的技术人员配备，相应的检测仪器、设备及实验室配套，但目前中药材种子种苗专业检测机构国内尚属空白。

当前，现代种业发展必须适应新时代要求，必然从高速度发展向高质量发展转变（孙好勤，2019）。对于中药材种业的高质量发展，种子种苗质量检测机构是企业发展必不可少的部分。需针对中药材种子种苗生产区域分布特点，建立相应的质量检测体系，分区域建立第三方中药材种子种苗质量检测机构，逐步建立和完善中药材种子种苗质量检测服务平台。

13.1.5　龙头企业

种业的龙头企业就是在农业的科研、生产、经营及管理等企业运转过程中发挥示范引领作用的企业。作为刚刚起步的中药材种业企业，其龙头企业亟待培育，特别是"育繁推"一体化的中药材种业企业更是行业的发展目标。

2011年《国务院关于加快推进现代农作物种业发展的意见》中首次明确了种子企业是种业发展的主体。2012年国务院办公厅以国办发〔2012〕59号印发《全国现代农作物种业发展规划（2012—2020年）》，根据规划，到2020年，建立以产业为主导、企业为主体、基地为依托、产学研相结合、育繁推一体化的现代农作物种业体系。这一政策将加大种子行业集中度，使得人才、资本、技术等优势资源加快流入具有资金研发优势的龙头企业，大幅提高商业化育种能力（陈俊红等，2019）。我国有种子企业5000余家，其中涌现了一批卓越的种子企业，如隆平高科、丰乐、敦煌飞天等国家级育繁推一体化企业，对整个行业起到了示范效应。而中药材种业市场还处于起步阶段，企业在经营规模、研发投入和市场占有率方面均远远落后于农作物种业企业。与之相比，具有中药材种子种苗经营资质的企业只有61家，其中登记种类仅为中药材种子的经营企业只有18家，产值不足10亿元，缺乏规模以上的规范性企业。

可见，需进一步制定不同层次"中药材种业专营"龙头企业的认定制度，开展龙头企业认定工作。通过政策、资金、人才等各方面的扶持，培养行业龙头企业。利用龙头企业进行行业引领，带动其他企业规范、健康和快速发展。另外，急需培育育、繁、推一体化的中药材种业龙头企业，形成在育种研发、种子繁殖加工、市场经营推广等各个环节紧密衔接、高效运转的动态链式组织（瞿小艳和熊银解，2014）。

13.1.6　质量追溯体系

法律体系不完善、检验认证能力有限和管理机构混乱是我国种子质量管理存在的主要问题，为此建立种子质量可追溯系统可以有效促进政府管理能力提升，实现种子质量全面管理的目标（王岳含，2016）。早在 2001 年，农业部就发布了《农作物种子标签管理办法》，建立了种子标签管理制度。后期相关法规逐步推动建立种子质量追溯系统。在 2015 年修订的《中华人民共和国种子法》对种子从品种审定到生产经营的具体追溯内容给予了明确规定，从而为种子质量追溯系统的建立奠定了法律基础。在 2014 年农业部举行的"推动种业发展，保障国家粮食安全"专题新闻发布会上，由农业部牵头，以中种集团、隆平高科、登海种业和丰乐种业等 11 家种子企业为主要入网企业的全国种子可追溯平台正式上线。后期地方政府和企业陆续将可追溯管理列为种子质量管理的重点方向，推进了追溯体系的建立和应用（王岳含，2016）。

中药材质量追溯体系最早于 2010 年 11 月第三届中医药现代化国际科技大会上提出，并引起国家相关部委的重视。2011 年 5 月，商务部、国家中医药管理局、国家食品药品监督管理局关于追溯体系的试点批文正式下达，四川省成为第一个试点地区。中药材的流通主要涉及四个环节，分别为种植、生产、流通和消费，追溯体系也围绕这四个环节展开建设。相关信息形成二维码，通过二维码的读取，从而实现中药"来源可知、去向可追、质量可查、责任可究"。中国中药有限公司从 2012 年开始，构建追溯系统平台，研发药材种植、饮片生产、健康食品、商业流通四大板块追溯软件，用于企业内部管理。2015 年依托中国中药协会进行追溯系统示范推广，在行业内进行签约、宣讲和培训。2017 年，国药种业有限公司建立了首个企业"中药材种子种苗质量追溯平台"，并在生产经营中使用。但是，目前国内还未有第三方的中药材种子质量追溯平台。

追溯体系的技术原理较简单，难点在于怎样把这项技术运用在长期处于粗放式经营与行业发展速度脱节的中药材产业链上。一般来说，产品质量追溯体系是通过物联网信息技术，在流通环节进行电子记录，让交易行为留下痕迹。然后，电子记录中的信息随着各个环节的交替而流转，最终随同药品到达消费者手中。目前的中药材质量追溯体系是通过电子秤形成二维码，并在后台数据库中留下记录。电子秤可以自动联网，自动传输商家所提供的信息。而这得益于 ZigBee 技术——一种双向无线通信技术，可实现区域内信息的采集，后台可以自动找到电子秤，电子秤的数据信息也会自动传输到后台，如客户端、服务器等，进行交易数据的收集。

企业利用中药材种子质量追溯系统，能高效地发现问题的具体环境，明确相关企业责任，提高处罚的效率和准确性。建立权威的"中药材种子种苗质量追溯平台"，并进行推广使用，实现中药材种子种苗产品来源可溯、去向可查和责任可究，这是企业和行业健康发展的迫切需求。

13.1.7 加工及仓储中心

《中华人民共和国种子法》规定，销售的农作物种子应当加工、分级和包装。

经过加工处理的种子可以实施精量播种，提高种子的商品性和附加值。提高种子净度、千粒重，减少用种量，提高发芽率，实现增产，也保证了种子的贮藏安全和节本增效。种子仓储中心是贮藏种子的场所，仓储中心的环境直接影响种子贮藏的质量。

种子加工是种子产业发展的核心。种子加工对于实现种子产业化、商品化、促进种子市场流通有重要的作用。西欧、北美、日韩等发达国家和地区都非常重视种子加工产业，在高水平种子处理技术与种子加工机械的支持下，商品种子的精加工率达到100%；中国的种子加工业经历引进、仿制到自主研制的历程，尽管已经研制出一批质量比较高的种子精选机械、种子烘干机械和种子加工成套设备，但与发达国家还存在巨大差距（中国农业信息网，2010）。在中药材栽培生产中，药农一般将中药材种子作为附属品，相应的种子加工生产方式也较为落后，大部分仅限于种子的清选，而无进一步的生产加工，更缺乏专用的中药材种子加工中心。纵观全国，我国中药材种子加工仍处于加工的形成和发展阶段，行业整体存在许多不足，如种子加工设备不成套，种子加工技术水平整体较低，种子加工规模小，缺乏有效的种子加工管理制度和高素质的种子加工人员，缺乏统一的种子质量标准等。

国内农作物种子仓储中心布局已经比较完善，配备的设施设备也比较先进，很多农作物种子能实现自动化管理。中药材种子仓储建设相对薄弱，已有的种子仓储基本可以定义为仓库，主要起到临时存放的目的，大型的现代化中药材种子专用仓储中心还处于空白。仓储中心建设应选用具有牢固、防潮、隔热性能优良的设施及有良好的通风条件的地点。建设现代化中药材种子仓储中心的硬件和软件设施也相当重要，例如，购买现代化农业设备，采用遥测温湿仪等先进设备对环境温湿度进行合理控制与监测，选用制冷设备对仓储中心进行温度控制等。另外，考虑到种子进出库的方便性，选用合理的输送装置也很关键。随着市场竞争加剧和销售利润的下滑，一些企业考虑降低经营成本，对剩余种子的处理也在考虑其他的仓储模式，自建简易低温冷库仓储，如用于生产性用种的过夏仓储。这种简易的低温库建设工艺简单，多采用聚氨酯压制的冷库专用型材，具有成本低廉、使用灵活、控制方便的特性，对解决种子企业生产性用种的仓储问题不乏是一个新的良策。尤其在东北地区主要是解决当年剩余种子的短期过夏仓储问题，显得尤为适用（常东复，2018）。

种子加工和贮藏是一项复杂的工作，具体包括从种子收获至播种前的分级、干燥、包装，以及贮藏等多个环节。随着计算机自动控制技术的推广，种子加工、贮藏自动化控制日益发展，流水线作业、自动包衣处理、精确计量包装及种子库贮藏环境自动控制与温湿度自动控制等技术的普及，种子加工和仓储中心的作用越来越现代化及自动化。基于现状，需分区域建立规模化和现代化的中药材种子加工中心和仓储中心，从而保障中药材种子质量和市场的稳定供应，这是中药材种业企业发展的必备条件。

13.1.8 专业人才

种业市场竞争是种业人才的竞争，种子科技创新离不开种业人才。国家将"加强农作物种业人才培养，建立教学、科研与实践相结合的有效机制，提升农作物种业人才培养质量"作为重点任务。在此背景下，国内20多所农业大学先后开办种子科学与工程专业，开展种业人才的培养，如中国农业大学、浙江大学、南京农业大学、山东农业大学、华南农业大学等高校设置了种子科学与工程专业。其目标为培养具备作物生产、作物育种、种子种苗生产和种子种苗营销贸易等方面的基本知识、基本理论、基本技能，能在教育科研机构、种子管理部门、种业公司及其他相关部门或单位从事与种业有关的教学科研、行政管理、技术开发、种子生产（繁殖、加工、检验和贮藏）和营销贸易等工作的复合型（应用型）毕业生（陈婷婷等，2019）。

2018年全国各级种子管理服务机构共有在编在岗人员24 146人，其中，省级1099人、地级3930人、县级19 117人。从人员岗位分类看，专业技术人员14 690人，其中高级职称达4665人。全国种子企业科技人员2万~3万人，大部分省（区、市）企业科研人员的比例都在10%~30%，基本形成了各层次、各关键环节的人才梯队，为种业发展提供了支撑（农业农村部种业管理司等，2019）。而中药材种业起步晚，技术环节和产业环节研究不够深入，相应的人才非常缺乏。中药材种业相关工作涉及农业、中药、商业等诸多交叉学科，现有专业人才相对较少，需要后期不断培养，才能形成中药材种业的技术团队。

目前，专门进行中药材种业人才培养/培训的机构主要有两类：一是中国中药协会下设的相关专业委员会，与中药材种业培训关系最为密切的是中药材种子种苗专业委员会和中药材种植养殖专业委员会；二是农业农村部或其下设部门、相关种子协会等。此外，部分中药企业或科研院所等具有技术实力的单位会举行中药材种业相关内部培训，但辐射范围小。然而，从整体上来说，目前中药材种业技术培训体系还非常不成熟，表现在专业的培训主办单位少，培训方式单一，培训频次不够，培训的需求针对性不足等。技术培训的技术引领、指导、宣传作用未得到有效发挥，需要进一步通过政府、协会、科研单位、企业等，组织相应的技术培训，满足产业的技术人才培训需求。培养一支强有力的中药材种子种苗资源保护、繁育、鉴定技术、信息服务和销售队伍。

中药材种业要创新，人才是关键，发展我国"民族种业"，最关键的就是要培养一批中药材育种科研人才、种子生产人才、企业管理人才、企业经营人才和农业推广人才，需在企业内部建立先进的人才制度，并引导科研院所和高校这类人才向企业流动（郭冬，2016）。

13.1.9 配套政策法规

2016年版《种子法》实施后，农业农村部陆续出台修订了11项配套规章及规范性文件，多个省市也出台或修订种子管理地方性法规，初步形成了新的种业管理法律架构（陈昊青等，2019）。市场假劣种子案件比2011年减少48%，种子侵权案件减少36%，种业法治环境显著改善，农作物种业进入了全面依法治种的新阶段（纪高洁和李树君，2018）。

围绕2016年版《种子法》实施，农业农村部除制定了一系列配套的法规规章外，还建立了以标签二维码为载体的种子追溯体系，出台了育繁推一体化企业所得税减免、现代种业发展基金、制种大县奖励、科研人才流动等政策，农作物种业发展政策支持体系初步形成。支持现代种业提升工程、畜禽种业保险、制种保险政策等，构建了较为完备的支持政策体系。围绕贯彻落实《中华人民共和国畜牧法》，制定了一系列配套的法规规章，制订《畜禽新品种配套系审定和畜禽遗传资源鉴定办法》《畜禽新品种配套系审定和畜禽遗传资源鉴定技术规范》《国家级畜禽遗传资源保护名录》等。启动了生猪等主要畜种遗传改良计划，实施了良种补贴、良种工程、资源保护等政策，推动了畜禽良种繁育体系不断完善（孙好勤，2019）。

虽然《种子法》规定，草种、烟草种、中药材种、食用菌菌种的种质资源管理和选育、生产经营、管理等活动，参照本法执行。但配套《种子法》的管理办法均未单独列出中药材种的相关规定，中药材种在各项内容中均归类为农作物中的非主要农作物管理。2016年开始，农业农村部、国家中医药管理局相关司局就中药材品种审定与登记等事宜进行了多次协商并达成共识，联合推动有关工作。农业农村部种业管理司重点工作之一就是制定《中药材种子管理办法》，实施指定种类的品种登记制度，规范生产经营主体，强化事中事后监管。即将出台的《中药材种子管理办法》将中药材品种登记纳入法制轨道，明确品种登记的实施机关、品种登记范围、品种登记内容等，将为企业生产经营活动提供法律依据，进一步规范市场。完善的种业政策法规是对种业行业规范发展的重要保障，以品种和质量为核心的配套法律法规制度，为种业的规范发展保驾护航（毛培胜等，2018）。

13.2 现代中药材种业发展的技术需求

种业科学是围绕"育繁推一体化"种业产业健康发展而形成的集群科学，涵盖了作物遗传育种、种子生产理论与技术、种子加工理论与技术、种子示范和营销等各个学科环节（盖钧镒等，2015）。种业科研在整个种业价值链中处于首要位置，它是种业发展的源头，起着稳定种业发展的重要作用（郑盼盼和侯军岐，2019）。当前，全球种业生物技术、信息技术、制造技术与传统育种紧密融合，技术加快更新换代,成果持续不断涌现。以雄厚资本和大量费用投入为支撑的"规模化、工厂化、高通量、流水线"研发模式,已成为跨国种业公司的"标配",技术创新、研发水平、育种效率得到根本性改善。中国种业虽然在杂种优势利用方面全球领先,但是基础研究、前沿技术与育种实践结合不足,生物技术、信息技术与传统育种技术集成较弱,种业企业作为市场竞争的主体,实力尚不雄厚,尚未成为育种创新的主体。因此,必须加快建设种业强国,尽快完成龙头企业成长为种业创新主体的任务,提升种业整体的产业竞争力,唯有如此,才能在全球生物技术竞争和行业重组整合中占据优势地位(孙好勤,2019)。

与农业种业相比,中药材种业的整体技术水平较落后,其涉及的育种、制种和加工等诸多环节与现代种业的技术发展水平差距还较大。对于培养现代化的中药材种业公司,其发展过程中涉及的各个技术环节需要进一步提升,如中药种质资源的收集保存与评价技术,中药材DUS测试指南的研制技术,中药材的育种创新技术,种子种苗质量检测技术及其标准制定,中药材良种繁育技术,种子加工和仓储技术等。

13.2.1 中药材种质资源收集与评价

种质资源是指携带生物遗传信息的载体,且具有实际或潜在利用价值。中药材种质资源是指具有实用或潜在实用价值的任何有遗传功能的材料,可用于中药材保存与利用的一切遗传资源(王文全等,2006)。其材料类型主要包括野生资源、常规栽培品种、驯化种、选育品种、地方品种、品系、特异繁殖材料等(王继永等,2020)。

2016年10月,国务院印发的《全国农业现代化规划(2016—2020年)》中提出了推进现代种业创新发展,加强种质资源普查、收集、保护与评价利用,深入推进种业领域科研成果权益改革,加快培育一批具有国际竞争力的现代种业企业。中药材种类复杂多样,目前对中药材种质资源的研究多集中于单一品种或部分区域的中药材品种,缺乏中药材种质资源收集、保存及评价利用的相关标准与技术规范,缺乏相关的理论研究体系,更缺乏相关的法规和制度建设。中药材种质资源的研究、保护与利用需多借鉴农作物种质资源管理办法及相应的重点行动,以收集与保存为重点,以评价与利用为核心,以创新和挖掘为导向,完善各项技术标准与规范,建设中药材种质资源理论研究与评价体系,建立信息共享平台,加强优异种质资源深度挖掘,有计划有目标地开展中药材种质资源保护与利用研究工作(王继永等,2020)。

在中药材种质资源收集与评价过程中需进一步推进建立高效完善的种质资源鉴定评价、基因发掘与种质创新技术体系,规模化发掘控制药用植物次生代谢、产量、抗逆等性状的基因及其利等位基因,并进行功能验证;创制优质、高产、广适、适合机械化等目标性状突出和有育种价值的新种质;开展药用植物起源与种质资源多样性研究，阐明野生种、地方品种和育成品种的演化关系，以及地方品种和骨干亲本形成的遗传基础等（陈士林等，2019）。

13.2.2 中药材 DUS 测试指南研制

植物品种特异性、一致性、稳定性（合称 DUS）是品种的基本属性，DUS 测试是品种管理的重要技术手段。近 20 年来，伴随着我国种业改革的不断深化，我国农业植物品种 DUS 测试体系经历了从无到有，从小到大，从弱到强的发展历程，在品种管理和现代种业发展中的技术支撑作用日趋凸显。我国农业 DUS 测试体系在不到 20 年的时间里取得了巨大成就，但因建设起步晚、单体投资低，与国际先进的测试站相比还存在较大差距。特别是在先进设施设备及机械化、智能化工具的应用上基本还处于空白，大量测试工作依赖人工，难以满足新的发展要求。另外，我国 DUS 测试体系功能较为单一，除测试中心具备 DNA 分子鉴定、转基因成分检测能力外，各分中心主要从事田间 DUS 测试，尚不具备抗病性、抗虫性等特殊性状测试和品质分析等测试能力。未来的测试体系建设要对标国际先进，提高建设标准，建成设施设备现代化、田间耕作机械化、性状观测智能化、数据分析自动化的 DUS 测试机构（邓超等，2019）。

在药用植物方面，我国于 1999 年颁布了中华人民共和国农业部第 14 号令，公布了《中华人民共和国农业植物新品种保护名录（第一批）》共计 10 个种（属），其中菊属（*Chrysanthemum*）与中药材相关。而在 2019 年 2 月最新发布的第 11 批保护名录中，则有紫苏、红花、淫羊藿属等 11 个种（属）直接涉及中药材。由此可见，国家层面对中药材的发展是越来越重视的。但公布保护名录之后，如何研制出切实可行、操作简便且符合中药材特点的 DUS 测试指南，成了相关科研人员及育种者需要尽快解决的问题之一。中药材由于其功能及发展历程的特殊性，在指南研制过程中面临很多特有的难点。例如，中药材的特异性主要体现在药效成分，但药效成分难以直观测定；中药材讲究道地性，受栽培环境影响大，一致性难以保证；中药材大多为天然杂种群体，种源纯度低，稳定性差；中药材已有且产业化的品种少，标准品种选择困难等。可见，按照目前我国中药材发展现状和 DUS 测试指南研制的目的，我们需要针对不同中药材特点，由易到难、分批次逐步推进，进而形成较为完整的中药材 DUS 测试指南体系。

13.2.3 中药材育种创新

植物新品种是指经过人工培育的或者对发现的野生植物加以开发，具备新颖性、特异性、一致性和稳定性并有适当命名的植物品种。农业上，我国企业选育新品种的手段多以常规育种为主，分子育种技术运用不普遍，突破性品种少。在中药材方面，我国中药材育种工作由于起步晚，且技术创新水平较低，育成新品种主要采用系统选育法，杂交育种、单倍体育种等方法应用较少（杨成民等，

2013）。分子标记辅助育种在中药材中也开始起步，如采用简化基因组测序技术进行三七新品种选育（董林林等，2017）。同时一些高校及科研院所还启动柴胡、黄芩、金荞麦等中药材的全基因组测序，这也为更好地开展分子标记辅助育种奠定了基础。

从目前的育种技术方法来看，种业企业大多采用常规方法，老材料反复应用，育种周期长、难度大、效率低，尤其在利用分子标记辅助选择、基因传统的动植物育种方法中普遍存在着技术难度高、工作量大及繁育周期长等缺点。近几十年来，转基因技术的发展大大加速了育种的进程，如显微注射法、农杆菌介导法、基因枪法、纳米技术等的应用（刘家丰和倪洪涛，2018）。

不管在农业还是中药材方面，都应该加强育种技术创新工作（纪高洁和李树君，2018），进一步加快传统育种向生物技术的转变速度，开展常规育种与分子育种相结合的育种方式，加强转基因技术的研究，培养抗性、品质、高产方面有突出优势的品种（郭冬，2016）。新一轮种业科技革命和农业产业变革，与中国加快转变经济发展方式的重要实践，迎来了历史性交汇。需加快研发关键核心技术，围绕基因编辑、人工智能等品种创新关键技术重点攻坚突破，实现民族种业在国际种业中从"跟跑"向"并跑""领跑"的转变（孙好勤，2019）。

13.2.4 中药材种子质量检测技术及其标准

种子检验是种子质量管理工作的技术依托和支持系统，是保证种子质量的主要手段，统一、标准的检验方法及程序是保证检验公正性和可靠性的前提条件（李秀凤等，2009）。我国农业种子检验方面已经形成了较为完善的技术手段，其质量检验具有相应的国家标准，如《农作物种子检验规程》（GB/T 3543.1-3543.7—1995）、《林木种子检验规程》（GB 2772—1999）、《牧草种子检验规程》（GB/T 2930.1-2930.11—2001）等。我国中药材种子产业发展相对滞后，生产中存在着品种混乱、质量低劣、产量不稳定等诸多乱象（王金鹏等，2019）。基于中药材本身的特殊性，其种子质量与农作物存在极大差异，沿用农作物的质量检验技术和方法研究中药材种子不能完全符合中药材种子的特性，中药材种子应该有独立于农作物的符合其实际特性的统一的检验规程和方法。但是，目前我国尚没有关于中药材种子详细、全面的质量检验指标，也没有相关的检验规程国家标准。近年来，国内学者对已有部分中药材种子的检验方法和质量评价进行了初步研究，主要参考了农作物种子研究方法。在中药材种子检验方法研究中，发芽方法研究较多，种子的真实性鉴定方法主要为形态鉴定，扦样在检验方法中很少单独列出进行研究，水分的测定中温度要求不统一。

在质量标准方面，我国绝大多数中药材种子还没有相应的检验标准和质量标准，无法对市场上的中药材种子质量进行检验和有效控制。目前发布的中药材种子质量标准的指标不一致，大多数标准的质量指标依据《农作物种子检验规程》

（GB/T 3543.1-3543.7—1995）制定，少数品种依据《牧草种子检验规程》（GB/T 2930.1-2930.11—2001）制定，我国目前中药材质量标准的国际标准只有人参种子种苗（ISO 172171-1—2014）和三七种子种苗（ISO 20408—2017）两项，国家标准和行业标准有7项，发布的地方标准有130多项（现行的有108项），涉及84个品种；另外，已发布的中华中医药学会的团体标准有139项（2019年12月止）。但是，除国家和行业标准外，同一品种的标准在多个地方标准和不同的团体标准中出现，且各地标准规定的质量限度、指标及检验方法差异性较大，标准不一（包括黄芪、桔梗、丹参、板蓝根、黄芩、当归、柴胡等大宗常用中药材）。2018年12月农业农村部、国家食品药品监督管理局和国家中医药管理局联合印发的《全国道地药材生产基地建设规划（2018—2025年）》明确指出制定道地药材种子种苗等产品质量标准。种子检验技术及其相应的标准是种子质量标准实施的技术保障，种子检验方法是种子质量标准可判定的基础，健全和完善检验方法与质量标准，是中药材种子质量标准实施的保障，也是中药材种业现代化发展的必然需求。

13.2.5 中药材繁育技术

良种繁育是品种工作中衔接选育和品种推广，推动种子产业化，促进农业生产发展的重要环节。中药材新品种产业化较少，良种覆盖率低，良种繁育技术还处于起步阶段，大多数中药材品种强调繁育技术，而非良种繁育技术。

近年来，在中药材繁育技术方面也取得了一些成果。如在南繁技术方面，经过十余年的研究，建立了瞿麦、荆芥、牛膝、王不留行、薏苡等十余种中药材南繁技术体系，涵盖了南繁过程中各个控制节点。在工厂育苗技术方面，现有的组织快繁技术可在短时间内大量扩繁种苗，如地黄脱毒快繁技术，浙贝母、半夏、西红花、铁皮石斛、白及、金线莲等根茎类中药材快繁工厂化育苗技术。在异地繁育技术方面，在非主产区形成了北柴胡、桔梗、秦艽、荆芥、丹参等中药材异地制种技术。现有中药材繁育技术为产业化生产优良种质奠定了较好的基础。但与农业相比，中药材相应的技术体系和管理体系建设还处于起步阶段。

我国中药材大规模种植起始于新中国成立后，绝大多数野生中药资源都需要进行人工驯化后才可进行产业化种植/养殖，中药材的驯化效果在不同品种上有较大区别，其中适应性强、分布范围广的中药材对气候、生长环境、土壤肥力等要求不高，异地种植后品质差异较小；另外，不同的中药材品种繁育技术是不同的，有相当一些中药材对气候条件、生长环境、土壤肥力、伴生植物要求较高，盲目进行驯化种植不仅可能导致品质下降，甚至有可能导致中药材出现异化，严重影响中药材的品质。随着气候变化加剧和品种退化问题的逐年加剧，如何提高中药材的繁育技术、改善中药品种已经成为当前需要关注的重要问题。同时，由于中药材制种过程中没有进行有效隔离，多种中药材品种混杂培育，造成原本具有较大优势的品种出现退化。另外，筛选中药材繁育过程中的植保方案，包括浸种、拌种处理等技术对于中药材繁育工作也非常关键（孙长娇等，2016；尚兴朴等，2019）。这些都是中药材繁育技术亟待解决的关键性问题。

中药材种子种苗是中药材生产的源头，优良品种及优质的种子种苗是实现中药材规范化生产的基础和首要条件。《全国道地药材生产基地建设规划（2018—2025年）》明确指出要开展道地药材良种繁育，分品种、分区域集成道地药材种子种苗繁育技术规范，开展道地药材提纯复壮、扩大繁育和展示示范，提升优良种子种苗供应能力。因此，迫切需要依据道地药材区划建设完善的中药材制种及育苗技术体系。

13.2.6 中药材种子加工贮藏技术

种子加工和贮藏是一项复杂的工作，包括从种子收获至播种前的干燥、清选、分级、收装、入库贮藏等多个步骤。其中种子干燥是为了降低种子水分含量，以便达到安全贮藏的标准。分级是对种子的筛选过程，将干瘪、未熟的种子，以及杂物等去除的过程。种子贮藏的目的是尽可能保持种子的活性，延长种子的使用年限，保证种子具有较高品质（张选芳，2017）。

种子加工过程涉及的主要技术环节包括：①种子的清选。首先通过分离器将种子和杂质分离，挑选出可用的种子，去除杂质。然后利用种子的大小、种子的比重进行分类，将不同质量的种子进行分类。不同类型种子、不同的饱满程度要摸索出适宜的风速进行气流清选。②种子的干燥。对于大批量的种子，常通过通风设备、空气干燥设备、烘干设备等对种子进行烘干，需要通过不同类型种子的预热、干燥、缓苏和冷却过程进行设备的选择及技术参数筛选。③种子的包衣。一些种子需要使用包衣，将特定的包衣剂喷洒到清选后的种子上，通过搅拌将种子包裹起来，在种子的表面形成一个均匀的药膜。对于不同品种的种子，需要进行特定包衣剂配方和工艺的筛选。

种子生产出来以后可能不会立即销售、种植，需要将种子进行加工，达到仓储条件以后进行储存，保证农业生产的需求。农作物种子仓储时，需要严格控制种子的含水量，确认种子最佳的存储方式、种子的堆码方式等（杜海东等，2016）。

虽然近些年来，我国中药材种业企业数量和规模得到不断发展，但种子的加工生产方式仍较为落后，大部分仅限于种子的清选，而无进一步的生产加工。相比于主要农作物种子的加工，中药材种子设备的技术性能水平较低。由于我国中药材种子机械是从引进、仿制农业设备起步的，基础研究不深入，与实际联系不紧密，导致生产出的设备无论是在种子破碎率、出成率，还是在机械的稳定性方面都有一定差距，加工效果不理想。另外，许多种子加工设备的工艺设计没有分级、多次分级和包衣等工序，没有把计算机运用到控制、生产、检测加工各环节和厂房的除尘等方面，设备在工艺方面还有很大缺陷。

中药材种子贮藏的任务是采用合理的贮藏设备和贮藏技术，人为控制贮藏条件，降低种子劣变，保持种子发芽力和生活力，延长种子寿命，从而确保种子的播种价值。因此，创造种子的优良贮藏环境，可以减少种子的质量损伤，保证种子生活力，延长种子寿命。中药材种子种类繁多，很多具有易油败、虫蛀、霉变等特点，导致不易贮藏。种子的生活力与贮藏期长短因品种、成熟度、完整度、水分、温度等因素的影响而不同。为了保持种子的生活力，延长中药材种子的寿命，提高种子的播种品质，为中药材的增产打下良好的基础，掌握不同中药材种子的贮藏特性、贮藏时间、贮藏方法，控制种子在贮藏期间的水分、温湿度、通气情况，是中药材种子贮藏的重要技术环节。

近年来，随着科技的发展，不少新技术理论得到突破，并在种子加工方面得到应用。例如，利用纳米材料所制作的零部件已经开始走进企业，代替金属材料用来制作加工机械的密封环、轴承和齿轮等，以提高种子加工机械的耐磨性和耐蚀性。在包衣方面，纳米材料具有良好的成膜性和缓释性，可有效地降低药剂溶解淋失率，提高药剂在种子表面的附着力，应用前景较好。如壳聚糖、新型纳米富氧型血液种衣剂等在生产实践中表现出很好的产业化应用前景（刘鹏飞等，2004；冯俊良等，2008；李习宾和郭素娟，2012；刘家丰和倪洪涛，2018）。研究新的种子处理技术是全球作物保护市场增长最快的领域之一。商业种子处理使得农药被广泛用于农作物，化学方法处理种子无疑会持续下去，但是考虑到农药对环境的影响，作物生产中，未来的研究可能更侧重于用微波、超声、臭氧、纳米等物理处理及生物保护剂种子处理替代化学种子处理方法（刘家丰和倪洪涛，2018）。

随着国家的发展和时代的进步，玉米和小麦等农作物种子已经实现了高品质、高效、低耗能、低药剂等的仓储技术，为种子的安全贮藏提供理论指导，国家相关部门已发布了农作物种子、林木种子、牧草种子等贮藏标准。目前，中药材种植业已大力发展，但是中药材种子的贮藏还没有相关标准指导，建立中药材种子的贮藏标准对保证种子的安全贮藏具有非常重要的意义。但是，目前中药材种子的仓储技术仍旧相对落后。许多学者进行了部分中药材种子的贮藏研究，但现有研究还不全面不系统，形成的贮藏技术还未很好地应用于生产实践，还需要后期加强研究，针对不同品种形成特定的贮存技术，以满足生产需要。随着社会的发展，中药材种子在贮藏技术方面不断进步。例如，种子的超干贮藏和超低温贮藏等技术越来越广泛地被应用于实际生产过程中，计算机等数字化技术也逐步被应用于农作物种子贮藏，为了促使中药材种子贮藏工作向现代化、自动化、智能化方向发展，用现代化设备合理控制贮藏条件、建立中药材种子自动智能化贮藏仓库势在必行。

13.3 经验和建议

《中华人民共和国种子法》(2021年12月24日修订版)和《植物新品种保护条例》(2014年7月29日修订版)的实施为种业的良好持续发展提供了保障,2018年"中央一号文件"提出:加快建设国家农业科技创新体系,加强面向全行业的科技创新基地建设。深化农业科技成果转化和推广应用改革。加快发展现代农作物、畜禽、水产、林木种业,提升自主创新能力。高标准建设国家南繁育种基地(王笑等,2019)。

企业是种业科技成果产业化的主体,需进一步推动育种科研成果向企业流动。为打通科技与经济结合的通道,2015年修订了《中华人民共和国促进科技成果转化法》(国发〔2016〕16号)。2016年4月《国务院办公厅关于印发促进科技成果转移转化行动方案的通知》(国办发〔2016〕28号),提出要切实增强科研创新能力、成果转化能力和科企结合的能力。2016年7月,农业部等五部委联合发布的《关于扩大种业人才发展和科研成果权益改革试点的指导意见》(农种发〔2016〕2号),提出以新种业人才发展机制和深化科研成果权益改革为突破口,建立健全种业人才培养、评价、流动和分类管理机制,促进科研成果转移转化、权益分享。

全面借鉴农业种业发展经验和建议,并结合中药材种业的发展特点,提出以下几点经验和建议。①通过实施中药材种业能力提升工程全面提升中药材种业的现代化水平:自2016年设置"现代种业提升工程"项目以来,农业农村部围绕种植业、畜牧业、渔业三大产业,重点支持种质资源保护利用、育种创新、品种测试、区域育种繁育等环节的项目建设,目前在种业建设成效上呈现出资源保护能力显著提升、育种创新能力显著提升、品种测试能力显著提升、供种保障能力显著提升的"4个显著提升"。建议相关主管部门牵头,实施"中药材种业能力提升工程",开展中药材种质资源保存和利用体系、育种创新体系、良种繁育体系、质量标准和检测体系、生产加工体系、质量监管体系、技术服务体系及品牌培育八大体系建设。通过"能力提升工程"的实施,全面提升中药材种业的生产技术水平、标准化生产水平、产业化水平及质量安全水平,带动全国中药材种业规范化和标准化建设,建设形成涵盖大宗品种的标准化良种繁育基地,使优质药材生产的良种覆盖率显著提高。②以新品种选育和应用为抓手推动种子生产专业化及良种化:通过国家科技支撑计划项目、中医药行业科研专项、中药材产业技术体系等培养了中药材优良品种超600个。国家中药材产业技术体系2017年和2018年两年审定或登记新品种11个。通过现代农业产业技术体系等机构支持中药材育种事业,推动了中药材品种创新从"选"向"育"转变,进而推动中药材种子生产专业化和良种化。建议进一步整合优势科研院所、高等院校和种业企业,成立育种协作组,开展跨学科、跨单位、跨地区联合攻关。针对中药材的特点攻克一批制约其育种技术发展的共性关键技术，不断创新中药材育种技术和方法，为指导不同类别的中药材育种提供新的技术方案和思路。③建设国家级中药材制种基地，提升优质种子的商业化供应能力：在国家中医药管理局的推动下，先后在我国20个省份布局建设了28个繁育基地、180个子基地，涉及约160种中药材种子种苗，建成面积累计近7万亩，数十个品种可实现商业化供应。2019年，农业农村部首批认定了8个中药材制种大县，对其中药材种子科研、种子生产、良种良法配套示范等予以支持，形成以政府为主导、企业为主体、上中下游有机衔接的良好发展环境，极大地促进了中药材种子的繁育，提升了优质种子的商业化供应能力。建议进一步加快完善中药材种子种苗适宜性区划，合理布局中药材种子种苗生产基地；同时加大政策倾斜力度，加大资金投入，增加对道地大宗中药材种子种苗繁育的补贴标准；因地制宜地通过"政府+企业+科研院所+农户""企业+农户""合作社+农户"等多种模式，在适宜区建立大宗/道地药材的种子种苗繁育基地，扩大种子种苗基地规模；评定一批国家、省级（区域性）良种繁育基地，扶持重点龙头企业的基础设施及种子种苗市场建设。以农业农村部为指导、繁育企业为主体、科研单位为支撑，采用市场化运行方式推动种子种苗繁育基地可持续运行。④通过龙头企业的示范引领带动行业高质量发展。国药种业有限公司等中药材种业龙头企业已建设形成较为完备的生产经营体系、质量管理体系、研发技术体系和综合保障体系，具有多个核心产品、核心标准和核心技术，初步摸索形成了"中药材种业"的商业模式，初具较好的市场竞争力，对行业起到了较好的示范引领作用，带动了中药材种业的规范化发展。建议制定不同层次"中药材种业专营"龙头企业的认定制度，开展龙头企业认定工作。对龙头企业实施税收优惠政策，对其在兼并重组涉及的资产评估增值、债务重组收益、土地房屋权属转移等，制定税收优惠，从而为培养更多的中药材种业龙头企业做好铺垫。

国外像孟山都、杜邦先锋这样的行业巨头，站在科技前沿的制高点，品种的更新换代时刻迎合着我国农业发展需求，凭借着自身优势快速抢占中国市场。对比我国种子企业，'郑单958'自2000年审定以后，一家独大15年，至今仍然没有国内品种与之抗衡。这也充分地说明我国种业的科技创新能力与世界先进种业国家存在不小的差距（郭冬，2016）。中药材种业的发展亦是如此，培育突破性的优良品种，建设优势种子生产基地，打造标准化的种子加工、检验技术体系，建立健全监管体系及法律法规，是提升中药材种业市场竞争力的现实需求。如何在起步晚、技术落后的背景下做大做强中药材种业？这也是中医药现代化发展要深入思考的问题。

第14章 中药材种子种苗繁育基地建设要求

优质的中药材对中医药的发展发挥着有力的支撑作用，中医药发展越迅速，对优质的中药材依赖度越高。中药材种子种苗是中药材的生产基础，是实现中药材规范、优质生产的首要条件。在我国中医药快速发展的今天，中药材种子种苗繁育基地建设任重而道远。本章主要根据中药材种子种苗的特点，对中药材种子种苗繁育基地在建设规划过程中的几个关键点进行分析和总结，提出了繁育基地建设在基础条件、基地模式、品种选择、基地建设布局、基地管理等方面的规划思路和方法，为企业或药农开展中药材繁育基地建设提供指导。

14.1 中药材种子种苗繁育基地建设的基本思路

中药材种子种苗产品的规范化有赖于中药材种子种苗繁育基地的规范化，其建设思路主要有以下几点。

第一，参照中药材GACP基地建设要求，以发展道地药材种子种苗生产、野生药材驯化栽培、优势品种育繁推一体化为目标，建成具有规模化优势的中药材种子种苗繁育基地。

第二，需要根据繁育基地的生态环境、自然生产条件、社会经济条件选择当地的优势品种或特色品种进行种植繁育。

第三，建立中药材种子种苗质量追溯体系，使中药材的种子种苗来源可溯、去向可追、过程可控、责任可追究。

下面以河北省承德市围场满族蒙古族自治县宝元栈乡黄芩种子种苗繁育基地建设为例，进一步阐明种子种苗繁育基地的建设思路及步骤。承德市围场满族蒙古族自治县宝元栈乡位于围场县西北部，平均海拔1300m，气候环境非常适宜发展中药材种子种苗繁育基地。通过分析当地自然环境、社会经济情况、耕作情况等，结合围场满族蒙古族自治县道地药材产区的品种规划，确定种植品种，并通过与当地政府合作建设中药材种子种苗繁育基地。具体步骤见表14-1，具体流程见图14-1。

表14-1 中药材种子种苗繁育基地建设基本步骤

阶段	任务
信息考察期	1. 自然环境调研，重点对气候、土壤、水源、污染源等进行实地考察，必要时进行取样检测； 2. 社会经济情况考察，重点对当地的人力资源及成本状况、药材加工技术水平、交通运输水平等信息进行实地考察

续表

阶段	任务
品种规划与鉴定	1. 根据先期调研的基本信息，选择适宜的中药材品种； 2. 确定品种基原及质量要求； 3. 根据资源现状及市场需求，确定发展规模
建设布局期	1. 成立基地建设筹备小组； 2. 拟定基地硬件建设方案，如灌溉条件、土地流转计划、土木工程计划等； 3. 拟定基地管理制度、药用植物种植和采集质量管理规范（GACP）生产制度、各项标准操作规程（SOP）等标准； 4. 进行基地实际建设
生产运营期	1. 按照先期制定的建设方案及管理要求进行种子种苗的生产繁育（或制种）； 2. 生产各环节引入溯源管理系统实现引种、生产、加工、仓储、销售一体化追溯

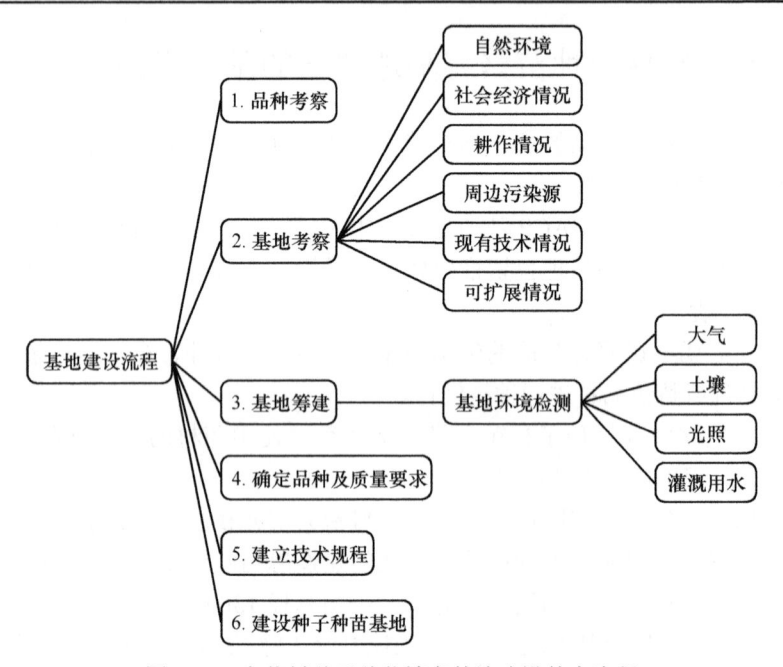

图 14-1 中药材种子种苗繁育基地建设基本流程

14.2 中药材种子种苗繁育基地建设规划过程中的要求

14.2.1 中药材种子种苗繁育基地建设的必要条件

1. 生态环境条件

中药材种子种苗繁育基地必须在适宜的生态条件下进行，原则上应设在道地药材产区。因为不同地区的繁育基地气候环境不同，耕作制度不同，所以在规划建设之前，要对当地的自然气候特点、土地政策等进行全面的调查和分析。

生态环境质量标准：应选择大气、水质、土壤无污染的地区，周围不得有污染源；生态环境、空气环境应符合"大气环境"质量标准的二级标准；灌溉水质应符合"农田灌溉水"质量标准；土壤环境质量应符合国家相关标准二级标准（张丽萍等，2005）。

应全面考察中药材种子种苗繁育基地周边的生态环境情况，综合评价决定是否适宜所选品种的种子种苗繁育。

2. 自然生产条件

对种子种苗繁育影响非常大的自然条件主要有气候、水源、地形、土壤等方面。

气候条件对种子种苗的影响非常大，主要有光照时间、热量、降水、无霜期等，尤其是光热条件，关系到中药材品种的分布和种子种苗的产量。太阳光热是植物物质形成的最基本因素，植物体除去水分的物质中有90%～95%是通过光合作用得来的，只有5%～10%来自根部吸收的养分（陈新海，1990），所以中药材种子种苗繁育的各种措施都应因地制宜，充分合理地利用光热条件。除热量条件外，中药材种子种苗的生长必须有充足的水分，不同的中药材品种需要不同的水分条件，而无霜期的长短直接影响种子种苗生长周期的长短。

天然降水是中药材种子种苗吸收水分的一个重要来源，每年的降水有一定的差别，有的年份降水多一些，可以满足中药材种子种苗的生长，有的年份降水少一些，甚至降水时间可能跟中药材品种生长需水时间相冲突，这时就不一定能满足种子种苗的生长，因此还需要有灌溉水。

各地的地形多种多样，复杂的地形条件直接或间接地对中药材种子种苗的生产有一定的影响。平原地区的地势平坦，面积广阔，土层深厚，便于生产操作，而且有利于实现水利化和机械化操作；丘陵、山地的缓坡地带虽不像平原地区广阔，但也可以修筑梯田，进行种植，因地块较小，不易集中连片，这些地区的集中化程度都不是很高，可以适当地进行半机械化操作。

土壤是中药材种子种苗生长的物质基础，为中药材种子种苗提供必需的养分。我国的土壤类型非常多，不同类型的土壤，适合不同中药材种子种苗的生长。

应全面考察中药材种子种苗繁育基地周边的气候、水源、地形、土壤等情况，综合评价决定是否适宜所选品种的种子种苗繁育。

3. 社会经济条件

种子种苗繁育与传统的作物栽培不同，要求农民有较高的科学文化意识，能够接受和利用现代农业科技，服从专业技术员的指导，严格执行各项技术措施。

社会经济条件较好地区的农民文化水平整体较高，接受新事物快，容易接受企业的组织管理。但是，基地周边的社会经济条件也不是越高越好，在经济发达地区，由于单位土地价值超过或接近种子种苗繁育收入水平，此外，经济发达地区的人工成本较高，而且随着经济增长迅速，会增加中药材种子种苗繁育基地的成本，给基地的发展带来不利影响。

社会经济欠发达地区，由于农业发展水平较低，农业自然条件恶劣（灌溉、温度、湿度等），除了农民接受新事物较慢，农业耕作方式落后、先进技术应用程度低等对中药材种子种苗繁育的开展推广也有一定的阻力（屈长荣和赵明亮，2013），同时交通的不便利性，会影响种子种苗的销售运输。但是，经济欠发达地区往往有独特的自然条件，有些中药材品种适宜在冷凉山区、高海拔地区繁育，所以在中药材种子种苗繁育的长远发展中，经济欠发达地区是更具有发展潜力的后备资源，应注意加以培养建设。

总之，中药材种子种苗繁育基地应在交通便利，社会经济环境良好，周边农户素质较好，各级地方政府及管理部门重视并服务到位，中药材种子种苗繁育基地的企业经济实力雄厚、管理水平较高、社会形象及信誉较好的条件下，才能形成良性互动体系，才能获取最大的繁育效益，政府、企业、合作社、农户才能取得共赢（屈长荣和赵明亮，2013）。

14.2.2　中药材种子种苗繁育基地的模式与品种类型

1. 探索符合中药材种子种苗繁育基地的市场化运营模式

如果中药材种子种苗繁育基地的规范化建设是"硬件"部分，那么中药材种子种苗繁育基地的运营管理模式就是"软件"部分，只有软硬结合，同时有效地联动科研、企业、市场，推行市场化发展模式，才可能更好地推进规范化、规模化的中药材种子种苗繁育基地的长远发展。

在中药材种子种苗繁育基地的建设模式确定过程中，既要符合市场经济需要，又要以实现中药材种子种苗繁育基地规范化和产业化为目标，要与当地村民及政府形成利益共享、风险共担的灵活运营管理模式，要根据政府、企业、当地合作社和村民的实际情况进行具体的修正。例如，蒋传中（2015）在阐述中药材基地模式时，建议施行"农场化管理"模式，这种模式有利于生产过程的质量控制，并且可以保障药材质量。通过分析现有模式并结合实际情况，加以展望，总结出以下模式。

1）地方中药材合作社运营模式：由中药材合作社进行承包集中种植，农民以土地入股，并且可以在合作社进行工作，最后年终分红。

2）龙头企业运营模式：企业牵头，通过科研攻关和技术集成，在科研基地的基础上采取建设种源核心示范基地为主，为当地的中药材企业或中药材合作社提供服务为辅的运营模式，二者相辅相成，为发展中药材种子种苗繁育规范化提供理论与实践。

3）地方中药材合作社与龙头企业合作运营模式：以合作社为桥梁，沟通企业与农户，龙头企业负责整合资源，为合作社提供平台和种源，合作社组织农户进行繁种，为企业提供稳定种子种苗货源，龙头企业建立销售网络和办事处，按区域按品种进行管理。

总之，中药材种子种苗企业的发展方兴未艾，因此在充分发挥地方中药材种子种苗繁育基地的社会化服务能力的同时，还要注重现代企业管理和科技的注入，从产业发展角度共同推动中药材种子种苗繁育基地的发展，提升中药材种子种苗繁育生产的科技含量和规范化程度。另外，国家相关部门还应当积极应用政用产学研合作机制，以中医药管理部门为指导、种植企业为主体、科研单位为支撑，采用市场运行方式推动中药材种子种苗繁育基地的可持续运行（李颖等，2017）。

2. 研究确定中药材种子种苗繁育基地的品种类型

品种选择是中药材种子种苗繁育基地建设的核心和基础，不应盲目跟风，而应通过合理分析市场及基地当地的自然条件、经济条件和技术条件等方面最终确定繁育基地发展的品种，具体的筛选原则如下。

第一，必须遵循道地产区适应性的原则，选用繁育基地当地的道地药材品种或特色药材品种，如黄芩为承德地区的道地药材，有"热河黄芩"之称，承德地区纬度、海拔、气候等均适宜黄芩种子种苗的繁育，当地已有相对成熟的黄芩种植基地，因此在承德地区可以选择繁育黄芩种子种苗，或选择特色品种，如毒性药材草乌，该药材在北方海拔1000m左右山区广泛分布，同时全国市场上正品稀缺，因此在承德地区发展该药材既满足产地适应性，又有其独特的市场稀缺性。

第二，品种应当符合国家标准或地方标准，同时满足中药材品种质资源的统一性、经济性原则。例如，黄芩为大宗药材，市场用量大，价格相对稳定。种子种苗的年需求量较大且稳定，是适宜作为大宗种子种苗繁育的品种。因此在发展种植前，必须对所选择的黄芩药材品种进行生物学性状鉴定（包括亚种、变种、中文名及学名等），以确定品种，防止品种混杂及伪品。特别要注意的是，在确定中药材品种后，还要对该药材品种的经济性进行确认，选择具有抗病性、高产性的品种发展。

第三，对于跨地区种植的中药材种子种苗及其他繁殖材料要经过当地动植物检疫机构检验，查明未带国家法律、法规、规章中规定不得传播的病、虫、杂草，发植物检疫证书后方可生产，并在生产过程中严格按照检疫规程进行中药材种子种苗的繁育。

14.2.3 中药材种子种苗繁育基地布局与建设

1. 确认好中药材种子种苗繁育基地的功能分区布局

中药材种子种苗繁育基地建设前，为保证繁育基地规范化、合理化建设，必须先进行详细的基地功能分区及平面图规划，同时，建设时要充分考虑所选品种的特点特性，主要内容如下。

第一，功能分区，包括种质资源保存区、种子种苗试验区、生产区、工厂化育苗区、良种保存区、种子种苗贮藏区等。

第二，中药材种子种苗繁育基地建设辅助工程，包括温室、塑料大棚、土壤改良、灌溉系统、道路工程、防护林、办公用房、实验用房、贮藏用房、工具用房、设备购置、人工气象站等。

第三，基地生产组织机构设置，包括办公室、会议室、档案室、实验室等。

2. 进行中药材种子种苗繁育基地分级分类建设

为了更好地发展中药材种子种苗繁育基地，使中药材种子种苗繁育基地建设更加有序合理，可以根据中药材种子种苗的特点和推广计划及市场对中药材种子种苗的需求量进行分级分类建设。

要按照国家和企业的需要分级建设不同层级的繁育基地，按照国家的规划建设国家级中药材种子种苗繁育基地；企业可以根据品种的需求量，挑选大宗品种建设一批标准高、规模大、质量优的道地药材种子种苗繁育基地，提高道地药材供种供苗能力（李芮，2019）。

要根据种子繁育的过程建设不同类型的种子繁育基地，一般分为一级基地和二级基地（李芮，2019）。一级基地承担新品种比较试验和选优提纯、繁育原种的任务。二级基地的任务是繁育良种，供应大田生产。

要按照中药材的特点和要求建立种子种苗繁育基地，对于不便于长途运输的种苗或种植区域较广且气候差异较大的品种，可以采用本地产种、异地育苗的方式，增大可辐射范围。

3. 遵守质量优先、兼顾效益的原则

中药材种子种苗繁育相比中药材生产周期短，见效快，受益时效长，并且可以在品种生长后期，选育优势植株，采挖中药材，提高整体收益，应在确保质量的前提下，尽可能地发展中药材品种的经济特点，兼顾效益，通过合理有效的基地管理降低生产成本，提高经济效益，如种植黄芩的种子种苗繁育收益，详见表14-2。

表14-2　黄芩种子种苗经济效益表

种植模式	直播/移栽	种苗田（直播）	种子田（移栽）
种植规模		1亩（1年）	1亩（3年）
投入费用项目/元	种子种苗	600（3kg）	600（12 000株）
	土地租金	500	1 500

续表

投入费用项目/元	化学肥料、农药、除草剂、遮阳网等投入品	150	450
	人工费用	500	2 000
投入合计/元	生产周期总投入	1 750	4 550
产出收益项目	产量	种苗：15万株	种子：25kg/亩（3年） 药材（干货）：200kg/亩
	价格	种苗：0.05元/株	种子：150元/kg 药材（干货）：20元/kg
产出合计	产值	7 500元 15万株×0.05元/株 =7 500元	7 750元 种子：25kg×150元/kg=3 750元 药材（干货）：200kg×20元/kg=4 000元
净收益/元		7 500−1 750=5 750	7 750−4 550=3 200

通过中药材种子种苗繁育基地建设，促进中药材种子种苗产业的可持续发展，加快农村产业结构的调整，促进农村经济发展和社会主义新农村建设，可大量吸纳当地剩余劳动力，为社会稳定起到一定的积极作用（尹君明，2012），其社会效益是显而易见的。

通过中药材种子种苗繁育基地的建设，种植中药材可减少水土流失，改变当地的自然生态环境，实现可持续发展，有助于促进当地文化旅游产业的发展，其生态效益是显而易见的。

14.2.4 中药材种子种苗繁育基地建设的内容

1. 中药材种子种苗繁育基地的基础设施建设

中药材种子种苗繁育基地基础设施建设主要有生活性基础设施、生产性基础设施两方面（高雪梅，2010）。

基地生活性基础设施建设主要有供水、供电、住房、道路建设、围栏及防护林等。首先要保障基地工作人员的基本生活，才能更好地去工作，两者是相辅相成的；而基地的道路建设直接关系到基地建设物资运输和后期种子种苗销售运输情况；围栏可以进行基地区域划分，防护林在基地农田四周种植，通过林带对气流、温度、水分、土壤等环境因子的影响，来改善农田小气候，减轻和防御各种农业自然灾害（李境玉等，2008），创造有利于中药材种子种苗生长发育的环境，以保证中药材种子种苗繁育的稳产、高产。

基地生产性基础设施建设主要有土壤改良、灌溉系统、气象基础设施建设等。土壤改良主要是排除或防治影响中药材种子种苗繁育和引起土壤退化等的不利因素，改善土壤性状，提高土壤肥力，为农作物创造良好土壤环境条件，基本措施主要包括土壤水利改良、土壤工程改良、土壤生物改良、土壤耕作改良、土壤化学改良（戴春旭，2012）；灌溉系统主要分为滴灌系统、喷灌系统和低压管道输水灌溉系统等方面；气象基础设施建设有利于对基地气象情况进行预测和评估，可以让种植者有数据可依靠，让科研者有数据可分析。

2. 中药材种子种苗繁育基地的管理服务体系建设

中药材种子种苗繁育基地确定之后，要在管理内容上实施质量诸要素的全内容管理，在管理环节上实施全过程管理，在管理手段上实施全方位管理，在管理体系上实施种子种苗行业的全员管理。一定要加强领导，健全组织（李铁山，1998），实行合同管理，明确双方责任。中药材种子种苗企业应该对基地做到统一规划、统一种源、统一技术操作规程、统一质量标准、统一价格、分户管理、分户检验、分户交种、分户结算（王栋，2010）。

在中药材种子种苗繁育基地建设过程中，部分基地的发展会受制于专业技术人员的缺乏，科研力量薄弱，或难以将标准规程发布推广，或难以提高种子种苗服务的辐射能力。因此，需要有针对性地开展种子种苗基地建设方面的培训，尤其加强基层中药材种子种苗生产流通从业人员培训，提升业务素质和专业水平；科研院校加强高层次和国际化专业技术人才培养，鼓励科技创业，推动中药材种子种苗技术创新和成果转化。由此，应培养一支强有力的中药材种子种苗资源保护、繁育、鉴定技术和信息服务队伍，以优质的人才资源支撑中药材种子种苗的繁育工作，同时配套提供优质完善的售后技术服务（李颖等，2017），定期下派专业技术员蹲点指导。

（1）中药材种子种苗繁育基地的生产管理

农业生产是自然再生产和经济再生产过程交织在一起的，具有强烈的季节性和严格的农时要求，所谓"人误地一时，地误人一年"就是这个道理。中药材品种又具有明显的地域性、不稳定性等特点，所以要求中药材种子种苗企业要及时预测，把握住市场脉搏，及时供应良种良苗，以满足农业生产需要。

按市场需求确定生产规模，种子种苗基地除完成必要的科研项目外，能赚钱、获利是主要目标，一定要从基地建设规划开始之前就认真研究基地生产经济效益，充分预估市场行情（周成名，2004），并考虑到基地在生产过程中受到人力不可抗拒的自然气候影响，病虫草害的影响及田间进行机械化操作的难易程度，推行合同制，订单式生产、收购和供种、供苗。

（2）中药材种子种苗繁育基地的技术管理

要科学建立种子种苗生产田，首先必须将其设在光照、温度、降雨量等自然条件均较适宜的地区。其次是在选定的区域内选择适宜的留种田和育苗田。种子种苗繁育田以地势较高、平整而便于排灌、隔离条件较好的地方为宜；种子种苗繁育田的土壤结构与肥力应尽可能与所选的中药材种子种苗生长发育的要求相一致，并应考虑到种性的特殊要求；留种地和育苗田不应以相同类型的品种及其近缘的各种类型的品种为前茬，以免造成机械混杂和进一步的生物学混杂，并可防止病虫害的传染流行；大规模的种子种苗繁育要特别警惕对土传病虫害的监测与防治，以防造成生产上病虫害大面积流行的毁灭性灾害。

不同中药材品种的种子种苗繁育技术是不同的，有相当一些中药材对气候条件、生长环境、土壤肥力、伴生植物要求较高，盲目进行驯化种植不仅有可能导致品质下降，甚至有可能导致中药材出现异化，严重影响中药材品质（周淑香，2018）。随着气候变化加剧和品种退化问题的逐年加重，如何提高繁育技术、提高中药材品质已经成为当前需要重点关注的问题。

（3）中药材种子种苗繁育基地的质量管理

中药材种子种苗繁育基地应建设质量追溯体系，并将质量追溯体系应用于种子种苗繁育和交易过程中，要从种源质量把控、施入品管理、采收、贮藏运输等关键环节入手，做好质量管理工作。

我国正在逐步推进中药材种子种苗的质量分级工作，积极引导中药材种子种苗划分质量等级标准的制定，推动我国中药材种子种苗标准与国际标准接轨（周淑香，2018）；要做好化肥农药、激素等的使用管理问题，如减少种苗"肥而不壮"的质量问题；相关部门要对中药材种子种苗繁育基地依托企业和合作社进行有效管理，尽量杜绝杂种、假种进入市场，一旦发现质量问题即刻展开清查工作。另外，可通过建立专业市场，加大市场监管，作为中药材产业不可分离的种子种苗，应依托现有的中药材区域中心市场，在不同的区域建设一批标准化、专业化的中药材种子种苗市场，加强物流体系的建设，扩大交易规模，做到质量有保障，供种、供苗有市场，管理有制度。同时各地种子种苗管理部门也应加大监管力度，对具备条件的经营户及时发证，给予扶持，不具备经营条件甚至坑农害农的摊贩坚决取缔，从而使中药材种子种苗市场逐步迈入正轨，推动中药材产业走向可持续健康发展之路（周海和周瑞峰，2016）。

中药材种子种苗标准化工作尚在推进当中，但其质量标准、技术规程等国家权威标准滞后严重，远不能满足中药材产业健康发展的需求。依托中药材种子种苗繁育基地建设，对不同特征特性的中药材种子种苗，在其生产加工、质量、检验方法及包装、运输、贮藏等方面应做出科学明确的技术规定，进而制定一系列可行的技术标准（周海和周瑞峰，2016）。目前，大多数标准、规程还处于初步形成草案阶段。标准的完善与申报工作需加快进度。关注中药材种子种苗标准化委员会、有关学会等机构的信息发布，积极进行申报工作，让基地制定的标准、规程草案有更多的专家学者、从业人员关注，提出意见建议，合理修改完善，是对基地建设工作的鼓励、认可，也是让从田间凝练出的标准、规程为中药材种子种苗产业发展发挥其应有价值（李颖等，2017）。

(4) 中药材种子种苗繁育基地的包装贮藏运输管理

种子采收后生活力的保持和寿命的延长都取决于贮藏条件，而其中最主要的是温度、水分及通气状况这三个因素。在贮藏种子过程中，这三个因素是相互影响和制约的（王聪颖，2015），其中某一个因素发生了变化，就会影响种子的贮藏效果。因此，要想提高贮藏效果，延长种子寿命，必须以温度、湿度、通气条件为主，创造出各种因素最佳配合的贮藏方法，即"理想"的贮藏条件。至于选择什么样的贮藏方法，首先考虑的是经济效益；其次要考虑贮藏设施的性能，贮藏地区的气候条件，计划贮藏的年限，贮藏种子的种类及种子本身的遗传性，种子的价值和本地区本企业的经济实力等（方晓华和于海杰，1993）。

包装前的种子要符合品种的含水量、发芽率和净度标准；包装的容器必须防潮、清洁、无毒、不易破裂、重量轻等；按照不同中药材品种的田间播种量确定包装大小，以便使用和销售；包装外应加印或粘贴标签，注明品种的名称、品种特性、栽培技术要点等，还要注明种子重量、产量、采种年月、种子品质指标等，最好附有醒目的成熟商品图案或照片。包装一般采用麻袋、棉布袋、无缝多层纸袋等（王聪颖，2015）。种苗的包装和运输是种苗生产过程的最后一道程序，对种苗生产企业来说非常重要（方晓华和于海杰，1993），如包装和运输方法不当，可能会造成较大损失。种苗的包装材料可以根据运输要求选择硬质塑料或瓦楞纸板等，包装规格尺寸应根据种苗大小、育苗盘规格、运输距离的长短、运输条件等确定。在种苗采挖后，进行适当的低温、控水等锻炼，即"炼苗"过程，有利于增强种苗在运输过程中对外界不良环境的抗性，但在运输前一定要将种苗浇足水分，保持一定的湿度。种苗在运输过程中种苗本身就是处于生长发育不利的环境中，所以必须尽量创造适宜的运输环境和减少运输时间，如果运输时间较长，应适当通风或补充水分、养分等，为减少种苗在运输过程中的蒸腾作用、增强对低温等的抗性和保证定植后的迅速成活与缓苗，以及以后的迅速生长和发育，对种苗进行适当的药剂处理有较好的效果，如蒸腾抑制剂等（陈火英，2011）。

运送种苗至种植区后，应该把种苗放置在适宜环境里，喷水护苗，使种苗尽快恢复，并且应尽早安排定植，使种苗快速恢复生长。

14.3 总结

综上所述，在中药材种子种苗繁育基地建设规划前，企业应当进行充分的实地考察和市场调研后再确定基地的种植地址和品种类型，要根据政府、企业、当地合作社和村民的实际情况，经过多方协商并考察研究后确定一个与市场经济相符合的运营管理模式。

当前阶段国家应该大力扶持发展中药材种子种苗企业，培养龙头企业，同时通过政府推动，企业推广，逐步规范化中药材种子种苗繁育基地和市场，促进我国中药材种业"有序、安全、有效"地发展，通过政用产学研合作的机制，以中医药管理部门为指导、种植企业为主体、科研单位为支撑，采用市场运行方式推动中药材种子种苗繁育基地的可持续运行，另外，基地和企业可以共建完善的技术体系及质量保障体系。并且，基地应配备基本的设备和设施，便于种子种苗繁育、采收和加工检验等，建立专业的技术服务团队，注重培养技术和管理人才。

随着我国中医药市场对中药材的需求量不断增长，而中药材产业发展的速度和质量很大程度上取决于中药材种子种苗繁育基地发展的规模和质量，中药材种子种苗繁育基地的建设就显得任重而道远了，在基地建设时就应当不断对其进行规范，进而从源头上保证中药材的质量。

第 15 章　中药材种业的品牌建设

中药材种子种苗品种众多，各有特点，技术发展水平也各不相同（黄璐琦等，2002；王继永等，2020），要想保证优良品种种子种苗的供给，实现中药材种子产品生产和经营的商业价值，使中药材种子企业在激烈的市场竞争中生存和发展下去，就必须摸清种业发展的现状、趋势及内在规律，通过构建合理的生产组织方式，打造品牌中药材种子产品（王继永，2015）。为帮助中药材种子企业开拓思路，本章通过分析我国中药材种业品牌发展现状，分析中药材种业的发展趋势，论述中药材种业的品牌化发展战略步骤，探寻中药材种子企业品牌化发展之路。

15.1　中药材种业品牌化发展现状及趋势

15.1.1　中药材种业品牌化发展现状

中药材种子种苗产业是区别于中药材种植产业的存在，相对于中药材种植产业，它的主要产品是具有生命力的种子、种苗产品，其种子种苗产品的选育和繁育技术复杂，前期投入较高。目前，中药材种子种苗生产大部分仍然处于半原始生产和自然采集阶段，多数中药材的种为野生采集和自留种（阙灵等，2016），其质量、产量难以达到商业化、品牌化营销的要求，只有部分大品种如甘草（李文斌等，2020）、枸杞（高娟，2013）、黄芪（李城德和管青霞，2016）等的种子产品已经实现了规模化育种和品牌化销售。我国中药材种业还处于起步阶段，品牌化发展程度较低，通过查询中国种子协会网、中国种业信息网相关数据，截至 2019 年 12 月，具有中药材种子种苗经营资质的企业有 121 家，其中登记种类仅为中药材种子的经营企业有 39 家，并且在中药材种子行业内还没有市场占有率占领导地位的品牌产品。

作为中药材种子种苗品牌产品建设的核心，中药材品种选育工作在国家大力扶持下已经积累了一定基础（李颖等，2017）。在选育的中药材数量和质量、选育的技术水平和人才队伍建设方面取得了一定的成绩，根据有关文献统计（魏建和等，2011b；杨成民等，2013），人工栽培中药材 300 余种，采用优良种质集中育苗的形式进行优质药材生产的占到了约 20%。这为中药材种子企业打造品牌种子产品奠定了一定的物质基础。

15.1.2 中药材种业品牌化发展趋势

1. 标准化是基础

中药材种业品牌化发展急需以"标准化"发展为铺垫。要实现中药材种业品牌化和高质量可持续的发展必将建立从品种选育、繁育到种子加工、销售、流通、使用全过程的标准化体系（尹可锁等，2017）。中药材种业的标准化就是将成熟的经验和先进的科学技术结合，形成标准化的信息，并制定成完善的标准规范，应用到中药材种业的全产业链流程中，最终形成覆盖种子选育、繁育、生产、加工、包装、运输、贮藏、检验、售后、追溯等各个环节的标准化体系。

中药材种业标准化是建立健全中药材种子质量标准体系的重要手段（宋贤勇，2019），通过完善种子质量和检验手段的标准，实现对中药材种子质量的精准控制，减少种子经营者和使用者的风险；中药材种业标准化是实现中药材种子质量全过程溯源的必要环节，通过建立标准化的生产加工体系和追溯系统，可以实现种子质量信息的全程可追溯，减少质量信息不透明度，既可以精确打击串货、假货，又能使种植者能够直接获取药材种子商品的相关信息，买得放心，用得舒心；中药材种业标准化是增强药材种子企业核心竞争力的关键措施，通过种业的标准化手段，建立健全企业内部质量保障体系，严格品质质量自查，完善药材种子研发、生产、经营及相关数据的可靠性，突出本企业种子产品与竞争企业及大田种植户自留种的内在品质差异，建立产品品牌，提升企业产品的竞争力。

中药材种业的标准化不只限于种子产品的质量及检验标准提升，更是包括产前、产中、产后的全过程标准化，以先进的标准引领产业质量和水平的提升，对于整个中药材种业的品牌化发展具有非常重要的意义。

2. 品牌化是趋势

中药材种业的品牌化趋势是指中药材种子种苗生产经营主体为了在激烈的市场竞争中生存和发展下去，将会逐渐以品牌的营造、使用和维护为发展方向。在这个过程中，一些小、散、乱的生产经营主体将会逐步整合或淘汰，品牌中药材种子种苗企业将会占有大部分市场份额。

中药材种业的品牌化趋势有其必然性，首先是中药材种植产业升级的要求（李颖等，2016），中药材生产经营主体发展迅速，生产经营体制日趋完善，对中药材种子种苗的产量和质量要求越来越高，对特殊属性药材种源的需求逐步增加，补齐现代化中药材种业短板是中药现代化的当务之急（陈永红等，2018）；其次是社会结构变化的要求，随着我国城镇化发展，农村人口进入城镇，农村土地流转制度日趋完善，使得农村土地可以集中管理和经营（邓明瑞，2019），规模化的中药种子种苗生产企业有了发展的基础（薛金喜，2020）；再次是种子加工技术的发展为中药材种业的品牌化发展提供了又一有力技术支撑（尚兴朴等，2019）。最后是市场需求的要求，由于种子产品的生产具有明显的区域化特点，中药材种植企业和种植个体户在每年秋收时都要跑遍药材种子产地，花费大量时间成本和经济成本去寻找来年的药材种源，由于种子产品信息的不对称性，经常会买到质量不达标的种子产品，对来年的生产经营造成不可估量的损失，市场急需质量和售后服务有保障的品牌种子种苗产品的出现（赵汝坤和李建奇，2014）。

品牌化对于中药材种业发展意义重大，是解决目前我国中药材生产供给侧结构性改革难题的重要抓手。在目前行业快速发展、竞争日益激烈、行业加速洗牌的背景下，中药材种业要充分参考大农业种业的发展经验，打造"种子生产专业化、种子加工机械化、种子质量标准化、品种布局区域化"（张延秋，2016）的品牌中药材种业。

15.2　中药材种业品牌化发展的政策和法规支持

种子企业的健康发展需要稳定的市场环境和持续的政策支持，近几年，国家出台了一系列针对品牌种子企业的扶持政策，种业品牌政策支撑体系初步形成。2011年4月，国家发布《国务院关于加快推进现代农作物种业发展的意见》，确定了坚持自主创新、坚持企业主体地位、坚持产学研相结合、坚持扶优扶强的基本原则，成为民族种业发展的纲领性文件；2012年12月，国务院办公厅印发《全国现代农作物种业发展规划（2012—2020年）》，绘制了我国种业发展的中长期路线图（马淑萍，2013）；2013年12月，国家发布"国务院办公厅关于深化种业体制改革、提高创新能力的意见"，突出了企业技术创新主体地位；2016年10月《国务院关于印发全国农业现代化规划（2016—2020年）的通知》，明确了我国要深入推进种业领域科研成果权益改革，加快培育一批具有国际竞争力的现代种业企业（王见中，2016）。

伴随着国家政策逐步实施，农作物种子管理的相关法律和法规也得到了进一步完善及修订，《中华人民共和国种子法》于2000年12月发布实施，2021年12月24日第四次修订，自2022年3月1日起施行。自2016年版后，《种子法》规定，草种、烟草种、中药材种、食用菌菌种的种质资源管理和选育、生产经营、管理等活动，参照本法执行。2016年8月15日《农作物种子生产经营许可管理办法》开始实施并经过多次修订（吴盼盼，2016）。其中2011版第十二条规定经营农作物种子的，应当依法取得农作物种子经营许可证，其农作物就包括中药材。2015版规定农作物种子的生产、经营实行许可制度，许可证实行分级审批发放制度。

虽然我国在中药材种子基础科研及新品种选育工作中取得了一定成果，支持创新型种子企业发展的相关政策及法律法规正在逐步完善，在激烈的市场竞争中，涌现出了一批优质的经营企业，但我国中药材种业品牌发展还是存在企业主体研发力量不足、品牌产品市场占有率低、品牌产品加工技术不足（高娜等，2018）、种子企业的育繁推一体化协同体系还未形成等亟待解决的问题（刘亭亭，2020）。要发展好民族中药材种业，就要继续引入现代农业种业技术，加强基础研究，提升中药材育种和制种水平（黎仲冰，2019），规范市场，培育龙头品牌企业，加快推进中药材种业标准化、商品化、品牌化发展（宋贤勇，2019），全面提升中药材种业生产技术水平、标准化生产水平、产业化水平及质量安全水平（何伯伟，2012），从源头上保障中医药的疗效，推动中医药现代化发展。

15.3　中药材种业品牌化战略路径

中药材种子企业需要通过品牌核心价值的塑造，以及商业模式和产品的创新，逐步实现品牌化战略（马便莲，2017）。其过程是一个系统工程，体现在中药材种子生产经营的全过程中，包括品种选育、繁育、加工、质量控制、流通与应用等环节，既需要技术水平的提升，也需要标准化和规范化体系管理，更需要全过程可追溯的质量监管。本节通过对中药材种子企业品牌化建设路径及品牌化管理体系分析，进而对中药材种子企业品牌化发展提出具体措施建议。

15.3.1　建立现代种子企业制度，确定品牌符号

目前，我国从事中药材种子种苗生产经营的企业大部分是基层农业领域的中小企业，部分企业是从其他领域投资转行到中药材种子行业的，其对中药材种子行业特点的认知不清晰，企业管理基础较为薄弱，经营理念较为落后，与企业品牌化建设要求有一定差距。因此，首先就需要相关企业树立起品牌企业和产品的经营理念，企业的发展目标和核心价值应该以"打造中国中药材种业品牌"为核心。企业要建立现代种子企业制度，建立健全股东会、董事会和经营管理团队的组织运行机构，完善企业财务管理制度，不断扩充自身的生产经营软硬件条件，如自有厂房、检验仪器、加工设备、具备资质的人员配备和种子新品种及其相关授权等。这样才能够得到资本及政府部门在融资和政策上的支持（王继永，2015）。

同时，相关企业应当确定企业的品牌商标，也就是企业品牌符号，由于中药材种子生产的地域性特点，道地中药的理念深入人心，中药材种子企业的品牌符号应当突显品牌及产地的特点，品牌商标要及时申请法律政策的保护（杨丽，2020）。

15.3.2　找准目标市场，打造品牌核心产品

打造品牌核心产品前，应当就不同产品的市场容量进行调研，找准市场定位。企业应当针对不同产品的市场容量采取不同的产品结构，市场规模决定品牌的成长空间，因此企业应当优先考虑市场容量潜力大的品种进行核心品牌产品的打造

（陈永红等，2018），例如，优先打造甘草、黄芪、黄芩等全国栽培面积较大的品种的种子种苗品牌。还要对种植企业和农户的需求进行深入广泛的调研，市场需要什么样的品牌产品，企业就生产什么（黎仲冰，2019）。种植户主要对药材的基原、产量、抗性或某一内在指标含量有特殊需求，因此需要针对这些需求进行产品开发。如甘草种子产品，部分客户对甘草酸的含量有最低限量要求，因此应当选择高酸含量的甘草品种进行品牌化包装，专门针对这一市场需求打造高酸含量甘草种子品牌。黄芪种子产品的市场需求是纯正单一基原的蒙古黄芪种子产品，因此企业可以针对这一市场需求，打造基原纯正单一的蒙古黄芪种子品牌。还有一些特殊品种的需求，如濒危珍稀药用植物急需人工繁育，因此需要进行濒危药材种苗组培技术开发，打造濒危药材种子品牌。

质量是品牌建设的基础，打造品牌中药材种子产品应当建立完整的质量控制体系，提升产品质量，保证品牌核心产品的质量口碑（宋贤勇，2019）。加大品牌产品的加工技术研发投入，积极开展中药材种子包衣和丸粒化技术研究，建立品牌产品的核心技术壁垒。打造品牌产品包装，优质的产品需要将产品的内在品质差异外在化，使用良好的包装、品牌口号和代言，既要做到，也要让消费者看到。例如，国药种业有限公司开发的甘草优良品种'国甘1号'及基原纯正的蒙古黄芪种子产品，首次在销售中启用印有国药种业商标的独立包装，通过包装及产品说明，突出产品的技术优势，结合产品过硬的质量，首先在消费者心中烙下了甘草和黄芪种子产品的优质品牌印记。

15.3.3　研发核心技术，建立标准体系

种子产品技术和标准的提升是种业品牌化战略发展的内在动力，也是种业育繁推一体化协同体系建设的基础。对于中药材种子企业，首先要注重商业化种子新品种选育技术的开发（黎仲冰，2019），企业新品种选育从顶层设计上要充分考虑中药材种植业的现实需求，优先解决目前种植行业主要品种的痛点问题，才能开发出具有市场价值的新品种。新品种选育的基础是育种材料，中药材种子企业应当注重收集带有特殊性状的种质和野生资源（王继永等，2020），积极采用分子育种（钱润等，2020）、诱变育种（王君杰等，2020）等先进育种技术。选育出的药材植物新品种，要通过植物品种 DUS 测试，取得新品种认定及保护，从而保护本企业的品牌核心技术与品种（邓超等，2019）。其次，中药材种子企业还需要积极参与到优良品种繁育、性状鉴别、包装仓储、质量追溯等技术的开发和应用中去，以保障核心品牌产品的生产、鉴别、流通与销售。

核心技术的研发是各项相关标准制定的基础，而标准的制定是技术产业化的主要手段。中药材种子企业在生产经营过程中不仅要遵守各地方的种子质量标准、生产技术规范等标准，还应当建立适合企业自身的企业标准体系，积极建立品牌品种的产品标准、质量检验标准、生产技术规范、生产过程质量追溯等标准。同时，

企业应当积极参与到种子产业相关的团体标准、行业标准的制定中去，促进先进技术成果的产业化。

15.3.4 构建核心模式，支撑核心体系

品牌中药材种子企业应当构建品牌中药材种子种苗供应链管理模式。我国主要农作物种子市场已经形成买方市场，中药材种子市场的买方市场也将逐步形成，因此各种子企业之间的竞争核心将由渠道竞争转变为供应链竞争（李建奇，2011）。企业只有做好品牌中药材种业的供应链模式，对客户的需求做出快速反应，提供高质量个性化的优良中药材种子产品和配套服务，才能在中药材种子市场的竞争中占据优势地位，巩固核心品牌产品的市场占有率。

品牌中药种子企业供应链模式的建立，首先，要将种子使用者的需要和期望作为决策的主要依据，通过不断满足种子使用者，也就是客户的需求，提高客户的价值，来增强本企业供应链在市场中的竞争力；其次，品牌中药种子企业的供应链管理模式应当充分考虑中药材种子产品的产地特性，坚持进行全国道地产区制种基地及种子加工基地布局，以优质的供种基地保证产品的质量，保证客户的满意度，提升品牌信誉度；再次，在制种基地和种子加工基地的布局投入中，应当注重与供应商的合作，但必须辨识品牌核心业务，狠抓中药材育种等核心技术和资源（李建奇，2011），建立育种核心团队，保证品牌种子的产品创新力、竞争力和盈利能力，非核心业务采取外包的方式分散给业务伙伴等供应商；最后，品牌中药材种子企业可以通过设定优质中药材种子种苗繁育基地认证管理和优质供应商认定管理的办法，将符合品牌需求的核心供应商伙伴及资源整合起来，对供应商伙伴进行阶段性绩效评估，优化关系结构，充分发挥供应链的协同效应，简化供应链环节，提高效率，降低种子生产及交易成本，实现利益共享和风险分担（吴昊，2012）。

品牌中药材种子企业需要建立核心体系，一般由四部分构成。第一，综合保障体系，由企业的综合办公室、人力资源、财务、战略规划及品牌运营等部门构成，主要作为企业发展过程中的后勤保障体系；第二，研发技术体系，由企业专家委员会及企业研发技术团队构成，重点建设新品种育繁推一体化联盟，研发种子丰产技术、种苗繁育技术、种子种苗加工分级技术等，它是企业发展的持久动力，为企业发展注入科技和创新的力量；第三，质量控制体系，主要通过质量管理部门、种子鉴定及质量分析实验室和一系列质量标准构成，一般由企业质量部作为执行保障，它是企业发展的刹车，是种子企业立足于市场竞争的根本，是保障种子和种苗质量"真"和"优"的核心控制手段；第四，生产经营体系，由供应链网络、种子加工包装储运基地、销售网络及售后服务等网络构成，它是企业发展的现实动力。四大体系共同保证了种子企业的高速、平稳发展，为打造品牌中药材企业提供了有力支撑。

15.3.5 创新营销模式，拓宽推广渠道

在传统种子营销链条中，种子生产商、经销商、零售商之间利润比例约为1∶2∶5，渠道的中间环节越多，终端种子的销售价格就越高。同时由于中间环节过多，造成市场格局混乱，难以实现售后服务的有效覆盖，市场竞争激烈，种子生产企业与分销渠道伙伴的利益冲突不断凸显（赵汝坤和李建奇，2017）。在这一背景下，中药材种子企业建立品牌直营店，采用扁平化的分销模式（黄毅和邓志英，2016），应用互联网等新兴营销方式（孙中华，2017），实现营销渠道及模式的创新发展，显得尤为重要。

中药材种植者购买品牌种子的意识不断增强，中药材种子企业要重视这一消费市场的变化，做好营销渠道的扁平化策略，更多地采用直营化的营销方式（黄毅和邓志英，2016）。通过建立品牌中药种子直营店，能够减少渠道的中间环节，为客户提供更加精准化的服务、个性化的品种和栽培手段，从而更好地实现售后服务的有效覆盖（吴昊，2012），实现中药材良种、良法的配套，提高客户的满意度。同时，中药材种子企业的品牌核心产品及新品种都能够通过品牌中药种子直营店迅速推广到客户手中，既保证了优良品种的推广，又提高了种子生产企业的利润。

同时，中药材种子企业还要抓住电商行业的发展机遇，积极加入互联网营销。电商平台具有信息透明、服务及时、资源整合的特点，能快速帮助消费者筛选出质量过硬、品种优良、价格合理的品种（赵汝坤和李建奇，2017）。但种子市场电商还处于发展的初级阶段，很难实现真正的种子电子商务。因此，应当将种子线下实体商店与互联网店相结合，线上线下相互联动，融合发展，为种植户提供从种子到播种、病虫害防治、药材销售等全链条服务，才能提升药材种子用户的品牌认知和忠诚度，"电商+店商"的复合发展应该是品牌中药材种子企业未来的发展之路（孙中华，2017；赵汝坤和李建奇，2017）。

15.3.6 优化核心团队，确保持续发展

团队的建设是支撑品牌持续发展的基石，是保证品牌基业长青的生命力，品牌的美好未来需要企业团队中的每位人才用心创造，为此，应当定期进行核心团队的建设与优化（王海洋等，2019）。核心团队的建设与优化，最重要的是企业品牌理想信念的学习，这是一个企业品牌的灵魂，要使核心团队中的每位成员与企业品牌思想信念一致，建立起与企业品牌共同进步和发展的鱼水关系；完善、健全的种业团队建设管理制度是核心团队建设与优化的重要保障，要构建完善的企业内部部门管理制度、管理理念，构建企业行为规范，同时要明确各方责任，团队建设应从上到下，层层落实责任，企业部门领导对工作和管理行为进行监督，根据岗位形成层次分明的团队建设管理体系；种子企业核心团队的建设还是一项

专业性较强的工作，在具体的工作过程中，应当将团队建设纳入企业部门管理范畴，定期组织核心团队人员进行专业知识技能、市场营销技能、种子科技前沿、种业相关法律等的培训（梁媛，2018），将核心团队成员培养成具备市场拓展能力、质量控制能力、研发技术能力、风险防范能力和协同作战能力的复合型种业人才。最终打造一支有理想信念、有实战能力、有市场影响力的团队，建设学习、创新、创业型组织。

参考文献

艾伦强, 王玭, 由金文, 等. 2016. 续断种子质量检验方法研究. 种子, 35(9): 122-125.
安徽网. 2016. 省卫计委发布"十大皖药"霍山石斛亳白芍宣木瓜上榜. http://www.ahwang.cn/zbah/20161215/1589770.shtml. (2016-12-15) [2022-05-26].
安娜, 崔秀明, 黄璐琦, 等. 2010. 三七种子后熟期的生理生化动态研究Ⅱ. 代谢物质含量变化分析. 西南农业学报, 23(4): 1090-1093.
安娜, 朱艳, 崔秀明, 等. 2010. 三七种子后熟期生理生化的动态研究Ⅲ. 不同贮藏条件下种子酶活性分析. 西南农业学报, 23(5): 1477-1480.
毕文停. 2020. 我国植物新品种保护实践研究. 北京: 中国农业科学院硕士学位论文.
曹帮华, 蔡春菊. 2006. 银杏种子后熟生理与内源激素变化的研究. 林业科学, 42(2): 32-37.
曹福麟, 杨冰月, 罗露, 等. 2020. 不同处理对远志种子萌发和幼苗生长的影响. 中成药, 42(2): 422-427.
曹晖, 蔡金娜, 刘玉萍, 等. 2001. 蛇床子地理分布与叶绿体 $matK$ 基因序列的相关性分析. 中国药学杂志, (6): 15-18.
曹建新, 姜远标, 张朝玉. 2016. 药用植物白及研究进展. 林业调查规划, 41(3): 29-32.
曹亚悦, 朱再标, 郭巧生, 等. 2014. 药用牡丹种子质量检验方法的研究. 中国中药杂志, 39(21): 4180-4185.
柴文臣, 阎世江, 张微. 2017. 蔬菜工厂化育苗关键技术研究现状与对策. 山西农业科学, 45(7): 1188-1192.
常东复. 2018. 种子企业低温库建设与种子仓储成本分析. 种子世界, (7): 130-131.
常青, 杨志平, 汪金小. 2016. 白木通种子贮藏研究. 农业与技术, 36(23): 21-22.
常璇, 胡奇林. 2006. 用聚类分析方法对宁夏中宁县和平罗县枸杞中6种元素综合指标的比较研究. 宁夏大学学报（自然科学版）, (3): 248-251.
畅晶, 张媛媛, 李莉, 等. 2011. 射干种子品质检验及质量标准研究. 中国中药杂志, 36(7): 828-832.
陈昊青, 钱利国, 李洪波. 2019. 河北省现代农作物种业发展近况与建议. 中国种业, (9): 22-23.
陈红刚, 杜弢, 王晶, 等. 2017. 丸粒化处理对党参种子萌发及幼苗生长的影响. 中兽医医药杂志, 36(4): 39-41.
陈火英. 2011. 种子种苗学. 上海: 上海交通大学出版社.
陈洁, 孙天曙. 2016. 阜宁县瓜蒌产业现状与对策建议. 特种经济动植物, (11): 35-37.
陈君, 程惠珍, 丁万隆, 等. 2003. 红花种子包衣的生物效应研究. 中国中药杂志, 28(8): 25-29.
陈君, 徐常青, 乔海莉, 等. 2016. 我国中药材生产中农药使用现状与建议. 中国现代中药, 18(3): 263-270.
陈俊红, 郭建强, 龚晶. 2019. 我国种业改革的政策分析和实践. 江苏农业科学, 47(12): 329-333.
陈科力, 黄林芳, 刘义梅. 2014. 中药鉴定方法学发展历程. 中国中药杂志, 39(7): 1203-1208.
陈可纯, 周修腾, 杨光, 等. 2018. 素花党参和川党参种子的形态及显微鉴别研究. 现代中药研究与实践, 32(6): 9-11.
陈利军, 刘帅, 王世强, 等. 2020. 白及新品种'秦白1号'和黄花白及新品种'秦黄1号'的选育研究.陕西师范大学学报（自然科学版），35(12): 1-8.

陈林,刘友平,陈鸿平,等. 2013. 电子鼻在川芎不同产地不同等级评价中的应用. 中药与临床, 4(4): 7-10.

陈美君. 2017. 中药白及品质评价研究. 成都: 成都中医药大学硕士学位论文.

陈前锋,侯鹏,刘巧,等. 2016. 红外光谱法快速鉴别不同产地中药党参的研究. 西南大学学报（自然科学版），38(6): 188-194.

陈如,卢文彪,冯建红,等. 2014. 不同产地槐米粉末的显微量化研究. 北方药学, 11(2): 8-9.

陈瑞芳,曹高忠,吴明钗,等. 2011. 六种不同产地乌药商品的性状及显微鉴别. 海峡药学, 23(8): 53-56.

陈士林,郭宝林,张贵君,等. 2012. 中药鉴定学新技术新方法研究进展. 中国中药杂志, 37(8): 1043-1055.

陈士林,吴问广,王彩霞,等. 2019. 药用植物分子遗传学研究. 中国中药杂志, 44(12): 2421-2432.

陈松树,赵致,王华磊,等. 2017. 多花黄精初生根茎破除休眠及其成苗的条件研究. 时珍国医国药, 28(7): 1748-1750.

陈婷婷,周玉亮,王州飞,等. 2019. 现代种业人才培养方案改革初探. 中国种业, (2): 50-52.

陈文,敖静,李诗靖. 2016. '圣晖1号'霍山石斛的选育及其特征特性. 花卉, (20): 7-9.

陈先良,陶金秋,凡小庆,等. 2011. 不同产地杜仲的紫外光谱鉴别研究. 光谱实验室, 28(1): 303-305.

陈潇倩. 2016. 铁皮石斛工厂化生产技术研究. 福州: 福建农林大学硕士学位论文.

陈新,万德光. 2002. 试论中药种质资源库的构建. 华西药学杂志, 17(1): 65-67.

陈新海. 1990. 先秦时期河湟地区的自然环境与经济初探. 青海民族研究, (4): 42-45,49.

陈兴兴,刘强,魏辉. 2005. 应用数码图像与多媒体手段,加强中药品种鉴别教学. 第一军医大学分校学报, 28(2): 180-181.

陈燕娟. 2020. 种业发展与农业国际合作. 北京: 中国经济出版社.

陈怡,赵致,彭方丽,等. 2017. 通气状况及不同贮藏温度对白术种子质量的影响. 种子, 36(3): 83-87.

陈瑛. 1999. 实用中药种子技术手册. 北京: 人民卫生出版社.

陈永红,周云龙,吕长文. 2018. 我国种业技术创新能力现状与问题分析. 种子, 37(10): 71-74.

陈中坚,马小涵,董林林,等. 2017. 药用植物DNA标记辅助育种（三）三七新品种:'苗乡抗七1号'的抗病性评价. 中国中药杂志, 42(11): 2046-2051.

陈子易,吕旭楠,程舟,等. 2011. 微卫星标记在人参和西洋参鉴别中的应用. 复旦学报（自然科学版），50(2): 185-191.

陈祖云,王晓丽,宋聚先. 2007. 贵州天麻野生与栽培品种的简单序列重复标记鉴定. 贵阳医学院学报, 32(1): 12-14.

成清琴,王磊,陈娟,等. 2010. 丹参种子的超干贮藏研究. 中草药, 41(5): 159-163.

程红焱. 2005. 种子超干贮藏技术研究的背景和现状. 云南植物研究, 27(2): 113-124.

程翼宇,余杰,吴永江. 2002. 红外光谱分析数据特征指纹的可视化表达方法. 分析化学, (12): 1426-1430.

池秀莲,郭婷,王庆刚,等. 2020. 华中地区国家级自然保护区对药用维管植物的就地保护现状. 生物多样性, 28(2): 135-143.

崔金秋. 2016. 芍药种子下胚轴休眠与萌发相关调控基因 *PlGAI1* 的克隆及功能分析. 沈阳: 沈阳农业大学硕士学位论文.

崔月曦, 胡志刚, 徐雷, 等. 2016. 大别山区桔梗种子萌发及贮藏条件的研究. 湖北中医药大学学报, 18(3): 53-56.

崔丽丽, 闫梅霞, 冯志伟, 等. 2018. 吉林省北五味子种子种苗带菌检验初步研究. 特产研究, 40(3): 6-9.

崔野韩, 温雯, 陈红, 等. 2019. 我国农业植物新品种保护工作回顾与展望. 中国种业, 38(2): 9-11.

戴春旭. 2012. 吉林富强煤矿土地复垦模式研究. 长春: 吉林大学硕士学位论文.

戴亚峰, 李诚, 王诗文, 等. 2018. 霍山石斛产业发展现状. 安徽农业科学, 46(27): 202-204.

戴亚峰, 张恩亮, 王诗文, 等. 2019. 霍山石斛新品种'九仙尊1号'的选育. 北方园艺, (9): 200-202.

淡红梅, 李静, 李晞, 等. 2007. 牛膝种子带菌检测和药剂消毒处理效果研究. 时珍国医国药, 18(1): 7-8.

淡红梅, 李静, 李先恩, 等. 2006. 甘草种子带菌检测和药剂消毒处理效果研究. 中国中药杂志, 37(7): 542-546.

淡红梅, 祁建军, 周丽莉, 等. 2008. 丹参种子质量检验方法的研究. 中国中药杂志, 33(17): 2090-2093.

邓超, 韩瑞玺, 杨旭红, 等. 2019. 我国农业植物品种特异性、一致性、稳定性测试体系建设. 中国种业, 38(1): 10-11.

邓明瑞. 2019. 中药材种生产经营管理探讨: 种子管理机构在贯彻实施新《种子法》中遇到的困难与挑战. 中国种业, 4(5): 34-37.

邓月娥, 孙素琴, 牛立元. 2007. 不同产地蔓荆子红外光谱鉴别. 河南科技学院学报（自然科学版）, 35(1): 42-44.

丁建弥, 万树文, 梅其春, 等. 2001. 用随机扩增多态DNA（RAPD）技术鉴定野山人参. 中成药, 23(1): 5-7.

丁乡. 2006. 桔梗后市将趋升: 桔梗产销现状及后市走势浅析. 全国药材商情, 662(11): 1-3.

董静洲, 易自力, 蒋建雄. 2005. 我国药用植物种质资源研究现状. 西部林业科学, 34(2): 95-101.

董林林, 陈中坚, 王勇. 2017. 中药材DNA标记辅助育种（一）: 三七抗病品种选育研究. 中国中药杂志, 42(1): 56-62.

董青松, 谭伟东, 钟一雄, 等. 2018. 毛鸡骨草种子检验规程研究. 安徽农业科学, 46(35): 177-179.

杜春华, 普春霞, 刘小莉, 等. 2018. 短柄乌头遗传多样性的AFLP分析. 中草药, 49(2): 439-443.

杜海东, 张兴富, 方迎宏. 2016. 农作物种子加工与仓储管理研究. 南方农机, 47(7): 44-45.

段承俐, 李章田, 丁金玲, 等. 2010. 三七种子的后熟生理特性研究. 中国中药杂志, 35(20): 2652-2656.

段琦梅, 梁宗锁, 慕小倩, 等. 2005. 黄芪种子萌发特性的研究. 西北植物学报, 25(6): 1246-1249.

樊磊, 刘宣东, 周艾莉. 2018. 涟水县栝楼产业发展现状、对策及几种立体套种（养）模式. 江苏农业科学, 46(15): 114-116.

范积平, 张柳瑛, 张贞良, 等. 2005. 不同产地大黄药材的近红外漫反射光谱法鉴别. 药学实践杂志, 23(3): 148-150.

范林宏, 范文翔, 韦志强, 等. 2019. 近红外光谱技术结合化学计量学在中药分析中的应用现状. 中国实验方剂学杂志, 25(24): 205-210.

范钱, 简恒. 2010. 黄芪种子带菌检测及药剂消毒处理. 云南农业大学学报（自然科学）, 25(4): 494-499.

范文艳, 马建, 陈瑾, 等. 2010. 复合型丸粒剂对防风种子萌发的影响. 黑龙江八一农垦大学学报, 22(4): 1-3, 7.
方爱闻, 朱方波, 汪祖宏. 2005. 瓜蒌新品种"皖蒌二号"栽培技术. 安徽农学通报, 11(5): 43-58.
方海兰, 夏从龙, 段宝忠, 等. 2016. 基于DNA条形码的中药材种子种苗鉴定研究: 以重楼为例. 中药材, 39(5): 986-990.
方晓华, 于海杰. 1993. 蔬菜种子贮藏技术. 种子世界, (11): 28-29.
冯建国. 2010. 浅谈种衣剂的研究开发. 世界农药, 32(1): 48-52.
冯俊良, 蒋振华, 李新宇, 等. 2008. 新型纳米富氧型血液种衣剂用于包衣水稻种子田间示范研究. 上海农业科技, (5): 40-41.
冯学锋, 胡世林, 郭宝林, 等. 2002. 黄芩种群遗传多样性初步研究. 世界科学技术, 4(4): 38-43, 81.
付宝春, 秦国杰, 王松, 等. 2017. 不同处理对萱草种子萌芽的影响研究. 江西农业学报, 29(11): 77-80.
付锋, 曹长清, 徐志刚, 等. 2016. 二种南星种子特点与处理方法. 农业开发与装备, (3): 151.
付琳, 郝建平, 刘晓伶, 等. 2015. 10种晋产野生黄芩根中黄芩苷、黄芩素与汉黄芩素含量比较. 天然产物研究与开发, 27(12): 2064-2068.
傅海鹏. 2016. 浅析修订后的《中华人民共和国种子法》的三大变化. 种子世界, (11): 14-15.
盖钧镒, 刘康, 赵晋铭. 2015. 中国作物种业科学技术发展的评述. 中国农业科学, 48(17): 3303-3315.
甘肃种业信息网. 2014. 甘肃省2014年审定、认定登记品种公示. https://www.chinaseed114.com/seed/11/seed_50097.html. (2014-01-23)[2022-05-26].
高飞燕. 2013. 种子类中药微性状鉴定法研究. 合肥: 安徽中医药大学硕士学位论文.
高建国. 2015. 略谈达尔文《物种起源》体现的科学精神. 生命世界, 32(2): 90-91.
高娟. 2013. 枸杞苗木硬枝扦插繁育技术. 新疆农垦科技, 36(4): 16-17.
高珂, 吴素瑞, 金钺, 等. 2014. 狭叶柴胡新品种中红柴1号种子发芽特性研究. 中国种业, (9): 44-46.
高娜, 孙永军, 张建军, 等. 2018. 中药材种子种苗质量分级标准研究进展. 中国中医药信息杂志, 25(4): 129-132.
高钦, 杨太新, 刘晓清, 等. 2014. 王不留行种子质量检验方法的研究. 种子, 33(10): 116-120.
高仁君, 李金玉. 1999. 种子处理研究进展及其前景. 植物保护, 25(6): 32-34.
高文远, 秦恩强, 肖小河, 等. 2001. 当归药材道地性的RAPD分析. 中草药, 32(10): 65-68.
高雪梅. 2010. 山西省农村基础设施建设的财政支持研究. 咸阳: 西北农林科技大学硕士学位论文.
葛鼎. 2017. 皖产桔梗综合利用的初步研究. 合肥: 安徽中医药大学硕士学位论文.
葛继涛, 甘德芳, 孟淑春. 2016. 种子包衣的研究现状及实施良好农业规范的必要性. 种子, 35(2): 45-49.
耿立格, 李灵芝, 王丽娜, 等. 2005. 河北省农作物种质资源特性评价鉴定信息系统的建立. 河北农业科学, 9(2): 70-72.
巩毅刚, 王俊杰. 1998. 中国长白山中的一颗明珠: 野生桔梗"九桔兰花". 农业与技术, 18(2): 14.
顾地周, 张力凡, 王秋爽, 等. 2014. 朝鲜白头翁种子后熟调控和育苗关键技术研究. 中药材, 37(7): 1126-1129.
关一鸣, 闫梅霞, 王英平, 等. 2010. 人参种子带菌检测及杀菌剂消毒处理效果. 种子, 29(11): 32-34.
管燕红, 王艳芳, 唐玲, 等. 2017. 云木香种子质量检验规程及分级标准研究. 中药材, 40(8): 1763-1769.

郭冬. 2016. 我国现代种业调查及分析. 杨凌: 西北农林科技大学硕士学位论文.
郭靖, 王英平. 2006. 桔梗种质资源研究进展. 特产研究, 28(2): 78-81.
郭巧生, 厉彦森, 王长林. 2007b. 明党参种子品质检验及质量标准研究. 中国中药杂志, 32(6): 478-481.
郭巧生, 张贤秀, 王艳茹, 等. 2009b. 夏枯草种子品质检验及质量标准初步研究. 中国中药杂志, 34(7): 812-816.
郭巧生, 赵荣梅, 刘丽, 等. 2006. 桔梗种子发芽特性的研究. 中国中药杂志, 31(11): 879-881.
郭巧生, 赵荣梅, 刘丽, 等. 2007a. 桔梗种子品质检验及质量标准研究. 中国中药杂志, 32(5): 377-381.
郭巧生, 王庆亚, 刘丽. 2009a. 中国药用植物种子原色图鉴. 北京: 中国农业出版社.
郭淑红, 田洪岭, 许陶瑜, 等. 2012. 远志品种晋远1号. 中国种业, 31(11): 79.
国际种子检验协会（ISTA）. 1996. 国际种子检验规程. 农业部全国农作物种子质量监督检测中心, 浙江大学种子科学中心译. 北京: 中国农业出版社.
国家技术监督局. 1995. 农作物种子检验规程 真实性和品种纯度鉴定: GB/T 3543.5—1995. 北京: 国家技术监督局.
国家药典委员会. 2010. 中华人民共和国药典（2010版）. 北京: 中国医药科技出版社.
国家药典委员会. 2015. 中华人民共和国药典（2015版）. 北京: 中国医药科技出版社.
国家药典委员会. 2020. 中华人民共和国药典（2020版）. 北京: 中国医药科技出版社.
韩柏和, 陈凯, 吕晓兰, 等. 2018. 国内外种子丸粒化包衣设备发展现状及存在问题. 中国农机化学报, 39(11): 51-55, 71.
韩邦兴, 赵杨阳, 朱志祥, 等. 2012. 基于电子鼻技术的不同产地大白菊鉴别研究. 现代中药研究与实践, 26(1): 16-18.
韩春艳, 张蕊蕊, 孙卫邦. 2014. 三七种子质量分级标准的研究. 种子, 33(4): 116-121.
韩瑞玺, 张晗, 赵艳杰, 等. 2019. DNA分子标记技术在DUS测试中的应用探讨. 中国种业, 38(2): 43-45.
韩永成, 刘伟, 陈宁, 等. 2014. 不同产地金银花药材的UPLC指纹图谱分析. 中国实验方剂学杂志, 20(2): 67-69.
郝金魁, 张西群, 齐新, 等. 2012. 工厂化育苗技术现状与发展对策. 江苏农业科学, 40(1): 349-351.
何兵, 刘艳, 李春红, 等. 2015. 多指标定量指纹图谱在中药金银花质量评价中的应用. 中国药学杂志, 50(14): 1237-1242.
何伯伟. 2012. 浙江省中药材种业发展现状和对策. 浙江农业科学, (8): 1086-1089.
何伯伟, 周书军, 叶剑峰, 等. 2014. 浙贝2号新品种选育和主要生物性状研究. 浙江农业科学, (7): 1014-1018.
何冬云, 王龙, 张肖凌, 等. 2008. 万寿菊种子带菌检测及种子消毒处理研究. 甘肃农业大学学报, 43(6): 99-101.
何文斐. 2003. 金银花药材及其注射液的指纹图谱研究. 杭州: 浙江大学硕士学位论文.
何文涛. 2012. 老鹳草不同产地的红外光谱分析与鉴定. 哈尔滨: 哈尔滨商业大学硕士学位论文.
何忠, 何虎翼, 杨鑫, 等. 2019. 两个铁皮石斛新品种的选育及其配套栽培技术. 农业科技通讯, (3): 233-235.
贺爱萍. 2017. 庆阳市中药材产业发展现状及建议. 甘肃农业科技, (7): 74-77.
贺玉林, 李先恩, 淡红梅. 2007b. 远志种子质量分级标准研究. 种子, 26(1): 106-107.

贺玉林, 李先恩, 淡红梅, 等. 2007a. 远志种子检验规程. 中国中药杂志, 32(15): 1497-1500.
侯茜, 胡锋, 张帆, 等. 2014. 不同种质资源和贮藏条件对秦艽种子发芽率的影响. 中药材, 37(11): 1936-1937.
胡金全, 王国发, 姚占民, 等. 2016. 高品质铁皮石斛工厂化育苗关键技术研究. 农业与技术, 36(13): 10-13.
胡珊梅, 周涵韬, 张启国, 等. 2002. 道地药材建泽泻的 RAPD 研究. 中草药, 33(2): 67-68.
胡文璐, 余俊, 陈星. 2018. 微性状鉴别法快速鉴别车前子真伪. 安徽医药, 22(4): 615-620.
胡漩, 李卫东, 李欧, 等. 2011. 益母草种子质量分级标准研究. 种子, 30(4): 83-85.
胡学礼, 胡尊红, 杨谨, 等. 2018. 云南红花的研究进展. 农学学报, 8(5): 25-30.
胡伊力格, 王朝鲁, 孙素琴, 等. 2013. 不同产地枳实原药材及提取物的红外光谱鉴别. 中国实验方剂学杂志, 19(16): 127-131.
黄得栋, 何微微, 马晓辉, 等. 2018. 近红外光谱法鉴别不同产地的南五味子. 中兽医医药杂志, 37(2): 47-50.
黄涵签, 付航, 王妍, 等. 2017a. 不同处理对北柴胡种子萌发及幼苗生长的影响. 中草药, 48(24): 5247-5251.
黄涵签, 王潇晗, 付航, 等. 2017b. 柴胡属药用植物资源研究进展. 中草药, 48(14): 2989-2996.
黄宏文, 张征. 2012. 中国植物引种栽培及迁地保护的现状与展望. 生物多样性, 20(5): 559.
黄华, 具红光, 金江山, 等. 2017. 不同丸化填充剂对桔梗种子活力及苗素质的影响. 种子, 36(2): 105-107.
黄璐琦. 2019. 中国中药材种子原色图典. 福州: 福建科学技术出版社.
黄璐琦, 崔光红, 陈美兰. 2002. 中药材 GAP 实施的复杂系统论: 中药材种质资源的现状、问题及方向. 中国中药杂志, 27(7): 4-6.
黄璐琦, 吕冬梅, 杨滨, 等. 2005. 药用植物种质资源研究的发展: 核心种质的构建. 中国中药杂志, 30(20): 5-8, 26.
黄璐琦, 王敏, 付桂芳, 等. 1999. 中药白芷种质资源的 RAPD 分析. 中国中药杂志, 24(8): 457-459.
黄璐琦, 张小波. 2021. 全国中药材生产统计报告（2020 年）. 上海: 上海科学技术出版社.
黄赛. 2019. 浅析美国种子认证制度及其对我国的启示. 南方农业, 13(31): 48-52, 66.
黄庶识, 李自达, 毛晓丽, 等. 2012. 多种红外光谱校正法的两面针产地鉴别研究. 光谱学与光谱分析, 32(2): 364-369.
黄万兵, 桂阳, 杨通静, 等. 2018. 不同处理对天麻种子保存时活力的影响. 中药材, 41(10): 2261-2265.
黄文静, 赵宏光, 孙晓春, 等. 2018. 种衣剂包衣对紫苏生长发育和抗病虫害的影响. 种子, 37(6): 43-48.
黄耀阁, 崔树玉, 李向高, 等. 1996. 人参和西洋参种子生理生化研究进展. 人参研究, (2): 2-5.
黄毅, 邓志英. 2016. 登海种业市场营销策略分析. 中国种业, (5): 15-17.
黄颖桢, 刘萍, 陈菁瑛. 2013. 泽泻种子带菌检测和药剂消毒处理效果研究. 中国现代中药, 15(9): 763-765.
霍国琴, 李书民, 王凌云, 等. 2003. 中药材工厂化立体育苗新技术. 现代种业, 3: 18.
纪高洁, 李树君. 2018. 新时代中国现代种业发展思路初探. 中国种业, (8): 1-5.
贾风勤, 张元明, 塔西甫拉提·特依拜. 2017. 不同萌发温度下贮藏方式和添加 GA_3 对 3 种荒漠十字花科植物种子萌发的影响. 种子, 36(1): 7-14.

贾和田, 贺献林, 孙爱民, 等. 2020. 太行山区柴胡新品种"冀柴1号"良种繁育及种子加工技术. 现代农村科技, (4): 25-26.

蒋传中. 2015. 中药材基地模式的探索与创新. 中国现代中药, 17(2): 145-148.

焦连魁, 李向东, 王继永, 等. 2021. 甘草等6种重点中药材新品种选育及推广情况分析. 中国现代中药, 23(8): 1463-1475.

金国虔, 居明乔, 吴闯, 等. 2015. 江苏省沿海野生栝楼资源分布特点与评价. 中国现代中药, 17(7): 651-655.

金小雯, 赵桂琴, 柴继宽, 等. 2019. 不同贮藏年限对燕麦种子活力的影响. 草原与草坪, 39(2): 54-59, 65.

金钺, 杨成民, 魏建和. 2016. 国家药用植物种质资源库中期库贮存7种药用植物种子生活力监测. 中国中药杂志, 41(9): 1592-1595.

荆彦民. 2014. 党参新品种渭党4号（DSN2004-05）. 甘肃省, 定西市农业科学研究院, 2014-11-27.

景丹龙, 张博, 王玉兵, 等. 2011. 贮藏湿度对水杉种子同工酶的影响. 广东农业科学, 38(17): 4-6.

九三学社广元市委员会官网. 2019. 关于打造旺苍县"中国柴胡之乡"的调研报告. http://www.gy93.gov.cn/93/article.html?id=5093. (2019-10-16)[2022-05-26].

孔凡真. 2005. 药用植物栽培工厂是未来的发展趋势. 中药研究与信息, 7(12): 16.

孔祥军, 佟春香. 2014. 黄芪中药种衣剂对黄芪的包衣效果研究. 黑龙江科技信息, (12): 91-92.

赖燕华. 2009. 小波变换近红外光谱结合LS-SVM用于中药产地鉴别. 中国化学会计算机化学专业委员会. 第十届全国计算（机）化学学术会议论文摘要集: 379-380.

赖长江生, 周融融, 余意, 等. 2018. 基于近红外分析和化学计量学方法对不同产地灵芝快速鉴别及多糖含量测定的研究. 中国中药杂志, 43(16): 3243-3248.

雷慧霞. 2019. 种质库保存及$CaCl_2$等4种引发剂处理对白鲜、芍药种子活力的影响. 北京: 中国农业科学院硕士学位论文.

雷晓莉, 张梅, 裴瑾, 等. 2012. 川明参种子品质检验及质量分级标准研究. 中药材, 35(9): 1378-1381.

雷振宏, 陈叶. 2016. 黄芪硬实种子的破除方法试验. 种子世界, (2): 36-38.

黎仲冰. 2019. 浅谈种子企业的商业化育种. 农业与技术, 39(11): 165-166.

李安平, 吴尚英, 关扎根, 等. 2013. 苦参种子质量检验方法的研究. 中国农学通报, 29(16): 175-180.

李标, 魏建和, 王文全, 等. 2013. 推进国家药用植物园体系建设的思考. 中国现代中药, 15(9): 721.

李超, 杨生超, 郭巧生, 等. 2014. 中药通关藤红外指纹图谱研究. 中国中药杂志, 39(17): 3311-3315.

李城德, 管青霞. 2016. 蒙古黄芪种子繁育技术规程. 甘肃农业科技, (8): 80-83.

李春花, 陈蕤坤, 王艳青, 等. 2019. 利用SSR标记构建云南苦荞种质资源分子身份证. 分子植物育种, 17(5): 1575-1582.

李春燕. 2018. 近红外光谱法在葛根活性成分含量快速测定中的应用研究. 新乡: 新乡医学院硕士学位论文.

李德全, 赵立庆. 2012. SSR分子标记在玉米育种中的应用. 农业科技通讯, (3): 98-99.

李峰. 2004. 山东道地药材金银花的多元多息指纹图谱鉴别研究. 济南: 山东中医药大学博士学位论文.

李海珀. 2017. 马铃薯种子贮藏环境的温湿度智能控制应用. 种子科技, 35(8): 151-154.

李红莉, 李隆云, 徐有明. 2009. 不同贮藏方式对青蒿种子发芽的影响. 中国中药杂志, 34(12): 1585-1587.
李华. 2016. 绞股蓝种质资源圃的建立及遗传多样性研究. 西安: 陕西师范大学硕士学位论文.
李华君. 2019. 建阳区吊瓜产业发展现状及对策探析. 科学种养, (11): 7-9.
李佳, 郝志, 张龙霏. 2010. 瓜蒌种质资源与良种选育研究概况. 中国现代中药, 8(12): 10-13.
李建红, 董琳娜, 邓志文, 等. 2020. 新形势下健全农作物种子质量监控体系的探讨. 中国种业, (1): 29-31.
李建奇. 2011. 实施种业供应链管理 提升民族种业竞争力. 作物杂志, (6): 124-126.
李金玉, 沈其益, 刘桂英, 等. 1999. 中国种衣剂技术进展与展望. 农药, (4): 3-7.
李进瞳, 靳云西, 林晖才, 等. 2020. 金荞麦种子质量检验方法. 中国现代中药, 22(2): 250-281.
李静, 毛礼和. 2019. 霍山县石斛产业发展现状及对策建议. 安徽农学通报, 25(9): 103,111.
李境玉, 陈新岗, 王媛. 2008. 西部平原地区农田防护林的栽植管护. 现代农业科技, (22): 88.
李菊丹. 2017. 论我国植物发明专利保护制度的完善：兼论专利制度与植物新品种保护制度的关系. 河北法学, 35(4): 2-18.
李菊丹. 2019. 我国农业植物新品种保护问题与对策研究：以品种权申请授权数据统计为基础进行分析. 知识产权, (5): 70-82.
李菊丹. 2020. 国际植物新品种保护制度的变革发展与我国应对. 知识产权, 34(1): 59-71.
李菊丹, 陈红. 2016. 新《种子法》对我国植物新品种保护的积极作用与局限. 法学杂志, 37(7): 70-78.
李隆云, 钟国跃, 卫莹芳, 等. 2002. 中国中药种质资源的保存与评价研究. 中国中药杂志, 27(9): 641-645.
李玛, 苏钛, 李云, 等. 2018. 滇重楼种子检验规程研究. 中国现代中药, 20(7): 850-881.
李玛, 王玲, 杨生超, 等. 2015. 滇重楼种子后熟期间生理生化变化的研究. 云南农业大学学报（自然科学）, 30(5): 766-770.
李旻, 陈美君, 潘欢欢, 等. 2016. 基于颜色客观化的陈皮药材鉴别. 中国实验方剂学杂志, 22(18): 31-34.
李明, 安钰, 左忠, 等. 2016. 宁夏中药材栽培现状及对策分析. 宁夏农林科技, 57(3): 42-46.
李明, 姚东伟, 陈利明. 2004. 我国种子丸粒化加工技术现状. 上海农业学报, 20(3): 73-77.
李明焱, 谢小波, 朱惠照, 等. 2011. 铁皮石斛新品种"仙斛1号"的选育及其特征特性研究. 中国现代应用药学, 28(4): 281-284.
李鹏程, 刘效瑞. 2011. 当归新品种岷归4号选育及优化种植技术研究. 中药材, 34(7): 1017-1019.
李钱钱, 雷振宏, 关扎根, 等. 2018. 北柴胡种子发芽特性研究. 山西农业科学, 46(3): 375-377.
李青苗, 郭俊霞, 张美, 等. 2016. 川丹参新品种'中丹1号'的多点品比试验研究. 中药材, 39(3): 473-478.
李清国, 付晶, 钮力亚, 等. 2010. 化学诱变及其突变体筛选在育种中的应用. 河北农业科学, 14(5): 68-72.
李芮. 2019. 三部委联合印发《全国道地药材生产基地建设规划（2018—2025年）》. 江苏中医药, 51(1): 72.
李水福, 林伟萍, 阙建伟. 2005. 药材野生品与栽培品的鉴别. 中药研究与信息, 7(8): 50.
李硕, 李成义, 李敏, 等. 2018. 离子辐射选育当归新品种安全性评价. 中草药, 49(11): 2662-2670.

李铁山. 1998. 当代中国种子质量观探论. 农业经济, (12): 3-5.
李婷婷. 2019. 浅析水稻杂交育种方法及展望. 新农业, 49(21): 7-9.
李挺, 宫光前, 李从勇. 2004. 药食兼用桔梗太桔1号及高产栽培技术. 中国农技推广, (3): 56.
李彤彤, 金燕清, 王秋玲, 等. 2015. 牛蒡子质量检验方法研究. 中国现代中药, 17(4): 382-386.
李玮, 和忠, 赵丽芬. 2018. 永胜县红花产业发展现状及思考. 云南农业, (1): 47.
李卫文, 董玲, 赵伟, 等. 2018. 栝楼新品种'皖蒌17号'. 园艺学报, 57(S2): 2857-2858.
李文斌, 尚兴朴, 陈彩霞, 等. 2020. 甘草种子与种苗质量分级标准研究. 中国现代中药, 22(2): 243-249.
李文龙. 2007. 高效毛细管电泳及液质联用技术在中药质量控制过程中的应用. 青岛: 国家海洋局第一海洋研究所硕士学位论文.
李习宾, 郭素娟. 2012. 壳聚糖成膜剂包衣性能及对油松种子萌发的影响. 种子, 31(4): 15-19.
李向东, 成彦武, 周海燕, 等. 2015. 霍山石斛的种源鉴定及种植产业发展现状考察报告. 中国现代中药, 17(6): 525-529.
李小丽, 李弟. 2008. 石斛兰组培苗工厂化育苗管理技术总结. 热带林业, 36(2): 33-35.
李小玲, 华智锐. 2013. 商洛丹参种子品质检验与质量标准的探讨. 浙江农业科学, (8): 961-963.
李小梅, 霍学喜. 2008. 我国种子产业发展现状及策略. 西北农林科技大学学报, 8(3): 62-66.
李晓琳, 张顺捷, 李颖, 等. 2015. 刺五加与短梗五加种子的蛋白质电泳分析. 中国实验方剂学杂志, 21(22): 180-183.
李晓伟, 王玉庆, 杜国军, 等. 2012. 药用柴胡资源调查及市场现状分析. 海峡两岸暨CSNR全国第十届中药及天然药物资源学术研讨会论文集.
李新亮. 2016. 关于新疆裕民县发展红花产业的几点思考. 新丝路（下旬）, (12): 21-22.
李秀凤, 葛淑俊, 王静华. 2009. 药用植物种子标准化研究进展. 中草药, 40(5): 840-843.
李吟平, 程秋香, 席鹏洲, 等. 2016. 含水量对黄精种子贮藏生理的影响. 种子, 35(5): 18-22, 26.
李颖. 2017. 中药材种子种苗质量标准. 中国科学技术协会、吉林省人民政府. 第十九届中国科协年会——分12标准引领中医药学术创新发展高峰论坛论文集. 中国科学技术协会、吉林省人民政府: 16.
李颖, 黄璐琦, 张小波, 等. 2017. 中药材种子种苗繁育基地建设进展概况. 中国中药杂志, 42(22): 4262-4265.
李颖, 李晓琳, 杨光, 等. 2016. 关于中药材产业发展的几点思考. 中华中医药杂志, 31(1): 9-12.
李云静, 张建逢, 何婉婉, 等. 2016. 黄芩种子质量检验方法研究. 种子, 35(6): 118-122.
李运, 徐福荣, 张金渝, 等. 2017. FTIR结合化学计量学对三七产地鉴别及皂苷含量预测研究. 光谱学与光谱分析, 37(8): 2418-2423.
李泽生, 白燕冰, 高燕. 2011. 石斛组培工厂化育苗成本核算. 中国热带农业, 40(3): 24-26.
李珍珍, 郑司浩, 尚兴朴, 等. 2019. 分子标记技术在甘草中的应用. 中国现代中药, 21(5): 684-688.
李真, 韩丽丽, 管仁伟, 等. 2010. 瓜蒌的资源、质量与栽培现状分析. 中医研究, 23(12): 11-14.
李志飞, 陈兴福, 徐进, 等. 2014. 激素处理、光照、温度对北柴胡出苗特性的影响. 中国中药杂志, 39(8): 1401-1406.
李钟. 2003. 用RAPD技术鉴别湖南道地药材玉竹. 长沙: 湖南中医学院硕士学位论文.
梁泉, 白燕冰, 张雅琼, 等. 2012. 云南石斛产业现状及可持续发展对策. 中国热带农业, (4): 24-27.
梁媛. 2018. 中药材种子种苗企业内控管理与财务风险防范. 企业改革与管理, (23): 127-129.

梁镇标, 刘力, 晁志. 2012. 柴胡属植物资源及生产状况调查. 时珍国医国药, 23(8): 2011-2013.
梁正华. 1995. 新西兰的种子认证体系. 种子世界, (11): 35-36.
廖婉露, 宋执, 万忠义, 等. 2017. 瓜蒌新品种"川瓜蒌1号"的选育. 北方园艺, (23): 244-247.
林贵美. 2012. 广西选育成功铁皮石斛新品种'桂斛1号'. 农村百事通, 31(19): 12.
林辉, 赵婷, 邹慧琴, 等. 2014. 基于电子鼻技术的不同产地栽培及野生喜马拉雅紫茉莉的鉴别研究. 中华中医药杂志, 29(6): 1834-1837.
林萍, 顾元国, 陈跃华, 等. 2007. 白花品种: 新红花7号. 农村科技, 24(10): 35.
林晓莲, 李钟, 刘塔斯. 2005. 野生玉竹与栽培玉竹的质量分析比较. 广西中医学院学报, 8(2): 63-66.
刘博, 傅俊范, 周如军, 等. 2008. 辽宁五味子种子带菌检测及药剂消毒处理研究. 植物保护, 34(6): 95-98.
刘丹. 2013. 福建戴云山金线莲工厂化育苗关键技术研究. 福州: 福建农林大学硕士学位论文.
刘定富, 赵健, 应继锋. 2020. 浅谈农作物育种的基本要点. 中国稻米, 37(6): 23-26.
刘飞, 伍晓丽, 李隆云, 等. 2006. 决明子种子带菌检测及药剂消毒处理. 重庆中草药研究, (2): 11-13.
刘飞, 伍晓丽, 李隆云, 等. 2007. 大黄种子带菌检测及药剂消毒处理研究. 西南大学学报（自然科学版）, 29(10): 67-70.
刘飞, 伍晓丽, 李隆云. 2009. 青蒿种子带菌检测及药剂消毒处理. 重庆中草药研究, 27(1): 45.
刘和祥. 2014. 岳西县瓜蒌生产现状、问题及应对技术措施. 基层农技推广, 2(9): 56-59.
刘惠静, 王武台, 张烈, 等. 2005. 小粒蔬菜种子丸粒化研究及其应用前景. 天津农林科技, (4): 20-21.
刘佳, 朱翔, 王文祥, 等. 2018. 黄精种子休眠的研究进展. 农学学报, 8(3): 11-15.
刘家丰, 倪洪涛. 2018. 纳米技术在种子生产、加工与处理中的应用. 中国农学通报, 34(17): 19-23.
刘金欣, 李耿, 陈彩霞, 等. 2018. 基于ITS2序列的中药材苍术种苗DNA条形码鉴定. 中国实验方剂学杂志, 24(2): 34-38.
刘金欣, 魏妙洁, 李耿, 等. 2018. 黄芩ITS2条形码数据库构建及其种子的DNA条形码鉴定方法建立. 中国实验方剂学杂志, 24(9): 37-45.
刘靖, 杨华, 朱雪梅, 等. 2011. 内蒙古武川县大青山地区蒙古黄芪野生品与栽培品的比较研究. 中国中药杂志, 36(12): 1577-1581.
刘军民, 徐鸿华, 徐梓勤. 2005. 白木香种子质量研究. 广州中医药大学学报, 22(6): 470.
刘梦楚, 邹晓红, 蓝伦礼, 等. 2017. 基于电子鼻及顶空-气质联用技术结合化学计量学区分不同产地的砂仁. 中国实验方剂学杂志, 23(6): 35-42.
刘培培, 罗光明, 柴华文, 等. 2019. SSR标记技术在中药鉴定中的应用. 生物技术通报, 35(2): 198-203.
刘鹏飞, 刘西莉, 张文华, 等. 2004. 壳聚糖作为种衣剂成膜剂应用效果研究. 农药, 43(7): 312-314, 335.
刘千, 吴卫, 罗浩, 等. 2011. 川牛膝种子质量检验方法研究. 中国中药杂志, 36(11): 1421-1426.
刘润妮, 王海存, 李书民, 等. 2018. 鲁梗一号桔梗引进试验及配套栽培技术研究. 陕西农业科学, 64(2): 44-46.
刘省存, 凡小庆, 陈先良, 等. 2011. 不同产地丹参的紫外光谱鉴别研究. 光谱实验室, 28(2): 573-575.
刘沭华, 张学工, 周群, 等. 2005. 模式识别和红外光谱法相结合鉴别中药材产地. 光谱学与光谱分析, 25(6): 878-881.
刘亭亭. 2020. 中药材种子种苗市场现状及对策研究. 种子科技, 38(7): 103-105.

刘伟, 丁长松, 梁杨. 2017. 中药种质资源信息系统的设计与实现. 中国中医药信息杂志, 24(5): 5-7.
刘伟, 魏莹莹, 孙鹏, 等. 2016. 山东栝楼新品系规范化栽培技术. 湖北农业科学, 55(7): 1744-1747.
刘西莉, 牡丽丹, 王红梅, 等. 2003. 红花种子带菌检测及药剂消毒处理. 植物保护, 29(6): 49-51.
刘霞, 林韵涵, 谢彩香, 等. 2017. 道地药材川麦冬和浙麦冬的生态遗传分化. 中国实验方剂学杂志, 23(17): 27-33.
刘小龙, 刘新环, 兰江. 2019. 察布查尔县红花产业发展的几点思考. 农村科技, (3): 67-68.
刘晓伶, 郝建平, 付琳, 等. 2016. 山西野生黄芩种质资源的RAPD分析. 时珍国医国药, 27(1): 204-206.
刘晓漫. 2019. 三七种子带菌检测与根腐病快速分子检测方法的建立及防治. 北京: 中国农业科学院硕士学位论文.
刘晓漫, 曹坳程, 方文生, 等. 2019. 种子处理方法研究进展及发展趋势. 农药市场信息, (13): 6-9.
刘秀波, 马玲, 贾艳姝. 2010. 黄芪种衣剂对2年生黄芪根部的影响. 东北林业大学学报, 38(10): 34-35.
刘旭, 李立会, 黎裕, 等. 2018. 作物种质资源研究回顾与发展趋势. 农学学报, 8(1): 1-6.
刘琰璐, 张昭, 戴灵超, 等. 2011. 黄檗种子质量检验规程及分级标准研究. 中国中药杂志, 36(23): 3227-3232.
刘洋, 熊国富, 闫殿海, 等. 2013. 植物新品种保护与DUS测试在我国的发展现状. 青海农林科技, 53(4): 18-23.
刘永华, 张志明, 李鲜花, 等. 2012. 甘草种子超干贮藏的最佳含水量初探. 河南农业科学, 41(12): 63-66.
刘友刚. 2011. 近红外反射光谱聚类分析法在肉苁蓉鉴别中的应用. 中国药学会、中国中药协会、和田地委、行署. 第六届肉苁蓉暨沙生药用植物学术研讨会论文集: 314-319.
刘月娥. 2017. 杂交水稻种子贮藏管理技术. 南方农业, 11(22): 103-104.
刘忠玲, 魏建和, 陈士林, 等. 2007. 国家药用植物种质资源库建设技术分析. 世界科学技术—中医药现代化, 9(5): 72-76.
刘振伟. 2022. 努力提高种业知识产权保护法治化水平: 关于《中华人民共和国种子法》修改. 中国种业, (2): 1-4.
刘自刚, 张雁, 王新军, 等. 2006. 桔梗育种研究进展. 中草药, 37(6): 962-964.
卢魏魏, 朱再标, 郭巧生, 等. 2012. 白花蛇舌草种子质量检验方法研究. 中国中药杂志, 37(10): 1366-1371.
卢新雄. 1995. 我国作物种质资源保存及其研究的进展. 自然资源学报, 10(3): 234.
卢新雄. 2006. 植物种质资源库的设计与建设要求. 植物学通报, 23(1): 119-125.
芦光新, 李希来, 田丰, 等. 2011. 羊粪和粘土在牧草种子丸粒化中的应用研究. 干旱地区农业研究, 29(5): 55-58.
芦建国, 张振玲. 2016. 刻叶紫堇种子休眠特性及解除方法研究. 西北林学院学报, 31(2): 175-180.
陆国弟, 陈红刚, 王惠珍, 等. 2017. 不同基源铁棒锤种子的鉴别. 种子, 36(11): 119-125.
陆国弟, 杨扶德, 陈红刚, 等. 2019. 铁棒锤种子蛋白质提取及聚丙烯酰胺凝胶电泳研究. 中国中医药信息杂志, 26(6): 64-69.
陆珺, 相秉仁, 刘浩. 2007. 二维相关近红外光谱及其应用. 药学进展, 31(7): 303-308.
路凡, 杜银鹏. 2019. 浅析玉米和大豆种子的贮藏管理技术. 种子科技, 37(6): 56, 58.

罗登花, 刘露, 严玉晶, 等. 2015. 广金钱草种子质量分级标准研究. 种子, 34(12): 112-119.

罗光明, 董艳凯, 朱玉野, 等. 2015. 栀子种子内生菌检测及药剂消毒处理效果比较研究. 中国药学杂志, 50(19): 1665-1669.

罗光明, 孙荣进, 刘冰, 等. 2011. 蔓荆子种子带菌检测及杀菌剂消毒处理效果. 江西农业大学学报, 33(2): 287-291.

罗倩, 郭晓亮, 王澳炎, 等. 2019. 不同贮藏条件对独活种子萌发率的影响. 中国现代中药, 21(8): 1080-1083.

罗艳, 柯雪红, 黄可儿, 等. 2018. 指纹图谱结合化学计量学评价及鉴别广陈皮与陈皮. 中药新药与临床药理, 29(1): 47-53.

吕朝耕, 王升, 何霞红, 等. 2018. 中药材农药使用登记现状、问题及建议. 中国中药杂志, 43(19): 3984-3988.

马便莲. 2017. 如何打造企业品牌. 现代经济信息, (22): 33-34.

马芳, 张方, 汤进, 等. 2014. 不同产地茯苓皮药材红外光谱的识别. 光谱学与光谱分析, 34(2): 376-380.

马琳, 王志清, 张秀莲, 等. 2015. 北细辛种子贮藏过程中贮藏物质变化的研究. 种子, 34(12): 1-3,8.

马玲, 马伟, 姜波. 2009. 黄芪种衣剂对2年生黄芪品质的影响. 东北林业大学学报, 37(5): 15-16.

马淑萍. 2013.《全国现代农作物种业发展规划（2012—2020年）》颁布 种业发展迎来政策东风. 种子科技, 31(2): 20-21.

马淑萍. 2019. 现代农作物种业发展的里程碑. 中国种业, (3): 1-3.

马帅. 2019. 多维模式识别用于中药产地溯源研究. 郑州: 河南工业大学硕士学位论文.

马伟, 梁喜龙, 马玲. 2009. 黄芪种衣剂对黄芪生物性状与产量的影响. 东北农业大学学报, 40(5): 22-25.

马伟, 梁喜龙, 马玲, 等. 2008. 黄芪种衣剂的性状测定与生理效应. 东北林业大学学报, 36(3): 53-54, 59.

马小军, 汪小全, 肖培根, 等. 2000b. 人参农家类型的AFLP指纹研究. 中国中药杂志, 25(12): 3-6.

马小军, 汪小全, 徐昭玺, 等. 2000a. 人参不同栽培群体遗传关系的RAPD分析. 植物学报, 42(6): 587-590.

马晓晶, 郭娟, 唐金富, 等. 2015. 论中药资源可持续发展的现状与未来. 中国中药杂志, 40(10): 1887.

马玉虎. 2016. 高原作物种子丸粒化处理对其生长发育的影响. 甘肃科技纵横, 45(6): 100-102.

马跃文. 2018. 我国种业的发展现状及思考. 种子世界, (7): 62-63.

毛培胜, 王明亚, 欧成明. 2018. 中国草种业的发展现状与趋势分析. 草学, (6): 1-6.

梅丽, 程须珍, 刘春吉, 等. 2011. 绿豆种子休眠性和百粒重的QTLs和互作分析. 植物遗传资源学报, 12(1): 96-102.

梅眉, 陆璐. 2005. DNA分子标记技术在农作物种子质量检验中的应用. 分子植物育种, 3(1): 129-134.

孟慧, 张争, 杨云, 等. 2014. 白木香种子质量分级标准研究. 种子, 33(5): 114-117.

孟全业, 王笑, 葛成林. 2019. 种子认证机构能力要求建议. 中国种业, (6): 21-22.

孟祥才, 马礴, 杨兴旺, 等. 2011. 柴胡基源及栽培柴胡种质问题的探讨. 现代中药研究与实践, 25(2): 29-31.

明孟碟, 熊超, 胡志刚, 等. 2017. 贮藏条件和种子粒径对天师栗种子生活力的影响研究. 江西农业学报, 29(5): 53-56.

慕晶, 张丽娟, 李峰, 等. 2019. 浅析农业育种与栽培技术的创新. 山西农经, 37(17): 124-125.

牛俊峰, 王喆之. 2016. 白及种子直播繁育新方法. 陕西师范大学学报（自然科学版）, 44(4): 83-89.

牛晓雪, 张巧玉, 陈小文, 等. 2012. 秦艽种子质量分级标准及生活力的研究. 中药材, 35(6): 859-863.

农业农村部办公厅. 2018. 余欣荣副部长在全国现代种业发展推进会议上的讲话（摘要）. 全国现代种业发展推进会·农业情况交流. 农业农村部办公厅: 3-4.

农业农村部种业管理司, 全国农业技术推广服务中心, 农业农村部科技发展中心. 2018. 2018年中国种业发展报告. 北京: 中国农业科学技术出版社.

农业农村部种业管理司, 全国农业技术推广服务中心, 农业农村部科技发展中心. 2019. 2019年中国种业发展报告. 北京: 中国农业科学技术出版社.

潘昊磊, 赵毅, 石文昊, 等. 2019. 牡丹种子休眠与萌发综述. 现代农业科技, (20): 128-129, 131.

潘坤, 高炳淼, 王阿超, 等. 2016. 基于ISSR标记的海南高良姜种质资源遗传多样性分析. 分子植物育种, 14(8): 2224-2231.

潘庆阳, 许树相. 2003. 试述"辨状论质"是中药品种经验鉴别的精髓. 时珍国医国药, (1): 27.

潘瑞乐, 徐锦堂. 1998. 天麻种内变异不同类型的化学成分分析. 中国中药杂志, 23(6): 16-17, 62.

潘媛, 陈大霞, 宋旭红, 等. 2018. 基于SCoT标记的栽培栀子种质资源遗传多样性研究. 中草药, 49(14): 3376-3381.

庞文波, 钟能. 2015. 试析贵州道地药材白芨工厂化育苗技术. 农业与技术, 35(6): 74.

裴国平, 裴建文. 2016. 贮藏时间对不同产地麻花秦艽种子发芽率及半活期的影响. 中药材, 39(12): 2702-2705.

彭秋连, 张跃彬, 杨华, 等. 2015. 农作物种质资源信息管理系统的研究现状与应用前景. 农业网络信息, 9: 14-17.

彭世明. 2018. 华重楼种子活力的实验研究. 成都: 西南交通大学硕士学位论文.

彭寿强, 邓卓喜, 骆土寿. 2009. 肉桂种子水洗催芽的技术及效果. 广东林业科技, 25(2): 65-67.

彭惜媛. 2015. 12种子类药材多级红外光谱分析与鉴定. 佳木斯: 佳木斯大学硕士学位论文.

彭云承. 2015. 伊犁河谷红花生产现状及发展对策. 新疆农垦科技, 38(2): 13-14.

皮达, 谭舒舒, 罗小泉, 等. 2018. 陈皮、枳壳和化橘红中黄酮苷类成分的薄层鉴别. 时珍国医国药, 29(9): 2184-2187.

朴锦, 邵天玉, 吕龙石. 2007. 不同贮藏法和处理法对长白山区柴胡种子发芽率的影响. 延边大学农学学报, 29(1): 27-29.

戚文涛, 李剑超, 王晨, 等. 2020. 应用ITS2条形码及种子形态鉴定柴胡属种子. 中国实验方剂学杂志, 26(11): 170-177.

漆乐媛, 罗光明, 杨雅琴, 等. 2011. 车前种子带菌检测及药剂消毒处理研究. 江西中医学院学报, 23(3): 39-41.

齐琳洁, 龙平, 蒋超, 等. 2015. 黄芩基因组SSR分子标记的开发及遗传多样性分析. 药学学报, 50(4): 500-505.

钱润, 周骏辉, 杨健, 等. 2020. 中药材分子标记辅助育种技术研究进展. 中国中药杂志, 45(20): 1-8.

乔凯宁, 杨太新, 刘晓清. 2017. 祁沙参种子质量检验方法的研究. 种子, 36(2): 123-126.

秦海林, 尚玉俊, 赵伟, 等. 2000. 核磁共振氢谱法鉴别黄连的研究. 中草药, 31(1): 50-52.
秦佳梅, 张卫东, 刘凤莲. 2006. 返魂草种子质量标准研究. 种子, 25(12): 100-101.
邱黛玉, 李应东, 蔺海明, 等. 2010. 当归种子质量标准研究. 科技导报, 28(20): 82-86.
屈长荣, 赵明亮. 2013. 制种基地的社会经济条件对制种的影响. 中国种业, (12): 26-28.
瞿小艳, 熊银解. 2014. 我国种业育繁推一体化产业链发展机制研究. 广东农业科学, 41(22): 170-174, 195.
阙灵, 池秀莲, 臧春鑫, 等. 2018. 中国迁地栽培药用植物多样性现状. 中国中药杂志, 43(5): 1071-1076.
阙灵, 杨光, 缪剑华, 等. 2016. 中药资源迁地保护的现状及展望. 中国中药杂志, 41(20): 3703-3708.
任火英, 敖礼林. 2012. 种子贮藏期间如何防止其发热烧坏. 科学种养, (10): 56-57.
任建轩. 2012. 我国种子产业化发展的主要对策. 农业与技术, 4(32): 92.
任文华, 刘敬国, 黄兆刚, 等. 2017. 中国林业植物新品种保护与 DUS 测试指南研究进展. 山东林业科技, 47(5): 96-100.
容蓉, 闫斌, 吕青涛, 等. 2006. 不同产地金银花药材的 HPCE 指纹图谱分析. 化学分析计量, (6): 66-68.
闰冲, 聂凤提, 董兰凤, 等. 2004. 两种黄芪种子的扫描电镜与紫外光谱鉴别. 中药材, 27(11): 799-801.
闰志刚, 马小军, 董青松, 等. 2011. 青蒿种子检验规程研究. 中国种业, (1): 37-40.
单成钢, 张教洪, 朱连先, 等. 2011. 栝楼种子质量检验方法的研究. 种子, 30(5): 115-118.
商春祥. 2019. 山东地区玉米种子贮藏技术. 农业工程技术, 39(20): 30-32.
商丽煌, 雷秀娟, 宋娟, 等. 2018. 人参口种子超低温保存技术研究. 种子, 37(7): 68-70.
尚虎山. 2014. 药用植物黄芪新品种: 陇芪4号. 甘肃省, 定西市农业科学研究院, 2014-11-06.
尚兴朴, 邓庭伟, 曾燕, 等. 2019. 我国中药材种衣剂的研究进展. 中国现代中药, 21(11): 1587-1591.
邵林, 郭庆梅, 冉蓉, 等. 2011. 山东不同栽培品种金银花 HPLC 指纹图谱的比较. 中国实验方剂学杂志, 17(19): 117-121.
邵雅雯, 骆德汉, 武琳, 等. 2011. 基于最大散度差准则 LDA 的电子鼻中药材鉴别方法. 仪表技术与传感器, (11): 80-82.
沈亮, 蒋舜媛, 黄荣韶, 等. 2011 红外光谱结合系统聚类和 SIMCA 模式识别法快速鉴别羌活种子真实性. 中草药, 42(10): 2114-2118.
沈奇, 杨森, 徐静, 等. 2018. 种衣剂对紫苏发芽率及产量品质性状的影响. 中国农学通报, 34(28): 21-25.
沈晓霞, 王志安. 2017. 浙江省中药材新品种选育研究现状与展望. 中国现代中药, 19(3): 311-314.
沈昱翔. 2011. 丹参药材形态特征与其质量的相关性研究. 成都: 成都中医药大学硕士学位论文.
盛萍, 安露莎, 苗莉娟, 等. 2014. 不同产地野生与栽培伊贝母药材水溶性成分指纹图谱研究. 中国野生植物资源, 33(4): 19-24.
石俊英, 巩丽丽, 张会敏. 2007. 不同产地桔梗的聚丙烯酰胺凝胶电泳指纹图谱鉴别研究. 中国药学杂志, 42(19): 1462-1464.
时维静. 2009. HPTLC 法比较不同产地金银花的图谱特征. 中国畜牧兽医学会中兽医学分会. 纪念中国畜牧兽医学会中兽医学分会成立 30 周年中国畜牧兽医学会中兽医学分会 2009 年学术年会、华东区第十九次中兽医科研协作与学术研讨会论文集: 117-122.

世界农化网. 2020. 2019年全球转基因观察. https://xw.qq.com/cmsid/20200117A0L2XX00. (2020-12-11)[2022-05-26].
舒英杰, 时侠清, 王显生, 等. 2011. 种子工程对我国农业发展的重要意义. 中国种业, (3): 5-7.
束晓云, 王媚, 王春根, 等. 2014. 不同产地甘遂和醋甘遂饮片的性状和显微鉴别比较. 安徽农业科学, 42(34): 12061-12064.
司海平, 刘俊辉, 马新明, 等. 2012. 农作物种质资源调查数据标准制定与共享. 植物遗传资源学报, 13(5): 704-708.
宋贤勇. 2019. 实现"标准化+种子质量"为供给侧结构改革服务. 种子, 38(6): 155-156.
宋英, 张健, 曲桂宝. 2011. 种子加工技术及设备发展综述. 农机质量与监督, (11): 22-23,30.
宋战锋. 2012. 中药黄芩活性成分分析方法研究及不同产地药材差异甄别. 长沙: 湖南师范大学硕士学位论文.
苏呷约旦. 2016. 农作物种业发展路径探析. 农技服务, 17(33): 187.
苏京平, 刘学军, 马忠友, 等. 2004. 基于Web的北方粳稻种质资源信息系统开发. 天津农业科学, 10(2): 51-52.
隋文香, 李晓明. 2008. 中国种子企业国际化进程任重道远. 中国种业, 8: 8-10.
孙好勤. 2019. 基于品种创新的中国种业强国目标的实施. 农学学报, 9(3): 11-15.
孙开照. 2015. 白花前胡种子发芽特性及贮藏技术研究. 安徽农学通报, 21(14): 144-145.
孙群, 丁自勉, 顾伟, 等. 2005b. 天仙子种子发芽检验标准化研究. 种子, 24(7): 120-121.
孙群, 丁自勉, 谭祖卫, 等. 2005a. 益母草种子发芽检验标准化研究. 植物学通报, 22(3): 331-334.
孙守如, 朱磊, 栗燕, 等. 2006. 种子丸粒化技术研究现状与展望. 中国农学通报, 22(6): 151-154.
孙素琴, 周群, 陈建波. 2010. 中药红外光谱分析与鉴定. 北京: 化学工业出版社.
孙晓梅, 杨盼盼, 杨宏光, 等. 2013. 芍药种子破除休眠方法研究. 辽宁农业科学, (4): 20-22.
孙晓云. 2017. 太和县桔梗产业的现状、存在问题及发展对策. 江西农业, (5): 68.
孙增辉. 2017. 贯彻实施修订后的《中华人民共和国种子法》推进种业供给侧改革. 种子世界, (1): 13-15.
孙长娇, 崔海信, 王琰. 2016. 纳米材料与技术在农业上的应用研究进展. 中国农业科技导报, 18(1): 18-25.
孙长生, 朱虹, 龙祥友, 等. 2016. 山豆根种子贮藏与寿命研究. 种子, 35(1): 90-92, 96.
孙中华. 2017. "互联网+"时代背景下的种业营销现状及对策. 种子世界, (2): 11-12.
太和县人民政府官网. 2008. 太和县桔梗产业基本情况. http://www.taihe.gov.cn/openness/detail/54575e3dc34aac50ca25d024.html. (2020-05-03)[2022-05-26].
谭世梅. 2018. 中国种业发展现状及分析. 种子世界, (7): 64-65.
汤珺琳. 2016. 福建省金线莲产业化现状及市场开发策略分析. 福州: 福建农林大学硕士学位论文.
唐安军, 龙春林, 刀志灵, 等. 2004. 顽拗性种子的连续群及其分类学的研究. 种子, 23(11): 46-48.
唐浩. 2018. 植物品种特异性、一致性、稳定性测试总论. 北京: 中国农业出版社.
唐科民. 2013. 昭通天麻DNA条形码研究及药用成分分析. 昆明: 云南中医学院硕士学位论文.
唐立群, 肖层林, 王伟平. 2012. SNP分子标记的研究及其应用进展. 中国农学通报, 28(12): 154-158.
唐艳, 王维皓, 刘江弟, 等. 2018. 基于近红外技术的西洋参质量评价及产地鉴别. 中药材, 41(3): 540-545.
唐勇琛, 蒋朝晖, 付志明, 等. 2007. 黔产野生和栽培钩藤药材的显微鉴别研究. 中国民族民间医药杂志, 88(5): 260-265.

田娇娇, 刘彤, 王瑞丽, 等. 2019. 准噶尔荒漠 5 种十字花科植物种子的秋萌潜力研究. 种子, 38(8): 21-26, 30.

田义新, 李向高, 杨继祥, 等. 1991. 人参种子生理休眠中理化性状的研究. 吉林农业大学学报, 13(2): 27-30, 94.

田志梅. 2014. 中国红花产业现状、发展优势及对策. 云南农业科技, (4): 57-59.

佟屏亚. 2019. 中国种业兼并重组大势: 国进民退. 种子科技, 37(2): 1-2.

佟屏亚, 周建东. 2002. WTO 与中国种子产业的发展. 世界农业, (11): 4-5.

汪晓峰, 景新明, 郑光华. 2001. 含水量对种子贮藏寿命的影响. 植物学报, 43(6): 551-557.

汪云伟, 钟恋, 谭茂兰, 等. 2014. 基于电子鼻技术的附子（黑顺片）等级及产地的区分研究. 中成药, 36(12): 2565-2569.

汪祖宏, 孙斌, 张永娣, 等. 2004. 瓜蒌新品种皖蒌 1 号的特征特性及栽培技术. 安徽农业科学, 32(6): 1139-1148.

汪祖英, 张阅彬. 1994. 瓜蒌新品种: 短脖一号栽培技术. 农业科技通讯, (2): 9.

王昌华, 刘翔, 银福军, 等. 2009. 大黄种子质量分级标准研究. 时珍国医国药, 20(7): 1605-1606.

王昌陵, 王文斌. 2020. 浅谈杂交育种和转基因技术的关系. 大豆科技, 38(1): 42-44.

王聪颖. 2015. 探讨种子加工贮藏方法. 农民致富之友, (11): 66.

王德信. 2010. 天麻 ITS 序列分析及变异类型鉴定. 生物技术, 20(6): 33-35.

王栋. 2010. 良种繁育基地新建项目可行性及影响研究. 青岛: 中国海洋大学硕士学位论文.

王栋, 李安平, 王玉龙, 等. 2015. 蒙古黄芪种子质量检验方法研究. 山西农业科学, 43(4): 460-464, 473.

王枫, 石红青. 2019. 我国铁皮石斛产业发展研究. 中国林业经济, (3): 88-90.

王刚, 曹佩, 韦学敏, 等. 2019. 分子标记技术在药用植物种质资源研究中的应用. 中国现代中药, 21(11): 1435-1444.

王海鸥, 胡志超, 田立佳, 等. 2006. 种子丸化技术及其研究与应用概况. 现代农业装备, (10): 48-50.

王海洋, 李旭辉, 宋发军. 2019. 建立优秀种业团队, 创新新常态下的营销模式. 种业导刊, (12): 28-29.

王红梅, 陈玉梁, 石有太, 等. 2020. 中国作物分子育种现状与展望. 分子植物育种, 28(2): 507-513.

王华磊, 朱力, 程均军, 等. 2017. 贮藏温度和时间对金铁锁种子萌发的影响. 种子, 36(4): 21-23.

王继永. 2015. 现代中药材生产企业的商业模式构建. 中国现代中药, 17(8): 762-765.

王继永, 郑司浩, 曾燕, 等. 2020. 中药材种质资源收集保存与评价利用现状. 中国现代中药, 22(3): 311-321.

王见中. 2016.《关于深化种业体制改革提高创新能力的实施意见》政策解读. 农业科技与装备, (7): 78-80.

王金鹏, 李旻, 赵磊, 等. 2012. 中药材种子质量与检验的研究进展. 贵州农业科学, 40(10): 160-164.

王进朝. 2013. 种子的检验与贮藏原理. 现代农村科技, (12): 70-71.

王珏, 陈大霞, 李隆云, 等. 2011. 云木香种子质量检验方法的研究. 种子, 30(6): 106-109.

王军, 李红建, 方成武. 2018. 3 种易掺伪果实种子类药材的鉴别研究. 安徽农业科学, 46(25): 5-8.

王君杰, 高秀萍, 李广信, 等. 2020. 不同诱变方式对党参苗根部性状的影响. 中药材, 43(5): 1071-1073.

王俊杰, 张红霞, 金雄. 2005. 蒙古黄芪与膜荚黄芪种子形态特征及其鉴别方法的研究. 中草药, 36(7): 1072-1075.

王俊全, 曹爱兰. 2016. 天水市中药材党参的管理与种苗贮藏技术探讨. 农业科技与信息, (32): 106-107.

王珺, 张南平. 2018. 中药显微鉴别研究与应用进展. 中国药事, 32(8): 1051-1057.

王丽丽, 林余霖, 陈晓辰, 等. 2014. 基于 SNP 位点鉴定藏菖蒲及其近缘种. 中国现代中药, 16(11): 895-900.

王丽美. 2013. 单面针药用成分 HPLC 指纹图谱及其质量评价研究. 长沙: 中南林业科技大学硕士学位论文.

王莉. 2017. 中国工厂化育苗生产现状与发展. 农业工程技术（温室园艺）, 37(4): 15-19.

王良信, 尹春梅. 2010. 略论中药资源保护新观点. 中国药学会 2010 年中国药学大会暨第十届中国药师周大会论文集: 1-6.

王琳, 叶庆生, 刘伟. 2004. 金钗石斛研究概况. 亚热带植物科学, 33(2): 73-76.

王梦涵, 胡帅军, 杨楚虹, 等. 2020. 湖北麦冬、川麦冬及杭麦冬叶绿体基因组分析. 中国实验方剂学杂志, 26(8): 182-191.

王敏珍, 李书民, 李俊. 2009. 中药材工厂化快繁育苗技术. 温室园艺, 10: 46-47.

王楠, 高静, 唐志书, 等. 2017. 黄芪生理生态、品质与环境研究进展. 中药材, 40(6): 1482-1487.

王平, 谢洪平, 陈泽琴, 等. 2004. 中药材人参的道地性差异的近红外光谱研究. 苏州大学学报（医学版）, 24(5): 648-651.

王强. 2003. 红景天种子休眠生理与蛋白质 HPLC 生化标记鉴定技术的研究. 杭州: 浙江大学博士学位论文.

王秋玲, 王莹, 王苗苗, 等. 2019. 五部代表性本草著作中道地药材种类变化及产区变迁的群体分析. 中国现代中药, 21(12): 1599-1604.

王书云, 袁王俊, 刘亚芳, 等. 2019. 金银花种子质量检验方法与分级标准研究. 中国现代中药, 21(12): 1662-1668.

王汪理, 赵姗姗, 王国凯, 等. 2011. 玄参种子检验规程研究. 现代中药研究与实践, 25(4): 18-20.

王文全, 张燕, 魏胜利, 等. 2006. 30 余种药用植物种质资源收集保存工作概要. 全国第二届中药资源生态学学术研讨会论文集: 4-12.

王显安. 2015. '黄连 1 号' '黄连 2 号' 新品种选育. 陕西省, 安康市振兴实业集团生物科技有限公司, 2015-11-27.

王晓明, 宋庆安, 蒋丽娟, 等. 2014. 凹叶厚朴优良无性系选育. 湖南林业科技, 41(6): 6-9, 30.

王笑, 孟全业, 葛成林, 等. 2019. 山西种业发展的 SWOT 分析及策略. 中国种业, (1): 35-37.

王兴文, 方波, 杨廉玺, 等. 1994. 昭通野生和栽培天麻中微量元素及氨基酸化学成分研究. 云南中医学院学报, 17(4): 1-5.

王雪利, 周建理, 杨青山. 2013. 紫苏子及其混伪品的微性状对比鉴别. 上海中医药大学学报, 27(1): 78-80.

王雪梅. 2014. "世界种子"的竞争是科技实力的竞争: 中国种子贸易协会秘书长刘杭谈世界种业的发展现状. 农村工作通讯, (11): 14-15.

王彦军. 2014. 我国种衣剂应用现状及应对措施. 种子世界, (4): 63-64.

王以燕, 张桂婷. 2010. 中国的农药登记管理制度. 世界农药, 32(3): 13-17, 35.

王寅, 乔传卓, 尹茶. 2000. 高效毛细管电泳法用于不同居群大青叶药材的鉴别. 中草药, 31(7): 69-71.

王引权, 赵勇, 安培坤, 等. 2012. 不同含水量当归种子贮藏过程中生理生化特性研究. 中国中药杂志, 37(2): 181-185.

王永炎, 张文生. 2006. 中药材道地性研究状况与趋势. 湖北民族学院学报(医学版), 23(4): 1-4.

王元忠, 钟贵, 张霁, 等. 2016. 紫外指纹图谱结合化学计量学对不同产地中药三七的鉴别研究. 光谱学与光谱分析, 36(6): 1789-1793.

王岳含. 2016. 我国种子质量可追溯系统研究. 北京: 中国农业科学院博士后研究工作报告.

王兆木. 1998. 发展新疆红花产业的思路与对策. 新疆农业科学, (6): 241-243.

王兆木, 陈跃华, 买买提明, 等. 2000. 红花新品种选育简报. 新疆农业科学, (4): 165-167.

王志安, 俞旭平. 2000. 药用植物种质资源的保护和利用. 濒危中药资源保护利用战略研讨会论文集: 162-165.

王紫艳, 侯立功, 李香串. 2012. 山西道地药材生产对药农经济收入研究与展望. 农业展望, 8(3): 45-47.

王自强, 吕晶, 邵泓, 等. 2017. 利用限制性片段长度多态性技术鉴别梅花鹿骨种属来源的研究. 中国药师, 20(5): 813-816.

韦颖. 2012. 105种常用药用植物果实、种子性状与显微鉴别特征研究. 北京: 中国中医科学院硕士学位论文.

韦志强, 范文翔, 黄永亮, 等. 2019. 制定中药质量标准供性状鉴别用的对照饮片和对照药材的思考. 中草药, 50(5): 1276-1280.

卫士美, 史俊民, 贾生平, 等. 2012. 丹参种子长期贮藏技术. 种子科技, 30(10): 34.

魏爱华, 王朝鲁, 孙素琴, 等. 2013. 不同产地草乌的红外光谱鉴别研究. 现代中西医结合杂志, 22(19): 2066-2069.

魏建和, 陈士林, 程惠珍, 等. 2005. 中药材种子种苗标准化工程. 世界科学技术, 7(6): 104-108.

魏建和, 李昆同, 陈士林, 等. 2006. 36种常用栽培药材种子播种质量现状研究. 种子, 25(7): 58-61.

魏建和, 屠鹏飞, 李刚, 等. 2015. 我国中药农业现状分析与发展趋势思考. 中国现代中药, 17(2): 94-98, 104.

魏建和, 杨成民. 2019. 中药材选育新品种汇编. 北京: 中国农业科学技术出版社.

魏建和, 杨成民, 隋春, 等. 2011a. 利用雄性不育系育成桔梗新品种'中梗1号'、'中梗2号'和'中梗3号'. 园艺学报, 38(6): 1217-1218.

魏建和, 杨成民, 隋春, 等. 2011b. 中药材新品种选育研究现状、特点及策略探讨. 中国现代中药, 13(9): 3-8.

魏莉霞, 漆燕玲, 龚成文, 等. 2007. 秦艽工厂化育苗与大田移栽技术研究初报. 中国农学通报, 23(12): 194-197.

温春秀, 谢晓亮, 周巧梅. 2010. 紫苏多倍体育种研究//中国植物学会药用植物及植物药专业委员会. 第九届全国药用植物及植物药学术研讨会论文集: 5.

温美珍, 汪光明, 钟远香, 等. 2018. 武宁县吊瓜产业现状存在问题及发展对策. 现代农村科技, (12): 92.

吴发明, 王化东, 李硕, 等. 2015. 不同处理方法对党参种子萌发和幼苗发育的影响. 中草药, 46(7): 1047-1051.

吴飞, 杜瑞超, 洪燕龙, 等. 2012. 电子舌在鉴别中药枳实药材产地来源中的应用. 中国药学杂志, 47(10): 808-812.

吴昊. 2012. 基于供应链管理的种业公司业务流程再造研究. 南京: 南京农业大学硕士学位论文.

吴家庆, 胡显钦. 2015. 左溪吊瓜产业发展现状及对策. 现代农业科技, (7): 335-336.

吴盼盼. 2016. 新修订《农作物种子生产经营许可管理办法》对现代种业发展的影响. 中国种业, (12): 43-44.

吴顺, 葛倩雯, 刘肖珂, 等. 2016. 紫花丹参多倍体的初步诱导. 中药材, 39(3): 479-481.

吴伟, 邹文雄, 严见方. 2019. 推行种子质量认证制度提高种业高质量发展的探讨. 浙江农业科学, 60(5): 697-702.

吴晓玲. 2016.《种子法》三个配套规章解读. 中国种业, (12): 1-4.

吴学宏, 刘西莉, 王红梅, 等. 2003. 我国种衣剂的研究进展. 农药, 42(5): 1-5.

吴雪梅. 2019. 数据融合策略结合化学计量学对滇重楼产地溯源研究. 昆明: 云南中医药大学硕士学位论文.

吴永杰, 李玉生, 吴雅琴, 等. 2019. 植物种质资源保存研究进展. 河北果树, (1): 1-3.

吴镇, 陆玉卓, 杨文棋, 等. 2019. 我国小麦控温贮藏的现状及研究进展. 粮油仓储科技通讯, 35(5): 14-16.

伍世元, 骆德汉, 邓炳荣, 等. 2011. 不同产地和采收期的中药材电子鼻鉴别研究. 传感技术学报, 24(1): 10-13.

武怀庆. 2013. 山西省中药材产业发展现状及前景展望. 农业技术与装备, (9): 7-10.

冼康华, 付传明, 苏江, 等. 2020. 重楼种子萌发因素分析. 广西科学院学报, 36(1): 83-89.

肖承鸿, 周涛, 陈敏, 等. 2015. 何首乌种子品质检验及质量分级标准研究. 时珍国医国药, 26(8): 2017-2021.

肖承鸿, 周涛, 江维克, 等. 2014. 太子参种子品质检验方法及质量分级标准研究. 中国中药杂志, 39(16): 3042-3047.

肖培根, 陈士林. 2010. 中国药用植物种质资源迁地保护与利用. 中国现代中药, 12(6): 3.

肖蓉. 2005. 河北道地药材指纹图谱研究. 石家庄: 河北医科大学硕士学位论文.

肖淑贤, 李安平, 孟瑞丽, 等. 2014. 党参种子检验方法及质量标准研究. 安徽农业科学, 42(14): 4286-4290.

谢达温, 卫莹芳, 龙飞, 等. 2009. 决明子种子质量检测分析. 世界科学技术, 11(5): 723-727.

邢丹, 王文全, 于福来, 等. 2011. 知母种子质量检验方法研究. 中国现代中药, 13(5): 23-28.

邢旺兴, 刘荔荔, 贾暖, 等. 2001. 不同产地红曲的近红外漫反射光谱聚类分析鉴别. 中药材, 24(8): 561-563.

邢颖, 邢振杰. 2009. 浅析栝楼. 中国现代中药, 11(4): 38-40.

徐传林, 李会军, 李萍, 等. 2010. 川贝母药材分子鉴定方法研究. 中国药科大学学报, 41(3): 226-230.

徐冬梅, 余马, 沈杰, 等. 2018. 北柴胡新品种川北柴1号在四川地区的适宜制种区域研究. 中药材, 41(4): 834-838.

徐红霞, 裴瑾, 彭成, 等. 2018. 低温库保存药用植物种质资源所面临问题探讨. 中药与临床, 9(3): 6-9.

徐胜国, 程有余. 2019. 瓜蒌新品种皖蒌15号选育与栽培. 农业开发与装备, (3): 172-238.

徐昭玺. 2013. 新开河1号. 北京市, 中国医学科学院药用植物研究所, 2013-01-22.

薛彩云, 傅俊范, 严雪瑞, 等. 2007. 五味子种苗带菌初步检测. 安徽农业科学, 35(16): 4721-4722.
薛达元. 2005. 中国生物遗传资源现状与保护. 北京: 中国环境科学出版社.
薛达元, 周可新. 2011. 中国植物遗传资源引进、引出或流失历史与现状. 中央民族大学学报（自然科学版）, 20(2): 49-53.
薛金喜. 2020. 浅谈农村土地流转取得的成效、存在的问题及建议. 科技经济导刊, 28(17): 101.
薛襟祺, Alami M M, 王学奎, 等. 2019. 金果榄种子特性及不同沙藏方式促进发芽的研究. 湖北农业科学, 58(22): 134-137, 157.
闫冲, 聂凤褆. 2005. 现代分析技术在药材种子鉴别中的应用与发展. 种子, 24(8): 41-43.
闫书颖. 2007. 国际种子企业并购对中国种子产业发展的启示. 财经问题研究, (7): 73-77.
阎腾飞, 李文扬, 孙耀清. 2020. 不同湿度条件下红豆杉种子生理生化特性变化规律研究. 林业科技通讯, (1): 35-38.
颜启传. 1997. 种子质量和种子认证. 种子世界, (6): 14-17.
杨斌, 李林玉, 杨丽英, 等. 2009. 金铁锁种子质量标准研究. 种子, 28(11): 115-117.
杨朝帆, 李晓婷, 董诚明. 2017. 冬凌草种子检验规程研究. 种子, 36(4): 119-123.
杨成民, 魏建和, 隋春, 等. 2013. 我国中药材新品种选育进展与建议. 中国现代中药, 15(9): 727-737.
杨成民, 张争, 魏建和, 等. 2012. 桔梗种子质量分级标准研究. 中药材, 35(5): 679-682.
杨慧洁, 张浩, 杨世海. 2014. 甘草种衣剂对甘草形态指标的影响. 人参研究, 26(3): 33-35.
杨力钢, 黄中乔, 刘鹏飞, 等. 2006. 甘草种子带菌检测及药剂消毒处理效果. 植物保护, 32(5): 84-87.
杨丽. 2020. 品牌符号设计于农业品牌策略之关键: 评《农业品牌的道与术》. 中国食用菌, 39(6): 281.
杨丽娜, 王雪, 白庆荣, 等. 2015. 噻虫·咯·霜灵25%悬浮种衣剂防治人参苗期疫病田间药效试验. 农药科学与管理, 36(5): 59-61.
杨梅, 刘维, 吴清华, 等. 2015. 我国药用植物种质资源保存现状探讨. 中药与临床, 6(1): 4-7.
杨期和, 尹小娟, 叶万辉, 等. 2006. 顽拗型种子的生物学特性及种子顽拗性的进化. 生态学杂志, 25(1): 79-86.
杨全, 唐晓敏, 潘海运, 等. 2015. 贮藏时间对广金钱草种子质量的影响. 中国中药杂志, 40(20): 3953-3957.
杨文彩, 朱有勇, 杜迁, 等. 2012. 云南三七工厂化育苗工程技术体系分析. 南方农业学报, 43(12): 2069-2073.
杨文彩, 朱有勇, 杜迁, 等. 2014. 基于农机农艺融合的三七机械化精密播种系统研究. 广东农业科学, 41(2): 175-180.
杨文杰, 郑磊磊, 郑云南, 等. 2017. 淮安种植皖栝楼系列品种的农艺性状调查与比较. 江苏农业科学, 45(10): 116-118.
杨文玺, 张尚智, 贺莉萍, 等. 2014. 基于电子鼻技术的野生当归与栽培当归气味比较. 中兽医医药杂志, 33(4): 50-52.
杨雪梅. 2010. 海淀区种子质量检验体系研究. 中国种业, (2): 19-20.
杨玉霞, 方清茂, 安金玲, 等. 2012. 大黄及其混伪品的种子蛋白电泳研究. 种子, 31(6): 1-3.
杨枝中, 蒋运斌, 穆向荣, 等. 2013. 川白芷种子质量检验方法研究. 种子, 32(12): 119-122.
杨植松, 尚文艳, 黄荣利. 2006. 羌活种子贮藏和处理方法的研究. 中草药, 37(10): 1578-1579.
姚东伟, 李明. 2010. 矮牵牛种子丸粒化包衣研究初报. 上海农业学报, 26(3): 52-55.

姚入宇. 2013. 青川产北柴胡种子采收与贮藏特性研究. 雅安: 四川农业大学硕士学位论文.
姚入宇, 陈兴福, 张宝林, 等. 2013. 我国柴胡的种质资源现状与育种研究展望. 中草药, 44(10): 1349-1353.
杨明志, 单玉莹, 陈晓梅, 等. 2022. 中国石斛产业发展现状分析与考量. 中国现代中药, 24(08): 1395-1402.
冶玉梅, 余秀生. 2020. 对《抗击新冠肺炎疫情的中国行动》白皮书的多角度思考. 教学考试, 9(43): 21-23.
尹光天, 许煌灿. 1992. 红藤种子贮藏条件的初步研究. 林业科学研究, 5(3): 347-350.
尹君明. 2012. 钟山乡金银花产业发展现状及对策. 第二届云南省科协学术年会暨高原特色农业发展论坛. 中国云南临沧: 4.
尹可锁, 苏俊, 杨谨. 2017 种子标准化助推农业经济发展. 海口: 第十四届中国标准化论坛: 1207-1210.
应泽茜, 杜伟锋, 江康丽, 等. 2019. 近红外光谱在中药材及饮片快速质量控制中的应用. 中华中医药杂志, 34(6): 2584-2588.
游明鸿, 卞志高, 仁青扎西, 等. 2009. 牧草种子加工技术规程. 草业与畜牧, (2): 61-62.
于成波, 高玉刚. 2019. 不同处理对赤芍种子萌发的影响研究现状. 现代农业研究, (11): 99-100.
于春兰. 2006. 长兴栝楼的土宜条件与产业化布局研究. 中国林副特产, (4): 95-96.
于福来, 王文全, 方玉强, 等. 2011. 甘草种子质量检验方法研究. 中国中药杂志, 36(6): 746-750.
于晶, 黄小方, 陈君, 等. 2011. 肉苁蓉种子带菌检测研究. 中国农学通报, 27(27): 113-117.
于亚波, 伍萍辉, 冯青春, 等. 2017. 我国蔬菜育苗装备研究应用现状及发展对策. 农机化研究, 39(6): 1-6.
余昌俊, 王绍柏, 刘雪梅. 2010. 天麻 6 个品种重要性状比较分析. 生物学通报, 45(3): 12-14.
余玲, 王彦荣, 郭正刚, 等. 2004. 8 个紫花苜蓿品种种子产量和休眠特性研究. 草地学报, 12(3): 189-194.
余永亮, 梁慧珍, 许兰杰, 等. 2019. 红花新品种豫红花 1 号的选育研究. 中药材, 42(7): 1461-1465.
俞旭平, 盛束军, 王志安, 等. 2001a. 种衣剂处理对桔梗种子田间发芽率的影响. 中国中药杂志, 26(7): 61-62.
俞旭平, 盛束军, 王志安, 等. 2001b. 种衣剂对白术苗期性状的影响. 中药材, 24(9): 625-627.
袁清照. 2010. 金银花粉体的指纹图谱与抑菌活性相关性研究. 长沙: 湖南中医药大学硕士学位论文.
袁莹. 2019. 关于新修订的《中华人民共和国种子法》解读. 山西农经, 37(11): 15-16.
岳建英, 秦雪梅, 王玉庆. 2005. 北柴胡不同农家栽培类型调查初报. 中药材, 28(8): 650-651.
云南省林业和草原局. 2014. 云南省林业厅园艺植物新品种注册登记办公室公告. http://lcj.yn.gov.cn/html/2014/gongshigonggao_1205/37765.html. (2014-12-05) [2022-05-26].
臧埔, 王亚星, 郜玉钢, 等. 2011. 西洋参种子质量分级标准研究. 安徽农业科学, 39(8): 4546-4547.
曾燕, 郭兰萍, 王继永, 等. 2015. 基于电子舌技术的不同来源黄芩药材味觉信息分析及味觉信息与主要化学成分的相关性研究. 中国现代中药, 17(11): 1139-1147.
曾颖苹. 2012. 铁皮石斛人工种子包衣技术研究. 成都: 西南交通大学硕士学位论文.
翟会锋, 化丽丹, 季琴琴, 等. 2019. PCR-RFLP 鉴别胡氏苘麻和苘麻. 植物检疫, 33(2): 30-33.

詹海仙, 王颖莉, 杜晨晖, 等. 2020. 基于甘草全基因组序列的 SSR 分子标记开发. 分子植物育种, 18(18): 6093-6100.
詹慧龙. 2010. 发达国家种子产业化的经验及启示. 农业工程技术（农产品加工业）. (12): 18-20.
张爱民, 阳文龙, 方红曼, 等. 2018. 作物种质资源研究态势分析. 植物遗传资源学报, 19(3): 377-382.
张成才, 向增旭. 2020. 百蕊草种子破除休眠及设施栽培条件的优化研究. 中药材, 43(2): 274-279.
张锋, 单成钢, 闫树林, 等. 2013. 药用植物种质资源搜集技术规程. 现代中药研究与实践, 27(1): 3-4.
张改霞. 2016. 几种传统大宗中药材种子 DNA 条形码鉴定. 济南: 山东中医药大学硕士学位论文.
张改霞, 金钺, 贾静, 等. 2016. 药用植物羌活种子 DNA 条形码鉴定研究. 中国中药杂志, 41(3): 390-395.
张国珍, 张树峰. 2002. 北京和东北地区西洋参种子的带菌检测. 中国中药杂志, 27(9): 21-24.
张浩, 杨世海. 2014. 甘草种衣剂对甘草生长和甘草酸含量的影响. 人参研究, 26(3): 36-38.
张红生, 胡晋. 2015. 种子学. 2 版. 北京: 科学出版社.
张鸿谟. 1980. 农作物品种资源的保藏. 湖北农业科学, 11(6): 15-19.
张会娟, 胡志超, 王海鸥, 等. 2011. 种子丸粒化加工技术发展探析. 江苏农业科学, 39(4): 506-507.
张惠源, 赵润怀, 袁昌齐, 等. 1995. 我国的中药资源种类. 中国中药杂志, 41(7): 387-390.
张杰, 周修腾, 杨光, 等. 2019. 白术和苍术种子的显微鉴别研究. 现代中药研究与实践, 33(5): 4-6.
张洁, 王军晶, 方小波, 等. 2014. 贵州道地药材白芨工厂化育苗技术. 种子, 33(3): 114-115.
张婕, 魏建和, 隋春, 等. 2011. 柴胡种子检验规程研究. 种子, 30(6): 112-118.
张金牛. 2006. 提升种业品牌战略之浅见. 种子科技. 24(1): 7-9.
张金艳. 2013. 我国植物新品种保护法律制度的现状及完善. 法制与社会, 22(23): 55-56.
张静, 胡立勇. 2012. 农作物种子处理方法研究进展. 华中农业大学学报, 31(2): 258-264.
张久庆. 2014. 发展种子加工业促进种子商品化. 生物技术世界, (7): 24.
张俊, 蒋桂华, 敬小莉, 等. 2011. 我国药用植物种质资源离体保存研究进展. 世界科学技术——中医药现代化, 13(3): 556-560.
张俊杰, 张西群, 彭发智, 等. 2013. 蔬菜工厂化播种育苗技术及应用前景. 河北农业科学, 17(4): 20-23.
张蕾, 王瑛, 朱惠照, 等. 2014. 赤灵芝新菌株'仙芝 2 号'的选育. 食用菌学报, 21(1): 15-20.
张丽萍, 史静, 杨春清, 等. 2005. 黄芪种子规范化生产操作规程 SOP 的制定. 世界科学技术, 7(6): 72-78,66.
张丽霞. 2020. 全球视野下的种子产业集中与技术变革. 中国种业, (10): 4-7.
张丽霞, 李学兰, 唐德英, 等. 2011. 阳春砂仁种子质量检验方法的研究. 中国中药杂志, 36(22): 3086-3090.
张连义, 郭莉珍, 塞音吉亚, 等. 2002. 甘草种子发芽检验标准的确定. 内蒙古草业, 14(1): 15-17.
张南平, 康帅, 连超杰, 等. 2020. 我国药用种子鉴定与分类研究进展. 中国药事, 34(1): 71-76.
张楠, 杨峻, 王晓军, 等. 2018. 我国种子处理剂登记概况及常见问题. 农药科学与管理, 39(6): 16-20, 25.
张琼光, 陈科力, 王克勤. 2003. 厚朴两种类型种子的电泳鉴别. 时珍国医国药, 14(9): 541-542.
张秋菊, 肖智, 汪英侠. 2013. 花椒种子生物学特性研究进展. 江苏农业科学, 41(4): 177-179.

张尚智, 张建军, 刘玲玲. 2019. 我国中药材种子种苗标准发布状况及分析. 畜牧兽医杂志, 38(1): 49-54.

张水寒, 郭伟伟, 蔡光先. 2006. HPLC 指纹图谱结合系统聚类法对不同产地关黄柏药材的分析研究. 科技导报, 24(9): 51-53.

张廷红, 魏莉霞, 漆燕玲. 2011. 半夏组培种茎大田扩繁技术. 北方园艺, 10: 159-160.

张廷红, 张东佳. 2017. 甘肃无公害中药材生产现状及发展建议. 甘肃农业科技, (12): 92-95.

张文娟, 刘薇, 魏锋, 等. 2014. 聚合酶链式反应-限制性片段长度多态性法用于检定川贝母掺伪情况的研究. 药物分析杂志, 34(10): 1830-1835.

张文龙. 2014. 党参种子扦样技术研究. 种子, 33(4): 24-26.

张文龙, 严毅, 罗永慧. 2019. 苦参种子扦样技术研究. 种子, 38(8): 136-138.

张文青. 2007. 黄芩优良种源的筛选及其与基因组相关性研究. 北京: 北京中医药大学硕士学位论文.

张贤珍, 杨克钦, 荣绛平, 等. 1990. 农作物品种资源信息处理规范. 北京: 中国农业出版社.

张肖娟, 孙振元. 2011. 植物新品种保护与 DUS 测试的发展现状. 林业科学研究, 24(2): 247-252.

张晓慧, 刘建学. 2008. 近红外光谱技术鉴别连翘产地. 激光与红外, (4): 342-344.

张晓伟, 王小峰, 周昌华, 等. 2007. 半夏工厂化育苗技术体系研究初探. 中草药, 38(3): 432-435.

张选芳. 2017. 种子的加工与贮藏. 现代农业科技, (24): 47-48, 53.

张雪, 李隆云, 张大霞, 等. 2012. 川续断种子质量分级标准的研究. 中国中药杂志, 37(1): 37-40.

张延秋. 2012. 中国种业发展回顾及展望. 种子世界, (10): 1-3.

张延秋. 2016. 我国种子立法的背景和原则. 种子世界, (10): 3-5.

张延秋, 吴晓玲, 李树君. 2018. 实施"九五"种子工程, 开启种子产业化发展新阶段. 中国种业, (11): 1-3.

张燕, 李阳, 李倩, 等. 2017. 桔梗种质资源研究新进展. 中国野生植物资源, 36(3): 53-56.

张应, 徐进, 李隆云, 等. 2016. 灰毡毛忍冬种子质量检验方法与分级标准研究. 中国中药杂志, 41(8): 1439-1445.

张永霞, 程广燕. 2006. 美国植物种质资源共享管理. 中国农业资源与区划, 27(4): 59-62.

张玉红, 董彦琪, 余永亮, 等. 2019. 河南省红花产业现状及发展建议. 安徽农业科学, 47(17): 234-237.

张月娇. 2011. 台湾金线莲组培工厂化育苗技术研究. 湖北林业科技, 170(4): 26-31.

张悦, 邓爱平, 方文韬, 等. 2019. 果实种子类药材商品规格等级标准: 以枸杞子、枳壳、栀子、柏子仁等 6 种药材为例. 中国现代中药, 21(6): 717-722.

张兆英, 秦淑英, 王文全, 等. 2012. 不同贮藏条件对 3 种药用植物种子活力的影响. 安徽农业科学, 40(9): 73-75.

张智慧, 刘大会, 朱新焰, 等. 2016. 白及种子质量检验方法研究. 中国中药杂志, 41(11): 2044-2048.

赵伯涛, 吴晓荣, 张卫明, 等. 2004. 长兴吊瓜及其栽培和产业发展. 中国野生植物资源, 23(6): 1-4.

赵东岳, 李勇, 丁万隆, 等. 2011. 金莲花种子品质检验及质量标准研究. 中国中药杂志, 36(24): 3421-3424.

赵冬, 李明. 2013. 白木香种子贮藏过程的生理生化指标变化. 湖北农业科学, 52(22): 5556-5560.

赵景辉, 刘旭, 李方元, 等. 2006. 近红外漫反射光谱法用于不同人参种子的鉴别. 特产研究, 28(3): 48-50.
赵磊磊, 聂立水, 朱清科, 等. 2009. 种子包衣及其在中国的应用研究. 中国农学通报, 25(23): 126-131.
赵晴, 谢红波, 赵红玲, 等. 2019. 中药材种子 DNA 条形码鉴定研究进展. 中草药, 50(14): 3471-3476.
赵汝坤, 李建奇. 2014. 新形势下我国民族种业的发展策略. 农业科技通讯, (10): 4-6.
赵汝坤, 李建奇. 2017. 新常态下我国种业营销模式的创新发展. 种子, 36(5): 67-70.
赵天增, 秦海林, 梁晓天. 2000. ^{1}H NMR 指纹法鉴定植物中药. 中草药, 31(11): 70-72.
赵文吉, 李敏, 黄博, 等. 2012. 中药材种子种苗市场现状及对策探讨. 中国现代中药, 14(3): 5-8.
赵熙, 李艳萍, 李顺英, 等. 2006. 野生天麻和栽培天麻的 DNA 指纹图谱分析. 国医论坛, 21(6): 43-45.
赵小惠, 刘霞, 陈士林, 等. 2019. 药用植物遗传资源保护与应用. 中国现代中药, 21(11): 1456-1463.
赵小琴, 王瑞娟, 祁晶莹, 等. 2018. 家榆种子育苗技术. 农业科技与信息, (4): 98-99.
赵昕. 2014. 铁皮石斛新优品种: 神元 1 号. 农家致富, (2): 26.
赵昕. 2016. 铁皮石斛新优品种: 神元 2 号. 农家致富, (12): 26.
赵鑫, 凯撒·苏来曼, 朱国强, 等. 2010. 新疆阿魏种子质量分级标准研究. 中药材, 33(9): 1366-1367.
赵有生, 于海业. 2009. 国外工厂化育苗发展现状及其启示. 世界农业, 368(12): 47-48.
赵正楠, 张西西, 王涛. 2013. 种子丸粒化技术研究进展. 中国种业, (5): 18-19.
赵芝, 罗丽芬, 郑建芬, 等. 2017. 三七种子带菌检测及致病菌鉴定研究. 云南农业大学学报（自然科学）, 32(6): 1012-1021.
赵中振, 梁之桃. 2012. 近红外光谱技术在中药鉴定中的应用与优势. 中国中药杂志, 37(8): 1062-1065.
郑刚, 刘佳, 聂晓波, 等. 2019. 设施蔬菜工厂化育苗技术和设备应用. 农业工程技术, 39(10): 60-65.
郑怀国, 赵静娟, 秦晓婧, 等. 2021. 全球作物种业发展概况及对我国种业发展的战略思考. 中国工程科学, 23(4): 45-55.
郑雷, 李玛, 李云, 等. 2018. 七叶莲种子质量检验方法研究. 种子, 37(12): 121-124.
郑盼盼, 侯军岐. 2019. 基于价值链的我国种业发展思路. 中国种业, (9): 8-10.
郑述东, 史志明, 曹亮, 等. 2019. 小粒蔬菜种子丸粒化研究及其应用前景. 种子科技, 37(14): 19-23.
郑天翔, 陈叶. 2016. 黄芪硬实种子的破除方法研究. 种子, 35(6): 90-93.
郑亭亭, 隋春, 魏建和, 等. 2010. 北柴胡二代新品种"中柴 2 号"和"中柴 3 号"的选育研究. 中国中药杂志, 35(15): 1931-1934.
郑勇奇, 张川红, 黄平, 等. 2015. 植物新品种保护发展现状与趋势. 农业科技与信息（现代园林）, 12(8): 593-598.
中国能源编辑部. 2019. 2018 中国生态环境状况公报发布. 中国能源, 41(6): 1.
中国农业百科全书农作物卷编辑委员会. 1991. 中国农业百科全书 农作物卷: 上. 北京: 农业出版社.
中国农业信息网. 2010. 国内外种子加工技术发展比较分析. 种业导刊, (1): 7-9.
中国园艺学会西甜瓜专业委员会. 2016. 农业部种子管理局局长张延秋解读 2016 年实施的新修订种子法. 中国瓜菜, 29(2): 7.

中国中医药报. 2019. 融入大健康 开辟桔梗产业新天地. http://www.cntcm.com.cn/2019-10/17/content_66704.htm. (2019-10-17) [2022-05-26].

钟海丰, 黄敏玲, 钟淮钦, 等. 2017. 中国农业植物新品种保护与 DUS 测试技术发展现状. 热带作物学报, 38(6): 1155-1162.

种业商务网. 川科斛 1 号. 2010. https://www.chinaseed114.com/seed/7/seed_32255.html. (2010-06-10) [2022-05-26].

种业商务网. 福斛 1 号. 2016. https://www.chinaseed114.com/seed/12/seed_55284.html. (2016-06-08) [2022-05-26].

仲英豪, 洪素恒. 2020. 论我国植物新品种权保护范围的完善. 法制博览, 36(9): 111-112, 157.

周成名. 2004. 关于中药材种植规范化的建议. 北京农业, (12): 13.

周海, 周瑞峰. 2016. 甘肃省中药材种子种苗市场现状及发展对策. 甘肃农业科技, (5): 67-70.

周建理, 杨青山. 2011. 中药微性状鉴定法. 安徽中医学院学报, 30(1): 66-68.

周淑香. 2018. 我国中药材种植存在的问题及对策. 农民致富之友, (23): 45.

周颂东, 罗鹏. 2003. 播娘蒿种子真实性的早期测定. 四川大学学报, 40(6): 1164-1167.

周翔, 罗霞, 负璇. 2020. 植物新品种权保护范围的确定. 人民司法, 64(2): 78-83.

周晓峰. 2010. 几种冬青属树种种子休眠原因及萌发特性研究. 南京: 南京林业大学硕士学位论文.

周欣, 孙素琴, 黄庆华. 2007. FTIR 对不同产地陈皮的鉴别研究. 光谱学与光谱分析, 27(12): 2453-2455.

周莹, 毛昆明, 闫培睿, 等. 2013. 优质铁皮石斛红鑫一号的高产栽培. 云南农业, (7): 26-28.

朱根发, 杨凤玺, 吕复兵, 等. 2020. 兰花育种及产业化技术研究进展. 广东农业科学, 56(11): 218-225.

朱红艳, 赵兴俊, 张永久. 2016. 作物遗传育种. 重庆: 重庆大学出版社.

朱虹, 郗厚诚, 孙长生. 2014. 我国铁皮石斛产业现状和发展对策. 陕西农业科学, 60(12): 77-79.

朱明东, 魏详进, 谢红军, 等. 2019. 种子加工、检验理论与技术现状及思考. 中国水稻科学, 33(5): 401-406.

朱诗国, 罗俊, 许政旭, 等. 2016. 黔产莪术和郁金种子质量控制研究. 时珍国医国药, 27(4): 960-962.

朱晓燕, 黄韵璇, 黄昌杰, 等. 2019. 两种白茅根聚合酶链式反应法−限制性片段长度多态性分析鉴别方法的研究. 中国药学杂志, 54(18): 1486-1490.

朱岩, 周绪晨, 宋敏. 2017. 中国农业植物新品种保护进展及影响研究. 农业科技管理, 36(6): 1-7.

朱彦威, 单成钢, 倪大鹏, 等. 2009. 桔梗新品种鲁梗 1 号的选育及栽培技术. 山东农业科学, (1): 115-116.

自建志, 梅满刚. 2009. 小桔梗收获大效益: 淄博检验检疫局扶持促进特色农产品出口纪实. 中国检验检疫, (2): 35-36.

邹佳宁, 宋聚先, 常楚瑞, 等. 2006. 贵州天麻种质资源的 RAPD 分析. 中药材, 29(9): 881-883.

邹健强. 2000. 濒危野生中药资源保护与中药现代化. 中药研究与信息, 2(12): 8-10.

James C. 2013. 2012 年全球生物技术/转基因作物商业化发展态势. 中国生物工程杂志, 33(2): 1-8.

Able J A, Langridge P, Milligan A S. 2007. Capturing diversity in the cereals: many options but little promiscuity. Trends in Plant Science, 12(2): 71-79.

Anoumaa M, Yao N K, Kouam E B, et al. 2017. Genetic diversity and core collection for potato

(*Solanum tuberosum* L.) cultivars from Cameroon as revealed by SSR markers. Am J Potato Res, 94(4): 449-463.

Asghari M, Naghavi M R, Hosseinzadeh A H, et al. 2015. Sequence characterized amplified region marker as a tool for selection of high-artemisinin containing species of Artemisia. Res Pharm Sci, 10(5): 453-459.

Baloch F S, Alsaleh A, Shahid M Q, et al. 2017. A whole genome DArTseq and SNP analysis for genetic diversity assessment in durum wheat from central fertile crescent. PLOS ONE, 12(1): e016781.

Baytar A A, Erdogan O, Frary A, et al. 2017. Molecular diversity and identification of alleles for Verticillium wilt resistance in elite cotton (*Gossypium hirsutum* L.) germplasm. Euphytica, 213(2): 31.

Chen R, Hara T, Ohsawa R, et al. 2017. Analysis of genetic diversity of rapeseed genetic resources in Japan and core collection construction. Breeding Sci, 67(3): 239-247.

Chen X, Liao B, Song J, et al. 2013. A fast SNP identification and analysis of intraspecific variation in the medicinal *Panax* species based on DNA barcoding. Gene, 530(1): 39-43.

Dai L Q, Wu L, Dong Q S, et al. 2017. Genome-wide association study of field grain drying rate after physiological maturity based on a resequencing approach in elite maize germplasm. Euphytica, 213(8): 182.

Edwards D, Batley J. 2010. Plant genome sequencing: applications for crop improvement. Plant Biotechnology Journal, 8(1): 2-9.

FAO. 2010. The Second Report on the State of World's Plant Genetic Resources for Food and Agriculture. Rome: FAO.

Jonge B D, Munyi P. 2016. A differentiated approach to plant variety protection. The Journal of World Intellectual Property, 19(1-2): 28-52.

Mizukami H, Ohbayashi K, Ohashi H. 1993. *Bupleurum falcatum* L. in northern Kyushu and Yamaguchi Prefecture are genetically distinguished from other populations, based on DNA fingerprints. Biological & Pharmaceutical Bulletin, 16(7): 729-731.

Rawat N, Pumphrey M O, Liu S, et al. 2016. Wheat Fhb1 encodes a chimeric lectin with agglutinin domains and a pore-forming toxin-like domain conferring resistance to *Fusarium* head blight. Nature Genetics, 48(12): 1576-1580.

Shun L H. 2016. A comparative study on research exemptions in plant breeding under intellectual property rights protection. Queen Mary Journal of Intellectual Property, 6(1): 92-110.

Yang K, Yang L, Fan W, et al. 2019. Illumina-based transcriptomic analysis on recalcitrant seeds of *Panax notoginseng* for the dormancy release during the after-ripening process. Physiol Plant, 167(4): 597-612.

Zhu H B, Wang Y Z, Liang H, et al. 2010. Identification of *Portulaca oleracea* L. from different sources using GC-MS and FT-IR spectroscopy. Talanta, 81(1-2): 129.

附录1 中药材种子生产经营许可相关规定

一、申请依据

1.《中华人民共和国种子法》(2021年12月24日第十三届全国人民代表大会常务委员会第三十二次会议修改，2022年3月1日起施行)

2.《农作物种子生产经营许可管理办法》(2022年1月21日农业农村部令2022年第2号修订)

3.《×××省/市农作物/中药材种子管理条例》(各省或市自行发布的中药材种子管理相关的条例和管理办法)

二、实施机关

1. 从事主要农作物常规种子生产经营及非主要农作物种子经营的，其种子生产经营许可证由企业所在地县级以上地方农业农村主管部门核发。

2. 从事主要农作物杂交种子及其亲本种子生产经营以及实行选育生产经营相结合、有效区域为全国的种子企业，其种子生产经营许可证由企业所在地县级农业农村主管部门审核，省(自治区、直辖市)农业农村主管部门核发。

3. 从事农作物种子进出口业务的，其种子生产经营许可证由农业农村部核发。

三、许可条件

申请中药材种子生产经营许可证的企业，应当具备以下条件：

1. 基本设施：具有办公场所100平方米以上、检验室50平方米以上、加工厂房100平方米以上、仓库100平方米以上；

2. 检验仪器：具有净度分析台、电子秤、样品粉碎机、烘箱、生物显微镜、电子天平、扦样器、分样器、发芽箱等检验仪器，满足种子质量常规检测需要；

3. 加工设备：具有与其规模相适应的种子加工、包装等设备；

4. 人员：具有种子生产、加工贮藏和检验专业技术人员各2名以上；

5. 品种：应当具有1个以上的登记品种；生产经营授权品种种子的，应当征得品种权人的书面同意；

6. 生产环境：生产地点无检疫性有害生物，并具有种子生产的隔离和培育条件；

7. 农业农村部规定的其他条件。

申请领取实行选育生产经营相结合、有效区域为全国的中药材种子生产经营许可证的企业，应当具备以下条件：

1. 基本设施：具有办公场所 500 平方米以上，冷藏库 200 平方米以上，检验室 200 平方米以上，加工厂房 200 平方米以上、仓库 500 平方米以上；

2. 育种机构及测试网络：具有专门的育种机构和相应的育种材料，建有完整的科研育种档案；在全国不同生态区有测试点 10 个以上和相应的播种、收获、考种设施设备；

3. 育种基地：具有自有或租用（租期不少于 5 年）的科研育种基地，具有分布在不同生态区的育种基地 3 处以上、总面积 100 亩以上；

4. 科研投入：在申请之日前 3 年内，年均科研投入不低于年种子销售收入的 5%，年均科研投入不低于 300 万元；

5. 品种：应当具有相应作物的以本企业名义单独申请获得植物新品种权的品种 5 个以上。生产经营授权品种种子的，应当征得品种权人的书面同意；

6. 生产规模：近 3 年年均种子生产的数量不低于该类作物 100 万亩的大田用种量；

7. 种子经营：具有健全的销售网络和售后服务体系；在申请之日前 3 年内至少有 1 年，其种子销售额占该类种子全国市场份额的 1% 以上；

8. 种子加工：具有种子加工成套设备，总加工能力 1 吨/小时以上；

9. 人员：具有本科以上学历或中级以上职称的专业育种人员 6 人以上；具有专职的种子生产、加工贮藏和检验专业技术人员各 3 名以上；

10. 生产环境：生产地点无检疫性有害生物，并具有种子生产的隔离和培育条件；

11. 检验仪器：具有净度分析台、电子秤、样品粉碎机、烘箱、生物显微镜、电子天平、扦样器、分样器、发芽箱等检验仪器，满足种子质量常规检测需要；具有 PCR 扩增仪及产物检测配套设备、酸度计、高压灭菌锅、磁力搅拌器、恒温水浴锅、高速冷冻离心机、成套移液器等仪器设备，能够开展种子水分、净度、纯度、发芽率四项指标检测及品种分子鉴定；

12. 农业农村部规定的其他条件。

以上中药材种子生产经营的许可条件为《农作物种子生产经营许可管理办法》（2022）规定的基本条件，具体各地申请的许可条件，应以各地方政府、机构发布的条例和法规为准。

四、申请材料

申请领取种子生产经营许可证，应当提交以下材料：

1. 农作物种子生产经营许可证申请表；

2. 单位性质、股权结构等基本情况，公司章程、营业执照复印件，设立分支机构、委托生产种子、委托代销种子以及以购销方式销售种子等情况说明；

3. 种子生产、加工贮藏、检验专业技术人员的基本情况，企业法定代表人和高级管理人员名单及其种业从业简历；

4. 种子检验室、加工厂房、仓库和其他设施的自有产权或自有资产的证明材料；办公场所自有产权证明复印件或租赁合同；种子检验、加工等设备清单和购置发票复印件；相关设施设备的情况说明及实景照片；

5. 品种审定证书复印件；生产经营授权品种种子的，提交植物新品种权证书复印件及品种权人的书面同意证明；

6. 委托种子生产合同复印件或自行组织种子生产的情况说明和证明材料；

7. 种子生产地点检疫证明；

8. 农业农村部规定的其他材料。

申请领取选育生产经营相结合、有效区域为全国的种子生产经营许可证，除提交以上所规定的材料外，还应当提交以下材料：

1. 自有科研育种基地证明或租用科研育种基地的合同复印件；

2. 品种试验测试网络和测试点情况说明，以及相应的播种、收获、烘干等设备设施的自有产权证明复印件及实景照片；

3. 育种机构、科研投入及育种材料、科研活动等情况说明和证明材料，育种人员基本情况及其企业缴纳的社保证明复印件；

4. 近三年种子生产地点、面积和基地联系人等情况说明和证明材料；

5. 种子经营量、经营额及其市场份额的情况说明和证明材料；

6. 销售网络和售后服务体系的建设情况。

以上中药材种子生产经营许可证申请材料为《农作物种子生产经营许可管理办法》（2022）规定的基本条件，具体各地申请的许可条件，应以各地方政府、机构发布的条例和法规为准。

农作物种子生产经营许可证申请表（式样）

（　　）农种申字（　　）第　　号

申请单位名称				
统一社会信用代码				
注册地址				
通讯地址				
法定代表人		法定代表人身份证号		
联系人		联系电话		
邮政编码		电子邮箱		
基本情况	种子生产人员	名	加工贮藏人员	名
	种子检验人员	名	科研育种人员	名
	检验仪器	台	检验室面积	平方米
	加工成套设备	吨/小时	加工厂房面积	平方米
	仓库面积	平方米	办公场所面积	平方米
	科研室面积	平方米	生产基地面积	亩

申请事项							
	生产经营范围						
	生产经营方式						
	生产经营区域						
	作物种类	品种名称	品种审定（登记）编号	转基因安全证书编号	植物新品种权号	生产地点	加工包装地点

申请单位：　　　　　　　　　　　　　　　　　审核机关：

负责人（签章）：　　　年　月　日　　　　　负责人（签章）：　　　年　月　日

注：申请生产经营品种较多的，可另附页。本表一式三份，申请单位一份、受理机关两份

附录 2　全国具有农作物种子生产经营许可证生产经营范围涉及中药材种子的企业

序号	许可编号	申请企业	生产经营范围	发证机关
1	D（甘张）农种许字（2016）第 0006 号	甘肃祥和种业有限责任公司	蔬菜、马铃薯、中药材种子	张掖市
2	D（甘张）农种许字（2016）第 0015 号	张掖市盛丰农业科技开发有限公司	蔬菜、花卉、向日葵、油菜、中药材	张掖市
3	D（桂百）农种许字（2016）第 0001 号	广西百色市云中湖农业开发有限公司	柑橘、中药材、芒果、桑、茶	百色市
4#	D（桂河金）农种许字（2016）第 0002 号	广西东胜农牧科技有限公司	柑橘、中草药	金城江区
5	D（鄂恩巴）农种许字（2016）第 0001 号	巴东县农丰农业科技有限公司	马铃薯、魔芋、药材、小杂粮	巴东县
6#	E（农）农种许字（2017）第 0039 号	中国种子集团有限公司	稻，玉米，小麦，棉花，大豆，蔬菜，花卉，其他-向日葵、油菜、甜菜、马铃薯、高粱、大麦、药用植物	农业部
7#	D（京海）农种许字（2017）第 0002 号	国药种业有限公司	中药材种子	海淀区
8	D（甘定）农种许字（2017）第 0009 号	定西金麟种业有限责任公司	马铃薯脱毒苗、原原种、原种、一级种、二级种、农作物常规种子、中药材种子种苗、蔬菜种子种苗	定西市
9#	D（甘定）农种许字（2017）第 0002 号	甘肃陇欢种业有限责任公司	蔬菜种子、中药材种子、胡麻种子	定西市
10#	D（甘定）农种许字（2017）第 0010 号	甘肃瑞农种业有限公司	中药材种子、种苗	定西市
11#	D（甘定）农种许字（2017）第 0012 号	甘肃中天药业有限责任公司	中药材种子	定西市
12#	D（甘定）农种许字（2017）第 0005 号	陇西县碧水源生态农业农民专业合作社联合社	胡麻、中药材、马铃薯	定西市
13	CD（甘兰）农种许字（2017）第 0004 号	甘肃瑞尔丰农科贸有限公司	小麦、胡麻、马铃薯、蚕豆、蔬菜、中药材	兰州市
14	D（甘兰）农种许字（2017）第 0009 号	兰州邦夫达农业科技有限公司	马铃薯、百合、中药材	兰州市

附录2　全国具有农作物种子生产经营许可证生产经营范围涉及中药材种子的企业

续表

序号	许可编号	申请企业	生产经营范围	发证机关
15#	D（甘兰）农种许字（2017）第0008号	永登县田园农业科技有限公司	马铃薯、中药材、花椰菜、莴苣	兰州市
16	D（甘兰）农种许字（2017）第0007号	榆中牧乐农产品科技服务有限公司	马铃薯、中药材、百合	兰州市
17	D（甘张）农种许字（2017）第0027号	甘肃汇丰种业有限责任公司	小麦常规种子、大麦种子、油菜杂交种子、中药材种子、洋葱种子	张掖市
18	D（桂南宁）农种许字（2017）第0016号	南宁泰丰植物组培苗繁育基地	香蕉、西贡蕉、罗汉果、马蹄、花卉、中草药、芋头、果蔬	南宁市
19#	D（黔铜德）农种许字（2017）第0003号	德江县绿通天麻发展有限公司	中药材、食药用菌	德江县
20#	D（黔贵乌）农种许字（2017）第0001号	贵州兴黔科技发展有限公司	中药材（铁皮石斛、头花蓼）种子种苗的选育繁殖及销售	乌当区
21	D（冀定）农种许字（2017）第0002号	定州市众苗旺种子销售有限公司	蔬菜、花卉，其他-油葵、中药材、谷子、高粱、杂粮	定州市
22#	D（冀定）农种许字（2017）第0005号	河北慕兰多种子有限公司	蔬菜、花卉、油葵、杂粮、中药材	定州市
23	D（冀定）农种许字（2017）第0004号	河北耘盛种子有限公司	蔬菜、花卉、杂粮、中药材	定州市
24#	D（黑佳桦）农种许字（2017）第0001号	黑龙江惠民中草药种子有限公司	中草药材	桦南县
25#	D（鄂孝市）农种许字（2017）第0001号	湖北福良山农业科技有限公司	蔬菜，其他-茶苗、中药材苗	鄂孝市
26#	D（湘怀溆）农种许字（2017）第0001号	溆浦县君健中药材专业合作社	中药材	溆浦县
27	D（蒙赤阿）农种许字（2017）第0001号	阿鲁科尔沁旗金种子种业有限责任公司	蔬菜、谷子、绿豆、红小豆、常规葵花、瓜类、药材种子	阿鲁科尔沁旗
28	D（蒙巴乌）农种许字（2017）第0002号	乌拉特前旗旭荣农业发展有限公司	蔬菜、花卉、向日葵、花生、中药材	乌拉特前旗
29	D（晋吕梁汾）农种许字（2017）第0001号	山西汾都香种业科技有限公司	蔬菜、谷子、高粱、蓖麻、中药材等	汾阳市
30	D（晋临汾蒲）农种许字（2017）第0001号	蒲县昕源种业有限公司	麻类、蔬菜、马铃薯、向日葵、油菜、西瓜、中药材、食用菌	蒲县
31	BCD（晋）农种许字（2017）第0013号	临汾继农种业有限公司	玉米、小麦、棉花、大豆、蔬菜、花卉、油葵、西瓜、向日葵、马铃薯、中药材、食用菌	山西省

续表

序号	许可编号	申请企业	生产经营范围	发证机关
32	BCD（晋）农种许字（2017）第0018号	山西诚信种业有限公司	稻、玉米、小麦、棉花、大豆、蔬菜、花卉、马铃薯、西瓜、谷子、高粱、向日葵、苗木、食用菌、油菜、绿肥、果树、中药材、草类等农作物种子	山西省
33	BCD（晋）农种许字（2017）第0014号	山西大槐种业有限公司	玉米、小麦、棉花、大豆、蔬菜、花卉、油菜、西瓜、向日葵、马铃薯、中药材、食用菌	山西省
34	B（晋）农种许字（2017）第0026号	山西瑞德丰种业有限公司	玉米、小麦、棉花、大豆、蔬菜、花卉、鲜食、爆裂玉米、其他-油菜、西瓜、向日葵、马铃薯、中药材、食用菌	山西省
35	BCD（晋）农种许字（2017）第0019号	山西鑫丰盛农业科技有限公司	玉米、小麦、棉花、大豆、蔬菜、花卉、鲜食、爆裂玉米、西瓜、谷子、高粱、向日葵、苗木、食用菌、油菜、绿肥、果树、中药材、草类	山西省
36	B（晋）农种许字（2017）第0025号	山西亿鑫源农业开发有限公司	稻、玉米、小麦、棉花、大豆、麻类、蔬菜、花卉、谷子、高粱、西瓜、向日葵、油麦、马铃薯、油料、桑树、烟草、中药材等农作物种子	山西省
37#	D（晋晋中太）农种许字（2017）第0002号	山西国新晋药集团晋中中药材种子开发有限公司	其他-中药材种子、中药材种苗	太谷县
38	D（晋晋中太）农种许字（2017）第0001号	山西巨鑫伟业农业科技开发有限公司	蔬菜、花卉、蔬菜种苗、花卉种苗、中药材种子种苗	太谷县
39	CD（晋运城新）农种许字（2017）第0001号	新绛县泰丰种业有限公司	小麦、棉花、大豆、蔬菜、油菜、西瓜、向日葵、马铃薯、中药材、食用菌等农作物种子	新绛县
40	CD（晋临汾翼）农种许字（2017）第0001号	山西新翔丰农业科技有限公司	小麦、棉花、大豆、麻类、蔬菜、花卉、油菜、西瓜、向日葵、马铃薯、中药材、食用菌	翼城县
41	D（滇曲会）农种许字（2017）第0002号	云南广汇种植有限公司	蔬菜、花卉、马铃薯、绿肥、中药材	会泽县
42#	D（滇丽）农种许字（2017）第0006号	丽江老百姓药材生物开发有限公司	中药材	丽江市
43#	D（滇丽）农种许字（2017）第0001号	玉龙县百御种养殖专业合作社	中药材种子生产、培育、经营	丽江市
44#	D（甘白会）农种许字（2018）第0001号	甘肃长征药业集团有限公司	中药材种子、种苗	白银市

续表

序号	许可编号	申请企业	生产经营范围	发证机关
45#	D（甘定）农种许字（2018）第 0009 号	甘肃赫博陇药科技有限责任公司	中药材种子、种苗	定西市
46#	D（甘定）农种许字（2018）第 0010 号	甘肃明治药业有限公司	中药材种子、种苗	定西市
47#	D（甘定）农种许字（2018）第 0006 号	陇西稷丰种业有限责任公司	中药材种子、种苗；蔬菜种子、种苗；胡麻种子	定西市
48#	D（甘定）农种许字（2018）第 0003 号	陇西县天裕中药材有限公司	中药材种子、种苗	定西市
49	CD（甘兰）农种许字（2018）第 0001 号	甘肃科隆农业有限责任公司	小麦（常规）、大豆（常规）、蔬菜、花卉、向日葵、瓜类、胡麻、油菜、大麦、中药材	兰州市
50#	D（甘兰）农种许字（2018）第 0005 号	甘肃润枫源农牧生态科技有限公司	中药材、莴苣、花椰菜	兰州市
51#	D（甘陇）农种许字（2018）第 0001 号	西和县广鸿中药材专业合作社	半夏等中药材	陇南市
52#	D（甘陇）农种许字（2018）第 0003 号	西和县恒力半夏专业合作社	中药材	陇南市
53#	D（甘陇）农种许字（2018）第 0004 号	西和县天惠中药材种植专业合作社	中药材	陇南市
54	D（甘武）农种许字（2018）第 0022 号	甘肃绿能农业科技股份有限公司	蔬菜种苗、花卉种苗、中药材种苗	武威市
55	D（甘张）农种许字（2018）第 0014 号	民乐县兴德农业科技开发有限公司	蔬菜、花卉、中药材	张掖市
56#	D（粤湛遂）农种许字（2018）第 0001 号	遂溪鑫兴农科技农业有限公司	中草药材、薯类、蔬菜、花卉	遂溪县
57#	D（黔毕大）农种许字（2018）第 0003 号	贵州天成农业科技开发有限公司	食药用菌菌种	大方县
58#	D（黔毕大）农种许字（2018）第 0004 号	贵州乌蒙腾菌业有限公司	食药用菌菌种	大方县
59#	D（黔铜德）农种许字（2018）第 0001 号	贵州德江易盛农业科技发展有限公司	农作物种子加工、中药材、水果、经果林、花卉苗木生产、销售等	德江县
60#	D（冀保安）农种许字（2018）第 0001 号	安国市新苗中药材种植农民专业合作社联合社	其他-中药材种子	安国市
61#	D（冀承）农种许字（2018）第 0002 号	承德恒德本草农业科技有限公司	中药材种子	承德市

续表

序号	许可编号	申请企业	生产经营范围	发证机关
62	D（冀定）农种许字（2018）第 0002 号	定州市大林种业有限公司	蔬菜、花卉、杂粮、油葵、中药材	定州市
63#	D（鄂恩宣）农种许字（2018）第 0011 号	宣恩县丰浩农业有限公司	其他-茶苗、水果、花卉、药材	宣恩县
64	D（鄂宜秭）农种许字（2018）第 0007 号	秭归县九畹溪宏志生态种植家庭农场	茶叶、中药材、绿化苗、柿树、梨、李等水果苗木	秭归县
65	D（鄂宜秭）农种许字（2018）第 0006 号	秭归县蓝波湾家庭农场	茶叶、梨、秋露李、柿、油茶、中药材、绿化苗、经济林苗木	秭归县
66	D（蒙赤敖）农种许字（2018）第 0001 号	敖汉鹏程农业科技发展有限公司	高粱、蔬菜、花卉、药材、粟、谷子、绿豆、黑豆、红小豆	敖汉旗
67#	D（宁固隆）农种许字（2018）第 0001 号	隆德县葆易圣药业有限公司	中药材	隆德县
68	CD（晋晋城）农种许字（2018）第 0002 号	山西农福农业超市有限公司	小麦、大豆、蔬菜、谷子、马铃薯、中药材、小杂粮	晋城市城区
69#	D（陕榆佳）农种许字（2018）第 0001 号	佳县通康中药材种植有限公司	中药材	佳县
70	D（川广邻）农种许字（2018）第 0001 号	四川蜀耕农业开发有限公司	蔬菜、花卉、中药材种子种苗、苗木	邻水县
71	D（川南南）农种许字（2018）第 0009 号	南部县鑫源果业有限公司	花卉、苗木、果树、中药材（国家禁种除外）种植、花卉、苗木、果树、中药材（国家禁种除外）销售及种植技术咨询服务	南部县
72	D（川南南）农种许字（2018）第 0005 号	南部县梓珍果业农民专业合作社	药材、柑橘	南部县
73#	D（川达万）农种许字（2018）第 0003 号	万源市刚恒农业有限责任公司	其他-草本中药材	万源市
74#	D（川达万）农种许字（2018）第 0002 号	万源市万泉中药材种植专业合作社	草本中药材	万源市
75#	D（滇丽）农种许字（2018）第 0001 号	丽江市古城区秋成种养殖有限公司	中药材	丽江市
76#	D（滇丽玉）农种许字（2018）第 0003 号	丽江得一食品有限责任公司	中药材种子、种苗	玉龙纳西族自治县
77#	D（滇丽玉）农种许字（2018）第 0002 号	云南白药集团太安生物科技产业有限公司	滇重楼、黄草乌、金铁锁等中药材种植、加工、销售	玉龙纳西族自治县
78	BD（京）农种许字（2019）第 0004 号	北京奥立沃种业科技有限公司	玉米、蔬菜类、杂粮类、油料类、糖料类、花卉、果苗、中药材、麻类	北京市

续表

序号	许可编号	申请企业	生产经营范围	发证机关
79#	D（闽南光）农种许字（2019）第0001号	福建承天农林科技发展有限公司	中药材种子、种苗生产销售	光泽县
80#	D（甘定）农种许字（2019）第0005号	甘肃参宝药业有限责任公司	中药材种子、种苗；蔬菜种子、种苗	定西市
81#	D（甘定）农种许字（2019）第0007号	甘肃省陇西县种子公司	中药材种子、种苗	定西市
82	D（甘兰）农种许字（2019）第0002号	甘肃绿色空间生物技术有限公司	蔬菜种苗、中药材种苗	兰州市
83#	D（甘新）农种许字（2019）第0001号	甘肃绿色陇药种业有限公司	中药材种子、种苗	兰州新区
84#	D（甘陇）农种许字（2019）第0001号	西和县兴民中药材种植专业合作社	中药材种子、种苗	陇南市
85#	D（甘张）农种许字（2019）第0010号	甘肃金陇农业科技开发有限公司	蔬菜、花卉、油菜、大麦、藜麦、豆类、中药材	张掖市
86#	D（黔毕大）农种许字（2019）第0001号	大方县九龙天麻开发有限公司	食药用菌菌种、中药材种子种苗、中药材	大方县
87#	D（黔毕大）农种许字（2019）第0003号	大方县丽军林下种植中药材专业合作社	食药用菌菌种	大方县
88#	D（黔铜德）农种许字（2019）第0001号	德江县长龙天麻农民专业合作社	中药材、食药用菌	德江县
89#	D（黔毕威）农种许字（2019）第0003号	威宁天露生物科技开发有限公司	中药材种子（苗）	威宁彝族回族苗族自治县
90#	D（冀保安）农种许字（2019）第0002号	安国市惠农中药材良种繁育有限公司	中药材种子	安国市
91#	D（冀保安）农种许字（2019）第0001号	安国市伊康药业有限公司	中药材种子、种苗	安国市
92#	D（冀承）农种许字（2019）第0001号	承德成功易隆商贸有限公司	中药材（种子、种苗）	承德市
93#	D（冀承）农种许字（2019）第0004号	承德中泽源农业开发有限公司	中药材种子、种苗	承德市
94#	D（冀承）农种许字（2019）第0003号	丰宁满族自治县金圆园农业开发有限公司	中药材种子、种苗	承德市
95#	D（黑哈通）农种许字（2019）第0002号	哈尔滨瑞源峰健康产业有限公司	其他-中药材种子、种苗	通河县
96#	D（黑哈通）农种许字（2019）第0001号	通河县天成人参种植农民专业合作社	人参种子种苗、中药材种苗	通河县

续表

序号	许可编号	申请企业	生产经营范围	发证机关
97	D（鄂宜长）农种许字（2019）第0001号	长阳土家人农业科技有限公司	柑橘、木瓜、茶苗、栀果、中药材等种苗生产销售	长阳土家族自治县
98	D（鄂宜秭）农种许字（2019）第0003号	秭归县九畹溪镇博煜农资经营部	茶叶、甜柿、桃子、百合、李子、绿化苗木、中药材	秭归县
99#	D（湘湘龙）农种许字（2019）第0001号	龙山县绿叶百合农民专业合作社	百合、猕猴桃、中药材、茶树	龙山县
100#	D（湘邵邵东）农种许字（2019）第0002号	邵东县本草堂药材种植农民专业合作社	蔬菜、花卉、中药材、果树种子种苗	邵东县
101#	D（吉通柳）农种许字（2019）第0001号	吉林紫鑫红石种养殖有限公司	中药材种子	柳河县
102#	D（辽抚）农种许字（2019）第0001号	辽宁恒德本草科技有限公司	中药材、农作物种植、销售	抚顺市
103	D（蒙赤敖）农种许字（2019）第0001号	敖汉旗三丰种业有限责任公司	高粱、谷子、绿豆、黍子、杂豆、荞麦、药材、草籽	敖汉旗
104#	D（蒙兴乌）农种许字（2019）第0001号	兴安盟泳胜中草药有限责任公司	药材种子	乌兰浩特市
105#	D（宁固隆）农种许字（2019）第0002号	宁夏六盘山鑫利中药材科技有限公司	中药材	隆德县
106#	D（宁固隆）农种许字（2019）第0001号	宁夏西北药材科技有限公司	中药材种子、中药材种植	隆德县
107#	D（鲁临平邑）农种许字（2019）第0003号	平邑方圆药业有限公司	中药材种子	平邑县
108#	D（鲁临平邑）农种许字（2019）第0001号	平邑县金扁担中药材种植专业合作社	中药材种子	平邑县
109	CD（晋临汾尧）农种许字（2019）第0001号	山西尧立农业开发有限公司	玉米、小麦、棉花、大豆、蔬菜、花卉、鲜食、爆裂玉米、其他-油菜、西瓜、向日葵、马铃薯、中药材、食用菌	尧都区
110#	D（陕榆佳）农种许字（2019）第0001号	佳县绿林中药材种植专业合作社	中药材种子	佳县
111#	D（川遂安）农种许字（2019）第0001号	四川地坤生态农业开发有限公司	种植、销售：中药材、水果、蔬菜、苗木；养殖、销售：家禽、家畜、水产品；农业技术推广服务	安居区
112#	D（川遂安）农种许字（2019）第0002号	四川广顺堂生态农业有限公司	为本社成员提供中药材、蔬菜、水果、花卉苗木种植、农副产品收购、初加工销售及技术服务；为本社成员提供家禽、家畜、水产品养殖、销售及技术服务	安居区

续表

序号	许可编号	申请企业	生产经营范围	发证机关
113	D（川凉布）农种许字（2019）第0001号	布拖县布江蜀丰生态农业科技有限公司	蔬菜、马铃薯及良种、中药材	布拖县
114#	D（川达万）农种许字（2019）第0001号	万源市互惠农业产业开发有限公司	草本中药材	万源市
115#	D（川达万）农种许字（2019）第0002号	万源市润雨中药有限公司	草本中药材	万源市
116	D（滇丽玉）农种许字（2019）第0002号	丽江绿之源生物药业科技开发有限公司	川贝母、滇重楼、羌活等中药材	玉龙纳西族自治县
117#	D（滇大云）农种许字（2019）第0001号	云龙县丰农中药材种植专业合作社	中药材、茶树	云龙县

注：标注#的是以中药材作为审定品种的企业

附录3　中药材种业（"十四五"）发展建议（节选）

1　"十四五"中药材种业发展的总体思路

1.1　发展定位

到2025年，初步构建具有中国特色的中药材种业创新体系、现代产业体系和种业治理体系，把民族种业继承好、发展好、利用好，做强做大民族种业，从源头上保障中医药的疗效，保障人民的用药安全。

1.2　指导思想

以习近平新时代中国特色社会主义思想为指导，根据《中共中央　国务院关于促进中医药传承创新发展的意见》的精神，以发展民族种业、保障中药材品质为目标，引入现代农业种业技术，加强基础研究，提升中药材育种和制种水平，规范市场，培育龙头企业，加快推进中药材种业高质量发展，全面提升中药材种业生产技术水平、标准化生产水平、产业化水平及质量安全水平，加快推动中药材种业成为现代农业种业的一部分，从源头上保障中医药的疗效，推动中医药现代化发展。

1.3　发展目标

到2025年，颁布并全面推动《中药材种子管理办法》的实施。培育8~10家中药材种业龙头企业和2~3家"育繁推一体化"中药材种业公司；发布60~80种中药材种子种苗行业（团体）标准；研制20~30个中药材DUS测试指南；建立8~10个中药材新品种测试站；认定一批中药材新品种，制定一批中药材种子标准化生产加工规程；建设中药材种子种苗基原鉴定中心、第三方质量检测中心和质量追溯平台，建立完善的中药材种子种苗生产技术服务平台和中药材种业信息平台；建立年产量不低于100t的种子加工中心5家；分区域建立7个现代化中药材种子仓储中心；配套《全国道地药材生产基地建设规划（2018—2025年）》，分七大区域在道地产区建设50种中药材种子种苗良种繁育基地；评定一批国家、省级道地药材良种繁育基地；实现大宗中药材生产的良种覆盖率达到30%以上。

1.4 基本原则

(1) 坚持特色发展之路

把中药材种业的发展作为保障中医药疗效的"特色种业"看待，兼顾农作物种子质量和产量的培育方法，研究种子与药材品质的相关性，通过品种培育和繁育技术的筛选，定向生产满足特定质量需求的中药材种子，保持中药材种业的"中药"特性。

(2) 坚持学习借鉴创新发展

从育种和繁种技术研发、质量平台建设、信息平台建设、培训体系建设、规范化企业培育等方面着手，借鉴农业已有的先进技术平台和体系建设经验，联合国内有实力的科研院所和种业企业，全面提升中药材种业的生产技术水平、标准化生产水平、产业化水平及质量安全水平，带动全国中药材种业规范化、标准化建设和创新发展，促进中药材种业的健康发展。

(3) 坚持合理布局和科学推广

依据《中医药发展战略规划纲要（2016—2030年）》、《全国农业现代化规划（2016—2020年）》和《全国道地药材生产基地建设规划（2018—2025年）》等文件内容，配合大宗常用和道地药材发展布局，对全国中药材制种基地进行合理布局，分区域建立中药材良种繁育基地，并进行配套技术集成和示范推广工作，推动优质中药材种子的商业化生产。

(4) 坚持以企业创新为主体

充分发挥企业在商业化育种、成果转化与应用等方面的主导作用。鼓励有资质的"中药材种子企业"整合现有资源，通过政策引导带动企业和社会资金投入，推进"育繁推一体化"龙头企业的培育。

2 "十四五"中药材种业发展的重点任务

2.1 实施"中药材种业能力提升工程"

依据《中医药发展战略规划纲要（2016—2030年）》、《全国农业现代化规划（2016—2020年）》和《全国道地药材生产基地建设规划（2018—2025年）》的文件精神，由农业农村部牵头，实施"中药材种业能力提升工程"，从中药材育种和繁种技术研发、质量平台建设、信息平台建设、培训体系建设、龙头企业培育等方面设立项目支撑。通过"能力提升工程"项目的实施，全面提升中药材种业的生产技术水平、标准化生产水平、产业化水平及质量安全水平，带动全国中药材种业规范化和标准化建设，建设形成涵盖大宗品种的标准化良种繁育基地，使优质药材生产的良种覆盖率显著提高。

2.2 加强对野生中药材种质资源的保护和利用

为了更好地保护、发展和合理利用中药材野生种质资源，依据《中华人民共和国野生植物保护条例》法规精神，由农业农村部牵头，联合国家中医药管理局及各级科研单位，开展大宗、常用、珍稀和濒危野生中药材资源的收集和保存工作，建设形成中药材种质资源保存圃/库和信息库，收集保存一批包括野生中药材在内的种质资源。加大力度开展野生中药材种质资源的评价工作，发现和挖掘特异性种质/突变体信息，建立相应的数据库，为后期选育具备良好推广性能和产业化特质的优良品种提供信息和材料支持。基于目前多数商品中药材来自野生资源的现状，制定一批大宗、常用、珍稀和濒危中药材野生种质采集规范，形成野生中药材种质资源可持续商业化应用技术，并推广使用。

2.3 推动优质种子种苗基地建设

进一步加快完善中药材种子种苗适宜性区划，合理布局中药材种子种苗生产基地；同时加大政策倾斜力度，加大资金投入，增加对道地大宗中药材种子种苗繁育的补贴标准；因地制宜地通过"政府+企业+科研院所+农户""企业+农户""合作社+农户"等多种模式，在适宜区建立大宗/道地药材的种子种苗繁育基地，扩大种子种苗基地规模；制作种子种苗繁育培训教程，鼓励、引导、扶持企业和药农坚持繁育良种；在优质/道地种子种苗产区，建设形成更多的品牌基地。评定一批国家、省级（区域性）良种繁育基地，使良种繁育基地成为"科研的支撑，标准的主导，示范的典型，服务的窗口"。设置国家级区域性良种繁育基地建设奖励资金，用于扶持重点龙头企业的基础设施及种子种苗市场建设，防止地方政府整合使用或以撒胡椒面的形式发放给众多企业。加大资金的审计力度。通过政产学研用合作的机制，以农业农村部为指导、繁育企业为主体、科研单位为支撑，采用市场化运行方式推动种子种苗繁育基地可持续运行。

2.4 构建中药材种业标准体系

依托中药材种子种苗基地建设，对不同特征特性的中药材种子种苗，在其生产加工、质量、检验方法及包装、运输、贮存等方面应做出科学明确的技术规定，并制定一系列可行的技术标准。明确标准申报渠道，关注中药材种子（种苗）标准化委员会、有关学会等机构的信息发布，积极进行申报工作，让基地制定的标准、规程草案有更多的专家学者、从业人员关注，提出意见建议，合理修改完善，让从田间凝练出的标准、规程为中药材农业、中药材生产发挥其应有价值。

2.5 创新中药材育种技术和方法

进一步整合优势科研院所、高等院校和种业企业，成立育种协作组，开展跨学科、跨单位、跨地区联合攻关。针对药材的特点攻克一批制约其育种技术发展的共性关键技术，不断创新中药材育种技术和方法，为指导不同类别的中药材育种提供新的技术方案和思路。开展分子标记和成分指纹图谱辅助育种研究，以功效成分、高产、抗病虫、抗逆等为核心目标，借助化学成分指纹图谱和分子标记辅助育种，结合种质资源的生长发育规律、形态特征、产量、抗性等基本信息，运用现代育种技术，建立DNA指纹图谱、成分指纹图谱与植物学信息和品质信息的相关性，在分子水平、成分品质上为中药材资源的高通量、快速、简便的筛选、鉴定等提供科学依据，从而创制一批具备良好推广性能并具备产业化特质的优良品种。同时加快中药材新品种认定及登记，让企业和科研单位选育出的中药材新品种（系）尽快投入生产。

2.6 建设中药材种子种苗质量检测检验平台

围绕中药材种子种苗质量检测能力的提升，进一步健全中药材种子种苗质量检测机构，完善检测制度。针对中药材种子种苗生产区域分布特点，分区域建立第三方中药材种子种苗质量检测机构，逐步建成质量检测平台，逐步健全及完善中药材种子种苗质量检测服务。

2.7 构建中药材种业人才培养体系

在中药材种子种苗繁育基地建设过程中，部分基地发展受制于专业技术人员缺乏，科研力量薄弱，或难以将标准规程发布推广，或难以提高种子种苗服务的辐射能力。因此，需有针对性地开展种子种苗基地建设方面的培训，尤其加强基层中药材生产流通从业人员培训，提升业务素质和专业水平；科研院校加强高层次专业技术人才培养，鼓励科技创业，推动中药材技术创新和成果转化。培养一支强有力的中药材种子种苗资源保护、繁育、鉴定技术和信息服务队伍，以满足中药材种子种苗的繁育工作的迫切需求。

2.8 培育中药材种业龙头企业

制定不同层次"中药材种业专营"龙头企业的认定制度，开展龙头企业认定工作。对龙头企业实施税收优惠政策，对其在兼并重组涉及的资产评估增值、债务重组收益、土地房屋权属转移等，制定税收优惠。对龙头企业购置的种子精选加工、烘干、包装、播种、收获等制种机械纳入农机具购置补贴范围。金融机构特别是政策性银行要加大对龙头企业种子收储的信贷支持力度。对龙头企业引进的科研人才，当地政府要在人才经费补贴、落户政策等方面给予优惠。

2.9 强化中药材种业质量监管

繁育基地建设要从种源质量把控、施入品管理、采收、贮运等关键环节入手，做好质量监管工作。加快中药材种子的质量标准制定，为我国中药材标准成为国际化标准做准备；做好化肥农药、激素等的使用管理；对繁育基地依托企业/合作社进行有效管理，尽量杜绝杂种、假种进入市场。通过建立专业市场，加大市场监管。在不同区域建设一批标准化、专业化的中药材种子种苗市场，加强物流体系的建设，扩大交易规模，做到质量有保障、供种有市场、管理有制度。各地种子管理部门也应加大中药材种子交易的监管力度，对不具备经营条件甚至坑农害农的摊贩坚决取缔，从而使中药材种业市场逐步迈入正轨，保障中药材种子种苗质量。

3 "十四五"中药材种业的重点科研与区域布局

3.1 重点科研

深入开展中药材种质资源收集与评价、优良品种选育、良种繁育、标准化和机械化生产等技术研究，保障优良种质资源可持续利用和优质种子种苗生产供应。推进育种创新，组织科研单位与企业开展联合攻关，推进特色品种提纯复壮，加快选育一批能满足不同市场需求的优质/道地药材新品种。研发适宜不同区域、不同品种的种子种苗高效繁育技术模式，加快机械化技术的应用推广。开展大宗常用中药材种子加工和仓储技术研究，形成相应的加工技术和贮存规范。研发和引入现代化信息技术，提升中药材种业的信息化管理技术。

3.1.1 中药材种质资源收集与评价

结合第四次中药资源普查的契机，组建种质资源收集团队，依托相关领域的科研院所及农业农村部中药材产业技术岗站科学家团队开展种质资源收集、保存和评价工作，对种质资源的收集方法、保存技术及评价体系进行系统的研究，建立国家级中药材种质资源保存库、种子标准样品库及种质资源信息数据库。形成中药材种质鉴定及品种纯度检测技术，建立中药材品种综合评价体系。

3.1.2 中药材 DUS 测试指南研制

制定适宜中药材的 DUS 测试指南编制通则。加快研制大宗药材的 DUS 测试指南，建立中药材新品种测试站。各省份测试站依托已有的 DUS 测试地方分中心或中药研究所成立。测试站与资源圃基地、育种站、相关企业联合开展中药材的 DUS 测试指南研制工作。

3.1.3 中药材育种创新

在基于系统选育为主要育种手段的基础上，加大科研联合攻关力度，合理引入现代生物技术在中药材育种领域的应用，选育一批具备良好推广性能和产业化特质的优良品种，满足不同的市场需求。

3.1.4 濒危药材种源繁育

利用现代生物技术、组织培养技术、工厂化育苗技术等，对市场紧缺的濒危药材进行快速繁育技术研究，形成相应的技术成果，为濒危药材的产业化种源繁育提供支撑。

3.1.5 道地/优质中药材种子种苗生产区划及良种繁育

开展中药材种子种苗繁育理论及调控机制的研究，分品种、分区域对中药材种子种苗进行生产区划。制定中药材繁育技术规范，集成道地/优质中药材种子种苗标准化生产技术，开展中药材提纯复壮、扩大繁育和推广示范，提升中药材良种覆盖率。

3.1.6 中药材种子种苗标准研制

借鉴农业、林业、牧草业种子质量标准，结合中药材本身的特点，综合制定中药材种子种苗的质量标准。同时制定相应的检测方法，形成配套的检验规程。

3.1.7 中药材种子种苗机械化生产技术

开展种子种苗繁育新技术研究，推动研发和推广适用于各类中药材种子种苗生产、采收、加工、包装、仓储等的高效实用机具，形成规模化、工厂化育苗技术，提升中药材种子种苗生产效率。

3.1.8 中药材种子加工与仓储技术

研发适用于中药材种子净选、比重、色选等初加工的设备，提升优质种子的生产效率；开展种子引发、包衣、丸粒化等深加工研究，探明种子引发条件、研发种衣剂产品、优化丸粒化配比，提高种子品质；开展种子包装材料、仓储条件研究，明确不同类型种子的包装材料要求及最佳仓储温湿度等条件，制定科学的种子贮存规范。

3.1.9 中药材种业信息化管理技术

加快人工智能、环境监测控制、物联网等信息化技术在中药材种子生产中的应用，提升繁育过程中的信息化水平，提升其质量保障水平。

3.2 区域布局

依据《中医药发展战略规划纲要（2016—2030年）》、《全国农业现代化规划（2016—2020年）》和《全国道地药材生产基地建设规划（2018—2025年）》的文件内容，将全国"中药材良种繁育基地"划分为7大区域。在全国区域建设50种大宗中药材种子种苗良种繁育示范基地，同时带动100种中药材种子种苗良种繁育示范基地建设。具体布局如下。

3.2.1 东北中药材种子种苗良种繁育区

1）区域特点。本区域大部属温带、寒温带季风气候，是关药主产区。包括内蒙古东北部、辽宁、吉林及黑龙江等省（区），中药材种植面积约占全国的5%。

2）主要品种。本区域优势道地药材品种主要有人参、北五味、关黄柏、辽细辛、关龙胆、辽藁本、赤芍、关防风、白鲜皮、北苍术、返魂草、升麻等。

3）主攻方向。人参、北五味子、辽藁本、关防风、赤芍良种繁育基地建设，人参、辽藁本、关防风新品种选育研究。

4）建设目标。到2025年，建设良种繁育基地2万亩，选育新品种3~4个。

3.2.2 华北中药材种子种苗良种繁育区

1）区域特点。本区域大部属温带季风气候，是北药主产区。包括内蒙古中部、天津、河北、山西等省（区、市），中药材种植面积约占全国的7%。

2）主要品种。本区域优势道地药材品种主要有黄芩、连翘、酸枣仁、潞党参、柴胡、知母、远志、山楂、天花粉、款冬花、甘草、黄芪等。

3）主攻方向。黄芪、黄芩、柴胡、党参、远志、北苍术良种繁育基地建设，黄芪、黄芩、柴胡新品种选育。

4）建设目标。到 2025 年，建设良种繁育基地 2 万亩，选育新品种 4～5 个。

3.2.3　华东中药材种子种苗良种繁育区

1）区域特点。本区属亚热带季风气候，是浙药、江南药、淮药等主产区。包括江苏、浙江、安徽、福建、江西、山东等省，中药材种植面积约占全国的 11%。

2）主要品种。本区域优势道地药材品种主要有浙贝母、浙麦冬、温郁金、白芍、元胡、玄参、菊花、浙白术、杭白芷、台乌药、三叶青、薏苡、宣木瓜、牡丹皮、江枳壳、江栀子、江香薷、茅苍术、苏芡实、建泽泻、建莲子、东银花、山茱萸、茯苓、灵芝、铁皮石斛、前胡、木瓜、天花粉、薄荷、车前子、丹参、百合、青皮、覆盆子、重楼、瓜蒌等。

3）主攻方向。浙贝母、浙麦冬、薏苡、杭白芍、浙白术、茅苍术、前胡、杭白芷、苏芡实、建泽泻、凤丹皮、江栀子、温郁金、台乌药、三叶青良种繁育基地建设，浙贝母、浙麦冬、杭白芍、薏苡、前胡、三叶青、浙白术、茅苍术新品种选育。

4）建设目标。到 2025 年，建设良种繁育基地 3 万亩，选育新品种 5～7 个。

3.2.4　华中中药材种子种苗良种繁育区

1）区域特点。本区属温带、亚热带季风气候，是怀药等主产区。包括河南、湖北、湖南等省，中药材种植面积约占全国的 16%。

2）主要品种。本区域优势道地药材品种主要有怀山药、怀地黄、怀牛膝、怀菊花、密银花、荆半夏、蕲艾、山茱萸、茯苓、天麻、南阳艾、天花粉、湘莲子、黄精、枳壳、百合、猪苓、独活、青皮、木香等。

3）主攻方向。怀山药、怀地黄、怀牛膝、怀菊花、荆半夏良种繁育基地建设，菊花、半夏新品种选育。

4）建设目标。到 2025 年，建设良种繁育基地 3 万亩，选育新品种 3～4 个。

3.2.5　华南中药材种子种苗良种繁育区

1）区域特点。本区属热带、亚热带季风气候，气温较高、湿度较大，是南药主产区。包括广东、广西、海南等省（区），中药材种植面积约占全国的 6%。

2）主要品种。本区域优势道地药材品种主要有阳春砂、新会皮、化橘红、高良姜、佛手、广巴戟、广藿香、广金钱草、罗汉果、广郁金、肉桂、何首乌、益智仁、穿心莲等。

3）主攻方向。阳春砂仁、何首乌、巴戟天、佛手、广藿香、罗汉果、广郁金、益智仁、穿心莲良种繁育基地建设，阳春砂仁、何首乌、广藿香、罗汉果、穿心莲新品种选育。

4）建设目标。到2025年，建设良种繁育基地1.5万亩，选育新品种4～5个。

3.2.6 西南中药材种子种苗良种繁育区

1）区域特点。本区域气候类型较多，包括亚热带季风气候及温带、亚热带高原气候，是川药、贵药、云药主产区。包括重庆、四川、贵州、云南等省（市），中药材种植面积约占全国的25%。

2）主要品种。本区域优势道地药材品种主要有三七、天麻、云木香、云黄连、天麻、太子参、白及、云当归、石斛、灯盏花、草果、薏苡仁、杜仲、阳春砂、半夏、川芎、川续断、川牛膝、黄连、川黄柏、川厚朴、川椒、川乌、附子、川楝子、川木香、川党、川丹皮、茯苓、铁皮石斛、丹参、白芍、川郁金、川白芷、川麦冬、川枳壳、川杜仲、干姜、青蒿、大黄、当归、佛手、独活、青皮、姜黄、龙胆等。

3）主攻方向。三七、天麻、太子参、白及、半夏、薏苡仁、川芎、川续断、川牛膝、黄连、川乌、川木香、川党参、川丹皮、川郁金、川白芷、川麦冬、干姜、龙胆、云木香、云当归、青蒿等良种繁育基地建设，三七、天麻、太子参、白及、川党参、黄连、麦冬、青蒿等新品种选育。

4）建设目标。到2025年，建设良种繁育基地5万亩，选育新品种7～9个。

3.2.7 西北中药材种子种苗良种繁育区

1）区域特点。本区域大部属于温带季风气候，较为干旱，是秦药、藏药、维药、陇药主产区。包括内蒙古西部、西藏、陕西、甘肃、青海、宁夏、新疆等省（区），中药材种植面积约占全国的30%。

2）主要品种。本区域优势道地药材品种主要有甘草、枸杞、当归、大黄、黄芪、红花、党参、银柴胡、柴胡、菟丝子、小茴香、黄芩、板蓝根、秦艽、红景天、胡黄连、羌活、山茱萸、猪苓、独活、青皮、紫草、款冬花、肉苁蓉、锁阳、红芪、牛蒡子、杜仲、丹参、生地等。

3）主攻方向。甘草、枸杞、当归、大黄、黄芪、红花、纹党参、柴胡、秦艽、红景天、胡黄连、羌活、紫草、菟丝子、小茴香、黄芩、板蓝根等良种繁育基地建设，甘草、枸杞、当归、大黄、红花、党参、黄芪、柴胡、板蓝根、黄芩等新品种选育。

4）建设目标。建设良种繁育基地10万亩，选育新品种6～8个。

4 "十四五"中药材种业发展的实施保障

4.1 加强组织领导

充分发挥推进中药材产业技术体系的作用，加强各部门与其在中药材种业技术研发和技术示范推广方面的密切合作，解决中药材种业中的关键问题。各省

（区、市）对本地区适宜作繁育基地的县进行全面梳理，划出适宜中药材繁育的区域，根据市场需求，列入长远发展规划，结合区域政策需求，形成各省（区、市）中药材种业发展规划。

4.2 强化政策支持

开展中药材（区域性）良种繁育基地认定工作，开展中药材专营公司"中药材种业规范化企业"认定工作，对获得认定的繁育基地企业免征企业所得税，在政府补贴项目、人才政策方面加大倾斜力度，多渠道支持，调动基层政府发展制种产业和农民生产优质种子的积极性。

4.3 颁布和推行《中药材种子管理办法》及其相关配套法规

颁布《中药材种子管理办法》，推动保护和合理利用中药材种质资源，规范中药材品种选育及中药材种子的生产、经营、使用和管理，维护中药材品种选育者和种子生产者、经营者、使用者的合法权益，有效地推广应用优良品种，提高种子质量，推动中药材种子产业化，促进中药材生产的持续健康发展。另外，尽快出台中药材用农药登记使用管理等办法，推动中药材种子种衣剂等产品的登记工作。

4.4 建立多渠道资金保障机制

加大政策扶持力度，强化财政金融扶持政策，拓宽现有的资金筹措渠道。健全投入机制，发挥政府对中药材种业相关项目的引导作用，鼓励社会资本与政府引导基金开展合作，设立专项基金投资中药材种业发展重点和潜力项目。统筹支农资金，加大良种繁育基地建设投入，确保实现基地良性运转，健全中药材良种繁育的长效机制。

4.5 发挥政府、院所及行业协会等的培训服务作用

目前，中药材种业技术培训体系还不成熟，专业的培训主办单位少，培训方式单一、培训频次不够，培训内容的针对性不强等。技术培训的技术引领、指导、宣传作用未得到有效发挥。需进一步借助政府、院所及行业协会等在技术培训方面的优势，发展新型培训形式，建立专业的培训体系。如农业农村部或其下设部门、相关种子协会的培训，各地种子管理站举办的各项技术培训，国家中药材产业技术体系各岗站开展的相关培训，各类种子交流大会的报告等。另外，中国中

药协会下设有中药材种子种苗专业委员会,也定期开展相关培训。今后需进一步通过积极宣传、政策支持等方法,进一步推动相关机构的技术培训活动,发挥政府、院所及行业协会的服务作用。

4.6 推动相关规划的落实

依据《中医药发展战略规划纲要(2016—2030年)》、《全国农业现代化规划(2016—2020年)》和《全国道地药材生产基地建设规划(2018—2025年)》的文件内容,由农业农村部牵头,从中药材育种和繁种技术研发、质量平台建设、信息平台建设、培训体系建设、龙头企业培育等方面设立项目,支持推动相关规划的落实,全面提升中药材种业的生产技术水平、标准化生产水平、产业化水平及质量安全水平,带动全国中药材种业规范化和标准化建设,建设形成涵盖大宗品种的标准化和良种繁育基地,使中药材生产的良种覆盖率显著提高。